T0328542

MAX WEBERS

MAX WEBERS

VOLLSTÄNDIGE SCHRIFTEN ZU WISSENSCHAFTLICHEN UND POLITISCHEN BERUFEN

Herausgegeben und mit einer Einleitung von
John Dreijmanis
Übersetzung der Einleitung: Dirk Siepmann

Algora Publishing
New York

2. Überarbeitete und korrigierte Auflage

Printed in the United States

MAX WEBERS VOLLSTÄNDIGE SCHRIFTEN ZU
WISSENSCHAFTLICHEN UND POLITISCHEN BERUFEN

2. überarbeitete und korrigierte Auflage

Herausgegeben und mit einer Einleitung von John Dreijmanis
Übersetzung der Einleitung: Dirk Siepmann

MAX WEBER

(...)

WAHRHEIT nach dem untergang der sonnen

(...)

Und wir, zweifelnd jeder ständigen mitte,

Segnen, vor den zielen, solche schritte,

Vor den sätzen, deine lautre stimme,

Dein ermutend lächeln der im grimme

Wach beschwingten treue ... und wir wagen

Deinethalb die antwortlosen fragen.

Friedrich Leopold Gundelfinger (seit 1927) Gundolf (1880-1931)

Danksagung

Bei den Vorbereitungen zu diesem Buch waren viele Menschen hilfreich beteiligt. Mein Dank geht insbesondere an:

Gerhard Bahrenberg, John Beebe, Berthold Beitz, James W. Binns, Werner Bonefeld, Ulrich von Bülow, Annie Callaghan, David Chalcraft, Michael Chambers, Christian Daum, Renate Decke-Cornill, Rima Devereaux, Joachim Drews, Jürgen Eichberger, Herbert Eiden, Sven Eliaeson, Thomas Elsmann, Bernhard Fleischmann, Jörg Frommer, Sabine Frommer, Thomas Fuchs, Mihoko Fukushima, John Giannini, Felix Grigat, Edith Hanke, Michael Hartmer, Sarah Jackson, Matthias Jaroch, Jamelyn R. Johnson, Heike Kamp, Suzanne Kirkbright, Agnes Knütter, Daniela Krämer, Sven Kuttner, Noriko Layfield, Tzu-Wen (Joyce) Lin, Roderick Main, Eleonora Martin, Charlotte McDonaugh, Wolfgang Merkel, Arthur Mitzmann, Gregory Moore, Matteo Montonati, Ahmad Musa, Cinara Nahra, Joachim Radkau, Jörg Rasche, Stephan Renner, Ulla Rieck, Guenther Roth, Kurt Salamun, Joachim Sauerland, Regine Schmolling, Kurt Schneider, Thomas Schneider, Birgit Scholz, Georg Siebeck, Ute Siewerts, Malati Singh, Sandrine Singleton-Perrin, Julie Snell, Rosalind M. Temple, Insa Warms-Cangalovic, Sam Whimster, Jan Wiebers, Marion Wittstock und Harald Wixforth.

Vorwort zur zweiten Auflage

Die zweite Auflage wurde in wesentlichen Punkten umgestaltet. Die Einführung ist um einige Analysen von Webers Schriften erweitert worden. Neu ist auch die Aufnahme zweier weiterer Artikel und die Erweiterung der Bibliographie um einige bedeutsame Werke. Webers Texte wurden in der alten deutschen Rechtschreibung belassen. Die Einleitung und die englischen Kommentare wurden einheitlich neu übersetzt.

Bremen, November 2011   John Dreijmanis

Vorwort zur ersten Auflage

Dies ist die erste vollständige deutsche Ausgabe von Max Webers Schriften zu wissenschaftlichen und politischen Berufen – *Wissenschaft als Beruf* und seine Artikel zu Hochschulen machen die Hälfte des Buches aus, dem folgt *Politik als Beruf*. Es handelt sich um die überarbeitete und verbesserte Auflage der englischen Ausgabe: John Dreijmanis (Hg.), *Max Weber's Complete Writings on Academic and Political Vocations*, übersetzt von Gordon C. Wells (New York: Algora Publishing, 2008).

Wie viele seine Zeitgenossen vernachlässigte es auch Weber, seine Angaben mit Fußnoten zu versehen und Personen, Organisationen und Ereignisse genauer zu beschreiben. Daher sind in dieser Ausgabe zahlreiche derartige Informationen eingefügt worden, auch solche, die dem westlichen Leser überflüssig erscheinen mögen, um die Texte einer weltweiten Leserschaft verständlich zu machen. Die Ausdrücke *akademisch, wissenschaftlich, Akademiker* und *Wissenschaftler* sind meistens austauschbar. Mit wenigen Ausnahmen wurden fremdsprachliche Ausdrücke mit einer deutschen Übersetzung in eckigen Klammern versehen. Typographische und ähnliche Fehler wurden korrigiert. Die Bibliographie wurde erweitert und umfasst nun einige wichtige deutsche Werke, die in den Fußnoten keine Erwähnung finden.

Bremen, Dezember 2009   John Dreijmanis

INHALTSVERZEICHNIS

MAX WEBER

DANKSAGUNG

VORWORT ZUR ZWEITEN AUFLAGE

VORWORT ZUR ERSTEN AUFLAGE

Einleitung

Karl Emil Maximilian Weber (1864-1920) war einer der Begründer der Soziologie als eigenständige wissenschaftliche Disziplin. Zu seiner Zeit waren die Grenzen zwischen den Fächern noch nicht so eng gezogen, so dass es noch möglich war, durch umfangreiche historische, ökonomische, juristische, soziologische und politische Kenntnisse zu sämtlichen Disziplinen beizutragen. Obwohl die Literatur zu Weber nahezu uferlos geworden ist,[1] gibt es doch weiterhin unerforschte Aspekte seiner Person. Diese sollen hier zur Sprache gebracht und in Bezug zu seinen Werken zu Wissenschaft und Politik als Beruf gesetzt werden.

Webers Persönlichkeitstypus

Basierend auf Carl G. Jungs (1875-1961) Theorie der Psychologischen Typen,[2] die später durch den Myers-Briggs Typindikator (MBTI) weiterentwickelt wurde, soll im Folgenden der Persönlichkeitstypus von Weber erläutert werden. Nach diesem typologischen System, das heute weltweit die größte Verbreitung gefunden hat, unterscheidet man auf der Grundlage einer Bestimmung des bevorzugten psychischen *modus operandi* zwischen sechzehn Persönlichkeitstypen. Hierfür werden vier grundsätzliche Parameter, die aus jeweils zwei entgegengesetzten Eigenschaften bestehen, herangezogen. Durch die Einstellung zur äußeren und inneren Welt werden die zwei Grundhaltungen zum Leben bestimmt: Extraversion (E) oder Introversion (I).[3] Außerdem gibt es zwei gegensätzliche Wahrnehmungsfunktionen, entweder durch das Empfinden (S) oder durch die Intuition (N); ebenso gibt es zwei Beurteilungsfunktionen – durch das Denken (T) oder das Fühlen (F). Die Art und Weise, mit der auf die äußere Welt reagiert wird, bestimmt die vierte Dimension des Persönlichkeitsprofils und zeigt sich in einer Vorliebe entweder für Urteilen (J) oder Wahrnehmen (P). Demnach wird jeder Mensch, mehr oder weniger konsistent, vier Vorlieben aufweisen, die im Zusammenspiel einen der sechzehn Persönlichkeitstypen ergeben. Von diesen vier Funktionen (z. B. Wahrnehmen (S) und (N) und Urteilen (T) und (F)) ist eine besonders bevorzugt und dementsprechend am stärksten ausgeprägt – sie ist die

---

[1] Alan Sica, *Max Weber: A Comprehensive Bibliography* (New Brunswick, NJ und London: Transaction Publishers, 2004).

[2] Carl G. Jung, „Psychologische Typen" [1921]. In *C. G. Jung Gesammelte Werke*, 14. Aufl. (Olten und Freiburg: Walter-Verlag, 1981), Bd. 6.

[3] Isabel B. Myers und Peter B. Myers, *Gifts Differing: Understanding Personality Type* (Palo Alto, CA: Davies-Black Publishing, 1995), S. 7.

Hauptfunktion. Diese wird unterstützt von der Hilfsfunktion, der dritten Funktion und der vierten, oder auch unterentwickelten Funktion, die am wenigsten eingesetzt und darum am schwächsten ausgeprägt ist.[4] Dies soll nicht bedeuten, dass „ein jeder nur auf die innere oder äußere Welt beschränkt"[5] sei. In gewissem Ausmaß setzt jeder Mensch alle vorhandenen Funktionen ein, „nur das relative Überwiegen des einen oder des anderen macht den Typus aus."[6]

Der MBTI misst nicht Fähigkeiten und Fertigkeiten oder die Ausprägung des Faktors Kreativität.[7] Doch mittels dieses Indikators lässt sich zeigen, wo die Stärken und Schwächen der sechzehn Persönlichkeitstypen liegen und wie die gegensätzlichen Typen einander zum Nutzen gereichen können.[8] Zudem liefert der MBTI eine empirische Grundlage für die Beschreibung verschiedener Persönlichkeitstypen und ihrer Verhaltensweisen.

So ist die Extraversion „gewissermaßen eine Hinausverlegung des Interesses aus dem Subjekt in das Objekt. Ist die Extraversion intellektuell, so denkt sich das Subjekt in das Objekt ein; ist die Extraversion gefühlmäßig, so fühlt sich das Subjekt in das Objekt ein."[9] Jung definiert Extraversion wie folgt:

> Die Extraversion ist gekennzeichnet durch Hinwendung zum äußeren Objekt, Aufgeschlossenheit und Bereitwilligkeit gegenüber dem äußeren Vorgang, Verlangen, sowohl auf diesen einzuwirken, wie sich von diesem bewirken zu lassen, Lust und Bedürfnis, dabei zu sein und mitzutun, Fähigkeit, Betrieb und Lärm jeglicher Art zu ertragen, ja als lustvoll zu empfinden, schließlich stetige Aufmerksamkeit auf die Beziehung zur Umwelt, Pflege und Unterhaltung von Freund- und Bekanntschaften ohne allzu peinliche Auslese, große Wichtigkeit, wie und ob man auf die Umgebung wirkt, daher starke Neigung zur eigenen Schaustellung.[10]

---

[4]   Ebd., S. 2-15.
[5]   Ebd., S. 7. John Beebe, „Psychological Types". In Renos K. Papadopoulos (Hg.), *The Handbook of Jungian Psychology : Theory, Practice and Application* (London und New York: Routledge, 2006), S. 131-152; „Understanding Consciousness through the Theory of Psychological Types". In Joseph Cambray und Linda Carter (Hg.), *Analytical Psychology: Contemporary Perspectives in Jungian Analysis* (Hove und New York: Brunner-Routledge, 2004), insbesondere S. 99-105.
[6]   Jung, a.a.O., S. 2.
[7]   Isabel B. Myers, *Introduction to Type*, 5. Aufl. (Palo Alto, CA: Consulting Psychologists Press, 1993), S. 30.
[8]   Ebd., S. 24.
[9]   Jung, a.a.O., S. 467.
[10] Ebd., S. 594.

Was auch immer der Extravertierte „denkt, beabsichtigt und handelt, wird mit Überzeugung und Wärme vorgeführt".[11] So besteht „die Eigenart des Extravertierten einerseits, sich beständig auszugeben und sich in alles hineinzuverbreiten",[12] andererseits aber auch die Gefahr, „daß er in die Objekte hineingezogen wird und sich selbst darin ganz verliert. Die daraus entstehenden funktionellen (nervösen) oder wirklichen körperlichen Störungen haben eine kompensatorische Bedeutung, denn sie zwingen das Subjekt zu einer unfreiwilligen Selbstbeschränkung."[13]

Der Extravertierte bezieht seine Energie aus äußeren Ereignissen, Erfahrungen und Interaktionen und kommuniziert mit Vorliebe mündlich. So sind Extravertierte häufig selbstbewusste Redner.[14] Er oder sie ist ein Mensch der Tat, der „vom Handeln zum Nachdenken zum Handeln"[15] schreitet. Extravertierte sind auch die „aktivsten Reformer".[16] Ihre „Flüssigkeit im Ausdruck und Entschlossenheit, ihr Selbstvertrauen und ihr Bedürfnis, andere zu dirigieren, kann ihre Mitmenschen mitunter überwältigen".[17] Von Extravertierten kann man zudem riskantere Entscheidungen erwarten.[18]

Bei der Introversion hingegen wird durch die innere psychische Hinwendung der Energie

> eine negative Beziehung des Subjektes zum Objekt ausgedrückt. Das Interesse bewegt sich nicht zum Objekt, sondern zieht sich davor zurück auf das Subjekt. Jemand, der introvertiert eingestellt ist, denkt, fühlt und handelt in einer Art und Weise, die deutlich erkennen läßt, daß das Subjekt in erster Linie motivierend ist, während dem Objekt höchstens ein sekundärer Wert zukommt.[19]

Nach allem, was wir über Weber wissen, legt eine rückwirkende Beurteilung seines Persönlichkeitstypus nahe, dass er mit größter Wahrscheinlichkeit ein extravertierter Intuitiver mit introvertiertem Denken (ENTP) war. Seine Hauptfunktion war die extravertierte Intuition, seine Hilfsfunktion das introvertierte Denken, die dritte Funktion war extravertiertes

---

[11] Ebd., S. 595.

[12] Ebd., S. 359.

[13] Ebd., S. 364.

[14] Myers, a.a.O., S. 4.

[15] Myers und Myers, a.a.O., S. 56.

[16] Mary H. McCaulley, „The Myers-Briggs Type Indicator and Leadership". In Kenneth E. Clark und Miriam B. Clark (Hg.), *Measures of Leadership* (West Orange, NJ: Leadership Library of America, 1990), S. 409.

[17] Myers, a.a.O., S. 19.

[18] McCaulley, a.a.O., S. 409.

[19] Jung, a.a.O., S. 480.

Fühlen und die unterentwickelte Funktion das introvertierte Empfinden, wie im folgenden Diagramm dargestellt:

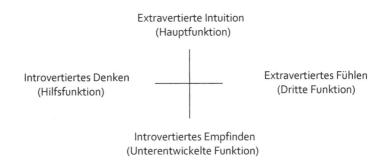

Extravertierte Intuition
(Hauptfunktion)

Introvertiertes Denken   Extravertiertes Fühlen
(Hilfsfunktion)   (Dritte Funktion)

Introvertiertes Empfinden
(Unterentwickelte Funktion)

Bei dieser Einschätzung ist jedoch insofern Vorsicht geboten, als

in der psychologischen Typologie von Genies in anomaler Weise der genau gegensätzliche Persönlichkeitstyp Teil der Hauptfunktion wird (und mitunter sogar mit ihr verschmilzt), so dass sowohl introvertierte als auch extravertierte Einstellungen innerhalb derselben Funktion zum Tragen kommen können. Üblicherweise findet man dagegen eine deutlich einseitige Ausrichtung.[20]

Um die soeben getroffene Einschätzung zu untermauern, werden hier Webers eigenes Verhalten, seine in diesem Band versammelten Schriften und die Bemerkungen seiner Ehefrau, Marianne Weber, geborene Schnitger (1879-1954) herangezogen. Diese war nicht nur eine aufmerksame Beobachterin, sondern teilte auch Webers Ansichten, so dass man vieles von dem, was sie geschrieben hat, als „Äußerung von Webers eigenen Ansichten"[21] betrachten kann. Zudem wird auch Karl Jaspers (1883-1969) ausgiebig herangezogen, ein Arzt, Psychologe und Philosoph, der zum engsten Freundeskreis um Max und Marianne Weber gehörte, ausgiebig über Weber geschrieben und einige der bedeutendsten Analysen über ihn angefertigt hat. Ergänzend werden andere Zeitgenossen Webers und spätere Kommentatoren herangezogen. Die Vorgehensweise ist induktiv.

---

[20] E-Mail von Dr. John Beebe, einem Jungschen Analyst, vom 7. April 2007.
[21] Guenther Roth, „Max Weber's Generational Rebellion and Maturation". In Reinhard Bendix und Guenther Roth, *Scholarship and Partisanship: Essays on Max Weber* (Berkeley, Los Angeles und London: University of California Press, 1971), S. 30.

Webers Extraversion zeigte sich auf zahlreichen Gebieten und in seinen vielfältigen Aktivitäten. Er sehnte sich nach Sonnenschein und warmem Wetter und reiste deshalb regelmäßig nach Südfrankreich und Italien. So beschrieb Marianne Weber: „Als graue Novemberschleier [1900] die Herbstpracht verhüllen, zieht es Weber nach dem lichten, freudvollen Süden."[22] Bei einer Reise nach Korsika gerieten sie in eine lang anhaltende Regenperiode:

> Die einsamen Tage schleichen nun unter verhängtem Himmel einförmig und farblos dahin. Es gibt kein hübsches Café, kein Schaufenster, keine Musik, nichts zu sehen, es begibt sich nichts. Sie erleben, wie stark das Dasein des Kulturmenschen sich aus *äußeren Anregungen* [Hervorhebung J.D.] speist.[23]

Während des Winters und Frühlings 1907 erwog Weber sogar, Deutschland ganz zu verlassen: „‚entsetzlicher Gedanke, noch so viele traurige Winter in Deutschland verbringen zu müssen', wenigstens den Lebensherbst sollte man künftig im Süden übersonnen."[24] Ein anderes Mal, am 21. April 1911, als ihm das Wetter in Italien gut gefiel, schrieb er an seine Frau: „Meist liege ich in heißem Sand am Strande vor dem Albergo."[25] Weber begeisterte sich auch für die Malerei, Bildhauerei und Architektur, sowie für Landschaften und Städte überhaupt.[26]

Ganz seinem Typus entsprechend war er ein geborener Redner, ob er nun vor Studenten, Kollegen, Politikern oder Arbeitern sprach. Weber war ein „Meister der freien Rede [...]".[27] So manches Mal sprach er zwei Stunden lang ohne eine einzige Unterbrechung. Seine Vorträge waren „ein ‚Ereignis'".[28] Bei seinen Vorlesungen an der Universität Wien füllte sich schon Stunden vorher der größte Hörsaal mit Studenten.[29] Marianne Weber beschrieb eine solche Vorlesung im Sommersemester 1918.[30] Am 21. Januar

---

[22] Marianne Weber, *Max Weber. Ein Lebensbild*, 3. unveränd. Nachdruck d. 1. Aufl. [1926], ergänzt um Register und Verzeichnisse von Max Weber-Schäfer (Tübingen: J.C.B. Mohr (Paul Siebeck) Verlag, 1984), S. 259.

[23] Ebd., S. 260.

[24] Ebd., S. 368.

[25] Zitat Weber, ebd., S. 490.

[26] Karl Loewenstein, „Persönliche Erinnerungen an Max Weber". In Karl Engisch, Bernhard Pfister und Johannes Winckelmann (Hg.), *Max Weber, Gedächtnisschrift der Ludwig-Maximilians-Universität München zur 100. Wiederkehr seines Geburtstages 1964* (Berlin: Duncker & Humblot, 1966), S. 35.

[27] Marianne Weber, a.a.O., S. 322.

[28] Ebd., S. 617.

[29] Loewenstein, a.a.O., S. 34.

[30] Marianne Weber, a.a.O., S. 617.

1920 ereignete sich ein Vorfall etwas anderer Natur, als an der Münchner Universität einige rechts gerichtete Studenten Weber mit Pfiffen und Buh-Rufen ins Wort fielen. Als Weber auf der Rednerbühne stehenblieb „und sie auslachte, wurden sie noch wilder".[31] Daraufhin wurden die Lichter gelöscht und der Saal geräumt. Danach besuchte Weber noch ein geselliges Beisammensein und „war sehr angeregt und schlief dann trefflich. Politische Händel wirkten offenbar immer erfrischend –".[32] Zuhause hielt Weber Monologe, die Marianne auf die Nerven gingen. Sie wiederum, selbst eine Extravertierte, nervte ihren Gatten, weil auch sie viel redete.[33] Er war eher ein Redner denn ein Schriftsteller und machte dementsprechend oft einen stärkeren Eindruck durch seine mündlichen Äußerungen als durch seine schriftlichen.[34] Marianne Weber stellte außerdem fest, dass er sich dann am besten ausdrücken konnte, wenn er seine Gedanken zuvor mündlich formuliert hatte.[35]

Jaspers befand, Weber „hielt Vorlesungen, die kein Student vergessen hat"[36] und lobte:

> Sein Mut, offen zu sagen, was er sah und glaubte, war gleich groß, ob er den oberen Gewalten des alten Staats oder ob er den Arbeitern gegenüberstand. Wenn er den Arbeitern in der Volksversammlung unbequeme Dinge sagte und die Wut gegen ihn tobte, so sah man, wie ein großer Mann wirken kann: Trotz Gegnerschaft vermochte seine ehrfurchtgebietende Gestalt, der man nicht nur die Wahrhaftigkeit, sondern auch den tiefen Ernst und die Liebe zum Menschen glauben mußte, sich durchzusetzen. Die Hörer fühlen sich in einer Tiefe angesprochen, die sonst keiner erreichte.[37]

Jaspers war von Weber nicht nur beeindruckt, sondern auch stark beeinflusst.[38] Ernst M. Manasse hat dies trefflich ausgedrückt, als er schrieb,

---

[31] Ebd., S. 685.

[32] Ebd.

[33] Joachim Radkau, *Max Weber. Die Leidenschaft des Denkens* (München: Carl Hanser Verlag, 2005), S. 94-95.

[34] Ebd., S. 442, 445.

[35] Brief Marianne Webers an Max Weber vom 23. November 1918, zitiert in *Max Weber Gesamtausgabe* (Tübingen: J.C.B. Mohr (Paul Siebeck), 1988), Abteilung I: Bd. 16, S. 92.

[36] *Hannah Arendt/Karl Jaspers Briefwechsel 1926-1969*, Lotte Köhler und Hans Saner (Hg.) (München und Zürich: R. Piper & Co., 1985), S. 672.

[37] Karl Jaspers, „Max Weber. Eine Gedenkrede (1920)". In *Max Weber. Gesammelte Schriften* (München und Zürich: Piper & Co., 1988), S. 41-42.

[38] Jaspers, „Philosophical Autobiography". In Paul A. Schilpp (Hg.), *The Philosophy of Karl Jaspers*, 2. Aufl. (La Salle, IL: Open Court Publishing, 1981), S. 854-855.

dass Weber „der Geist von Jaspers Philosophie"[39] gewesen sei. Jaspers betrachtete ihn als den „Galilei der Geisteswissenschaften".[40] Selbst ein Kritiker wie Othmar Spann (1878-1950) befand, er sei „ein dämonisch-ruheloser Mann, der auf andere persönlich zu wirken vermochte [...]".[41]

Entsprechend der Typologie des ENTP pflegte Weber seine Freund- und Bekanntschaften. Beispielhaft hierfür war das offene Haus der Webers in Heidelberg, wo sie in den Jahren von 1912 bis 1914 an Sonntagnachmittagen Nachwuchswissenschaftler empfingen. Obwohl dies als Zeitersparnis und um der stetig wachsenden Menge seiner Anhänger Herr zu werden gedacht war, so kamen doch viele der Sonntagsgäste auch in der Woche.[42] Diese Treffen ermöglichten es Weber, eine große Bandbreite von Themen zu diskutieren, einschließlich des aktuellen Tagesgeschehens.

„Politische Fragen haben Max Weber sein ganzes Leben hindurch leidenschaftlich beschäftigt."[43] So ist es nicht verwunderlich, dass er durch die Russische Revolution von 1905 „heftig erregt"[44] war. Er lernte zügig ausreichend Russisch, um den Entwicklungen in den russischen Tageszeitungen folgen zu können. Im *Archiv für Sozialwissenschaft und Sozialpolitik* veröffentlichte er einen Artikel[45] zu diesem Thema, während posthum seine einschlägigen Schriften und Ansprachen in einem Buch[46] veröffentlicht wurden. Abgesehen von Webers Schriften zur Religion entstand ein „Großteil"[47] seiner Werke Ergebnisse aufgrund von äußeren Ereignissen. Eine detailliertere Erörterung von Webers politischen Interessen und Aktivitäten erfolgt in dem Abschnitt, der sich mit der Politik als seinem Beruf befasst.

Auch in der Universität war Weber ein engagierter Aktivist und Organisator. So setzte er sich 1908 für das Recht des Sozialdemokraten Robert Mi-

---

[39] Ernest M. Manasse, „Jaspers' Relation to Max Weber". Ebd., S. 391.
[40] Jaspers, *Schicksal und Wille. Autobiographische Schriften*, Hans Saner (Hg.) (München: R. Piper & Co. Verlag, 1967), S. 33.
[41] Spann zitiert in Roth, „Marianne Weber und ihr Kreis. Einleitung von Günther Roth", in Marianne Weber, a.a.O., S. IX.
[42] Marianne Weber, a.a.O., S. 475-479.
[43] Wolfgang M. Mommsen, *Max Weber und die deutsche Politik 1890-1920*, 3. verbesserte Aufl. (Tübingen: Mohr Siebeck, 2004), S. 1.
[44] Marianne Weber, a.a.O., S. 342.
[45] „Zur Lage der bürgerlichen Demokratie in Rußland", *Archiv für Sozialwissenschaft und Sozialpolitik*, Bd. 22, Heft 1, 1. Beilage (1906), S. 234-353.
[46] „Zur Russischen Revolution von 1905. Schriften und Reden 1905-1912". In *Max Weber Gesamtausgabe* (Tübingen: J.C.B. Mohr (Paul Siebeck), 1989), Abteilung I: Bd. 10.
[47] Radkau, a.a.O., S. 184.

chels sich zu habilitieren ein (siehe Artikel 6). Im darauffolgenden Jahr war er einer der Mitbegründer der Deutschen Gesellschaft für Soziologie (DGS), für die er 1910 und 1912 die Begrüßungsansprachen hielt (siehe Artikel 13 und 30). Bei Abschluss der Konferenz im Jahre 1912 trat Weber jedoch aufgrund eines Streits über Wertfreiheit aus dem Hauptausschuss aus. Dieser Streit wurde durch eine Rede Paul Barths (1858-1922) am 21. Oktober zum Thema Nationalismus ausgelöst. Weber unterbrach ihn mit den Worten: "Es ist strikt verboten, Sie dürfen nicht von Werturteilen sprechen!"[48] Schon 1904 hatte er nach „der strengen *Scheidung von Erfahrungswissen* und Werturteil..."[49] verlangt. Die Satzung der DGS von 1910 enthielt eine ganz ähnliche Klausel; sie „lehnt die Vertretung irgendwelcher praktischen (ethischen, religiösen, politischen, ästhetischen usw.) Ziele ab."[50] Obwohl Weber sich 1914 vollständig aus der DGS zurückzog, ging die Auseinandersetzung innerhalb der deutschen Soziologie weiter und zog breitere Kreise.[51] Weber selbst empfand die Sache als ermüdend und lästig. In einem Brief vom 9. November 1912 an Michels Weber schreibt er: „Ich habe es absolut satt, stets erneut als Don Quixote eines angeblich undurchführbaren Prinzips aufzutreten und ‚peinliche Szenen‘ herbeizuführen."[52]

Darüber hinaus beschwerte sich Weber: „Keiner will Opfer an Zeit und Arbeit und seinen Interessen bringen, tun tun sie gar nichts!"[53] 1909 begann er ein gemeinschaftliches Projekt über Nationalökonomie, nur um erneut festzustellen „*wie* schwierig es ist, geistige Arbeiter – Gelehrte – den Erfordernissen gedeihlichen Zusammenwirkens gefügig zu machen".[54] Sein posthum erschienener Beitrag hierzu wurde zu einem seiner bedeutendsten Werke.[55] Zur selben Zeit bereitete Weber auch ein groß-

---

[48] „2. Deutscher Soziologentag," *Frankfurter Zeitung*, Drittes Morgenblatt, 22. Oktober 1912, S. 2.

[49] „Die ‚Objektivität‘ sozialwissenschaftlicher und sozialpolitischer Erkenntnis", *Archiv für Sozialwissenschaft und Sozialpolitik*, Bd. 19, Heft 1 (1904), S. 22.

[50] Artikel 1, Statut in *Verhandlungen des Ersten Deutschen Soziologentages vom 19.-22. Oktober 1910 Frankfurt a.M.* (Tübingen: J.C.B. Mohr (Paul Siebeck), 1911). S. V.

[51] Zu einer vollständigen Erörterung dieser Auseinandersetzung siehe Hans H. Bruun, *Science, Values and Politics in Max Weber's Methodology*, neue, erweiterte Ausgabe (Aldershot und Burlington, VT: Ashgate Publishing, 2007), S. 57-107.

[52] Brief Max Weber an Michels vom 9. November 1912, in *Max Weber Gesamtausgabe* (Tübingen: J.C.B. Mohr (Paul Siebeck), 1998), Abteilung II: Bd. 7, 2. Halbband, S. 733.

[53] Zitat Weber in Marianne Weber, a.a.O., S. 426.

[54] Ebd., S. 424.

[55] *Wirtschaft und Gesellschaft. Grundriß der Sozialökonomie* (Tübingen: J.C.B. Mohr (Paul Siebeck), 1922), und zahlreiche weitere Auflagen.

angelegtes Forschungsprojekt auf dem Gebiet des Pressewesens vor. Aufgrund der vielen, unterschiedlichen Aufgaben sorgte Marianne Weber sich, „daß seine Kraft sich zerstäubt".[56] Sie beobachtete: „Kaum ist die eine erfüllt, so bemächtigt sich der rastlose Geist schon einer neuen."[57] Webers wissenschaftliche Aktivitäten werden im späteren Abschnitt über seinen wissenschaftlichen Beruf genauer betrachtet.

Menschen mit dem Typen ENTP sind kreativ, originell, unabhängig, individualistisch und begeisterungsfähig.[58] Wenn sie sich voll entfalten können, sorgen solche Menschen für „an Weisheit grenzende Erkenntnisse, mit der Fähigkeit, andere zu inspirieren".[59] Ihre treibende Kraft ist eine „perzeptive Energie – eine intuitive Vision von etwas in der externen Welt Möglichem, das sie als ihr ganz eigenes Gut wahrnehmen, da sie es auf originelle und persönliche Weise ‚zuerst gesehen' haben".[60] Ihr Denken ist produktiv, „es führt entweder zu neuen Tatsachen oder zu allgemeinen Auffassungen disparater Erfahrungsmaterialien. Sein Urteil ist im Allgemeinen *synthetisch*. Auch wenn es zerlegt, so baut es auf, indem es immer über die Auflösung hinausgeht zu einer neuen Zusammensetzung [...]".[61] Charakteristisch hierbei ist, dass das Denken „niemals absolut entwertend oder destruktiv ist, sondern immer einen zerstörten Wert durch einen andern ersetzt. Diese Eigenschaft kommt daher, daß das Denken eines Denktypus sozusagen der Kanal ist, in dem seine Lebensenergie hauptsächlich fließt."[62]

Aus dem bisher Ausgeführten geht hervor, dass Weber an der äußeren Welt interessiert war, sich von ihr beeinflussen ließ und sie zu beeinflussen suchte. Er pflegte seine Freund- und Bekanntschaften und war ein ausgezeichneter Redner, der seine Zuhörer zu beeindrucken und zu inspirieren vermochte. Als Beleg für seine Kreativität und Originalität lässt sich der von ihm geprägte Begriff „charismatische Autorität" anführen.[63] Dieser und ähnliche Beiträge illustrieren, was passieren kann, wenn introvertiertes Denken mit extravertierter Wahrnehmung zusammenspielt. Webers Unabhängigkeit, Individualismus und Begeisterungsfähigkeit werden

---

[56] Marianne Weber, a.a.O., S. 426.
[57] Ebd., S. 207.
[58] Myers und Myers, a.a.O., S. 105-106.
[59] Ebd., S. 106.
[60] Ebd.
[61] Jung, a.a.O., S. 381-382.
[62] Ebd., S. 382.
[63] Weber, „Die drei reinen Typen der legitimen Herrschaft. Eine soziologische Studie", *Preußische Jahrbücher*, Bd. 187, Heft 1 (Januar 1922), S. 6-12.

in späteren Abschnitten eingehender geschildert, insbesondere in den Abschnitten zu seinen zwei Berufen.

Wie es bei Webers Persönlichkeitstypus erwartet werden kann, gab es aber auch Probleme. Ein Mensch seines Typus lebt durch eine Reihe aufeinanderfolgender Projekte; doch, wie schon erwähnt, fällt es ihm schwer, sie auch zu Ende zu bringen.[64] Zudem schrieb Weber nur ungern Bücher. Laut Jaspers waren „seine hervorragendsten Arbeiten [...] in Zeitschriften versteckt".[65] Ein besonderes Problem war, dass er „seine Manuskripte oder gar seine gedruckten Sachen nicht mehr ansehen mochte: Er hatte keinen Genuß am Werk, sondern ging weiter in dem, wovon ein Werk nur ein Schritt war."[66] Dies geschieht bei extravertierten Intuitiven aufgrund ihrer unterentwickelten Beurteilungsfunktion. So sind sie schnell entmutigt und unwillig, etwas zu tun, worauf sie keine Lust haben.[67]

Webers Extraversion und seine Abneigung gegen das Bücherschreiben drückten sich in seiner Arbeit und seinen Schreibgewohnheiten aus. So beklagt er,

> daß man eben so einen *winzigen* Bruchteil von Allem, was sich innerlich gestaltet, nur auf das Papier bringt. Denn wenn ich ‚rezipiere‘ oder kontemplativ *innerlich* die Gedanken kommen lasse, strömt Alles – nun, ob es viel oder wenig oder wertvoll oder wertlos ist, einerlei – es strömt in Fülle – und dann beginnt jener Kampf, es für das *Papier* zu fassen ..., und das ist die wirklich – für mich – fast nicht zu duldende ‚Qual‘, die man doch wohl am ‚Stil‘ merken könnte.[68]

Bezeichnenderweise war es Weber bewusst, dass die Gedanken von externen Quellen stammten. Marianne Weber beschrieb: „Geraten die Massen in Fluß, so strömt ihm aus den Vorratskammern seines Geistes so viel herzu, daß es sich oft nicht ohne weiteres in ein durchsichtiges Satzgefüge zwingen läßt."[69] Im Ergebnis „muß denn vieles hastig in lange Schachtelsätze gepackt und was dort nicht Platz findet, in Fußnoten untergebracht werden. Mag sich doch der Leser ‚gefälligst‘ ebenso damit plagen wie er selbst!"[70] Einfach gesagt zeigt dies, dass Weber „mehr zu sagen

---

[64] Myers und Myers, a.a.O., S. 105-106; Myers, a.a.O., S. 14.
[65] Jaspers, „Max Weber, Politiker – Forscher – Philosoph (1932)". In *Max Weber. Gesammelte Schriften* (München und Zürich: Piper, 1988), S. 106.
[66] Ebd., S. 107.
[67] Myers und Myers, a.a.O., S. 107-108.
[68] Weber in einem Brief vom 30. April 1919 an Else Jaffé, zitiert in Radkau, a.a.O., S. 183.
[69] Marianne Weber, a.a.O., S. 322.
[70] Ebd.

hatte, als er eigentlich ausdrücken konnte".[71] Jaspers bemerkte, dass Webers Arbeit durch „Wiederholungen, Nebenwege, dann Rückkehr zur Sache, manchmal nicht unbedingt nötige Aufzählungen, Schachtelsätze, beiläufige Einfälle"[72] geprägt war. Die schlichte Wahrheit ist, dass „sein Werk schwer zu verstehen ist".[73] Man begegnet langen Sätzen und gelehrten Vorbehaltungen und so dem

> charakteristischen ‚Stil' von Max Webers soziologischen Schriften, mit ihrem Hang, die eigentlichen Argumente in einem Dschungel aus Aussagen zu verstecken, die jede für sich schon genauerer Analyse bedürften, oder in ausschweifenden Analysen von Themen, die nicht offensichtlich mit den vorliegenden oder nachfolgenden Inhalten zusammenhängen. Weber verfolgte gleichzeitig verschiedene, voneinander unabhängige Fragestellungen und pferchte dann all seine Forschungsnotizen in den letztendlichen Text, ohne die unterschiedlichen Wichtigkeitsgrade deutlich hervorzuheben.[74]

Hinter dieser Herangehensweise verbirgt sich auch eine legalistische Denkweise und der Versuch, Kritikern zuvorzukommen.[75] Und schließlich zeigen sich seine Unabhängigkeit und sein Individualismus auch in seinem Stil,

> in dem maßlosen Gebrauch von Anführungszeichen. Wer gebräuchliche Worte in „" setzt, bezeichnet sie damit als so-genannte (sic.), d. h. aber als *allgemein* und von *andern* so-genannte (sic.), und darin liegt: aber von *mir* nur mit Abstand und Vorbehalt so genannte bzw. direkt: *eigentlich* in einem andern, eigenen Sinn gemeint.[76]

Ein Jahr vor seinem Tod begann Weber mit einigem Widerwillen, seine Arbeiten zusammenzustellen. Marianne Weber fasste sie dann in zehn Bänden zusammen. Mohr Siebeck ist zurzeit dabei, die gesammelten Werke von Weber zu veröffentlichen, die insgesamt 53 Bände und Halbbände umfassen werden.

---

[71] Loewenstein, a.a.O., S. 29.
[72] Jaspers, „Max Weber. Politiker – Forscher – Philosoph (1932)", S. 107.
[73] Reinhard Bendix, *Max Weber: An Intellectual Portrait*, 2. Aufl. (Berkeley, Los Angeles und London: University of California Press, 1977), S. xlvii.
[74] Ebd.
[75] Stephen P. Turner und Regis A. Factor, *Max Weber. The Lawyer as Social Thinker* (London und New York: Routledge, 1994). Man vergisst leicht, dass Weber eine juristische Ausbildung genoss und dass er eine rechtswissenschaftliche Professur bekleidete, bevor er sich den Wirtschafts- und Sozialwissenschaften zuwandte.
[76] Karl Löwith, „Max Weber und Karl Marx". In *Gesammelte Abhandlungen. Zur Kritik der geschichtlichen Existenz* (Stuttgart: W. Kohlhammer Verlag, 1960), S. 34, Fußnote 50.

Wie schon erwähnt kann es schließlich, wenn ein Mensch des genannten Typus die am wenigsten bevorzugte Funktion des Fühlens oder Wahrnehmens zu sehr vernachlässigt, dazu führen, dass nicht genug Aufmerksamkeit auf die Details und die Routine gelegt wird, die notwendig sind, um die eigenen Visionen und Projekte tatsächlich umzusetzen. In psychoanalytischer Terminologie bedeutet dies:

> noch schwerwiegender dysfunktional ist die Auswirkung auf die *Anima* [Seele], die mit der unterentwickelten Funktion der introvertierten Wahrnehmung einhergeht, wenn die Haupt- und die Hilfsfunktionen ihre Arbeit tun und diese andere Funktion, und damit auch die *Anima*, ignorieren. Man erleidet Zusammenbrüche des sympathischen Nervensystems, heftige agitierte Erschöpfungserscheinungen, die nicht ganz ausgewachsene Depressionen sind, aber doch Phasen des Stillstands, welche die Reaktion der vernachlässigten introvertierten Wahrnehmungsfunktion auf die andauernde Jagd nach intuitiven Möglichkeiten und die denkende Artikulation derselben repräsentieren und sich in Arbeitssucht, zu vielen Projekten, zu wenig Schlaf und einer allgemeinen Vernachlässigung der introvertierten Wahrnehmung auswirken, und schließlich in einem gänzlichen Betriebsausfall der *Anima*, die diese Funktion unterstützt.[77]

So können auch die Konsequenzen, die die eigenen Entscheidungen für einen persönlich haben, missachtet werden.[78] Dieser Aspekt wird sowohl in dem Abschnitt über Webers wissenschaftlichen und politischen Beruf als auch über seine Artikel zu Hochschulen genauer beleuchtet. Für eine Analyse von Webers Persönlichkeitstypus und diesen Implikationen für die Weber-Forschung siehe John Dreijmanis, „Max Weber's Psychological Typology: Its Implications", *Journal of Political Science*, Bd. VII, Nr. 2 (November 2011), S. 5-17.

Webers Krankheit

Weber litt an schwerwiegenden gesundheitlichen Problemen und konnte deshalb nur von 1893 bis 1897 feste Lehrpositionen an den Universitäten in Berlin (Jura), Freiburg (Nationalökonomie) und Heidelberg (Nationalökonomie) innehaben. Politische Aktivitäten waren jeweils nur für kurze Zeitspannen möglich.[79] Seine Symptomatik drückte sich in seiner Arbeitssucht aus. In der Tat folgte er Jaspers Diktum: „Ich arbeite; ich tue sonst

---

[77] E-Mail vom 24. März 2007 von Dr. Beebe.
[78] Myers, a.a.O., S. 14.
[79] Jaspers, *Die Grossen Philosophen. Nachlaß 1. Darstellung und Fragmente*, Hans Saner (Hg.) (München und Zürich: R. Piper, 1981), S. 649.

nichts."[80] Zu Beginn des Jahres 1898 litt er unter Nervosität und Schlaf-
störungen, was damals als Neurasthenie bezeichnet wurde, woraufhin er
zunächst sein Lehrdeputat reduzierte, bis er die Lehre schließlich ganz
aufgab.[81] Zuvor befürchtete er, dass er eine ernsthafte Depression haben
könnte, die aber nicht eintrat, „weil ich das Nervensystem und das Gehirn
durch anhaltendes Arbeiten nicht zur Ruhe kommen ließ. Deshalb u.a.
auch – ganz abgesehen von dem Naturbedürfnis nach Arbeit – lasse ich so
sehr ungern eine wirklich fühlbare Pause in der Arbeit eintreten [...]".[82] Im
Sommer 1898 begab er sich in eine Klinik für Nervenkranke, wo er mehrere Monate verbrachte. Von Juli bis November 1900 hielt er sich in einem
Sanatorium in Urach auf.[83] Obwohl er 1902 wieder in einem gewissen
Umfang zu lehren begann, erlitt er doch immer wieder Rückfälle und trat
letztendlich von seiner Professur in Heidelberg zurück, um stattdessen als
Honorarprofessor weiterzuarbeiten. 1904 ging es ihm allerdings gut genug, um als Mitherausgeber des *Archiv für Sozialwissenschaft und Sozialpolitik* zu fungieren. 1907 ermöglichte ihm eine private Erbschaft von Marianne Weber, als Privatgelehrter zu leben und auf die nebenberufliche
Assoziierung mit der Universität zu verzichten. Erst 1918 nahm er ein An-
gebot der Universität Wien an, dort ein Sommersemester lang probehal-
ber zu lehren. Im darauffolgenden Jahr ging er an die Universität München, wo er als Professor für Sozialwissenschaften, Wirtschaftsgeschichte
und Ökonomie tätig war.[84]

Auch wenn unergründet bleibt, woran Weber genau litt, so sind uns doch
einige der Symptome seiner Krankheit bekannt. Jaspers hat sie in ziemlich detaillierten Beobachtungen und Analysen festgehalten. Nach einem
Besuch bei Weber schrieb er am 2. Februar 1910 einen Brief an seine Eltern, in dem er Weber bewunderte, aber auch bemerkte:

> Nur ein Zug wirkt ein wenig beängstigend. Es geht oft ein erregtes Flattern
> über sein Gesicht, die Augen werden eigentümlich stechend und man
> fürchtet, dass er jeden Augenblick möchte geisteskrank werden, wie er
> schon einmal 2 Jahre es fast war. Es ist, wie wenn ein mächtiger Wille dau-

---

[80] Jaspers, *Karl Jaspers in Selbstzeugnissen und Bilddokumenten*, Hans Saner (Hg.)
     (Reinbek bei Hamburg: Rowohlt Verlag, 1970), S. 114.
[81] Marianne Weber, a.a.O., S. 247-268; Radkau, a.a.O., S. 254-315.
[82] Weber in einem Brief an Marianne Weber vom 20. Juli 1894, zitiert in Radkau,
     a.a.O., S. 214.
[83] Radkau, a.a.O., S. 255, 258.
[84] Dirk Kaesler, *Max Weber. Eine Einführung in Leben, Werk und Wirkung*, 3. Aktuali-
     sierte Aufl. (Frankfurt am Main und New York: Campus Verlag, 2003), S. 38.

ernd ein Nervensystem bändige, das sich empören will. Keine Spur von sich gehen lassen.[85]

Zu einer ähnlichen Schlussfolgerung gelangte auch Karl Loewenstein (1891-1973), der Weber ebenfalls gut kannte. Er war zunächst Anwalt, dann Professor für Jura an der Universität München und zuletzt Professor für Politikwissenschaft in den Vereinigten Staaten. Für ihn war Weber „ein dämonischer Mensch. Es haftete ihm auch im Alltag etwas Unberechenbares, Vulkanisches an. Man wußte niemals, wann und wie es ausbrechen würde."[86] Als Weber am 27. Oktober 1916 in einer Bierhalle in München zwei Stunden lang eine unvorbereitete Rede hielt, sprach er vor einem vollkommen gebannten Publikum, doch Loewenstein bemerkte auch, er strahlte „etwas Elementares, manchmal geradezu Titanisches aus [...] Sein vulkanisches Temperament bricht immer wieder durch. Er kann aber auch scherzhaft und von einem grimmigen Humor sein."[87]

Im Juni 1907 schrieb Weber ein pathographisches Selbstbildnis, welches Jaspers zu lesen bekam. Als die Nationalsozialisten an die Macht kamen, empfahl er Marianne Weber, diese Schrift zu vernichten.[88] Aller Wahrscheinlichkeit nach ist sie seinem Rat gefolgt. Wie ein Neffe von Weber, der Philosophie- und Soziologieprofessor Eduard Baumgarten (1898-1982), in einem Brief vom 15. Dezember 1968 an Arthur Mitzman schrieb, betrachtete Jaspers die Pathographie als „einen *Klassiker* ihrer Art, jenseits aller solcher Literatur, die er kenne. Klassisch nicht nur aufgrund ihres Ethos der absoluten Aufrichtigkeit (*nichts* bleibt ungesagt), sondern auch durch all ihre Details, die in extrem minutiöser und drastischer Deutlichkeit dargestellt wurden."[89] In seinen Vorlesungsskripten der Jahre 1960-1961 beschäftigte sich Jaspers eingehender mit Webers Krankheit und folgerte: „In seinem Werk sind keine Symptome zu finden. Die Krankheit berührte die Persönlichkeit nicht, sondern war eine körperlich-vitale im Zusammenhang mit den neurologischen Funktionen, – aber keine organische Erkrankung, sondern eine heilbar funktionelle, unberechenbar, in Schwankungen, verlaufende."[90] In einem Brief vom 29. April

---

[85] Zitat Jaspers, in Suzanne Kirkbright, *Karl Jaspers, A Biography: Navigations in Truth* (New Haven und London: Yale University Press, 2004), S. 251-252.

[86] Loewenstein, a.a.O., S. 36.

[87] Ebd., S. 33.

[88] Dieter Henrich, „Denken im Blick auf Max Weber. Eine Einführung". In *Max Weber. Gesammelte Schriften* (München und Zürich: Piper, 1988), S. 23-24.

[89] Baumgarten zitiert in Arthur Mitzman, *The Iron Cage: An Historical Interpretation of Max Weber* (New Brunswick, NJ und London: Transaction Publishers, 1985), S. 285.

[90] Jaspers, *Die Grossen Philosophen. Nachlaß* 1, S. 649.

1966 an Hannah Arendt (1906-1975) führte Jaspers diesen Punkt weiter aus; es sei „weder Paralyse noch Schizophrenie, sondern etwas bisher nicht Diagnostizierbares. Es gab in seinem Leben die elementaren, irgendwie biologisch begründeten Phasen: höchste Arbeitskraft und Leistung und dann Zusammenbruch, indem er nicht einmal mehr lesen konnte."[91]

Ein deutscher Professor für Psychosomatik und Psychotherapie und eine Soziologin haben gemeinsam die Beleglage untersucht und sind zu dem Schluss gekommen, dass Weber von 1897 bis 1902 eine „schwere depressive Krise, mit mehrfacher Wiederkehr der Symptomatik in den Jahren danach"[92] durchlitten hat. Sie merken auch an, dass Webers Leiden zum größten Teil eine „schöpferische Krankheit" im Sinne von Henri F. Ellenberger (1905-1993) gewesen sei. Diese ist beschrieben als

> ein polymorpher Zustand, der die Form einer Depression, einer Neurose, psychosomatischer Beschwerden oder sogar die Form der Psychose annehmen kann. Welche Symptome auch auftreten mögen, sie werden von dem Leidenden als schmerzhaft, wenn nicht als Qual empfunden; Perioden der Besserung und der Verschlimmerung wechseln sich ab.[93]

Jung litt von 1914 bis 1919 an einer solchen Erkrankung, während derer er nur wenig veröffentlichte.[94] Die Genesung

> erfolgt oft rasch und ist gekennzeichnet durch eine Phase der Erheiterung. Der von dieser Krankheit Befallene geht aus seiner Probe mit einer bleibenden Persönlichkeitswandlung und der Überzeugung hervor, daß er eine große Wahrheit oder eine neue geistige Welt entdeckt hat.[95]

In Webers Fall gab es allerdings keine schnelle und vollständige Genesung, doch bemerkte Marianne Weber eine „neue Phase"[96] in Webers

---

[91] *Hannah Arendt/Karl Jaspers Briefwechsel 1926-1969*, S. 672.

[92] Jörg Frommer und Sabine Frommer, „Max Webers Krankheit – soziologische Aspekte der depressiven Struktur", *Fortschritte der Neurologie-Psychiatrie*, Bd. 61, Nr. 5 (Mai 1993), S. 161.

[93] Henri F. Ellenberger, der *Die Entdeckung des Unbewußten. Geschichte und Entwicklung von den dynamischen Psychiatrie von den Anfängen bis zu Janet, Freud, Adler, und Jung*, übersetzt von Gudrun Heusner-Stampa, v. Autor durchgesehene, zweite verbesserte Taschenbuchauflage (Zürich: Diogenes Verlag, 1996), S. 611.

[94] Ebd., S. 897.

[95] Ebd., S. 611.

[96] Marianne Weber, a.a.O., S. 272.

Produktivität, in der eine Reihe bedeutender Artikel in kurzen Abständen aufeinander folgten.[97]

Jaspers stellte zwei faszinierende Fragen zu Webers Krankheit: „Setzt höchste Erkenntnis Krankheit voraus?" und „Was wäre er ohne die Krankheit?"[98] Krankheit ist selbstverständlich keine notwendige Voraussetzung, um zu einem hohen Wissenstand zu gelangen, gab und gibt es doch zahlreiche gesunde Persönlichkeiten mit außerordentlichen Fähigkeiten, doch bei Weber lieferte die Krankheit einen zusätzlichen Stimulus.

Über ein halbes Jahrhundert lang hielt Jaspers diese Krankheit getrennt von seiner allgemein hohen Wertschätzung und Bewunderung der Person Webers.[99] Doch im Februar 1963 erhielt er von Baumgarten einige der Liebesbriefe, die Weber und seine ehemalige Studentin Else Jaffé, geborene Richthofen (1874-1973), einander geschrieben hatten.[100]

> So war Jaspers mit Liebesbriefen nicht nur von knabenhafter Leidenschaft konfrontiert, sondern mit noch anderen Eigentümlichkeiten, die sich nicht in das Bild des Mannes fügten, der ihm ehedem die Geborgenheit des Geistes gegeben hatte, die ihn auch an Elemente der pathographischen Selbstbeschreibung Webers erinnern mußten.[101]

Die Affäre der beiden begann 1909, wurde aber schon bald unterbrochen, als Else eine Affäre mit Max Webers Bruder Alfred (1868-1958), einem Ökonomen, unterhielt. Sie wurde 1917 wieder aufgenommen und hielt bis zu seinem Tode an. Während der Unterbrechung begann Max Weber 1912 eine Affäre mit der Schweizer Pianistin Mina Tobler (1880-1969).[102] Marianne Weber hatte einen Verdacht, dass ihr Mann eine Affäre mit Jaffé unterhielt, doch als sie sich nach seinem Tod danach erkundigte,

---

[97] Artikel, die sie anführt, sind: „Roscher und Knies und die logischen Probleme der historischen Nationalökomie", *Jahrbuch für Gesetzgebung, Verwaltung und Volkswirtschaft im Deutschen Reich*, Bd. 27, Nr. 3 (1903), 1. Artikel, S. 1181-1221; ebenso ebd., Bd. 29, Nr. 4 (1905), 2. Artikel, S. 1323-1384; Bd. 30, Nr. 1 (1906), 3. Artikel, S. 81-120. Zeitgleich erschien auch „Die protestantische Ethik und der ‚Geist' des Kapitalismus", *Archiv für Sozialwissenschaft und Sozialpolitik*, Bd. 20, Nr. 1 (1904), S. 1-54; Bd. 21, Nr. 1 (1905), S. 1-110; in englischer Sprache erschienen als *The Protestant Ethic and the „Spirit" of Capitalism and other Writings*, herausgegeben und übersetzt von Peter Baehr and Gordon C. Wells (New York: Penguin Books, 2002). Abdruck der Originalartikel samt Änderungen für die Fassung von 1920, *Die protestantische Ethik und der 'Geist' des Kapitalismus*, Klaus Lichtblau und Johannes Weiß (Hg.), 3. Aufl. (Bodenheim: Beltz-Athenäum Verlag, 2000).
[98] Jaspers, *Die Grossen Philosophen. Nachlaß 1*, S. 649.
[99] E-Mail vom 25. September 2006 von Dr. Suzanne Kirkbright.
[100] Radkau, a.a.O., S. 854.
[101] Henrich, a.a.O., S. 24.
[102] Radkau, a.a.O., S. 793, 564.

wies Jaspers diese Verdächtigungen ab und erklärte: „Max Weber war die Wahrheit selber."[103] Dementsprechend war Jaspers zutiefst erschüttert als er erfuhr, dass Weber seiner Ehefrau nicht die Wahrheit gesagt hatte und nahm sich vor, seine Meinung über ihn zu revidieren. Er starb jedoch, bevor er dies tun konnte.[104]

Die zwei Berufe Webers

Es ist kein Zufall, dass Weber über Wissenschaft und Politik als Berufe schrieb und Vorlesungen hielt, denn er war selbst in beiden Bereichen engagiert und trug sein ganzes Leben lang einen inneren Kampf zwischen ihnen aus. Doch gab es auch konzeptuelle Überschneidungen, da nach Webers Ansicht die Leidenschaft eine notwendige Voraussetzung für beide Berufe ist.

Dem ENTP-Typus steht eine große Bandbreite möglicher Berufe offen. Es ist daher nicht verwunderlich, dass Weber „zu wissen glaubte, daß ich in eine ziemlich große Zahl von Stellungen einigermaßen hineinpaßte".[105] Er zweifelte an seiner Hingabe an die Wissenschaft:

> Ein eigentlicher Gelehrter – – – bin ich nun einmal nicht; wissenschaftliche Tätigkeit ist für mich zu fest mit dem Begriff einer Ausfüllung der Mußestunden verknüpft, so sehr ich einsehe, daß die Teilung der Arbeit es mit sich bringt, daß man sie erfolgreich nur bei Hingabe der ganzen Persönlichkeit betreiben kann.[106]

Am 3. Januar 1891 schrieb er an seinen Onkel Hermann Baumgarten (1825-1893) die für einen Extravertierten typischen Worte: „Ich hoffe, daß mir die *pädagogische* Seite des Dozentenberufs, das mir unentbehrliche Gefühl, *praktisch* tätig zu sein, Befriedigung geben wird[...]."[107] Weber war aber auch überzeugt, dass er später in die Politik gehen würde.[108] Diese Ungewissheit blieb bestehen. Marianne Weber beschrieb sie als einen inneren Kampf

> zwischen seinen zwei gleich starken Wesensrichtungen: der aktiven und der kontemplativen, zwischen einem auf vorurteilsfreie, universale, den-

---

[103] Zitat Jaspers, Martin Green, *The von Richthofen Sisters: The Triumphant and the Tragic Modes of Love* (New York: Basic Books, 1974), S. 172-173.

[104] Henrich, a.a.O., S. 10-11.

[105] Zitat Weber in Marianne Weber, a.a.O., S. 197.

[106] Ebd., S. 175.

[107] Ebd.

[108] Ebd., S. 176.

kende Weltbeherrschung gerichteten Intellekt und einer ebenso starken Fähigkeit *Überzeugungen* zu bilden und sich rücksichtslos für sie einzusetzen.[109]

Sie folgerte daraus:

> Seine Neigung richtet sich eindeutiger ins *handelnde* als ins kontemplative Leben. Wissenschaftliche Arbeit, etwa im Rahmen der Jurisprudenz, lockt ihn zwar als interessante Nebenbeschäftigung, nicht aber als Lebensinhalt, denn politische und soziale Interessen erfüllen ihn ebenso stark, und der Willensmensch in ihm sehnt sich nach großen Verantwortungen [...].[110]

So schien er „denn noch mehr als zum Denken [...] zum Kämpfen und Herrschen geboren".[111]

Die Unsicherheit erreichte ihren Höhepunkt in den Jahren 1918-1920. Im Frühling 1918 verkündete Weber: „Nein – ich bin für die Feder und für die Rednertribüne geboren, nicht für den Katheder."[112] Denn „10 freie Vorträge sind nichts gegen 2 Stunden Kolleg."[113] Doch in einem Brief vom 10. Oktober 1918 schrieb er dann: „Mein innerer ‚Beruf' ist: gelehrte Arbeit und gelehrte Fachlehre".[114] Und dennoch wurde er Mitte November 1918 Mitglied der Deutschen Demokratischen Partei (DDP), die hauptsächlich auf das Betreiben seines Bruders Alfred hin gegründet worden war. Vom 2. bis zum 17. Januar hielt Weber eine Vielzahl von Ansprachen für die Partei, wobei er in der Regel „strahlte und litt zugleich".[115] Jaspers begann sich zu sorgen, dass Weber mit seinen Reden und Artikeln zu politischen Themen lediglich Zeit verschwende, „statt sich selbst zu objektivieren".[116] Seine höchst kritischen Reden und Artikel über die deutschen Kriegsanstrengungen und ihre Folgen (1914-1920) sind in zwei Bänden erschienen.[117]

Für die Wahl der Nationalversammlung am 19. Januar 1919 nahm Weber die Nominierung für den obersten Listenplatz der DDP an und war überzeugt, er würde gewählt werden. Allerdings tat er nichts, um seine Kandi-

---

[109] Ebd., S. 329.
[110] Ebd., S. 173.
[111] Ebd., S. 176.
[112] Zitat Weber, ebd., S. 625.
[113] Ebd.
[114] Zitat Weber, in Mommsen, a.a.O., S. 308.
[115] *Hannah Arendt/Karl Jaspers Briefwechsel 1926-1969*, S. 672.
[116] Jaspers, zitiert in Marianne Weber, a.a.O., S. 580.
[117] Siehe: „Zur Politik im Weltkrieg. Schriften und Reden 1914-1918". In *Max Weber Gesamtausgabe* (Tübingen: J.C.B. Mohr (Paul Siebeck), 1984), Abteilung I: Bd. 15, und „Zur Neuordnung Deutschlands. Schriften und Reden 1918-1920". Ebd., 1988, Abteilung I: Bd. 16.

datur zu stützen. Als dann der Entschluss der Kommunalpartei von einer höheren Parteiorganisation gekippt und sein Name auf einen wenig erfolgversprechenden Platz in der Liste gesetzt wurde, zog Weber seine Kandidatur zurück.[118] Marianne Weber bemerkte, dass Weber es als „unangemessen"[119] betrachtete, die üblichen Anstrengungen innerhalb der Parteistrukturen zu unternehmen, um Unterstützung zu gewinnen. Er wollte lieber, dass ihn eine „Berufung" ereile, „auf die er im tiefsten Grunde wartet".[120] Dies stimmt mit Jaspers allgemeiner Einschätzung überein, dass Weber durchaus für ein höheres politisches Amt geeignet sei, jedoch nur, „wenn man ihn *rufen* wollte".[121]

Darüber hinaus war Weber in den Jahren 1918/1919 auf politischem Gebiet vor allem als Berater tätig, und zwar sowohl für die deutsche Delegation bei den Verhandlungen zum Friedensvertrag von Versailles als auch für eine Kommission, die die Weimarer Verfassung entwarf.[122] Zwar gelang es ihm, einen vom Volk gewählten Reichspräsidenten zu erhalten, doch war das noch weit entfernt von der von ihm präferierten plebiszitären Führungsdemokratie.[123] Am 14. April 1920 trat Weber wegen einer politischen Auseinandersetzung aus der DDP aus, wobei er anmerkte: „Der Politiker soll und muss Kompromisse schließen. Aber ich bin von Beruf: Gelehrter. [...] Der Gelehrte darf keine Kompromisse schließen und ‚Unsinn' *nicht ‚decken'.*"[124] Sein Rücktritt deutete sich schon in seiner Rede vom 19. Januar 1920 vor den Studenten an der Münchner Universität an, als er sagte: „Solange aber von rechts nach links Irrsinnige in der Politik ihr Wesen treiben, halte ich mich fern von ihr."[125] Hätte er aber lange genug gelebt, um die Hyperinflation von 1923, die Massenarbeitslosigkeit der frühen 1930er und die Machtübernahme der Nationalsozialisten mitzuerleben, so hätte er sich zweifelsohne wieder politisch engagiert und wäre den Politikern und ihrer Politik gegenüber ebenso kritisch gewesen wie zuvor.

Der österreichische Ökonom und Diplomat Felix Somary (1881-1956), der mit Weber bekannt war, bemerkte, dass dieser „niemals wirklich in der Lage war, seinen außerordentlichen intellektuellen und geistigen Kräften

---

[118] Mommsen, a.a.O., S. 329-331.
[119] Marianne Weber, a.a.O., S. 665.
[120] Ebd.
[121] Jaspers, „Max Weber. Politiker – Forscher – Philosoph (1932)", S. 67.
[122] Marianne Weber, a.a.O., S. 660-670; Mommsen, a.a.O., S. 340-415.
[123] Mommsen, a.a.O., S. 427.
[124] Zitat Weber, ebd., S. 334.
[125] Zitat Weber, in Marianne Weber, a.a.O., S. 685.

vollkommenen Ausdruck zu verleihen".[126] Politisch gesehen, war er ein „Eigenbrötler".[127] Seine Polemik war „wie ein ein-Mann Guerillakrieg gegen den kindischen Enthusiasmus seiner Zeitgenossen: was er ‚die Macht der Dummheit' nannte".[128] Webers „eigenes politisches Verhalten entsprach in kritischen Situationen ebenfalls mehr dem gesinnungsethischen als dem verantwortungsethischen Modell".[129]

Loewenstein kam zu dem Schluss, Weber hätte, wenn er die ihm zustehende politische Führungsposition erlangt hätte, „in der Politik nach seinem Temperament und seinen Kenntnissen wohl eine grandiose Figur abgegeben, aber so viel Anstoß erregt, daß er sich nur Feinde geschaffen hätte".[130] Selbst Jaspers meinte in einem Brief vom 24. März 1964 an Arendt, dass, wäre Weber ein Staatsmann geworden, er „gescheitert" wäre, „und wohl schnell, weil er irgendwo zu viel Vertrauen oder zu viel Ritterlichkeit gehabt hätte. Was er wußte, hätte er im Ernstfalle vermutlich nicht tun können."[131] Webers „Scheitern war wesentlich, da er das menschlich Wahre, aber faktisch Unmögliche wollte".[132]

Während seiner politisch aktiven Zeit kamen Weber Bedenken, ob seine materiellen Umstände es ihm erlauben würden, seine wissenschaftliche Arbeit fortzusetzen. Im schon erwähnten Brief vom 10. Oktober 1918 merkte er auch an:

> Leute wie *ich* sind nun äußerlich wie innerlich ‚Luxusexistenzen' [...] Eine Arbeit, wie ich sie leisten kann, bezahlt sich schlechterdings *nicht* – und mit Recht. Denn die Nation wird jetzt für ihr Brot hart zu ringen haben und für Gelehrte kann sie dann nichts übrig haben. [...] Also werde ich mich umzustellen versuchen müssen, wie? worauf? weiß ich noch nicht.[133]

Im April oder Mai 1920 erwähnte er in einem Brief aus München ebendiese Möglichkeit, dass er sich nach einer anderen Anstellung umschauen müsste, äußerte sich dabei jedoch noch kritischer gegenüber der Wissenschaft als Beruf: „Da müßte ich halt – und hätte nichts dagegen – *hier* in eine Zeitung oder einen Verlag eintreten, statt Professor zu spielen. Sol-

---

[126] Felix Somary, zitiert in Paul Honingsheim, *The Unknown Max Weber*, Alan Sica (Hg.) (New Brunswick, NJ und London: Transaction Publishers, 2000), S. xi.

[127] Mommsen, „Introduction". In Mommsen und Jürgen Osterhammel (Hg.), *Max Weber and his Contemporaries* (London: Allen & Unwin, 1987), S. 12.

[128] Mitzman, „Personal Conflict and Ideological Options in Sombart and Weber". Ebd., S. 99.

[129] Mommsen, *Max Weber und die deutsche Politik, 1890-1920*, S. 472.

[130] Loewenstein, a.a.O., S. 36.

[131] *Hannah Arendt/Karl Jaspers Briefwechsel 1926-1969*, S. 584-585.

[132] Jaspers, „Max Weber. Politiker – Forscher – Philosoph (1932)", S. 111.

[133] Zitat Weber in Mommsen, *Max Weber und die deutsche Politik 1890-1920*, S. 309.

che Verwaltungsarbeit kann ich ja besser leisten, als diese Kolleg-Schwätzerei, die mich seelisch *nie* befriedigt."[134] Selbst wenn man das Ausmaß der deutschen Niederlage bedenkt, so ist es doch bemerkenswert, wie stark Weber das nationale Interesse über sein eigenes berufliches gestellt hat. Solche Äußerungen weisen sowohl auf Leidenschaft hin, als auch auf eine Überreaktion auf äußere Umstände und eine unzureichend entwickelte urteilende Funktion. Sie erinnern an seine anfängliche Reaktion auf den Ersten Weltkrieg, als er am 28. August 1914 erklärte: *„Denn einerlei wie der Erfolg ist – dieser Krieg ist groß und wunderbar."*[135] Doch als der Krieg für Deutschland eine schlechte Wendung genommen hatte, hörte Löwenstein „selbst mehrmals von ihm die Worte: ‚Ich würde dem Fatzke [Wilhelm II (1859-1941), deutscher Kaiser von 1888-1918] persönlich den Hals umdrehen und ihn erwürgen, wenn sie mich nur an ihn heranließen.'"[136]

Reinhard Bendix (1916-1991) vermerkte, Weber „versuchte stets, ein Mann der Wissenschaft zu sein mit all der energischen Lebenskraft, die eher einem Mann der Tat zu Gute steht, und gleichzeitig ein Mann der Tat, mit all der ethischen Strenge und persönlichen Distanz, die eher zu einem Wissenschaftler passt".[137] In dieser annähernden Gleichzeitigkeit von Tatendrang einerseits und Distanziertheit andererseits lassen sich deutlich die „persönlichen und intellektuellen Spannungen, die sein Leben beherrschten und kreativ machten",[138] wiedererkennen. Somary betrachtete ihn als einen „ruhelosen, nervösen Typen [...] einer mit grundfesten Überzeugungen, für die er mit jeder Pore seines Körpers eintrat".[139] Zudem führten „seine hohen Ansprüche im wissenschaftlichen und politischen Kontext dazu, dass er von der aktiven Teilnahme, nach der er bewusst strebte, ausgeschlossen war".[140]

Laut Marianne Weber war Max Weber vielen seiner wissenschaftlichen Kollegen „nur als ein unbequemer, erregbarer Mann bekannt, dessen geistige Überlegenheit lastend, dessen ethische Maßstäbe überspannt, dessen stete Kritik am politischen Verhalten des eigenen Kreises beunruhigend war".[141] Auch Jaspers erwähnte Webers „sittliche Unbedingtheit",

---

[134] Zitat Weber in Marianne Weber, a.a.O., S. 706.
[135] Ebd., S. 530.
[136] Zitat Weber in Loewenstein, a.a.O., S. 33.
[137] Bendix, a.a.O., S. 6.
[138] Ebd., S. 10.
[139] Somary zitiert in Honingsheim, a.a.O., S. xi.
[140] Bendix, a.a.O., S. 9.
[141] Marianne Weber, a.a.O., S. 679.

betonte jedoch, dass sie frei von Fanatismus war.[142] Er bemerkte auch, dass „sein moralisches Fordern nicht bequem wirkte; er war für jeden, der sich nicht ganz absperrte, das lebendige Gewissen".[143] Die meisten Wissenschaftler, die Weber kannten, „hatten Furcht vor ihm. Sein bloßes Dasein war wie ein Vorwurf".[144] Jaspers räumte ein, dass „sein Temperament ihn zum Übermaß im Affekt, zu augenblicklichen Ungerechtigkeiten führte, – aber wunderbar, wie dieser Mann das bekannte, und für große Aufgaben, die häufige, augenblickliche Entscheidungen verlangen, seine Fähigkeit bezweifelte: ‚Ich mache Fehler'."[145] Was geschah „war nur der korrigierbare Affekt des Augenblicks".[146]

Da bei Weber die Funktionen des Fühlens und des Empfindens die am wenigsten bevorzugten und somit am schlechtesten entwickelten waren, war er sich nicht der Auswirkung seiner Handlungen auf Andere bewusst. Dies zeigt sich beispielsweise in seiner scharfen Kritik am Pazifismus Friedrich W. Försters in *Politik als Beruf*, die auf unzutreffenden Informationen beruhte. [147] Es ist wohl auch kein Zufall, dass es in seinem Ideal einer rationalen Bürokratie "keinen Platz für das unbewusste Leben innerhalb rationale Organisationen gibt".[148] Dieses wird "so heftig" unterdrückt, dass „seine normalerweise positive Funktionsweise ins Negative gekehrt wird".[149] So entsteht ein psychisches Ungleichgewicht, das der "Gefühlsseite des Lebens einer Person ernsthaften Schaden zufügen kann".[150]

Im Wesentlichen aber kann sein Verhalten damit erklärt werden, dass sich bei extravertiert Intuitiven, die keine Möglichkeit finden, ihre Fähigkeiten vollkommen zum Ausdruck zu bringen, ein „Gefühl von Gefangenschaft, Langeweile und extremer Unzufriedenheit"[151] einstellt. So können sie dazu tendieren, andere für ihre Inkompetenzen zu kritisieren.[152] Dieser Aspekt wird in dem Abschnitt über Webers Artikel zu Hochschulen eingehender beleuchtet. Doch wird hier ein grundlegenderer Gesichtspunkt

---

[142] Jaspers, „Max Weber. Politiker – Forscher – Philosoph (1932)", S. 51.
[143] Jaspers, „Max Weber. Eine Gedenkrede (1920)", S. 38.
[144] Jaspers, *Die Grossen Philosophen. Nachlaß 1*, S. 651.
[145] Jaspers, „Max Weber. Eine Gedenkrede (1920)", S. 38.
[146] Ebd.
[147] S. Fußnote 101.
[148] Kaaren H. Jacobson,"Where There is Power,There is no Eros: A Jungian Interpretation of the Weberian Legacy", *American Review of Public Administration*, Bd. 25, Nr. 1 (März, 1995), S. 25.
[149] Ebd., S. 22.
[150] Ebd.
[151] Myers und Myers, a.a.O., S. 107.
[152] Myers, ebd., S. 14.

aufgeworfen, der schon von Marianne Weber und von Jaspers erwähnt wurde. Bei all seinen typologischen Problemen kann man doch behaupten, dass Weber immer für das Allgemeinwohl gehandelt hat. In Jaspers Worten ging sein „Kampf" im Wesentlichen „um die Gerechtigkeit"[153] und die Wahrheit. Webers Kollegen nahmen seine Kritik zu persönlich, ohne zu begreifen, worum es wirklich ging. Dafür zahlte er einen hohen Preis. Als Weber 1903 seine Professur niederlegte, verlor er, zu seiner großen Enttäuschung, trotz der Beibehaltung einer Honorarprofessur sowohl die Mitgliedschaft als auch sein Mitspracherecht an der Fakultät.[154] Und obwohl damals Ehrendoktortitel zuhauf verliehen wurden, blieb Weber diese Ehre verwehrt.[155] Marianne Weber hingegen erhielt 1922 einen Ehrendoktor in Jura an der Universität Heidelberg. Als Weber am 14. Juni 1920 starb, unterband der Senat eine offizielle Trauerfeier an der Universität Heidelberg. Auf Einladung der Studentenschaft hielt Jaspers am 17. Juli des Jahres eine Gedenkrede.

Wissenschaft als Beruf

Obwohl Weber eine breite Themenpalette behandelt, konzentriert sich doch vieles auf die Bedeutung und den Wert der Wissenschaft und die Grenzen derselben. In der Wissenschaft ist es notwendig, den Ist-Zustand vom Soll-Zustand zu unterscheiden; Voraussetzung dafür ist, dass Wissenschaft „wertfrei" ist. Webers Wissenschaftsbegriff hat zahlreiche Debatten und Kontroversen hervorgerufen.[156]

Diese Fragen sollen jedoch hier nicht näher in den Blick genommen werden. Vielmehr stehen die bisher vernachlässigten Themen im Vordergrund der Betrachtung; dazu gehört z.B. die Frage, welche Voraussetzungen man für eine Wissenschaftlerlaufbahn mitbringen sollte und welche Erwartungen man an eine solche haben kann. Der einschlägige Vortrag Webers und seine Artikel zur Welt der Wissenschaft sind nach wie vor die besten Einführungen in diese Thematik.

---

[153] Jaspers, „Max Weber. Politiker – Forscher – Philosoph (1932)", S. 104.

[154] Marianne Weber, a.a.O., S. 276.

[155] Jaspers, *Die Grossen Philosophen. Nachlaß 1*, S. 651.

[156] Eine umfassende Darstellung seiner Ansichten und der Diskussion findet sich in Nicholas Gane, *Max Weber and Postmodern Theory: Rationalization versus Re-enchantment* (Basingstoke: Palgrave, 2002), S. 45, 63, 163-164. Siehe auch sein bereits erwähnter Artikel von 1904 und "Der Sinn der 'Wertfreiheit' der soziologischen und ökonomischen Wissenschaften", *Logos*, Bd. VII, Heft 1 (1917/18), S. 40-88, beide nachgedruckt in Johannes Winckelmann (Hg.), *Gesammelte Aufsätze zur Wissenschaftslehre*, 7. Auflage (Tübingen:J.C.B. Mohr (Paul Siebeck), 1988, S. 146-246 bzw. 489-540.

Wenn Weber von den „exakten Naturwissenschaften" spricht, meint er damit zum größten Teil die Lebens- und physikalischen Wissenschaften, obwohl er dies nicht explizit sagt. Es handele sich dabei um solche Disziplinen, in denen man erwarten könne, dass die eigene Arbeit wissenschaftlich überholt werden kann, was in den Geisteswissenschaften nicht der Fall sei. Die Sozialwissenschaften hingegen seien weiterhin von Kontroversen über ihren Inhalt, ihre Methodik und ihre Ziele bestimmt, und können zwischen den Naturwissenschaften und den Geisteswissenschaften eingeordnet werden.

Ein ähnliches Definitionsproblem besteht bei dem Begriff „Beruf", der einerseits eine institutionalisierte Tätigkeit bezeichnen kann, der aber andererseits auch einen deutlichen Anklang an die Begriffe „Ruf" oder „Berufung" aufweist. So spricht Weber denn auch davon, dass man „sich zum Gelehrten berufen" fühle. Wenn man eine *innere* Berufung" verspürt, müssen sechs Voraussetzungen erfüllt sein: systematische Arbeit, Talent, völlige Hingabe an das gewählte Thema, Phantasie, Leidenschaft und Inspiration, wobei letztere entscheidend ist; aber der Erfolg ist nie sicher. Die Organisation der Forschung hat sich jedoch selbst in den Sozialwissenschaften so sehr verändert, dass es immer mehr kollektive Großprojekte gibt, die dem Ausleben der eigenen Leidenschaften entgegenstehen.

Obwohl Weber den „äußeren Verhältnissen" der wissenschaftlichen Tätigkeit nur wenige Seiten widmet, sind sie doch ebenso wichtig wie diese *innere* Berufung" und verdienen weitaus mehr Aufmerksamkeit, als ihnen bislang zu Teil wurde. Abraham H. Maslow (1908-1970) hat sich diesem Aspekt eingehend gewidmet und das explizit gemacht, was Weber nur angedeutet hatte. Im Sinne seiner Bedürfnishierarchie ist auf der fünften und damit höchsten Stufe zu erwarten, dass eine

> Unzufriedenheit und Unruhe entsteht, wenn der einzelne nicht das tut, wofür er, als Individuum, geeignet ist. Musiker müssen Musik machen, Künstler malen, Dichter schreiben, wenn sie sich letztlich in Frieden mit sich selbst befinden wollen. Was ein Mensch sein *kann*, *muß* er sein. Er muß seiner eigenen Natur treu bleiben. Dieses Bedürfnis bezeichnen wir als Selbstverwirklichung.[157]

Dies ist, letztendlich, die Verwirklichung eines jeden *inneren* Berufes". Das, was Weber als den „materiellen Sinn" bezeichnet, entspricht den ersten beiden Stufen bei Maslow: dem Bedürfnis nach Nahrung, Obdach, Kleidung, Sicherheit, Stabilität, Schutz, Struktur, Ordnung und Gesetz.

---

[157] Abraham H. Maslow, *Motivation und Persönlichkeit*, übersetzt von Paul Kruntorad, 10. Aufl. (Reinbek bei Hamburg: Rowohlt Taschenbuch Verlag, 2005), S. 73-74.

Auf der dritten Stufe sind die psychosozialen Bedürfnisse nach Liebe und Zugehörigkeit angesiedelt. Dem folgen auf der vierten Stufe die Bedürfnisse nach Errungenschaften, Fähigkeiten, Ansehen, Status, Ruhm, Würde und Anerkennung.[158]

Alfred Weber, der die politischen und sozio-ökonomischen Ansichten seiner Bruders teilte, bemerkte 1923, dass sich die Intellektuellen aufgrund ihrer Überqualifikation mit widrigen „äußeren Verhältnissen" konfrontiert sahen, namentlich Arbeitslosigkeit und Unterbeschäftigung. Er stellte auf geradezu prophetische Weise fest: „Die Frage des Schicksals der geistigen Arbeiter ist heute ein Weltproblem [...]."[159] Im Gegensatz zur Zwischenkriegszeit ist der gegenwärtige Zustand seit den 1970er Jahren wahrhaft global, und hat eine ganz andere Qualität. Denn heutzutage sind weitaus mehr Akademiker, sowohl aus entwickelten als auch aus Entwicklungsländern, davon betroffen, und es handelt sich um einen Dauerzustand auf einem globalen Arbeitsmarkt, der zahlreiche Fachgebiete und Berufe betrifft.[160]

Ganz wie Weber es vorausgesehen hatte, haben sich das deutsche und das amerikanische Hochschulsystem deutlich aufeinander zubewegt. Spätestens seit 2002 versucht Deutschland, das anglo-amerikanische Studienmodell in seinen wesentlichen Zügen einzuführen, angefangen bei den Bachelorabschlüssen bis hin zu Juniorprofessuren[161] und der wachsenden Bedeutung des Englischen als Sprache der Lehre - ganz zu schweigen von dem Gebrauch englischer Terminologie ohne deutsche Übersetzung, wie schon Weber selbst sie verwandt hatte.

---

[158] Ebd., S. 62-74.

[159] Alfred Weber, *Die Not der geistigen Arbeiter* (München und Leipzig: Duncker & Humblot, 1923), S. 6. Siehe auch Dreijmanis, „Weimar, Washington, and Beyond: the Plight of the Intelligentsia", *Educational Studies*, Bd. 9, Nr. 3 (Herbst 1978), S. 255-265.

[160] Allan M. Cartter, *Ph.D.'s and the Academic Labor Market* (New York: McGraw-Hill, 1976); Marzio Barbagli, *Educating for Unemployment: Politics, Labor Markets, and the School System – Italy 1859-1973*, übersetzt von Robert H. Ross (New York: Columbia University Press, 1982); H.G. Kaufman, *Professionals in Search of Work: Coping with the Stress of Job Loss and Underemployment* (New York: John Wiley & Sons, 1982); Dreijmanis, „Higher Education and Employment: A Problematic Relationship", *Higher Education in Europe*, Bd. XXII, Nr. 4 (Dezember 1997), S. 485-493; Dreijmanis, „Is Graduate Employment a Right?", *Higher Education Review*, Bd. 36, Nr. 3 (Sommer 2004), S. 54-60.

[161] Bundesministerium für Bildung und Forschung, *Hochschulrahmengesetz* (Bonn 2002). Für aktuellere Informationen über das deutsche Hochschulsystem, siehe Deutscher Hochschulverband, Website: www.hochschulverband.de.

Weber merkte an, dass trotz der vermeintlichen Meritokratie, die das Auswahlverfahren an den Hochschulen bestimmen sollte, der Zufall doch eine große Rolle spiele. Dieser Aspekt ist durchaus heikel und so erstaunt es nicht, dass bislang nur wenige Arbeiten darüber verfasst worden sind.[162] Das gesamte Auswahlverfahren ist heute zunehmend von Bürokratie und Wettbewerb bestimmt. Die Auswahl von Kandidaten, zumal wenn viele angemessen qualifizierte Bewerber vorhanden sind, bedarf genauerer und vergleichender Studien.[163]

Ein ebenso heikler und wenig erforschter Aspekt ist der spürbare Anspruch, dass Wissenschaftler sowohl Forscher als auch Lehrer sein müssen, da es nur wenige reine Forschungsprofessuren gibt. Weber stellt zu Recht fest, dass diese beiden Aufgabenbereiche nicht identisch seien, und sich daraus ein Rollenkonflikt ergeben könne. Als Beispiele nennt er Hermann von Helmholtz (1821-1894), einen der größten Naturwissenschaftler des 19. Jahrhunderts, der laut Jung ein Introvertierter war,[164] und den wahrscheinlich ebenfalls introvertierten Leopold von Ranke (1795-1886), einen Historiker, der die westliche Geschichtsschreibung nachhaltig beeinflusst hat.

Als Wurzel des Problems identifiziert Jung „einen der großen Irrtümer unserer [westlichen] Kultur, nämlich den Aberglauben an das Sagen und Darstellen, die maßlose Überschätzung des Belehrens durch Worte und durch Methoden".[165] In der westlichen Zivilisation ist die Extraversion die maßgebende Einstellung.[166] Extravertierte stehen in einem Verhältnis von drei zu eins zu Introvertierten.[167] Selbst unter den Studenten sind die Extravertierten in der Überzahl, zumindest in den Vereinigten Staaten. Von 1971 bis 1982 lag der Anteil der Extravertierten unter den männlichen Studenten in den Vereinigten Staaten bei 51,18 Prozent, der der Introvertierten bei 48,82 Prozent. Bei den Studentinnen betrugen die Anteile 59,76 bzw. 40,24 Prozent.[168] Im Verlauf des Studiums wuchs der Anteil der Introvertierten auf über 50 Prozent, wie die Zahlen unter den Medizinern beweisen, die im gleichen Zeitraum 58,48 Prozent introvertierte und

---

[162] Theodore Caplow und Reece J. McGee, *The Academic Marketplace* (New Brunswick, NJ und London: Transaction Publishers, 2001 [1958]).

[163] Dreijmanis, „An Institute for the Study of Academia?", *Higher Education Review*, Bd. 37, Nr. 1 (Herbst 2004), S. 61-62.

[164] Jung, a.a.O., S. 353.

[165] Ebd., S. 440.

[166] Ebd., S. 404.

[167] Myers und Myers, a.a.O., S. 54.

[168] Gerald P. Macdaid, Mary H. McCaulley und Richard I. Kainz, *Atlas of Type Tables* (Gainesville, FL: Center for Applications of Psychological Type, 1986), S. 61, 54.

41,52 Prozent extravertierte Personen aufwiesen.[169] Die Gesamtheit der amerikanischen Hochschuldozenten in der Zeit von 1971 bis 1984 bestand aus 54,21 Prozent Introvertierten und 45,79 Prozent Extrovertierten.[170] Zwar gibt es Unterschiede zwischen den verschiedenen Ländern und wissenschaftlichen Disziplinen, doch ist die Tendenz zur Introversion bei höherer Qualifikation unübersehbar. Obwohl introvertierte Persönlichkeiten die Mehrheit der Professorenschaft darstellen, ist bislang wenig beachtet worden, wie schwierig es für sie sein muss, in ihren Vorlesungen großen Gruppen junger Studenten gegenüberzustehen. Diese typologische Dissonanz hat bisher niemand berücksichtigt. Indes hält sich hartnäckig die Mär, dass alle Wissenschaftler Lehrer, Forscher und zunehmend auch Manager sein *müssen*, mit dem Ergebnis, dass viele der Introvertierten versuchen, ihre Lehraufgabe so gering wie möglich zu halten, indem sie möglichst wenige Seminare anbieten und große Vorlesungen ihren Mitarbeitern überlassen.

Was nun Weber betrifft, so folgte er auf eine Reihe großer deutscher Philosophen, die alle introvertiert waren – Immanuel Kant (1724-1804), Georg W. F. Hegel (1770-1831), Arthur Schopenhauer (1788-1860) und Friedrich W. Nietzsche (1844-1900).[171] Die letzten drei waren ausgeprägt introvertierte Intuitive. Bei Hegel und Schopenhauer lag „die Intuition unterhalb des Intellekts, bei NIETZSCHE jedoch oberhalb".[172] Weber war mit seiner extravertierten Intuition und seiner leistungsstarken introvertierten Denkfunktion ein „Phänomen" sowohl für die Allgemeinheit als auch für seine Studenten. Die Wissenschaft verlangt nach zunehmender Spezialisierung, doch Weber tat genau das Gegenteil.

Zu guter Letzt lenkt Weber die Aufmerksamkeit auf die unterschiedlichen Eigenschaften, die ein Wissenschaftler oder Politiker haben sollte (abgesehen von der beiden gemeinsamen Leidenschaft), doch er geht nicht darauf ein, warum er meinte, dass er selber die notwendigen Voraussetzungen erfüllte, diese beiden Berufe auszuüben. In unseren heutigen bürokratisierten, überreglementierten und unterfinanzierten Hochschulen könnte man sagen, dass - ebenso wie in der Politik - nur derjenige wirklich dazu *berufen* ist, der trotz allem immer noch „dennoch!" zu sagen vermag.

---

[169] Ebd., S. 376.
[170] Ebd., S. 255.
[171] Jung, a.a.O., S. 332, 346.
[172] Ebd., S. 346.

Artikel zu Hochschulen

Nous sommes non seulement responsables de ce que nous faisons, mais aussi de ce que nous ne faisons pas. (Wir sind nicht nur verantwortlich für das, was wir tun, sondern auch für das, was wir nicht tun.)

Jean-Baptiste Molière (1622-1673) zugeschrieben

Die hier in Rede stehenden Artikel können als wissenschaftliche Fallstudien zu Fragen gelten, die Weber am Herzen lagen. Sie zeigen, dass Weber keine Angst hatte, auch gegen die Mächtigen die Wahrheit auszusprechen. Er „war vollständig furchtlos [...]",[173] wie Loewenstein bemerkte, und so kritisierte er alle, die Kritik verdient hatten, von der preußischen Unterrichtsverwaltung bis hin zu seinen Kollegen und Studenten. Doch ebenso lobte er, wem Lob gebührte, wie man im Fall von Gustav von Schmoller sehen kann (siehe Artikel 4). Viele dieser Artikel sind beispielhaft für Webers legalistische Herangehensweise, insbesondere jene über Ludwig Bernhard, Michels, Richard Ehrenberg und Friedrich T. Althoff. „Er behandelt seine Materie mit der Leidenschaft des Anwalts für die Sache seiner Partei und mit der kühlen, leidenschaftslosen Gelassenheit, Gewissenhaftigkeit und Mitleidlosigkeit des Richters, der nur dazu da ist, das Gesetz anzuwenden."[174]

Wie schon angedeutet, kämpfte Weber für Gerechtigkeit und Wahrheit. Joachim Radkau bemerkte dazu: „Die Wissenschaft war für Weber auf die Wahrheit verpflichtet; darin bestand die Ehre des Wissenschaftlers. Wahrheit und Ehre hängen für ihn zusammen."[175] Loewenstein beobachtete bei Weber einen „angeborenen und unbeugsamen Gerechtigkeitssinn, der ihn zwang, für den einzutreten, von dem er glaubte, daß er zu Unrecht verfolgt wird".[176] Ähnlich betrachtete es auch Somary: „Er gab niemals auf zu kämpfen, selbst wenn es nur um Kleinigkeiten ging."[177] Weber verteidigte die Autonomie der Hochschulen gegen einen mächtigen Staat und das, was wir heute als eine Kultur des Managertums bezeichnen könnten. Hingegen forderte er nicht, dass der Beamtenstatus für Professoren abgeschafft werden solle, insbesondere nicht das staatliche Berufungsrecht für Professoren – was der Hintergrund des Falles Bernhard gewesen war (siehe Artikel 1-3 und 5). In Deutschland sind Pro-

---

[173] Loewenstein, a.a.O., S. 36.
[174] Arthur Salz, *Für die Wissenschaft. Gegen die Gebildeten unter ihren Verächtern* (München: Drei Masken Verlag, 1921), S. 39.
[175] Radkau, a.a.O., S. 641.
[176] Loewenstein, a.a.O., S. 35.
[177] Zitat Somary, in Honingsheim, a.a.O., S. xi.

fessoren traditionell Beamte, die auf der Grundlage einer von der Hochschule einzureichenden Berufungsliste, die gewöhnlich drei Kandidaten umfasst, vom Wissenschaftsminister des jeweiligen Bundeslandes ernannt werden. Das Ministerium kann die Reihung der Kandidaten ändern oder gar die Liste zurückweisen. Professor Bernhard begang den Fehler, vor seiner Ernennung nicht die Fakultät zu konsultieren. Man fand jedoch eine Kompromisslösung derart, dass seine Lehrtätigkeit auf Spezialvorlesungen beschränkt wurde.

Weber ging auf drei Fragen von dauerhafter Bedeutung ein: die Selbständigkeit der Hochschulen, die Wissenschaftsfreiheit und die Wertfreiheit. Artikel 19-21, 23-25 und 27-28 behandeln Webers Kritik des Preußischen Hochschulwesens unter Althoff. Zu einer ausführlichen Analyse seiner Kritik am „System Althoff", siehe Rüdiger vom Bruch, "Max Webers Kritik am "System Althoff", *Berliner Journal für Soziologie*, Bd. 5, Heft 3 (September, 1995), S. 313-326; zu einer allgemeineren Erörterung von Althoffs Persönlichkeit, siehe Bernhard vom Brocke, „Von der Wissenschaftsverwaltung zur Wissenschaftspolitik. Friedrich Althoff (19.2.1839-10.10.1908)", *Berichte zur Wissenschaftsverwaltung*, Bd. 11, Heft 1 (März 1988), S. 1-26. In Artikel 9 behauptete Weber auch, dass Universitäten „keine Anstalten [sind], welche Gesinnungsunterricht zu treiben haben". Darüber hinaus „lehren sie nicht und können *nicht* lehren: was geschehen *soll* ..." (Ebd.). Daher gehören „Werturteile (...) überhaupt nicht auf das Katheder..." (Artikel 10). Damit präzisiert er seine Position in *Wissenschaft als Beruf*, dergemäß Lehrende nicht ihre eigenen Werturteile aufzwingen sollten. In diesen Artikeln zeigt Weber auch, dass er recht direkt und prägnant schreiben kann, im Gegensatz zu seiner üblichen Ausdrucksweise.

Vieles hat sich inzwischen an den Hochschulen in Deutschland, den Vereinigten Staaten und der ganzen Welt verändert. Dennoch entspricht die heutige Lage jener in dem bekannten italienischen Sprichwort: *I musicisti cambiano, ma la musica rimane la stessa* (die Musiker ändern sich, doch die Musik bleibt die gleiche). Wäre Weber heute zugegen, so sähe er sich mit einer wachsenden Zahl von Wissenschaftlern auf befristeten Stellen konfrontiert, die keine oder nur geringe Aussichten auf eine Festanstellung haben. Er sähe Altersdiskriminierung und Frauen, die im privaten Sektor bei gleicher Qualifikation geringere Gehälter beziehen, ganz zu schweigen von Arbeitslosigkeit und Unterbeschäftigung und weiteren bedauerlichen und verurteilungswürdigen Entwicklungen. Webers Vermächtnis besteht darin, deutlich gemacht zu haben, dass das, was die Wissenschaft an Wahrheit und Gerechtigkeit der Weltverkündet, auch intern erkämpft und realisiert werden muss.

Politik als Beruf

Dieser Aufsatz stellt eine Einführung in Webers sozialpolitische und religionsethische Schriften dar. Er liefert weithin anerkannte Definitionen des Staates, der Politik und der drei Quellen legitimer Autorität – Tradition, Charisma und Legalität. Schwerpunktmäßig behandelt er die charismatische Führung, die seine eigene Präferenz darstellte; daher erfolgt keine vertiefte Erörterung von Berufen, die auf Tradition oder Legalität beruhen, sieht man von einer kurzen Kritik des deutschen Parteiensystems ab. Für einen Politiker waren drei Eigenschaften vornehmlich entscheidend: Leidenschaft, Verantwortungsethik und Augenmaß. Weber nimmt eine strikte Zweiteilung zwischen Gesinnungsethik und Verantwortungsethik vor, obwohl er diese schließlich als komplementär ansah. Diese beiden Ethiken haben zu zahlreichen Debatten und Kontroversen geführt.[178] In gleichermaßen krasser Weise unterschied Weber zwischen einer "führerlosen Demokratie" und einer "Führungsdemokratie" – ein für Deutschland äußerst relevantes Thema.[179] Obwohl man solche Dichotomien als didaktische Instrumente auffassen kann, war letztere sicherlich völlig überzogen.

Trotz Webers einleitender Absichtserklärung, sich nicht zu der Frage zu äußern, *"welche* Politik man treiben ... *soll"*[180], bringt er seine Präferenz für eine plebiszitäre Führungsdemokratie zum Ausdruck, was seiner eigenen Ansicht widerspricht, dass Hochschuldozenten Studierenden nicht ihre eigenen Werturteile aufzwingen sollten; außerdem geht er auf seine Vorstellung von einer wertfreien Wissenschaft ein. Zwar fand die Vorlesung nicht in einem normalen Vorlesungssaal statt, aber die Hörerschaft bestand im Wesentlichen aus Studenten, und Weber wandte sich an diese als Wissenschaftler.

Schließlich gab Weber in einem Gespräch mit General Erich F.W. Ludendorff (1865-1937) am 30. Mai 1919 ein noch stärkeres Bekenntnis zur plebiszitären Führungsdemokratie ab. Auf Ludendorffs Frage, wie er Demokratie definieren würde, antwortete Weber:

> „In der Demokratie wählt das Volk seinen Führer, dem es vertraut. Dann sagt der Gewählte: ‚Nun haltet den Mund und pariert.' Volk und Parteien dürfen ihm nicht mehr hineinreden."

---

[178] S. Gane, a.a.O., S. 64-79, 164-167.
[179] Weber, *Politik als Beruf*, S. 213.
[180] Ebd., S. 174.

Ludendorff: „Solche ‚Demokratie' kann mir gefallen!"

Weber: „Nachher kann das Volk richten – hat der Führer Fehler gemacht – an den Galgen mit ihm! – – – – "[181]

---

[181] Zitat Weber in Marianne Weber, a.a.O., S. 665.

Wissenschaft als Beruf[1]

Ich soll nach Ihrem Wunsch über „Wissenschaft als Beruf" sprechen. Nun ist es eine gewisse Pedanterie von uns Nationalökonomen,[2] an der ich festhalten möchte: daß wir stets von den äußeren Verhältnissen ausgehen, hier also von der Frage: Wie gestaltet sich Wissenschaft als Beruf im materiellen Sinne des Wortes? Das bedeutet aber praktisch heute im Wesentlichen: Wie gestaltet sich die Lage eines absolvierten Studenten, der entschlossen ist, der Wissenschaft innerhalb des akademischen Lebens sich berufsmäßig hinzugeben? Um zu verstehen, worin da die Besonderheit unserer deutschen Verhältnisse besteht, ist es zweckmäßig, vergleichend zu verfahren und sich zu vergegenwärtigen, wie es im Auslande dort aussieht, wo in dieser Hinsicht der schärfste Gegensatz gegen uns besteht: in den Vereinigten Staaten.

Bei uns – das weiß jeder – beginnt normalerweise die Laufbahn eines jungen Mannes, der sich der Wissenschaft als Beruf hingibt, als „Privatdozent". Er habilitiert sich nach Rücksprache und mit Zustimmung des betreffenden Fachvertreters, auf Grund eines Buches und eines meist mehr formellen Examens vor der Fakultät, an einer Universität und hält nun, unbesoldet, entgolten nur durch das Kolleggeld der Studenten, Vorlesungen, deren Gegenstand er innerhalb seiner *venia legendi* [Lehrbefähigung] selbst bestimmt. In Amerika beginnt die Laufbahn normalerweise ganz anders, nämlich durch Anstellung als *„assistant"* [„Assistent"]. In ähnlicher Art etwa, wie das bei uns an den großen Instituten der naturwissenschaftlichen und medizinischen Fakultäten vor sich zu gehen pflegt, wo die förmliche Habilitation als Privatdozent nur von einem Bruchteil der Assistenten und oft erst spät erstrebt wird. Der Gegensatz bedeutet praktisch: daß bei uns die Laufbahn eines Mannes der Wissenschaft im Ganzen auf plutokratischen Voraussetzungen aufgebaut ist. Denn es ist außerordentlich gewagt für einen jungen Gelehrten, der keinerlei Vermögen hat, überhaupt den Bedingungen der akademischen Laufbahn sich auszusetzen. Er muss es mindestens eine Anzahl Jahre aushalten können, ohne irgendwie zu wissen, ob er nachher die Chancen hat, einzurücken in eine Stellung, die für den Unterhalt ausreicht. In den Vereinigten Staaten dagegen besteht das bürokratische System. Da wird der junge Mann von

---

[1]   Vortrag gehalten am 7. November 1917 an der Universität München dem Freistudentischen Bund. Landesverband Bayern. Veröffentlicht in verschiedenen Werken, unter anderem in Wolfgang J. Mommsen und Wolfgang Schluchter in Zusammenarbeit mit Birgitt Morgenbrod (Hg.), *Wissenschaft als Beruf 1917/1919 – Politik als Beruf 1919* (Tübingen: J. C. B. Mohr (Paul Siebeck), 1994), S. 1-23.
[2]   Heute einfach Ökonomen.

Anfang an besoldet. Bescheiden freilich. Das Gehalt entspricht meist kaum der Höhe der Entlohnung eines nicht völlig ungelernten Arbeiters. Immerhin: Er beginnt mit einer scheinbar sicheren Stellung, denn er ist fest besoldet. Allein die Regel ist, daß ihm, wie unseren Assistenten, gekündigt werden kann, und das hat er vielfach rücksichtslos zu gewärtigen, wenn er den Erwartungen nicht entspricht. Diese Erwartungen aber gehen dahin, daß er „volle Häuser" macht. Das kann einem deutschen Privatdozenten nicht passieren. Hat man ihn einmal, so wird man ihn nicht mehr los. Zwar „Ansprüche" hat er nicht. Aber er hat doch die begreifliche Vorstellung: daß er, wenn er jahrelang tätig war, eine Art moralisches Recht habe, daß man auf ihn Rücksicht nimmt. Auch – das ist oft wichtig – bei der Frage der eventuellen Habilitierung anderer Privatdozenten. Die Frage: ob man grundsätzlich jeden, als tüchtig legitimierten, Gelehrten habilitieren oder ob man auf den „Lehrbedarf" Rücksicht nehmen, also den einmal vorhandenen Dozenten ein Monopol des Lehrens geben solle, ist ein peinliches Dilemma, welches mit dem bald zu erwähnenden Doppelgesicht des akademischen Berufes zusammenhängt. Meist entscheidet man sich für das zweite. Das bedeutet aber eine Steigerung der Gefahr, daß der betreffende Fachordinarius, bei subjektiv größter Gewissenhaftigkeit, doch seine eigenen Schüler bevorzugt. Persönlich habe ich – um das zu sagen – den Grundsatz befolgt: daß ein bei mir promovierter Gelehrter sich bei einem *andern* als mir und anderswo legitimieren und habilitieren müsse. Aber das Resultat war: daß einer meiner tüchtigsten Schüler anderwärts abgewiesen wurde, weil niemand ihm *glaubte*, daß dies der Grund sei.[3]

Ein weiterer Unterschied gegenüber Amerika ist der: Bei uns hat im Allgemeinen der Privatdozent *weniger* mit Vorlesungen zu tun, als er wünscht. Er kann zwar dem Rechte nach jede Vorlesung seines Faches lesen. Das gilt aber als ungehörige Rücksichtslosigkeit gegenüber den älteren vorhandenen Dozenten, und in der Regel hält die „großen" Vorlesungen der Fachvertreter, und der Dozent begnügt sich mit Nebenvorlesungen. Der Vorteil ist: Er hat, wennschon etwas unfreiwillig, seine jungen Jahre für die wissenschaftliche Arbeit frei.

In Amerika ist das prinzipiell anders geordnet. Gerade in seinen jungen Jahren ist der Dozent absolut überlastet, weil er eben *bezahlt* ist. In einer germanistischen Abteilung z. B. wird der ordentliche Professor etwa ein dreistündiges Kolleg über [Johann W. von] Goethe[4] lesen und damit: ge-

---

[3]   Wahrscheinlich Bezug auf Robert Liefmann (1874-1941).
[4]   Johann W. von Goethe (1749-1832), bedeutender Schriftsteller von Gedichten, Novellen und Theaterstücken.

nug –, während der jüngere *assistant* [Assistent] froh ist, wenn er, bei zwölf Stunden die Woche, neben dem Einbläuen der deutschen Sprache etwa bis zu Dichtern vom Range [Ludwig] Uhlands[5] hinauf etwas zugewiesen bekommt. Denn den Lehrplan schreiben die amtlichen Fachinstanzen vor, und darin ist der *assistant* [Assistent] ebenso wie bei uns der Institutsassistent abhängig.

Nun können wir bei uns mit Deutlichkeit beobachten: daß die neueste Entwicklung des Universitätswesens auf breiten Gebieten der Wissenschaft in der Richtung des amerikanischen verläuft. Die großen Institute medizinischer oder naturwissenschaftlicher Art sind „staatskapitalistische" Unternehmungen. Sie können nicht verwaltet werden ohne Betriebsmittel größten Umfangs. Und es tritt da der gleiche Umstand ein wie überall, wo der kapitalistische Betrieb einsetzt: die „Trennung des Arbeiters von den Produktionsmitteln".[6] Der Arbeiter, der Assistent also, ist angewiesen auf die Arbeitsmittel, die vom Staat zur Verfügung gestellt werden. Er ist infolgedessen vom Institutsdirektor ebenso abhängig wie ein Angestellter in einer Fabrik: – Denn der Institutsdirektor stellt sich ganz gutgläubig vor, daß dies Institut *„sein"* Institut sei, und schaltet darin, – und er steht häufig ähnlich prekär wie jede „proletaroide" Existenz und wie der *assistant* [Assistent] der amerikanischen Universität.

Unser deutsches Universitätsleben amerikanisiert sich, wie unser Leben überhaupt, in sehr wichtigen Punkten, und diese Entwicklung, das bin ich überzeugt, wird weiter übergreifen auch auf die Fächer, wo, wie es heute noch in meinem Fache in starkem Maße der Fall ist, der Handwerker das Arbeitsmittel (im Wesentlichen: die Bibliothek) selbst besitzt, ganz entsprechend, wie es der alte Handwerker in der Vergangenheit innerhalb des Gewerbes auch tat. Die Entwicklung ist in vollem Gange.

Die technischen Vorzüge sind ganz unzweifelhaft, wie bei allen kapitalistischen und zugleich bürokratisierten Betrieben. Aber der „Geist", der in ihnen herrscht, ist ein anderer als die althistorische Atmosphäre der deutschen Universitäten. Es besteht eine außerordentlich starke Kluft, äußerlich und innerlich, zwischen dem Chef eines solchen großen kapitalistischen Universitätsunternehmens und dem gewöhnlichen Ordinarius alten Stils. Auch in der inneren Haltung. Ich möchte das hier nicht weiter aus-

---

5   Ludwig Uhland (1787-1862), weniger bekannter Dichter.

6   Anspielung auf Karl Marx (1818-1883): „Die sogenannte ursprüngliche Akkumulation ist also nichts als der historische Scheidungsproceßes von Producent und Produktionsmittel", „Das Kapital. Kritik der politischen Ökonomie". In *Karl Marx/Friedrich Engels Gesamtausgabe* (Berlin: Dietz Verlag, 1987), Erster Band, Zweite Abteilung: Bd. 6, S. 645.

führen. Innerlich ebenso wie äußerlich ist die alte Universitäts*verfassung* fiktiv geworden. Geblieben aber und wesentlich gesteigert ist ein der Universitäts*laufbahn* eigenes Moment: ob es einem solchen Privatdozenten, vollends einem Assistenten, jemals gelingt, in die Stelle eines vollen Ordinarius und gar eines Institutsvorstandes einzurücken, ist eine Angelegenheit, die einfach *Hasard* ist. Gewiss: Nicht nur der Zufall herrscht, aber er herrscht doch in ungewöhnlich hohem Grade. Ich kenne kaum eine Laufbahn auf Erden, wo er eine solche Rolle spielt. Ich darf das um so mehr sagen, als ich persönlich es einigen absoluten Zufälligkeiten zu verdanken habe, daß ich seinerzeit in sehr jungen Jahren in eine ordentliche Professur eines Faches[7] berufen wurde, in welchem damals Altersgenossen unzweifelhaft mehr als ich geleistet hatten. Und ich bilde mir allerdings ein, auf Grund dieser Erfahrung ein geschärftes Auge für das unverdiente Schicksal der vielen zu haben, bei denen der Zufall gerade umgekehrt gespielt hat und noch spielt, und die trotz aller Tüchtigkeit innerhalb dieses Ausleseapparates nicht an die Stelle gelangen, die ihnen gebühren würde.

Daß nun der Hasard und nicht die Tüchtigkeit als solche eine so große Rolle spielt, liegt nicht allein und nicht einmal vorzugsweise an den Menschlichkeiten, die natürlich bei dieser Auslese ganz ebenso vorkommen wie bei jeder anderen. Es wäre unrecht, für den Umstand, daß zweifellos so viele Mittelmäßigkeiten an den Universitäten eine hervorragende Rolle spielen, persönliche Minderwertigkeiten von Fakultäten oder Ministerien verantwortlich zu machen. Sondern das liegt an den Gesetzen menschlichen Zusammenwirkens, zumal eines Zusammenwirkens mehrerer Körperschaften, hier: der vorschlagenden Fakultäten mit den Ministerien, an sich. Ein Gegenstück: Wir können durch viele Jahrhunderte die Vorgänge bei den Papstwahlen verfolgen: das wichtigste kontrollierbare Beispiel gleichartiger Personenauslese. Nur selten hat der Kandidat, von dem man sagt: Er ist „Favorit", die Chance durchzukommen. Sondern in der Regel der Kandidat Nummer zwei oder drei. Das gleiche beim Präsidenten der Vereinigten Staaten: nur ausnahmsweise der allererste, also: prononcierteste, Mann, sondern meist Nummer zwei, oft Nummer drei, kommt in die *„nomination"* [„Nominierung"] der Parteikonventionen hinein und nachher in den Wahlgang: Die Amerikaner haben für diese Kategorien schon technisch-soziologische Ausdrücke gebildet, und es wäre ganz interessant, an diesen Beispielen die Gesetze einer Auslese durch Kollektivwillensbildung zu untersuchen. Das tun wir heute hier nicht. Aber sie gelten auch für Universitätskollegien, und zu wundern hat man sich

---

7   In Nationalökonomie und Finanzwissenschaft an der Universität Freiburg, 1894.
    Max Weber war 30 Jahre alt.

nicht darüber, daß da öfter Fehlgriffe erfolgen, sondern daß eben doch, verhältnismäßig angesehen, immerhin die Zahl der *richtigen* Besetzungen eine trotz allem sehr bedeutende ist. Nur wo, wie in einzelnen Ländern, die Parlamente oder, wie bei uns bisher, die Monarchen (beides wirkt ganz gleichartig) oder jetzt revolutionäre Gewalthaber aus *politischen* Gründen eingreifen, kann man sicher sein, daß bequeme Mittelmäßigkeiten oder Streber allein die Chancen für sich haben.

Kein Universitätslehrer denkt gern an Besetzungserörterungen zurück, denn sie sind selten angenehm. Und doch darf ich sagen: Der gute *Wille*, rein sachliche Gründe entscheiden zu lassen, war in den mir bekannten zahlreichen Fällen ohne Ausnahme da.

Denn man muss sich weiter verdeutlichen: Es liegt nicht nur an der Unzulänglichkeit der Auslese durch kollektive Willensbildung, daß die Entscheidung der akademischen Schicksale so weitgehend „Hasard" ist. Jeder junge Mann, der sich zum Gelehrten berufen fühlt, muss sich vielmehr klarmachen, daß die Aufgabe, die ihn erwartet, ein Doppelgesicht hat. Er soll qualifiziert sein als Gelehrter nicht nur, sondern auch: als Lehrer. Und beides fällt ganz und gar nicht zusammen. Es kann jemand ein ganz hervorragender Gelehrter und ein geradezu entsetzlich schlechter Lehrer sein. Ich erinnere an die Lehrtätigkeit von Männern wie [Hermann von] Helmholtz[8] oder wie [Leopold von] Ranke.[9] Und das sind nicht etwa seltene Ausnahmen. Nun liegen aber die Dinge so, daß unsere Universitäten, zumal die kleinen Universitäten, untereinander in einer Frequenzkonkurrenz lächerlichster Art sich befinden. Die Hausagrarier der Universitätsstädte feiern den tausendsten Studenten durch eine Festlichkeit, den zweitausendsten Studenten aber am liebsten durch einen Fackelzug. Die Kolleggeldinteressen – man soll das doch offen zugeben – werden durch eine „zugkräftige" Besetzung der nächstbenachbarten Fächer mitberührt, und auch abgesehen davon ist nun einmal die Hörerzahl ein ziffernmäßig greifbares Bewährungsmerkmal, während die Gelehrtenqualität unwägbar und gerade bei kühnen Neuerern oft (und ganz natürlicherweise) umstritten ist. Unter dieser Suggestion von dem unermesslichen Segen und Wert der großen Hörerzahl steht daher meist alles. Wenn es von einem Dozenten heißt: Er ist ein schlechter Lehrer, so ist das für ihn meist das akademische Todesurteil, mag er der allererste Gelehrte der

---

8   Hermann von Helmholtz (1821-1894), Physiologe und Physiker, der bedeutende Beiträge zur Physiologie, Optik, Mathematik, Elektrodynamik und Meteorologie geleistet hat.

9   Leopold (seit 1865) von Ranke (1795-1886), bedeutender Historiker. Gründete als Erster ein historisches Seminar und hat einen großen Einfluss auf die gesamte westliche Geschichtsschreibung.

Welt sein. Die Frage aber: ob einer ein guter oder ein schlechter Lehrer ist, wird beantwortet durch die Frequenz, mit der ihn die Herren Studenten beehren. Nun ist es aber eine Tatsache, daß der Umstand, daß die Studenten einem Lehrer zuströmen, in weitgehendstem Maße von reinen Äußerlichkeiten bestimmt ist: Temperament, sogar Stimmfall, – in einem Grade, wie man es nicht für möglich halten sollte. Ich habe nach immerhin ziemlich ausgiebigen Erfahrungen und nüchterner Überlegung ein tiefes Misstrauen gegen die Massenkollegien, so unvermeidbar gewiss auch sie sind. Die Demokratie da, wo sie hingehört. Wissenschaftliche Schulung aber, wie wir sie nach der Tradition der deutschen Universitäten an diesen betreiben sollen, ist eine *geistesaristokratische* Angelegenheit, das sollten wir uns nicht verhehlen. Nun ist es freilich andererseits wahr: Die Darlegung wissenschaftlicher Probleme so, daß ein ungeschulter, aber aufnahmefähiger Kopf sie versteht, und daß er – was für uns das allein Entscheidende ist – zum selbständigen Denken darüber gelangt, ist vielleicht die pädagogisch schwierigste Aufgabe von allen. Gewiss: Aber darüber, ob sie gelöst wird, entscheiden nicht die Hörerzahlen. Und – um wieder auf unser Thema zu kommen – eben diese Kunst ist eine persönliche Gabe und fällt mit den wissenschaftlichen Qualitäten eines Gelehrten ganz und gar nicht zusammen. Im Gegensatz zu Frankreich aber haben wir keine Körperschaft der „Unsterblichen" der Wissenschaft,[10] sondern es sollen unserer Tradition gemäß die Universitäten beiden Anforderungen: der Forschung und der Lehre, gerecht werden. Ob die Fähigkeiten dazu sich aber in einem Menschen zusammenfinden, ist absoluter Zufall.

Das akademische Leben ist also ein wilder Hasard. Wenn junge Gelehrte um Rat fragen kommen wegen Habilitation, so ist die Verantwortung des Zuredens fast nicht zu tragen. Ist er ein Jude, so sagt man ihm natürlich: *„Lasciate ogni speranza, voi ch' entrate."* [„Lasst jede Hoffnung, wenn ihr eingetreten"].[11] Aber auch jeden anderen muss man auf das Gewissen fragen: Glauben Sie, daß Sie es aushalten, daß Jahr um Jahr Mittelmäßigkeit nach Mittelmäßigkeit über Sie hinaussteigt, ohne innerlich zu verbittern und zu verderben? Dann bekommt man selbstverständlich jedesmal die Antwort: Natürlich, ich lebe nur meinem „Beruf"; – aber ich wenigstens habe es nur von sehr wenigen erlebt, daß sie das ohne inneren Schaden für sich aushielten.

---

[10] Wahrscheinlich eine Anspielung auf die *Académie française*, gegründet 1635.

[11] Worte über dem Eingang zur Hölle bei Dante Alighieri (1265-1321). „Inferno – Die Hölle", *Die Göttliche Komödie*, übersetzt und kommentiert von Hermann Gmelin (München: Deutscher Taschenbuch Verlag, 1988), Bd. 1, Dritter Gesang 9.

Soviel schien nötig, über die äußeren Bedingungen des Gelehrtenberufs zu sagen.

Ich glaube nun aber, Sie wollen in Wirklichkeit von etwas anderem: von dem *inneren* Berufe zur Wissenschaft, hören. In der heutigen Zeit ist die innere Lage gegenüber dem Betrieb der Wissenschaft als Beruf bedingt zunächst dadurch, daß die Wissenschaft in ein Stadium der Spezialisierung eingetreten ist, wie es früher unbekannt war, und daß dies in alle Zukunft so bleiben wird. Nicht nur äußerlich, nein, gerade innerlich liegt die Sache so: daß der Einzelne das sichere Bewusstsein, etwas wirklich ganz Vollkommenes auf wissenschaftlichem Gebiet zu leisten, nur im Falle strengster Spezialisierung sich verschaffen kann. Alle Arbeiten, welche auf Nachbargebiete übergreifen, wie wir sie gelegentlich machen, wie gerade z. B. die Soziologen sie notwendig immer wieder machen müssen, sind mit dem resignierten Bewusstsein belastet: daß man allenfalls dem Fachmann nützliche *Fragestellungen* liefert, auf die dieser von seinen Fachgesichtspunkten aus nicht so leicht verfällt, daß aber die eigene Arbeit unvermeidlich höchst unvollkommen bleiben muss. Nur durch strenge Spezialisierung kann der wissenschaftliche Arbeiter tatsächlich das Vollgefühl, einmal und vielleicht nie wieder im Leben, sich zu Eigen machen: Hier habe ich etwas geleistet, was *dauern* wird. Eine wirklich endgültige und tüchtige Leistung ist heute stets: eine spezialistische Leistung. Und wer also nicht die Fähigkeit besitzt, sich einmal sozusagen Scheuklappen anzuziehen und sich hineinzusteigern in die Vorstellung, daß das Schicksal seiner Seele davon abhängt: ob er diese, gerade diese Konjektur an dieser Stelle dieser Handschrift richtig macht, der bleibe der Wissenschaft nur ja fern. Niemals wird er in sich das durchmachen, was man das „Erlebnis" der Wissenschaft nennen kann. Ohne diesen seltsamen, von jedem Draußenstehenden belächelten Rausch, diese Leidenschaft, dieses: „Jahrtausende mussten vergehen, ehe du ins Leben tratest, und andere Jahrtausende warten schweigend":[12] – Darauf, ob dir diese Konjektur gelingt, hat einer den Beruf zur Wissenschaft *nicht* und tue etwas anderes. Denn nichts ist für den Menschen als Menschen etwas wert, was er nicht mit *Leidenschaft* tun *kann*.

Nun ist es aber Tatsache: daß mit noch so viel von solcher Leidenschaft, so echt und tief sie sein mag, das Resultat sich noch lange nicht erzwingen lässt. Freilich ist sie eine Vorbedingung des Entscheidenden: der

---

¹²   Webers inkorrekter Verweis auf Thomas Carlyle (1795-1881). Siehe „The Relations of the Rural Community to Other Branches of Social Sciences". In *Max Weber Gesamtausgabe* (Tübingen: J.C.B. Mohr (Paul Siebeck), 1998), Abteilung I: Bd. 8, S. 243.

„Eingebung". Es ist ja wohl heute in den Kreisen der Jugend die Vorstellung sehr verbreitet, die Wissenschaft sei ein Rechenexempel geworden, das in Laboratorien oder statistischen Kartotheken mit dem kühlen Verstand allein und nicht mit der ganzen „Seele" fabriziert werde, so wie „in einer Fabrik". Wobei vor allem zu bemerken ist: daß dabei meist weder über das, was in einer Fabrik noch was in einem Laboratorium vorgeht, irgendwelche Klarheit besteht. Hier wie dort muss dem Menschen etwas – und zwar das Richtige – *einfallen*, damit er irgendetwas Wertvolles leistet. Dieser Einfall aber lässt sich nicht erzwingen. Mit irgendwelchem kalten Rechnen hat er nichts zu tun. Gewiss: Auch das ist unumgängliche Vorbedingung. Jeder Soziologe z. B. darf sich nun einmal nicht zu schade dafür sein, auch noch auf seine alten Tage vielleicht monatelang viele zehntausende ganz trivialer Rechenexempel im Kopf zu machen. Man versucht nicht ungestraft, das auf mechanische Hilfskräfte ganz und gar abzuwälzen, wenn man etwas herausbekommen will, – und was schließlich herauskommt, ist oft blutwenig. Aber, wenn ihm nicht doch etwas Bestimmtes über die Richtung seines Rechnens und, während des Rechnens, über die Tragweite der entstehenden Einzelresultate „einfällt", dann kommt selbst dieses Blutwenige nicht heraus. Nur auf dem Boden ganz harter Arbeit bereitet sich normalerweise der Einfall vor. Gewiss: nicht immer. Der Einfall eines Dilettanten kann wissenschaftlich genau die gleiche oder größere Tragweite haben wie der des Fachmanns. Viele unserer allerbesten Problemstellungen und Erkenntnisse verdanken wir gerade Dilettanten. Der Dilettant unterscheidet sich vom Fachmann – wie Helmholtz über Robert [von] Mayer[13] gesagt hat – nur dadurch, daß ihm die feste Sicherheit der Arbeitsmethode fehlt, und daß er daher den Einfall meist nicht in seiner Tragweite nachzukontrollieren und abzuschätzen oder durchzuführen in der Lage ist. Der Einfall ersetzt nicht die Arbeit. Und die Arbeit ihrerseits kann den Einfall nicht ersetzen oder erzwingen, so wenig wie die Leidenschaft es tut. Beide – vor allem: beide *zusammen* – locken ihn. Aber er kommt, wenn es ihm, nicht, wenn es uns beliebt. Es ist in der Tat richtig, daß die besten Dinge einem so, wie [Rudolf von] Ihering[14] es schildert: bei der Zigarre auf dem Kanapee, oder wie Helmholtz

---

[13] Robert (seit 1867) von Mayer (1814-1878), Arzt und Physiker, der den Ersten Hauptsatz der Thermodynamik formulierte.

[14] Rudolf von Ihering (auch Jhering) (1818-1892), Jurist. „Eine Hauptsache dabei ist eine gute, feine Zigarre, nicht zu schwer, nicht zu leicht, außerdem ein Sofa oder Kanapee. Nachdem man sich mit dem positiven, rechtshistorischen Materiale hinlänglich gesättigt hat, schließt man die Tür ab, um sich durch niemand stören zu lassen, zündet sich die Zigarre an und wirft sich aufs Sofa." *Scherz und Ernst in der Jurisprudenz. Eine Weihnachtsgabe für das juristische Publikum* (Darmstadt: Wissenschaftliche Buchgesellschaft, 1975), S. 125.

mit naturwissenschaftlicher Genauigkeit für sich angibt: beim Spaziergang auf langsam steigender Straße,[15] oder ähnlich, jedenfalls aber dann, wenn man sie nicht erwartet, einfallen, und nicht während des Grübelns und Suchens am Schreibtisch. Sie wären einem nur freilich nicht eingefallen, wenn man jenes Grübeln am Schreibtisch und wenn man das leidenschaftliche Fragen nicht hinter sich gehabt hätte. Wie dem aber sei: – diesen Hasard, der bei jeder wissenschaftlichen Arbeit mit unterläuft: Kommt die „Eingebung" oder nicht?, auch den muss der wissenschaftliche Arbeiter in Kauf nehmen. Es kann einer ein vorzüglicher Arbeiter sein und doch nie einen eigenen wertvollen Einfall gehabt haben. Nur ist es ein schwerer Irrtum zu glauben, das sei nur in der Wissenschaft so, und z. B. in einem Kontor gehe es etwa anders zu wie in einem Laboratorium. Ein Kaufmann oder Großindustrieller ohne „kaufmännische Phantasie", d. h. ohne Einfälle, geniale Einfälle, der ist sein Leben lang nur ein Mann, der am besten Kommis oder technischer Beamter bliebe: Nie wird er organisatorische Neuschöpfungen gestalten. Die Eingebung spielt auf dem Gebiet der Wissenschaft ganz und gar nicht – wie sich der Gelehrtendünkel einbildet – eine größere Rolle als auf dem Gebiete der Bewältigung von Problemen des praktischen Lebens durch einen modernen Unternehmer. Und sie spielt andererseits – was auch oft verkannt wird – keine geringere Rolle als auf dem Gebiete der Kunst. Es ist eine kindliche Vorstellung, daß ein Mathematiker an einem Schreibtisch mit einem Lineal oder mit anderen mechanischen Mitteln oder Rechenmaschinen zu irgendwelchem wissenschaftlich wertvollen Resultat käme: Die mathematische Phantasie eines [Karl T.] Weierstraß[16] ist natürlich dem Sinn und Resultat nach ganz anders ausgerichtet als die eines Künstlers und qualitativ von ihr grundverschieden. Aber nicht dem psychologischen Vorgang nach. Beide sind: Rausch (im Sinne von Platons „mania")[17] und „Eingebung".

---

15   „Besonders gern aber kamen sie, wie ich schon in Heidelberg berichtet, bei
      gemächlichem Steigen über waldige Berge in sonnigen Wetter." „Erinnerungen
      Tischrede gehalten bei der Feier des 70. Geburtstage Berlin 1891", *Vorträge und
      Reden*, 5. Aufl. (Braunschweig: Druck und Verlag von Friedrich Vieweg und Sohn,
      1903), Erster Band, S. 16.
16   Karl T. W. Weierstraß (1815-1897), Mathematiker, der bedeutende Beiträge zur
      Weiterentwicklung der Theorien der elliptischen und Abelschen Funktionen lieferte.
17   Bezug auf Platon (428/427-348/347 v. Chr.): „Phaidros", 245a: „Wer dagegen ohne
      den Wahnsinn der Musen an Pforten kommt der Poesie, überzeugt, der werde allein
      schon mit handwerklichen Fertigkeiten zum rechten Dichter werden, der
      bleibt selbst unvollkommen, und seine Dichtung, da das Werk nüchterner Besonnenheit,
      verschwindet vor der Poesie des Inspirierten." Übersetzung und Kommentar
      von Ernst Heitsch, 2. erw. Aufl., *Platon Werke* (Göttingen: Vandenhoeck &
      Ruprecht, 1997), Band III, Teil 4.

Nun: ob jemand wissenschaftliche Eingebungen hat, das hängt ab von uns verborgenen Schicksalen, außerdem aber von „Gabe". Nicht zuletzt auf Grund jener zweifellosen Wahrheit hat nun eine ganz begreiflicherweise gerade bei der Jugend sehr populäre Einstellung sich in den Dienst einiger Götzen gestellt, deren Kult wir heute an allen Straßenecken und in allen Zeitschriften sich breit machen finden. Jene Götzen sind: die „Persönlichkeit" und das „Erleben". Beide sind eng verbunden: Die Vorstellung herrscht, das letztere mache die erstere aus und gehöre zu ihr. Man quält sich ab zu „erleben", – denn das gehört ja zur standesgemäßen Lebensführung einer Persönlichkeit –, und gelingt es nicht, dann muss man wenigstens so tun, als habe man diese Gnadengabe. Früher nannte man dies „Erlebnis" auf Deutsch: „Sensation". Und von dem, was „Persönlichkeit" sei und bedeute, hatte man eine – ich glaube – zutreffendere Vorstellung.

Verehrte Anwesende! „Persönlichkeit" auf wissenschaftlichem Gebiet hat nur der, der *rein der Sache* dient. Und nicht nur auf wissenschaftlichem Gebiet ist es so. Wir kennen keinen großen Künstler, der je etwas anderes getan hätte, als seiner Sache und nur ihr zu dienen. Es hat sich, soweit seine Kunst in Betracht kommt, selbst bei einer Persönlichkeit vom Range Goethes gerächt, daß er sich die Freiheit nahm: sein „Leben" zum Kunstwerk machen zu wollen. Aber mag man das bezweifeln, – jedenfalls muss man eben ein Goethe sein, um sich das überhaupt erlauben zu dürfen, und wenigstens das wird jeder zugeben: Unbezahlt ist es auch bei jemand wie ihm, der alle Jahrtausende einmal erscheint, nicht geblieben. Es steht in der Politik nicht anders. Davon heute nichts. Auf dem Gebiet der Wissenschaft aber ist derjenige ganz gewiss keine „Persönlichkeit", der als Impresario der Sache, der er sich hingeben sollte, mit auf die Bühne tritt, sich durch „Erleben" legitimieren möchte und fragt: Wie beweise ich, daß ich etwas anderes bin als nur ein „Fachmann", wie mache ich es, daß ich, in der Form oder in der Sache, etwas sage, das so noch keiner gesagt hat wie ich: – eine heute massenhaft auftretende Erscheinung, die überall kleinlich wirkt, und die denjenigen herabsetzt, der so fragt, statt daß ihn die innere Hingabe an die Aufgabe und nur an sie auf die Höhe und zu der Würde der Sache emporhöbe, der er zu dienen vorgibt. Auch das ist beim Künstler nicht anders. –

Diesen mit der Kunst gemeinsamen Vorbedingungen unserer Arbeit steht nun gegenüber ein Schicksal, das sie von der künstlerischen Arbeit tief unterscheidet. Die wissenschaftliche Arbeit ist eingespannt in den Ablauf des *Fortschritts*. Auf dem Gebiete der Kunst dagegen gibt es – in diesem Sinne – keinen Fortschritt. Es ist nicht wahr, daß ein Kunstwerk einer Zeit, welche neue technische Mittel oder etwa die Gesetze der Perspektive sich erarbeitet hatte, um deswillen rein künstlerisch höher stehe als ein aller Kenntnis jener Mittel und Gesetze entblößtes Kunstwerk, – *wenn* es nur material- und formgerecht war, das heißt: wenn es seinen Gegenstand so wählte und formte, wie dies ohne Anwendung jener Bedingungen und Mittel kunstgerecht zu leisten war. Ein Kunstwerk, das wirklich „Erfüllung" ist, wird nie überboten, es wird nie veralten. Der Einzelne kann seine Bedeutsamkeit für sich persönlich verschieden einschätzen, aber niemand wird von einem Werk, das wirklich im künstlerischen Sinne „Erfüllung" ist, jemals sagen können, daß es durch ein anderes, das ebenfalls „Erfüllung" ist, „überholt" sei. Jeder von uns dagegen in der Wissenschaft weiß, daß das, was er gearbeitet hat, in 10, 20, 50 Jahren veraltet ist. Das ist das Schicksal, ja: Das ist der *Sinn* der Arbeit der Wissenschaft, dem sie, in ganz spezifischem Sinne gegenüber allen anderen Kulturelementen, für die es sonst noch gilt, unterworfen und hingegeben ist: Jede wissenschaftliche „Erfüllung" bedeutet neue „Fragen" und *will* „überboten" werden und veralten. Damit hat sich jeder abzufinden, der der Wissenschaft dienen will. Wissenschaftliche Arbeiten können gewiss dauernd, als „Genussmittel", ihrer künstlerischen Qualität wegen, oder als Mittel der Schulung zur Arbeit, wichtig bleiben. Wissenschaftlich aber überholt zu werden, ist – es sei wiederholt – nicht nur unser aller Schicksal, sondern unser aller Zweck. Wir können nicht arbeiten, ohne zu hoffen, daß andere weiter kommen werden als wir. Prinzipiell geht dieser Fortschritt in das Unendliche. Und damit kommen wir zu dem *Sinnproblem* der Wissenschaft. Denn das versteht sich ja doch nicht so von selbst, daß etwas, das einem solchen Gesetz unterstellt ist, Sinn und Verstand in sich selbst hat. Warum betreibt man etwas, das in der Wirklichkeit nie zu Ende kommt und kommen kann? Nun zunächst: zu rein praktischen, im weiteren Wortsinn: technischen Zwecken: um unser praktisches Handeln an den Erwartungen orientieren zu können, welche die wissenschaftliche Erfahrung uns an die Hand gibt. Gut. Aber das bedeutet nur etwas für den Praktiker. Welches aber ist die innere Stellung des Mannes der Wissenschaft selbst zu seinem Beruf?, – wenn er nämlich nach einer solchen überhaupt sucht. Er behauptet: die Wissenschaft „um ihrer selbst willen" und nicht nur dazu zu betreiben, weil andere damit geschäftliche oder technische Erfolge herbeiführen, sich besser nähren, kleiden, beleuchten, regieren können. Was glaubt er denn aber Sinnvolles damit, mit diesen stets zum Veralten bestimmten Schöpfungen, zu leisten, damit also, daß er sich in diesen fachgeteilten, ins Unendliche laufenden Betrieb einspannen lässt? Das erfordert einige allgemeine Erwägungen.

Der wissenschaftliche Fortschritt ist ein Bruchteil, und zwar der wichtigste Bruchteil jenes Intellektualisierungsprozesses, dem wir seit Jahrtausenden unterliegen, und zu dem heute üblicherweise in so außerordentlich negativer Art Stellung genommen wird.

Machen wir uns zunächst klar, was denn eigentlich diese intellektualistische Rationalisierung durch Wissenschaft und wissenschaftlich orientierte Technik praktisch bedeutet. Etwa, daß wir heute, jeder z. B., der hier im Saale sitzt, eine größere Kenntnis der Lebensbedingungen hat, unter denen er existiert, als ein Indianer [auch Amerinde][18] oder ein Hottentotte?[19] Schwerlich. Wer von uns auf der Straßenbahn fährt, hat – wenn er nicht Fachphysiker ist – keine Ahnung, wie sie das macht, sich in Bewegung zu setzen. Er braucht auch nichts davon zu wissen. Es genügt ihm, daß er auf das Verhalten des Straßenbahnwagens „rechnen" kann, er orientiert sein Verhalten daran. Aber wie man eine Trambahn so herstellt, daß sie sich bewegt, davon weiß er nichts. Der Wilde weiß das von seinen Werkzeugen ungleich besser. Wenn wir heute Geld ausgeben, so wette ich, daß, sogar wenn nationalökonomische Fachkollegen im Saale sind, fast jeder eine andere Antwort bereit halten wird auf die Frage: Wie macht das Geld es, daß man dafür etwas – bald viel, bald wenig – kaufen kann? Wie der Wilde es macht, um zu seiner täglichen Nahrung zu kommen, und welche Institutionen ihm dabei dienen, das weiß er. Die zunehmende Intellektualisierung und Rationalisierung bedeutet also *nicht* eine zunehmende allgemeine Kenntnis der Lebensbedingungen, unter denen man steht. Sondern sie bedeutet etwas anderes: das Wissen davon oder den Glauben daran: daß man, wenn man *nur wollte*, es jederzeit erfahren *könnte*, daß es also prinzipiell keine geheimnisvollen unberechenbaren Mächte gebe, die da hineinspielen, daß man vielmehr alle Dinge – im Prinzip – durch *Berechnen beherrschen* könne. Das aber bedeutet: die Entzauberung der Welt. Nicht mehr, wie der Wilde, für den es solche Mächte gab, muss man zu magischen Mitteln greifen, um die Geister zu beherrschen oder zu erbitten. Sondern technische Mittel und Berechnung leisten das. Dies vor allem bedeutet die Intellektualisierung als solche.

Hat denn aber nun dieser in der okzidentalen Kultur durch Jahrtausende fortgesetzte Entzauberungsprozess und überhaupt: Dieser „Fortschritt", dem die Wissenschaft als Glied und Triebkraft mit angehört, irgendeinen über dies rein Praktische und Technische hinausgehenden Sinn? Aufge-

---

[18]   Sammelbezeichnung für die autochthone Bevölkerung Amerikas, außerhalb der arktischen Gebiete.

[19]   Heutzutage abwertende Bezeichnung für die Khoinkhoin (auch Khoi-Khoi), die Ureinwohner Südafrikas und Namibias.

worfen finden Sie diese Frage am prinzipiellsten in den Werken Leo [N.] Tolstois.[20] Auf einem eigentümlichen Wege kam er dazu. Das ganze Problem seines Grübelns drehte sich zunehmend um die Frage: ob der *Tod* eine sinnvolle Erscheinung sei oder nicht. Und die Antwort lautet bei ihm: für den Kulturmenschen – nein. Und zwar deshalb nicht, weil ja das zivilisierte, in den „Fortschritt", in das Unendliche hineingestellte einzelne Leben seinem eigenen immanenten Sinn nach kein Ende haben dürfte. Denn es liegt ja immer noch ein weiterer Fortschritt vor dem, der darin steht. Niemand, der stirbt, steht auf der Höhe, welche in der Unendlichkeit liegt. Abraham oder irgendein Bauer der alten Zeit starb „alt und lebensgesättigt",[21] weil er im organischen Kreislauf des Lebens stand, weil sein Leben auch seinem Sinn nach ihm am Abend seiner Tage gebracht hatte, was es bieten konnte, weil für ihn keine Rätsel, die er zu lösen wünschte, übrig blieben und er deshalb „genug" daran haben konnte. Ein Kulturmensch aber, hineingestellt in die fortwährende Anreicherung der Zivilisation mit Gedanken, Wissen, Problemen, der kann „lebensmüde" werden, aber nicht: lebensgesättigt. Denn er erhascht von dem, was das Leben des Geistes stets neu gebiert, ja nur den winzigsten Teil, und immer nur etwas Vorläufiges, nichts Endgültiges, und deshalb ist der Tod für ihn eine sinnlose Begebenheit. Und weil der Tod sinnlos ist, ist es auch das Kulturleben als solches, welches ja eben durch seine sinnlose „Fortschrittlichkeit" den Tod zur Sinnlosigkeit stempelt. Überall in seinen späten Romanen findet sich dieser Gedanke als Grundton der Tolstoischen Kunst.[22]

Wie stellt man sich dazu? Hat der „Fortschritt" als solcher einen erkennbaren, über das Technische hinausreichenden Sinn, so daß dadurch der Dienst an ihm ein sinnvoller Beruf würde? Die Frage muss aufgeworfen werden. Das ist nun aber nicht mehr nur die Frage des Berufs *für* die Wissenschaft, das Problem also: Was bedeutet die Wissenschaft als Beruf für den, der sich ihr hingibt?, sondern schon die andere: Welches ist der *Beruf* der *Wissenschaft* innerhalb des Gesamtlebens der Menschheit? Und welches ihr Wert?

---

[20]   Leo N. Tolstoi (1828-1910), bedeutender russischer Schriftsteller.

[21]   Mose 25,8: „Und Abraham verschied und starb in einem guten Alter, als er alt und lebenssatt war, und wurde zu seinen Vätern versammelt." Alle biblischen Zitate basieren auf *Die Bibel mit Erklärungen*, 3. unveränd. Aufl. (Berlin: Evangelische Haupt-Bibelgesellschaft zu Berlin, 1993).

[22]   „Der Tod des Iwan Iljitsch", übersetzt von Hermann Asemissen, Eberhard Dieckmann (Hg.), 2. Aufl. In *Gesammelte Werke* (Berlin: Rütten & Loening, 1976), Bd. 12, S. 74-152. „Auferstehung", übersetzt von Hermann Asemissen, Gerhard Dudek (Hg.), 3. Aufl. (Berlin: Rütten & Loening, 1979), Bd. 11.

Ungeheuer ist da nun der Gegensatz zwischen Vergangenheit und Gegenwart. Wenn Sie sich erinnern an das wundervolle Bild zu Anfang des siebten Buches von Platons *Politeia*:[23] Jene gefesselten Höhlenmenschen, deren Gesicht gerichtet ist auf die Felswand vor ihnen, hinter ihnen liegt die Lichtquelle, die sie nicht sehen können, sie befassen sich daher nur mit den Schattenbildern, die sie auf die Wand wirft, und suchen ihren Zusammenhang zu ergründen. Bis es einem von ihnen gelingt, die Fesseln zu sprengen, und er dreht sich um und erblickt: die Sonne. Geblendet tappt er umher und stammelt von dem, was er sah. Die anderen sagen, er sei irre. Aber allmählich lernt er, in das Licht zu schauen, und dann ist seine Aufgabe, hinabzusteigen zu den Höhlenmenschen und sie empor zu führen an das Licht. Er ist der Philosoph, die Sonne aber ist die Wahrheit der Wissenschaft, die allein nicht nach Scheingebilden und Schatten hascht, sondern nach dem wahren Sein.

Ja, wer steht heute so zur Wissenschaft? Heute ist die Empfindung gerade der Jugend wohl eher die umgekehrte: Die Gedankengebilde der Wissenschaft sind ein hinterweltliches Reich von künstlichen Abstraktionen, die mit ihren dürren Händen Blut und Saft des wirklichen Lebens einzufangen trachten, ohne es doch je zu erhaschen. Hier im Leben aber, in dem, was für Platon das Schattenspiel an den Wänden der Höhle war, pulsiert die wirkliche Realität: Das andere sind von ihr abgeleitete und leblose Gespenster und sonst nichts. Wie vollzog sich diese Wandlung? Die leidenschaftliche Begeisterung Platons in der *Politeia* erklärt sich letztlich daraus, daß damals zuerst der Sinn eines der großen Mittel alles wissenschaftlichen Erkennens bewusst gefunden war: des *Begriffs*. Von Sokrates[24] ist er in seiner Tragweite entdeckt. Nicht von ihm allein in der Welt. Sie können in Indien ganz ähnliche Ansätze einer Logik finden, wie die des Aristoteles[25] ist. Aber nirgends mit diesem Bewusstsein der Bedeutung. Hier zum ersten Mal schien ein Mittel zur Hand, womit man jemanden in den logischen Schraubstock setzen konnte, so daß er nicht herauskam, ohne zuzugeben: entweder daß er nichts wisse oder daß dies und nichts anderes die Wahrheit sei, die *ewige* Wahrheit, die nie vergehen würde, wie das Tun und Treiben der blinden Menschen. Das war das ungeheure Erlebnis, das den Schülern des Sokrates aufging. Und daraus schien zu folgen, daß, wenn man nur den rechten Begriff des Schönen, des Guten, oder auch etwa der Tapferkeit, der Seele – und was es sei – gefunden ha-

---

[23] „Der Staat", 514a-517a. In *Platon Werke*, übersetzt von Friedrich Schleiermacher, bearbeitet von Dietrich Kunz, 2. unveränd. Aufl. (Darmstadt: Wissenschaftliche Buchgesellschaft, 1971), 4. Bd.

[24] Sokrates (ca. 470-399 v. Chr.), griechischer Philosoph.

[25] Aristoteles (384-322 v. Chr.), griechischer Philosoph.

be, daß man dann auch ihr wahres Sein erfassen könne, und das wieder schien den Weg an die Hand zu geben, zu wissen und zu lehren: wie man im Leben, vor allem: als Staatsbürger, richtig handle. Denn auf diese Frage kam den durch und durch politisch denkenden Hellenen alles an. Deshalb betrieb man Wissenschaft.

Neben diese Entdeckung des hellenischen Geistes trat nun als Kind der Renaissancezeit das zweite große Werkzeug wissenschaftlicher Arbeit: das rationale Experiment, als Mittel zuverlässig kontrollierter Erfahrung, ohne welches die heutige empirische Wissenschaft unmöglich wäre. Experimentiert hatte man auch früher: physiologisch z. B. in Indien im Dienst der asketischen Technik des Yogi [indischer Büßer, der Yoga praktiziert], in der hellenischen Antike mathematisch zu kriegstechnischen Zwecken, im Mittelalter z. B. zum Zwecke des Bergbaus. Aber das Experiment zum Prinzip der Forschung als solcher erhoben zu haben, ist die Leistung der Renaissance. Und zwar bildeten die Bahnbrecher die großen Neuerer auf dem Gebiete der *Kunst*: Leonardo[26] und seinesgleichen, vor allem charakteristisch die Experimentatoren in der Musik des 16. Jahrhunderts mit ihren Versuchsklavieren. Von ihnen wanderte das Experiment in die Wissenschaft vor allem durch [Galileo] Galilei,[27] in die Theorie durch [Francis] Bacon;[28] und dann übernahmen es die exakten Einzeldisziplinen an Universitäten des Kontinents, zunächst vor allem in Italien und den Niederlanden.

Was bedeutete nun die Wissenschaft diesen Menschen an der Schwelle der Neuzeit? Den künstlerischen Experimentatoren von der Art Leonardos und den musikalischen Neuerern bedeutete sie den Weg zur *wahren* Kunst, und das hieß für sie zu gleich: zur wahren *Natur*. Die Kunst sollte zum Rang einer Wissenschaft, und das hieß zugleich und vor allem: der Künstler zum Rang eines Doktors,[29] sozial und dem Sinne seines Lebens nach, erhoben werden. Das ist der Ehrgeiz, der z. B. auch Leonardos Malerbuch[30] zugrunde liegt. Und heute? „Die Wissenschaft als der Weg zur Natur" – das würde der Jugend klingen wie eine Blasphemie. Nein, umgekehrt: Erlösung vom Intellektualismus der Wissenschaft, um zur eigenen Natur und damit zur Natur überhaupt zurückzukommen! Als Weg zur Kunst vollends? Da bedarf es keiner Kritik. – Aber man erwartete von der Wissenschaft im Zeitalter der Entstehung der exakten Naturwissenschaf-

---

[26] Leonardo da Vinci (1452-1519), italienischer Maler und Ingenieur.
[27] Galileo Galilei (1564-1642), italienischer Mathematiker, Physiker und Astronom.
[28] Francis Bacon (1561-1626), englischer Philosoph, Essayist und Politiker.
[29] Universitätsabsolvent mit Doktortitel.
[30] *Das Buch von der Malerei*, herausgegeben, übersetzt und erläutert von Heinrich Ludwig (Wien: Wilhelm Baumüller, 1882), in drei Bänden.

ten noch mehr. Wenn Sie sich an den Ausspruch [Jan] Swammerdams[31] erinnern: „Ich bringe Ihnen hier den Nachweis der Vorsehung Gottes in der Anatomie einer Laus", so sehen Sie, was die (indirekt) protestantisch[32] und puritanisch[33] beeinflusste wissenschaftliche Arbeit damals sich als ihre eigene Aufgabe dachte: den Weg zu Gott. Den fand man damals nicht mehr bei den Philosophen und ihren Begriffen und Deduktionen: – daß Gott auf diesem Weg nicht zu finden sei, auf dem ihn das Mittelalter gesucht hatte, das wusste die ganze pietistische Theologie der damaligen Zeit, [Philip J.] Spener[34] vor allem. Gott ist verborgen, seine Wege sind nicht unsere Wege, seine Gedanken nicht unsere Gedanken.[35] In den exakten Naturwissenschaften aber, wo man seine Werke physisch greifen konnte, da hoffte man, seinen Absichten mit der Welt auf die Spur zu kommen. Und heute? Wer – außer einigen großen Kindern, wie sie sich gerade in den Naturwissenschaften finden – glaubt heute noch, daß Erkenntnisse der Astronomie oder der Biologie oder der Physik oder Chemie uns etwas über den *Sinn* der Welt, ja auch nur etwas darüber lehren könnten: auf welchem Weg man einem solchen „Sinn" – wenn es ihn gibt – auf die Spur kommen könnte? Wenn irgendetwas, so sind sie geeignet, den Glauben daran: *daß* es so etwas wie einen „Sinn" der Welt gebe, in der Wurzel absterben zu lassen! Und vollends: die Wissenschaft als Weg „zu Gott"? Sie, die spezifisch gottfremde Macht? Daß sie das ist, darüber wird – mag er es sich zugestehen oder nicht – in seinem letzten Innern heute niemand im Zweifel sein. Erlösung von dem Rationalismus und Intellektualismus der Wissenschaft ist die Grundvoraussetzung des Lebens in der Gemeinschaft mit dem Göttlichen: Dies oder etwas dem Sinn nach Gleiches ist eine der Grundparolen, die man aus allem Empfinden unserer religiös gestimmten oder nach religiösem Erlebnis strebenden Jugend heraushört. Und nicht nur für das religiöse, nein für das Erlebnis überhaupt. Befremdlich ist nur der Weg, der nun eingeschlagen wird: daß nämlich das einzige, was bis dahin der Intellektualismus noch nicht be-

---

[31] Jan Swammerdam (1637-1680), holländischer Naturforscher. Sezierte Insekten und veröffentlichte ein Buch darüber.

[32] Mitglied oder Gläubiger jedweder westlich-christlichen Kirche, die von der römisch-katholischen Kirche getrennt ist und sich nach den Prinzipien der Reformation des 16. Jhds. richtet.

[33] Mitglied einer Gruppe englischer Protestanten, die die Reformation der *Church of England* unter Elizabeth I (1558-1603) für unzureichend hielten und danach strebten, die Gottesdienste zu vereinfachen und zu regulieren.

[34] Philip J. Spener (1635-1705), bedeutende Persönlichkeit im Deutschen Pietismus, einer Reformbewegung innerhalb des Luthertums.

[35] Jesaja 55,8: „Denn meine Gedanken sind nicht eure Gedanken, und eure Wege sind nicht meine Wege, spricht der HERR."

rührt hatte: eben jene Sphären des Irrationalen, jetzt ins Bewusstsein erhoben und unter seine Lupe genommen werden. Denn darauf kommt die moderne intellektualistische Romantik des Irrationalen praktisch hinaus. Dieser Weg zur Befreiung vom Intellektualismus bringt wohl das gerade Gegenteil von dem, was diejenigen, die ihn beschreiten, als Ziel darunter sich vorstellen. – Daß man schließlich in naivem Optimismus die Wissenschaft, das heißt: die auf sie gegründete Technik der Beherrschung des Lebens, als Weg zum *Glück* gefeiert hat – dies darf ich wohl, nach Nietzsches vernichtender Kritik an jenen „letzten Menschen", die „das Glück erfunden haben",[36] ganz beiseite lassen. Wer glaubt daran? – außer einigen großen Kindern auf dem Katheder oder in Redaktionsstuben?

Kehren wir zurück. Was ist unter diesen inneren Voraussetzungen der Sinn der Wissenschaft als Beruf, da alle diese früheren Illusionen: „Weg zum wahren Sein", „Weg zur wahren Kunst", „Weg zur wahren Natur", „Weg zum wahren Gott", „Weg zum wahren Glück", versunken sind? Die einfachste Antwort hat Tolstoi gegeben mit den Worten: „Sie ist sinnlos, weil sie auf die allein für uns wichtige Frage: ,Was sollen wir tun? Wie sollen wir leben?', keine Antwort gibt."[37] Die Tatsache, daß sie diese Antwort nicht gibt, ist schlechthin unbestreitbar. Die Frage ist nur, in welchem Sinne sie „keine" Antwort gibt, und ob sie statt dessen nicht doch vielleicht dem, der die Frage richtig stellt, etwas leisten könnte. – Man pflegt heute häufig von „voraussetzungsloser" Wissenschaft zu sprechen. Gibt es das? Es kommt darauf an, was man darunter versteht. Vorausgesetzt ist bei jeder wissenschaftlichen Arbeit immer die Geltung der Regeln der Logik und Methodik: dieser allgemeinen Grundlagen unserer Orientierung in der Welt. Nun, diese Voraussetzungen sind, wenigstens für unsere besondere Frage, am wenigsten problematisch. Vorausgesetzt ist aber ferner: daß das, was bei wissenschaftlicher Arbeit herauskommt, *wichtig* im Sinn von „wissenswert" sei. Und da stecken nun offenbar alle unsere Probleme darin. Denn diese Voraussetzung ist nicht wieder ihrerseits mit den Mitteln der Wissenschaft beweisbar. Sie lässt sich nur auf ihren letzten Sinn *deuten*, den man dann ablehnen oder annehmen muss, je nach der eigenen letzten Stellungnahme zum Leben.

Sehr verschieden ist ferner die Art der Beziehung der wissenschaftlichen Arbeit zu diesen ihren Voraussetzungen, je nach deren Struktur. Naturwissenschaften wie etwa die Physik, Chemie, Astronomie setzen als

---

[36] Bezug auf Nietzsche: „Also sprach Zarathustra". In *Sämtliche Werke*, Kritische Studienausgabe, Giorgio Colli und Mazzino Montinari (Hg.) (München: Deutscher Taschenbuch Verlag, 1988), Bd. IV, S. 19.

[37] Bezug auf Tolstoi: „Was sollen wir denn thun?" In *Sämtliche Werke* (Leipzig: Verlag Eugen Diederich, 1902), 1. Serie, 2. Bd.

selbstverständlich voraus, daß die – so weit die Wissenschaft reicht, konstruierbaren – letzten Gesetze des kosmischen Geschehens wert sind, gekannt zu werden. Nicht nur, weil man mit diesen Kenntnissen technische Erfolge erzielen kann, sondern, wenn sie „Beruf" sein sollen, „um ihrer selbst willen". Diese Voraussetzung ist selbst schlechthin nicht beweisbar. Und ob diese Welt, die sie beschreiben, wert ist, zu existieren: ob sie einen „Sinn" hat, und ob es einen Sinn hat: in ihr zu existieren, erst recht nicht. Danach fragen sie nicht. Oder nehmen Sie eine wissenschaftlich so hoch entwickelte praktische Kunstlehre wie die moderne Medizin. Die allgemeine „Voraussetzung" des medizinischen Betriebs ist, trivial ausgedrückt: daß die Aufgabe der Erhaltung des Lebens rein als solche und der möglichsten Verminderung des Leidens rein als solche bejaht werde. Und das ist problematisch. Der Mediziner erhält mit seinen Mitteln den Todkranken, auch wenn er um Erlösung vom Leben fleht, auch wenn die Angehörigen, denen dies Leben wertlos ist, die ihm die Erlösung vom Leiden gönnen, denen die Kosten der Erhaltung des wertlosen Lebens unerträglich werden – es handelt sich vielleicht um einen armseligen Irren – seinen Tod, eingestandener- oder uneingestandenermaßen, wünschen und wünschen müssen. Allein die Voraussetzungen der Medizin und das Strafgesetzbuch hindern den Arzt, davon abzugehen. Ob das Leben lebenswert ist und wann? – Danach fragt sie nicht. Alle Naturwissenschaften geben uns Antwort auf die Frage: Was sollen wir tun, *wenn* wir das Leben *technisch* beherrschen wollen? Ob wir es aber technisch beherrschen sollen und wollen, und ob das letztlich eigentlich Sinn hat: – Das lassen sie ganz dahingestellt oder setzen es für ihre Zwecke voraus. Oder nehmen Sie eine Disziplin wie die Kunstwissenschaft. Die Tatsache, daß es Kunstwerke gibt, ist der Ästhetik gegeben. Sie sucht zu ergründen, unter welchen Bedingungen dieser Sachverhalt vorliegt. Aber sie wirft die Frage nicht auf, ob das Reich der Kunst nicht vielleicht ein Reich diabolischer Herrlichkeit sei, ein Reich von dieser Welt, deshalb widergöttlich im tiefsten Innern und in seinem tiefinnerlichst aristokratischen Geist widerbrüderlich. Danach also fragt sie nicht: ob es Kunstwerke geben *solle*. – Oder die Jurisprudenz: – Sie stellt fest, was, nach den Regeln des teils zwingend logisch, teils durch konventionell gegebene Schemata gebundenen juristischen Denkens gilt, also: *wenn* bestimmte Rechtsregeln und bestimmte Methoden ihrer Deutung als verbindlich anerkannt sind. *Ob* es Recht geben solle, und *ob* man gerade diese Regeln aufstellen solle, darauf antwortet sie nicht, sondern sie kann nur angeben: Wenn man den Erfolg will, so ist diese Rechtsregel nach den Normen unseres Rechtsdenkens das geeignete Mittel, ihn zu erreichen. Oder nehmen Sie die historischen Kulturwissenschaften. Sie lehren politische, künstlerische, literarische und soziale Kulturerscheinungen aus den Bedingungen ihres Entstehens verstehen. Weder aber geben sie von sich aus Antwort auf die Frage: ob diese Kulturerscheinungen es *wert* waren und sind, zu bestehen, noch antworten sie auf die andere Frage: ob es der Mühe wert ist, sie zu kennen. Sie setzen voraus, daß es ein Interesse habe, durch dies Verfahren teilzuhaben an der Gemeinschaft der „Kulturmenschen". Aber daß dies der Fall sei, vermögen sie „wissenschaftlich" niemandem zu beweisen, und daß sie es voraussetzen, beweist durchaus nicht, daß es selbstverständlich sei. Das ist es in der Tat ganz und gar nicht.

Bleiben wir nun einmal bei den mir nächstliegenden Disziplinen, also bei der Soziologie, Geschichte, Nationalökonomie und Staatslehre und jenen Arten von Kulturphilosophie, welche sich ihre Deutung zur Aufgabe machen. Man sagt, und ich unterschreibe das: Politik gehört nicht in den Hörsaal. Sie gehört nicht dahin von Seiten der Studenten. Ich würde es z. B. ganz ebenso beklagen, wenn etwa im Hörsaal meines früheren Kollegen Dietrich Schäfer[38] in Berlin pazifistische Studenten sich um das Katheder stellten und Lärm von der Art machten, wie es antipazifistische Studenten gegenüber dem Professor [Friedrich W.] Förster,[39] dem ich in meinen Anschauungen in vielem so fern wie möglich stehe, getan haben sollen. Aber Politik gehört allerdings auch nicht dahin von Seiten des Dozenten. Gerade dann nicht, wenn er sich wissenschaftlich mit Politik befasst, und dann am allerwenigsten. Denn praktisch-politische Stellungnahme und wissenschaftliche Analyse politischer Gebilde und Parteistellung ist zweierlei. Wenn man in einer Volksversammlung über Demokratie spricht, so macht man aus seiner persönlichen Stellungnahme kein Hehl: Gerade das: deutlich erkennbar Partei zu nehmen, ist da die verdammte Pflicht und Schuldigkeit. Die Worte, die man braucht, sind dann nicht Mittel wissenschaftlicher Analyse, sondern politischen Werbens um die Stellungnahme der Anderen. Sie sind nicht Pflugscharen zur Lockerung des Erdreiches des kontemplativen Denkens, sondern Schwerter gegen die Gegner: Kampfmittel. In einer Vorlesung oder im Hörsaal dagegen wäre es Frevel, das Wort in dieser Art zu gebrauchen. Da wird man, wenn etwa von „Demokratie" die Rede ist, deren verschiedene Formen vornehmen, sie analysieren in der Art, wie sie funktionieren, feststellen, welche einzelnen Folgen für die Lebensverhältnisse die eine oder andere hat, dann die anderen nicht demokratischen Formen der politischen Ordnung ihnen gegenüberstellen und versuchen, so weit zu gelangen, daß

---

[38] Dietrich Schäfer (1845-1929), Historiker, der sich für die Ausbreitung mit Hilfe militärischer Mittel aussprach.

[39] Friedrich W. Förster (1869-1966), Philosoph, Erziehungswissenschaftler und Pazifist.

der Hörer in der Lage ist, den Punkt zu finden, von dem aus *er* von *seinen* letzten Idealen aus Stellung dazu nehmen kann. Aber der echte Lehrer wird sich sehr hüten, vom Katheder herunter ihm irgendeine Stellungnahme, sei es ausdrücklich, sei es durch Suggestion – denn das ist natürlich die illoyalste Art, wenn man „die Tatsachen sprechen lässt" – aufzudrängen.

Warum sollen wir das nun eigentlich nicht tun? Ich schicke voraus, daß manche sehr geschätzte Kollegen der Meinung sind, diese Selbstbescheidung durchzuführen ginge überhaupt nicht, und wenn es ginge, wäre es eine Marotte, das zu vermeiden. Nun kann man niemandem wissenschaftlich vordemonstrieren, was seine Pflicht als akademischer Lehrer sei. Verlangen kann man von ihm nur die intellektuelle Rechtschaffenheit: einzusehen, daß Tatsachenfeststellung, Feststellung mathematischer oder logischer Sachverhalte oder der inneren Struktur von Kulturgütern einerseits, und andererseits die Beantwortung der Frage nach dem *Wert* der Kultur und ihrer einzelnen Inhalte und danach: wie man innerhalb der Kulturgemeinschaft und der politischen Verbände *handeln* solle – daß dies beides ganz und gar *heterogene* Probleme sind. Fragt er dann weiter, warum er nicht beide im Hörsaal behandeln solle, so ist darauf zu antworten: weil der Prophet und der Demagoge nicht auf das Katheder eines Hörsaals gehören. Dem Propheten wie dem Demagogen ist gesagt: „Gehe hinaus auf die Gassen und rede öffentlich."[40] Da, heißt das, wo Kritik möglich ist. Im Hörsaal, wo man seinen Zuhörern gegenübersitzt, haben sie zu schweigen und der Lehrer zu reden, und ich halte es für unverantwortlich, diesen Umstand, daß die Studenten um ihres Fortkommens willen das Kolleg eines Lehrers besuchen müssen, und daß dort niemand zugegen ist, der diesem mit Kritik entgegentritt, auszunützen, um den Hörern nicht, wie es seine Aufgabe ist, mit seinen Kenntnissen und wissenschaftlichen Erfahrungen nützlich zu sein, sondern sie zu stempeln nach seiner persönlichen politischen Anschauung. Es ist gewiss möglich, daß es dem Einzelnen nur ungenügend gelingt, seine subjektive Sympathie auszuschalten. Dann setzt er sich der schärfsten Kritik vor dem Forum seines eigenen Gewissens aus. Und es beweist nichts, denn auch andere, rein tatsächliche Irrtümer sind möglich und beweisen doch nichts gegen die Pflicht: die Wahrheit zu suchen. Auch und gerade im rein wissenschaftlichen Interesse lehne ich es ab. Ich erbiete mich, an den Werken unserer Historiker den Nachweis zu führen, daß wo immer der Mann der Wissenschaft mit seinem eigenen Werturteil kommt, das volle Verstehen der

---

[40] Jeremia, 2,2: „Geh hin und predige öffentlich der Stadt Jerusalem und sprich: So spricht der HERR."

Tatsachen *aufhört*. Doch geht das über das Thema des heutigen Abends hinaus und würde lange Auseinandersetzungen erfordern.

Ich frage nur: Wie soll auf der einen Seite ein gläubiger Katholik,[41] auf der anderen Seite ein Freimaurer[42] in einem Kolleg über die Kirchen- und Staatsformen oder über Religionsgeschichte, – wie sollen sie jemals über diese Dinge zur gleichen *Wertung* gebracht werden?! Das ist ausgeschlossen. Und doch muss der akademische Lehrer den Wunsch haben und die Forderung an sich selbst stellen, dem einen wie dem andern durch seine Kenntnisse und Methoden nützlich zu sein. Nun werden Sie mit Recht sagen: Der gläubige Katholik wird auch über die Tatsachen des Herganges bei der Entstehung des Christentums niemals die Ansicht annehmen, die ein von seinen dogmatischen Voraussetzungen freier Lehrer ihm vorträgt. Gewiss! Der Unterschied aber liegt in Folgendem: Die im Sinne der Ablehnung religiöser Gebundenheit „voraussetzungslose" Wissenschaft kennt in der Tat ihrerseits das „Wunder" und die „Offenbarung" nicht. Sie würde ihren eigenen „Voraussetzungen" damit untreu. Der Gläubige kennt beides. Und jene „voraussetzungslose" Wissenschaft mutet ihm nicht weniger – aber: auch *nicht mehr* – zu als das Anerkenntnis: daß, *wenn* der Hergang ohne jene übernatürlichen, für eine empirische Erklärung als ursächliche Momente ausscheidenden Eingriffe erklärt werden solle, er so, wie sie es versucht, erklärt werden müsse. Das aber kann er, ohne seinem Glauben untreu zu werden.

Aber hat denn nun die Leistung der Wissenschaft gar keinen Sinn für jemanden, dem die Tatsache als solche gleichgültig und nur die praktische Stellungnahme wichtig ist? Vielleicht doch. Zunächst schon eins. Wenn jemand ein brauchbarer Lehrer ist, dann ist es seine erste Aufgabe, seine Schüler *unbequeme* Tatsachen anerkennen zu lehren, solche, meine ich, die für seine Parteimeinung unbequem sind; und es gibt für jede Parteimeinung – z. B. auch für die meinige – solche äußerst unbequemen Tatsachen. Ich glaube, wenn der akademische Lehrer seine Zuhörer nötigt, sich daran zu gewöhnen, daß er dann mehr als eine nur intellektuelle Leistung vollbringt, ich würde so unbescheiden sein, sogar den Ausdruck „sittliche Leistung" darauf anzuwenden, wenn das auch vielleicht etwas zu pathetisch für eine so schlichte Selbstverständlichkeit klingen mag.

Bisher sprach ich nur von *praktischen* Gründen der Vermeidung eines Aufdrängens persönlicher Stellungnahme. Aber dabei bleibt es nicht. Die Unmöglichkeit „wissenschaftlicher" Vertretung von praktischen Stellung-

---

[41] Mitglied der größten christlichen Kirche, die durch ihre einheitliche Lehre und Organisation charakterisiert ist.

[42] Mitglied einer geheimen Bruderschaft freier und anerkannter Steinmetze.

nahmen – außer im Falle der Erörterung der Mittel für einen als fest *gegeben* vorausgesetzten Zweck – folgt aus weit tiefer liegenden Gründen. Sie ist prinzipiell deshalb sinnlos, weil die verschiedenen Wertordnungen der Welt in unlöslichem Kampf untereinander stehen. Der alte [John Stuart] Mill,[43] dessen Philosophie ich sonst nicht loben will, aber in diesem Punkt hat er recht, sagt einmal: wenn man von der reinen Erfahrung ausgehe, komme man zum Polytheismus.[44] Das ist flach formuliert und klingt paradox, und doch steckt Wahrheit darin. Wenn irgend etwas, so wissen wir es heute wieder: daß etwas heilig sein kann nicht nur: obwohl es nicht schön ist, sondern: *weil* und *insofern* es nicht schön ist, – in dem 53. Kapitel des Jesaiasbuches und im 21. [22.] Psalm können Sie die Belege dafür finden; – und daß etwas schön sein kann nicht nur: obwohl, sondern: in dem, worin es nicht gut ist,[45] das wissen wir seit Nietzsche wieder, und vorher finden Sie es gestaltet in den *Fleurs du mal*, wie [Charles] Baudelaire[46] seinen Gedichtband nannte, – und eine Alltagsweisheit ist es, daß etwas wahr sein kann, obwohl und indem es nicht schön und nicht heilig und nicht gut ist. Aber das sind nur die elementarsten Fälle dieses Kampfes der Götter der einzelnen Ordnungen und Werte. Wie man es machen will, „wissenschaftlich" zu entscheiden zwischen dem *Wert* der französischen und deutschen Kultur, weiß ich nicht. Hier streiten eben auch verschiedene Götter miteinander, und zwar für alle Zeit. Es ist wie in der alten, noch nicht von ihren Göttern und Dämonen entzauberten Welt, nur in anderem Sinne: Wie der Hellene einmal der Aphrodite[47] opferte und dann dem Apollon[48] und vor allem jeder den Göttern seiner Stadt, so ist es, entzaubert und entkleidet der mythischen, aber innerlich wahren Plastik jenes Verhaltens, noch heute. Und über diesen Göttern und in ihrem Kampf waltet das Schicksal, aber ganz gewiss keine „Wissenschaft". Es lässt sich nur verstehen, *was* das Göttliche für die eine und für die andere oder: in der einen und der anderen Ordnung ist. Damit ist aber die Sache für jede Erörterung in einem Hörsaal und durch einen Professor schlechterdings zu Ende, so wenig natürlich das darin steckende gewaltige Le-

---

43 John Stuart Mill (1806-1873), britischer Philosoph.

44 Anspielung auf Mills Polytheismus, „Essays on Ethics, Religion and Society". In John M. Robson (Hg.), *Collected Works of John Stuart Mill* (Toronto: University of Toronto Press, 1969), Bd. X, S. 431.

45 Synopse eines Gedankens aus „Die Geburt der Tragödie. Unzeitgemäße Betrachtungen I-IV". In Giorgio Colli und Mazzino Montinari (Hg.), *Nachgelassene Schriften 1870-1873* (München: Deutscher Taschenbuch Verlag, 1988), Band 1.

46 Charles Baudelaire (1821-1867), *Les fleurs du mal* (Paris: Poulet-Malassis et de Broise, 1857).

47 Griechische Liebesgöttin.

48 Griechischer Sonnengott.

*bens*problem selbst damit zu Ende ist. Aber andere Mächte als die Katheder der Universitäten haben da das Wort. Welcher Mensch wird sich vermessen, die Ethik der Bergpredigt,[49] etwa den Satz: „Widerstehe nicht dem Übel"[50] oder das Bild von der einen und der anderen Backe,[51] „wissenschaftlich widerlegen" zu wollen? Und doch ist klar: Es ist, innerweltlich angesehen, eine Ethik der Würdelosigkeit, die hier gepredigt wird: Man hat zu wählen zwischen der religiösen Würde, die diese Ethik bringt, und der Manneswürde, die etwas ganz anderes predigt: „Widerstehe dem Übel, – sonst bist du für seine Übergewalt mitverantwortlich." Je nach der letzten Stellungnahme ist für den Einzelnen das eine der Teufel und das andere der Gott, und der Einzelne hat sich zu entscheiden, welches *für ihn* der Gott und welches der Teufel ist. Und so geht es durch alle Ordnungen des Lebens hindurch. Der großartige Rationalismus der ethisch-methodischen Lebensführung, der aus jeder religiösen Prophetie quillt, hatte diese Vielgötterei entthront zugunsten des „Einen, das Not tut"[52] – und hatte dann, angesichts der Realitäten des äußeren und inneren Lebens, sich zu jenen Kompromissen und Relativierungen genötigt gesehen, die wir alle aus der Geschichte des Christentums kennen.[53] Heute aber ist es religiöser „Alltag". Die alten vielen Götter, entzaubert und daher in Gestalt unpersönlicher Mächte, entsteigen ihren Gräbern, streben nach Gewalt über unser Leben und beginnen untereinander wieder ihren ewigen Kampf. Das aber, was gerade dem modernen Menschen so schwer wird, und der jungen Generation am schwersten, ist: einem solchen *Alltag* gewachsen zu sein. Alles Jagen nach dem „Erlebnis" stammt aus dieser Schwäche. Denn Schwäche ist es: dem Schicksal der Zeit nicht in sein ernstes Antlitz blicken zu können.

Schicksal unserer Kultur aber ist, daß wir uns dessen wieder deutlicher bewusst werden, nachdem durch ein Jahrtausend die angeblich oder vermeintlich ausschließliche Orientierung an dem großartigen Pathos der christlichen Ethik die Augen dafür geblendet hatte.

---

49   Eine Sammlung von Lehrsprüchen Jesu Christi (ca. 6 B.C.-30 A.D.), Matthäus 5-7.

50   Matthäus 5,39: „Ich aber sage euch, da ihr nicht widerstreben sollt dem Übel [...]"

51   Matthäus 5,39: „Wenn dich jemand auf deine rechte Backe schlägt, dem biete die andere auch dar."

52   Lukas 10,42: „Eins aber ist not."

53   Religion, die auf der Person Jesu Christus und seinen Lehren basiert, jedoch mit weitaus mehr unterschiedlichen Glaubensgemeinschaften und Auslegungen der Glaubenssätze als, z. B., der Islam aufweist.

Doch genug von diesen sehr ins Weite führenden Fragen. Denn der Irrtum, den ein Teil unserer Jugend begeht, wenn er auf all das antworten würde: „Ja, aber wir kommen nun einmal in die Vorlesung, um etwas anderes zu erleben als nur Analysen und Tatsachenfeststellungen", – der Irrtum ist der, daß sie in dem Professor etwas anderes suchen, als ihnen dort gegenübersteht, – einen *Führer* und nicht: einen *Lehrer*. Aber nur als *Lehrer* sind wir auf das Katheder gestellt. Das ist zweierlei, und daß es das ist, davon kann man sich leicht überzeugen. Erlauben Sie, daß ich Sie noch einmal nach Amerika führe, weil man dort solche Dinge oft in ihrer massivsten Ursprünglichkeit sehen kann. Der amerikanische Knabe lernt unsagbar viel weniger als der unsrige. Er ist trotz unglaublich vielen Examinierens doch dem *Sinn* seines Schullebens nach noch nicht jener absolute Examensmensch geworden, wie es der deutsche ist. Denn die Bürokratie, die das Examensdiplom als Eintrittsbillet ins Reich der Amtspfründen voraussetzt, ist dort erst in den Anfängen. Der junge Amerikaner hat vor nichts und niemand, vor keiner Tradition und keinem Amt Respekt, es sei denn vor der persönlich eigenen Leistung des Betreffenden: *Das* nennt der Amerikaner „Demokratie". Wie verzerrt auch immer die Realität diesem Sinngehalt gegenüber sich verhalten möge, der Sinngehalt ist dieser, und darauf kommt es hier an. Der Lehrer, der ihm gegenübersteht, von dem hat er die Vorstellung: Er verkauft mir seine Kenntnisse und Methoden für meines Vaters Geld, ganz ebenso wie die Gemüsefrau meiner Mutter den Kohl. Damit fertig. Allerdings: Wenn der Lehrer etwa ein *football* [Fußball]-Meister ist, dann ist er auf diesem Gebiet sein Führer. Ist er das (oder etwas Ähnliches auf anderem Sportgebiet) aber nicht, so ist er eben nur Lehrer und weiter nichts, und keinem amerikanischen jungen Manne wird es einfallen, sich von ihm „Weltanschauungen" oder maßgebliche Regeln für seine Lebensführung verkaufen zu lassen. Nun, in dieser Formulierung werden wir das ablehnen. Aber es fragt sich, ob hier in dieser von mir absichtlich noch etwas ins Extreme gesteigerten Empfindungsweise nicht doch ein Korn Wahrheit steckt.

Kommilitonen und Kommilitoninnen! Sie kommen mit diesen Ansprüchen an unsere Führerqualitäten in die Vorlesungen zu uns und sagen sich vorher nicht: daß von hundert Professoren mindestens neunundneunzig nicht nur keine *football* [Fußball]-Meister des Lebens, sondern überhaupt nicht „Führer" in Angelegenheiten der Lebensführung zu sein in Anspruch nehmen und nehmen dürfen. Bedenken Sie: Es hängt der Wert des Menschen ja nicht davon ab, ob er Führerqualitäten besitzt. Und jedenfalls sind es nicht die Qualitäten, die jemanden zu einem ausgezeichneten Gelehrten und akademischen Lehrer machen, die ihn zum Führer auf dem Gebiet der praktischen Lebensorientierung oder, spezieller, der Politik machen. Es ist der reine Zufall, wenn jemand auch diese Qualität besitzt, und sehr bedenklich ist es, wenn jeder, der auf dem Katheder steht, sich vor die Zumutung gestellt fühlt, sie in Anspruch zu nehmen. Noch bedenklicher, wenn es jedem akademischen Lehrer überlassen bleibt, sich im Hörsaal als Führer aufzuspielen. Denn die, welche sich am meisten dafür halten, sind es oft am wenigsten, und vor allem: ob sie es sind oder nicht, dafür bietet die Situation auf dem Katheder schlechterdings keine Möglichkeit der *Bewährung*. Der Professor, der sich zum Berater der Jugend berufen fühlt und ihr Vertrauen genießt, möge im persönlichen Verkehr von Mensch zu Mensch mit ihr seinen Mann stehen. Und fühlt er sich zum Eingreifen in die Kämpfe der Weltanschauungen und Parteimeinungen berufen, so möge er das draußen auf dem Markt des Lebens tun: in der Presse, in Versammlungen, in Vereinen, wo immer er will. Aber es ist doch etwas allzu bequem, seinen Bekennermut da zu zeigen, wo die Anwesenden und vielleicht Andersdenkenden zum Schweigen verurteilt sind.

Sie werden schließlich die Frage stellen: Wenn dem so ist, was leistet denn nun eigentlich die Wissenschaft Positives für das praktische und persönliche „Leben"? Und damit sind wir wieder bei dem Problem ihres „Berufs". Zunächst natürlich: Kenntnisse über die Technik, wie man das Leben, die äußeren Dinge sowohl wie das Handeln der Menschen, durch Berechnung beherrscht: – Nun, das ist aber doch nur die Gemüsefrau des amerikanischen Knaben, werden Sie sagen. Ganz meine Meinung. Zweitens, was diese Gemüsefrau schon immerhin nicht tut: Methoden des Denkens, das Handwerkszeug und die Schulung dazu. Sie werden vielleicht sagen: Nun, das ist nicht Gemüse, aber es ist auch nicht mehr als das Mittel, sich Gemüse zu verschaffen. Gut, lassen wir das heute dahingestellt. Aber damit ist die Leistung der Wissenschaft glücklicherweise auch noch nicht zu Ende, sondern wir sind in der Lage, Ihnen zu einem Dritten zu verhelfen: zur *Klarheit*. Vorausgesetzt natürlich, daß wir sie selbst besitzen. Soweit dies der Fall ist, können wir Ihnen deutlich machen: Man kann zu dem Wertproblem, um das es sich jeweils handelt – ich bitte Sie, der Einfachheit halber an soziale Erscheinungen als Beispiel zu denken –, praktisch die und die verschiedene Stellung einnehmen. *Wenn* man die und die Stellung einnimmt, so muss man nach den Erfahrungen der Wissenschaft die und die *Mittel* anwenden, um sie praktisch zur Durchführung zu bringen. Diese Mittel sind nun vielleicht schon an sich solche, die Sie ablehnen zu müssen glauben. Dann muss man zwischen dem Zweck und den unvermeidlichen Mitteln eben wählen. „Heiligt" der Zweck diese Mittel oder nicht? Der Lehrer kann die Notwendigkeit dieser Wahl vor Sie hinstellen, mehr kann er, solange er Lehrer bleiben und nicht

Demagoge werden will, nicht. Er kann Ihnen ferner natürlich sagen: Wenn Sie den und den Zweck wollen, dann müssen Sie die und die Nebenerfolge, die dann erfahrungsgemäß eintreten, mit in Kauf nehmen: wieder die gleiche Lage. Indessen das sind alles noch Probleme, wie sie für jeden Techniker auch entstehen können, der ja auch in zahlreichen Fällen nach dem Prinzip des kleineren Übels oder des relativ Besten sich entscheiden muss. Nur daß für ihn eins, die Hauptsache, gegeben zu sein pflegt: der *Zweck*. Aber eben dies ist nun für uns, sobald es sich um wirklich „letzte" Probleme handelt, *nicht* der Fall. Und damit erst gelangen wir zu der letzten Leistung, welche die Wissenschaft als solche im Dienste der Klarheit vollbringen kann, und zugleich zu ihren Grenzen: Wir können – und sollen – Ihnen auch sagen: Die und die praktische Stellungnahme lässt sich mit innerer Konsequenz und also: Ehrlichkeit ihrem *Sinn* nach ableiten aus der und der letzten weltanschauungsmäßigen Grundposition – es kann sein, aus nur einer, oder es können vielleicht verschiedene sein –, aber aus den und den anderen nicht. Ihr dient, bildlich geredet, diesem Gott *und kränkt jenen anderen*, wenn Ihr Euch für diese Stellungnahme entschließt. Denn ihr kommt notwendig zu diesen und diesen letzten inneren sinnhaften *Konsequenzen*, wenn Ihr Euch treu bleibt. Das lässt sich, im Prinzip wenigstens, leisten. Die Fachdisziplin der Philosophie und die dem Wesen nach philosophischen prinzipiellen Erörterungen der Einzeldisziplinen versuchen, das zu leisten. Wir können so, wenn wir unsere Sache verstehen (was hier einmal vorausgesetzt werden muss), den Einzelnen nötigen, oder wenigstens ihm dabei helfen, sich selbst *Rechenschaft zu geben über den letzten Sinn seines eigenen Tuns*. Es scheint mir das nicht so sehr wenig zu sein, auch für das rein persönliche Leben. Ich bin auch hier versucht, wenn einem Lehrer das gelingt, zu sagen: er stehe im Dienst „sittlicher" Mächte: der Pflicht, Klarheit und Verantwortungsgefühl zu schaffen, und ich glaube, er wird dieser Leistung um so eher fähig sein, je gewissenhafter er es vermeidet, seinerseits dem Zuhörer eine Stellungnahme aufoktroyieren oder ansuggerieren zu wollen.

Überall freilich geht diese Annahme, die ich Ihnen hier vortrage, aus von dem einen Grundsachverhalt: daß das Leben, solange es in sich selbst beruht und aus sich selbst verstanden wird, nur den ewigen Kampf jener Götter miteinander kennt, – unbildlich gesprochen: die Unvereinbarkeit und also die Unaustragbarkeit des Kampfes der letzten überhaupt *möglichen* Standpunkte zum Leben, die Notwendigkeit also: zwischen ihnen sich zu *entscheiden*. Ob unter solchen Verhältnissen die Wissenschaft wert ist, für jemanden ein „Beruf" zu werden, und ob sie selbst einen objektiv wertvollen „Beruf" hat, – das ist wieder ein Werturteil, über welches im Hörsaal nichts auszusagen ist. Denn für die Lehre dort ist die Bejahung

Voraussetzung. Ich persönlich bejahe schon durch meine eigene Arbeit die Frage. Und zwar auch und gerade für den Standpunkt, der den Intellektualismus, wie es heute die Jugend tut oder – und meist – zu tun nur sich einbildet, als den schlimmsten Teufel hasst. Denn dann gilt für sie das Wort:

„Bedenkt, der Teufel, der ist alt,
So werdet alt, ihn zu verstehen!"[54]

Das ist nicht im Sinne der Geburtsurkunde gemeint, sondern in dem Sinn: daß man auch vor diesem Teufel, wenn man mit ihm fertig werden will, nicht – die Flucht ergreifen darf, wie es heute so gern geschieht, sondern daß man seine Wege erst einmal zu Ende überschauen muss, um seine Macht und seine Schranken zu sehen.

Daß Wissenschaft heute ein *fachlich* betriebener „Beruf" ist im Dienst der Selbstbesinnung und der Erkenntnis tatsächlicher Zusammenhänge, und nicht eine Heilsgüter und Offenbarungen spendende Gnadengabe von Sehern, Propheten oder ein Bestandteil des Nachdenkens von Weisen und Philosophen über den *Sinn* der Welt –, das freilich ist eine unentrinnbare Gegebenheit unserer historischen Situation, aus der wir, wenn wir uns selbst treu bleiben, nicht herauskommen können. Und wenn nun wieder Tolstoi in Ihnen aufsteht und fragt: „Wer beantwortet, da es die Wissenschaft nicht tut, die Frage: was sollen wir denn tun? und: wie sollen wir unser Leben einrichten?" oder in der heute Abend hier gebrauchten Sprache: „Welchem der kämpfenden Götter sollen wir dienen? Oder vielleicht einem ganz anderen, und wer ist das?" – dann ist zu sagen: nur ein Prophet oder ein Heiland. Wenn der nicht da ist oder wenn seiner Verkündigung nicht mehr geglaubt wird, dann werden Sie ihn ganz gewiss nicht dadurch auf die Erde zwingen, daß Tausende von Professoren als staatlich besoldete oder privilegierte kleine Propheten in ihren Hörsälen ihm seine Rolle abzunehmen versuchen. Sie werden damit nur das eine fertig bringen, daß das Wissen um den entscheidenden Sachverhalt: Der Prophet, nach dem sich so viele unserer jüngsten Generation sehnen, ist eben *nicht* da, ihnen niemals in der ganzen Wucht seiner Bedeutung lebendig wird. Es kann, glaube ich, gerade dem inneren Interesse eines wirklich religiös „musikalischen" Menschen nun und nimmermehr gedient sein, wenn ihm und anderen diese Grundtatsache, daß er in einer gottfremden,

---

[54]   Georg Witkowski (Hg.), *Goethes Faust*, 10. unveränd. Aufl. (Leiden: E. J. Brill, 1949), 1. und 2. Teil, S. 222.

prophetenlosen Zeit zu leben das Schicksal hat, durch ein Surrogat, wie es alle diese Kathederprophetien sind, verhüllt wird. Die Ehrlichkeit seines religiösen Organs müsste, scheint mir, dagegen sich auflehnen. Nun werden Sie geneigt sein, zu sagen: Aber wie stellt man sich dann zu der Tatsache der Existenz der „Theologie" und ihres Anspruchs darauf: „Wissenschaft" zu sein? Drücken wir uns um die Antwort nicht herum. „Theologie" und „Dogmen" gibt es zwar nicht universell, aber doch nicht gerade nur im Christentum. Sondern (rückwärtsschreitend in der Zeit) in stark entwickelter Form auch im Islam,[55] im Manichäismus,[56] in der Gnosis,[57] in der Orphik,[58] im Parsismus,[59] im Buddhismus,[60] in den hinduistischen[61] Sekten, im Taoismus[62] und in den *Upanishaden*[63] und natürlich auch im Judentum.[64] Nur freilich in höchst verschiedenem Maße systematisch entwickelt. Und es ist kein Zufall, daß das okzidentale Christentum nicht nur – im Gegensatz zu dem, was z. B. das Judentum an Theologie besitzt – sie systematischer ausgebaut hat oder danach strebt, sondern daß hier ihre Entwicklung die weitaus stärkste historische Bedeutung gehabt hat. Der hellenische Geist hat das hervorgebracht, und alle Theologie des

---

[55] Religion der Muslime; monotheistischer Glauben, der laut Glaubensgrundsatz durch den Propheten Allahs, Mohammed (ca. 570-632), offenbart wurde.

[56] Ein dualistisches Religionssystem mit Elementen des Christentums, der Gnostiker und heidnischer Gebräuche. In Persien gegründet, durch Mani (auch Manas) (ca. 216- ca. 276). Basiert auf einem angenommenen Urkonflikt zwischen Licht und Finsternis.

[57] Ketzerische Bewegung der christlichen Kirche des 2. Jhdt., die lehrt, dass die esoterische Erkenntnis (Gnostik) vom einem höheren göttlichen Wesen die Erlösung des menschlichen Geistes verspricht.

[58] Altgriechischer Mysterienkult mit Ritualen von Selbstreinigung, Tod und Wiedergeburt; angeblich basierend auf der Dichtung des Orpheus, eines legendären Sängerhelden.

[59] Vor-Islamische Religion, in Persien gegründet durch Zarathustra (ca. 628- ca. 551 v. Chr.). Beinhaltet sowohl monotheistische Elemente (ein Schöpfer) als auch dualistische (Kampf vom Licht gegen die Finsternis und das Böse).

[60] Religion, die von Siddhartha Gautama (Buddha ca. 563-ca.460 v. Chr.) gegründet wurde; Ziel ist die Erleuchtung, die durch die Überwindung weltlicher Begierden und des Selbst erreicht werden kann.

[61] Hinduismus: religiöse und kulturelle Tradition des indischen Subkontinents; glaubt an die Wiedergeburt und verehrt eine Vielzahl von Gottheiten.

[62] Traditionelle chinesische Philosophie und Religion, die auf den Schriften des Laozi (auch Lao-tzu oder Laotse) (604-531 v. Chr.), einschließlich dem *Daodejing* [*Buch vom Weg und von der Tugend*], basiert; befürwortet Demut und Frömmigkeit.

[63] Eine Ansammlung philosophischer Schriften des Hinduismus; Bestandteil des *Veda*, der ältesten Schriften des Hinduismus.

[64] Monotheistische Religion der Juden; basiert auf dem Alten Testament und dem Talmud.

Westens geht auf ihn zurück, wie (offenbar) alle Theologie des Ostens auf das indische Denken. Alle Theologie ist intellektuelle *Rationalisierung* religiösen Heilsbesitzes. Keine Wissenschaft ist absolut voraussetzungslos, und keine kann für den, der diese Voraussetzungen ablehnt, ihren eigenen Wert begründen. Aber allerdings: Jede Theologie fügt für ihre Arbeit und damit für die Rechtfertigung ihrer eigenen Existenz einige spezifische Voraussetzungen hinzu. In verschiedenem Sinn und Umfang. Für *jede* Theologie, z. B. auch für die hinduistische, gilt die Voraussetzung: die Welt müsse einen *Sinn* haben, – und ihre Frage ist: Wie muss man ihn deuten, damit dies denkmöglich sei? Ganz ebenso wie Kants[65] Erkenntnistheorie von der Voraussetzung ausging: „Wissenschaftliche Wahrheit gibt es, und sie *gilt*" – und dann fragte: Unter welchen Denkvoraussetzungen ist das (sinnvoll) möglich?[66] Oder wie die modernen Ästhetiker (ausdrücklich – wie z. B. [Georg von] Lukács[67] – oder tatsächlich) von der Voraussetzung ausgehen: „Es *gibt* Kunstwerke" – und nun fragen: Wie ist das (sinnvoll) möglich? Allerdings begnügen sich die Theologien mit jener (wesentlich religions-philosophischen) Voraussetzung in aller Regel nicht. Sondern sie gehen regelmäßig von der ferneren Voraussetzung aus: daß bestimmte „Offenbarungen" als heilswichtige Tatsachen – als solche also, welche eine sinnvolle Lebensführung erst ermöglichen – schlechthin zu glauben sind und daß bestimmte Zuständlichkeiten und Handlungen die Qualität der Heiligkeit besitzen, das heißt: eine religiös-sinnvolle Lebensführung oder doch deren Bestandteile bilden. Und ihre Frage ist dann wiederum: Wie lassen sich diese schlechthin anzunehmenden Voraussetzungen innerhalb eines Gesamtweltbildes sinnvoll deuten? Jene Voraussetzungen selbst liegen dabei für die Theologie jenseits dessen, was „Wissenschaft" ist. Sie sind kein „Wissen" im gewöhnlich verstandenen Sinn, sondern ein „Haben". Wer sie – den Glauben oder die sonstigen heiligen Zuständlichkeiten – nicht „hat", dem kann sie keine Theologie ersetzen. Erst recht nicht eine andere Wissenschaft. Im Gegenteil: In jeder „positiven" Theologie gelangt der Gläubige an den Punkt, wo der Augustinische Satz gilt: Credo non quod, sed *quia* absurdum est [Ich glaube nicht was

---

[65] Immanuel Kant (1724-1804), bedeutender Philosoph.

[66] Dieses Zitat ist nicht überprüft, siehe jedoch: „Kritik der reinen Vernunft", Vorrede zur zweiten Auflage 1787. In *Kants Werke* (Berlin: Walter de Gruyter & Co., 1968), Bd. III, S. 7-26.

[67] Georg (bis 1918) von Lukács (1885-1971), ungarischer Philosoph, der eine marxistische Ästhetik formulierte. „Es gibt Kunstwerke – wie sind sie möglich?" ‚Heidelberger Ästhetik (1916-1918)', György Márkus und Frank Benseler (Hg.), *Georg Lukács Werke* (Darmstadt und Neuwied: Hermann Luchterhand Verlag, 1974), Bd. 17, S. 9.

absurd, sondern *weil* es absurd ist].[68] Die Fähigkeit zu dieser Virtuosenleistung des „Opfers des Intellekts" ist das entscheidende Merkmal des positiv religiösen Menschen. Und daß dem so ist: – Dieser Sachverhalt zeigt, daß trotz (vielmehr infolge) der Theologie (die ihn ja enthüllt) die Spannung zwischen der Wertsphäre der „Wissenschaft" und der des religiösen Heils unüberbrückbar ist.

Das „Opfer des Intellekts" bringt rechtmäßigerweise nur der Jünger dem Propheten, der Gläubige der Kirche. Noch nie ist aber eine neue Prophetie dadurch entstanden (ich wiederhole dieses Bild, das manchen anstößig gewesen ist, hier absichtlich), daß manche moderne Intellektuelle das Bedürfnis haben, sich in ihrer Seele sozusagen mit garantiert echten, alten Sachen auszumöblieren, und sich dabei dann noch daran erinnern, daß dazu auch die Religion gehört hat, die sie nun einmal nicht haben, für die sie aber eine Art von spielerisch mit Heiligenbildchen aus aller Herren Länder möblierte Hauskapelle als Ersatz sich aufputzen oder ein Surrogat schaffen in allerhand Arten des Erlebens, denen sie die Würde mystischen Heiligkeitsbesitzes zuschreiben und mit dem sie – auf dem Büchermarkt hausieren gehen. Das ist einfach: Schwindel oder Selbstbetrug. Durchaus kein Schwindel, sondern etwas sehr Ernstes und Wahrhaftes, aber vielleicht zuweilen sich selbst in seinem Sinn Missdeutendes ist es dagegen, wenn manche jener Jugendgemeinschaften, die in der Stille in den letzten Jahren gewachsen sind, ihrer eigenen menschlichen Gemeinschaftsbeziehung die Deutung einer religiösen, kosmischen oder mystischen Beziehung geben. So wahr es ist, daß jeder Akt echter Brüderlichkeit sich mit dem Wissen darum zu verknüpfen vermag, daß dadurch einem überpersönlichen Reich etwas hinzugefügt wird, was unverlierbar bleibt, so zweifelhaft scheint mir, ob die Würde rein menschlicher Gemeinschaftsbeziehungen durch jene religiösen Deutungen gesteigert wird. – Indessen, das gehört nicht mehr hierher. –

Es ist das Schicksal unserer Zeit, mit der ihr eigenen Rationalisierung und Intellektualisierung, vor allem: Entzauberung der Welt, daß gerade die letzten und sublimsten Werte zurückgetreten sind aus der Öffentlichkeit, entweder in das hinterweltliche Reich mystischen Lebens oder in die Brüderlichkeit unmittelbarer Beziehungen der Einzelnen zueinander. Es ist weder zufällig, daß unsere höchste Kunst eine intime und keine monumentale ist, noch daß heute nur innerhalb der kleinsten Gemeinschaftskreise, von Mensch zu Mensch, im pianissimo, jenes Etwas pulsiert, das dem entspricht, was früher als prophetisches Pneuma in stürmischem Feuer durch die großen Gemeinden ging und sie zusammenschweißte.

---

[68] Fehlzitat, meistens Quintus Tertullian (ca. 155/160-ca. 225) zugeschrieben.

Versuchen wir, monumentale Kunstgesinnung zu erzwingen und zu „erfinden", dann entsteht ein so jämmerliches Missgebilde wie in den vielen Denkmälern der letzten 20 Jahre. Versucht man, religiöse Neubildungen zu ergrübeln ohne neue, echte Prophetie, so entsteht im innerlichen Sinn etwas Ähnliches, was noch übler wirken muss. Und die Kathederprophetie wird vollends nur fanatische Sekten, aber nie eine echte Gemeinschaft schaffen. Wer dies Schicksal der Zeit nicht männlich ertragen kann, dem muss man sagen: Er kehre lieber, schweigend, ohne die übliche öffentliche Renegatenreklame, sondern schlicht und einfach, in die weit und erbarmend geöffneten Arme der alten Kirchen zurück. Sie machen es ihm ja nicht schwer. Irgendwie hat er dabei – das ist unvermeidlich – das „Opfer des Intellektes" zu bringen, so oder so. Wir werden ihn darum nicht schelten, wenn er es wirklich vermag. Denn ein solches Opfer des Intellekts zugunsten einer bedingungslosen religiösen Hingabe ist sittlich immerhin doch etwas anderes als jene Umgehung der schlichten intellektuellen Rechtschaffenheitspflicht, die eintritt, wenn man sich selbst nicht klar zu werden den Mut hat über die eigene letzte Stellungnahme, sondern diese Pflicht durch schwächliche Relativierung sich erleichtert. Und mir steht sie auch höher als jene Kathederprophetie, die sich darüber nicht klar ist, daß innerhalb der Räume des Hörsaals nun einmal keine andere Tugend gilt als eben: schlichte intellektuelle Rechtschaffenheit. Sie aber gebietet uns, festzustellen, daß heute für alle jene vielen, die auf neue Propheten und Heilande harren, die Lage die gleiche ist, wie sie aus jenem schönen, unter die Jesaja-Orakel aufgenommenen edomitischen Wächterlied in der Exilszeit klingt:

> Es kommt ein Ruf aus Seïr in Edom:
> Wächter, wie lang noch die Nacht?
> Der Wächter spricht: Es kommt der Morgen,
> aber noch ist es Nacht. Wenn ihr fragen wollt,
> kommt ein ander Mal wieder.[69]

Das Volk, dem das gesagt wurde, hat gefragt und geharrt durch weit mehr als zwei Jahrtausende, und wir kennen sein erschütterndes Schicksal.[70] Daraus wollen wir die Lehre ziehen: daß es mit dem Sehnen und Harren allein nicht getan ist, und es anders machen: an unsere Arbeit ge-

---

[69] Jesaja 21, 11-12: „Man ruft zu mir aus Seïr: Wächter, ist die Nacht bald hin? Der Wächter aber sprach: Wenn auch der Morgen kommt, so wird es doch Nacht bleiben. Wenn ihr fragen wollt, so kommt wieder und fragt."
[70] Bezieht sich auf die Juden vor der Gründung des Jüdischen Staates 1948.

hen und der „Forderung des Tages"[71] gerecht werden – menschlich sowohl wie beruflich. Die aber ist schlicht und einfach, wenn jeder den Dämon findet und ihm gehorcht, der *seines* Lebens Fäden hält.

---

[71] Goethe: „Was aber ist deine Pflicht? Die Forderung des Tages", „Die Wahlverwandtschaften. Novellen. Maximen und Reflexionen". In Ernst Beutler (Hg.), *Sämtliche Werke* (Zürich: Buchclub Ex Libris, 1979), Bd. 9, S. 554.

Artikel zu Hochschulen

1. Der Fall Bernhard[1]

Aus *akademischen Kreisen* schreibt man uns:

Die bisherigen Presserörterungen über den vielbesprochenen „*Fall Bernhard*" erschöpfen das Interesse an diesem Vorgang keineswegs. Gewiss ist der Skandal, daß die Regierung (richtiger gesagt: der Minister aus ganz persönlicher, d. h. unmittelbar beeinflusster Initiative) der besuchtesten Universität Deutschlands einen Professor oktroyiert, und daß über diese Tatsache die beteiligten Fachmänner, die zu den angesehensten Gelehrten Deutschlands gehören, erst durch die Presse oder die Visite des neuen Kollegen informiert werden, charakteristisch genug. Aber einige andere Umstände sind doch vielleicht noch charakteristischer. Zunächst schon das Verhalten des so plötzlich Beförderten selbst. In der Zeit, als der Schreiber dieser Zeilen so jung war, wie es Herr [Ludwig] Bernhard[2] heute ist, galt es als die elementarste Pflicht des akademischen Anstandes, daß jemand, dem vom Ministerium eine Professur angeboten wurde, sich *vor allen andern Dingen und ehe er sich entschied*, vergewisserte, ob er das wissenschaftliche Vertrauen der Fakultät oder mindestens derjenigen hervorragenden Fachgenossen, die mit ihm zusammen arbeiten sollten, besitze, einerlei, ob er etwa befürchtete, daß dadurch der Erlangung jener Stelle irgendwelche Schwierigkeiten (sei es auch nur moralischer Natur) entstehen konnten. Wer, weil er gerade „die Konjunktur hatte", sich über jene selbstverständlichen Regeln hinwegsetzte, um akademisch „vorwärts zu kommen", verfiel überall ganz der gleichen Beurteilung und Behandlung seiner Kollegen, wie sie jenen Leuten zuteil wird, welche berufsmäßig für sich auf konfessionelle oder politische „Strafprofessuren" spekulieren. Mit der Feststellung, daß Herr Bernhard jene Regeln *nicht* zu beachten für nötig befand, scheidet seine Person aus den weiteren Erörterungen hier aus. Von allgemeinerer Wichtigkeit ist nun aber, daß diese Art von Attitüde unter einem Teil des akademischen Nachwuchses überhaupt offensichtige Fortschritte gemacht hat, und daß ferner die preußische Regierung diesen Typus von „Geschäftsleuten", wie sie der akademische Sprachgebrauch nennt, direkt züchtet: Es gibt heute Lehrstühle, die ganz regelmäßig als „Stationen" zur Versorgung solcher Elemente benutzt werden.

---

[1]   *Frankfurter Zeitung*, Erstes Morgenblatt, 18. Juni 1908, S. 1. Die redaktionellen Anmerkungen werden hier und im Folgenden in kleinerem Schrifttypus dargestellt.

[2]   Ludwig Bernhard (1875-1935), Ökonom.

Was nun die Universität Berlin selbst anlangt, so gilt natürlich die Erlangung einer Professur dort auch heute regelmäßig als ein pekuniär gutes Geschäft. Die Zeit aber, wo sie als eine hohe wissenschaftliche Ehre galt, liegt hinter uns. Gewiss, mit Freuden sehen wir in Berlin auch heute noch in vielen Fächern wirkliche Führer der Wissenschaft und zugleich absolut unabhängige Persönlichkeiten. Allein die Zahl der „bequemen" und wegen ihrer Bequemlichkeit gesuchten Mediokritäten wächst dort, scheint es, eher noch schneller als anderwärts. Und dazu treten nun die Leute von der Art des Herrn Bernhard, Leute also, für welche, vom Standpunkt der Regierung aus, die Zugehörigkeit zur Universität wesentlich als *Pfründe*, im pekuniären Sinne oder in dem der sozialen Geltung, in Betracht kommt. Nun ist es ja, vom Standpunkt der *Provinzial*universitäten aus, gewissermaßen erfreulich, daß ihnen auf diese Art eine weitaus größere Zahl von hervorragenden Gelehrten dauernd erhalten bleibt, als dies der Fall wäre, wenn bei der Besetzung der Berliner Lehrstühle allein nach wissenschaftlichen Kriterien verfahren würde. Vom Standpunkt der Berliner Universität aus dürften diese Dinge aber naturgemäß anders zu beurteilen sein. Es ist doch eine eigentümliche Ironie, daß in einer Zeit, wo in mehreren Berliner Fakultäten, teils mit, teils ohne Erfolg, bei *zunehmender* Hörerzahl eine *Beschränkung* der Zahl der Professuren erstrebt wurde, und wo ferner eine Fakultät ein besonderes, die Habilitation von Lehrern anderer Hochschulen einschränkendes Statut schuf, und alsdann dieses selbstgeschaffene Hindernis dazu benutzte, um einen *anerkannt* hervorragenden akademischen Lehrer, und zwar *gegen das Votum der Fachmänner*, von der *Privatdozentur* auszuschließen – ich sags: Es ist eine eigentümliche Ironie, daß diese selbe Universität sich jetzt gefallen lassen muss, daß ihre *Professuren* als Pfründen benutzt werden, wenn irgendein Ministerium gerade das Bedürfnis hat, durch einen fähigen jungen Mann politisch erwünschte Recherchen vornehmen zu lassen.[3] *Alle Konzessionen* der Fakultäten an *unsachliche Gesichtspunkte* und insbesondere alles Abweichen von dem Grundsatz, so viele hochqualifizierte Kräfte wie nur möglich zu gewinnen, *rächt sich eben letztlich durch Schwächung der moralischen Autorität* der Fakultäten an ihnen selbst. Und natürlich zeigen sich die Konsequenzen dessen nicht nur in Fällen wie dem jetzt vorliegenden. Herr Bernhard hat, bei aller wissenschaftlichen Unausgereiftheit,

---

[3] Ob dies im vorliegenden Fall in Wahrheit der allein entscheidende Grund ist, bleibe dahingestellt: Leute, welche einen *intimen* Einblick in die Zustände des amtlichen Ostmarken-Apparats getan haben, könnten außerhalb der preußischen Machtsphäre unbequem werden. [Webers Fußnote.] Im weiteren Sinne betraf dies die preußische Strategie, deutsche Bauern zu motivieren, sich in den ehemalig polnischen Gebieten Ostpreußens niederzulassen.

immerhin ein fachlich wichtiges, von Eigenart der Methode zeugendes und (mir wenigstens) sehr eindrucksvolles Buch geschrieben. Aber jedermann weiß, daß z. B. auf dem Gebiet der Volkswirtschaftslehre vor der Türe der Fakultät noch die Füße von mindestens zwei anderen Leuten stehen, welche „Verdienste" verschiedenen Charakters, bei einem von ihnen bis in die Zeit der „Ära Stumm"[4] zurückreichend, aufzuweisen vermögen. Auch ihre „Konjunktur" dürfte, früher oder später mit Sicherheit kommen. Daß Männer, wie Adolf Wagner[5] und [Gustav von] Schmoller,[6] einst bedeutende und wissenschaftlich eigenartige Persönlichkeiten als Nachfolger erhalten werden, erscheint danach als ganz unwahrscheinlich. Und ähnlich steht es an den anderen preußischen Universitäten. Sie alle haben heute nicht mehr mit der, trotz aller Bedenklichkeit seines „Systems", doch vorhandenen Großzügigkeit des Herrn [Friedrich T.] Althoff[7] zu tun. Sondern als Lenker ihrer Schicksale fungieren, und zwar sicherlich auf lange hinaus, persönlich freundliche, aber erschreckend subalterne und kleinliche *businessmen* [Geschäftsmänner] – Leute also, durch deren Einfluss *dauernd* eine „Konjunktur" für das Hochkommen der ihnen adäquaten akademischen „Geschäftsleute" geschaffen wird, nach ganz dem gleichen Gesetz, welches bewirkt, daß erfahrungsgemäß *eine* Mittelmäßigkeit innerhalb einer Fakultät fortdauernd weitere nach sich zieht. Speziell dem Berliner Lehrkörper wird in solchen künftigen „Fällen" ebenso wie in dem jetzigen nur die Wahl der *Form*, gute Miene zum bösen Spiel zu machen, offen stehen. Einen wirklich, sei es in der öffentlichen Meinung, sei es bei der Regierung ins Gewicht fallenden Widerstand *können* sie infolge jener zum Teil selbst verschuldeten Schwächung ihrer moralischen Autorität nicht mehr leisten. Und, was damit zusammenhängt: Letztlich *will* auch ein zurzeit wachsender Teil ihrer Mitglieder es gar nicht anders.

---

4   Karl von Stumm-Halberg (1836-1901), einflussreicher konservativer Politiker.

5   Adolf Wagner (1835-1917), Ökonom und Mitbegründer des Vereins für Sozialpolitik.

6   Gustav (seit 1908) von Schmoller (1838-1917), Ökonom und Mitbegründer des Vereins für Sozialpolitik. Weber hatte sich schon früher kritisch zu seiner Person geäußert. Vgl. hierzu Joachim Radkau, *Max Weber. Die Leidenschaft des Denkens* (München: Carl Hanser Verlag, 2005), S. 507- 511.

7   Friedrich T. Althoff (1839-1908), Jurist. Vortragender Rat und Geheimer Regierungsrat im preußischen Kultusministerium von 1892-1897. Von 1897-1907 Ministerialdirektor und Leiter der Abteilung für das Universitäts- und höhere Unterrichtswesen. Siehe Rüdiger vom Bruch, „Max Webers Kritik am ‚System Althoff' in universitätsgeschichtlicher Perspektive", *Berliner Journal für Soziologie*, Bd. 5, Heft 3 (September 1995), S. 313-326.

Es ist selbstverständlich anzuerkennen, daß, wie an allen, so auch an der Berliner Universität, nicht wenige charaktervolle Persönlichkeiten auch heute noch die stolze Tradition akademischer Berufssolidarität und -unabhängigkeit nach oben fortsetzen. Jedermann aber weiß, daß diese nicht im Zunehmen begriffen sind. Dazu ist die Türklinke zum Kultusministerium dem Berliner Professor nun einmal leider allzu nahe. Zunehmend ist der Unfug eingerissen, daß preußische „Provinzial"professoren sich mit Anliegen und Beschwerden an einflussreiche (oder dafür geltende) Berliner Kollegen zur Fürsprache „höheren" Ortes wenden. Diese Machtstellungen von Gnaden persönlicher Beziehungen zum Ministerium, wie sie heute in allen möglichen Fächern in mehr oder minder ausgeprägter Form entwickelt sind, haben in der Hand charaktervoller und bedeutender Berliner Gelehrter gewiss oft fachdienlich gewirkt. Vorbehaltlich dessen, daß natürlich immer auch beim aufrichtigen Streben nach Objektivität die Gefahr subjektiver Stimmungen bei der Zusammenballung einer großen Patronage in der Hand eines einzelnen vorliegt. *Heute* aber beginnen sich die Verhältnisse *gründlich zu ändern*. Wie gerade der „Fall Bernhard" eklatant gezeigt hat, bedeutet ein auf solchen persönlichen Beziehungen ruhender Einfluss selbst in der Hand bedeutender Gelehrter in einer Zeit, wo zunehmend *„business"*[Geschäfts]-Gesichtspunkte entscheiden, nur noch eine prekäre *Schein*macht. Nicht nur fallen die verschiedenen persönlichen Einflüsse einander gegenseitig in den Rücken – scheint es doch, daß im vorliegenden Fall das Verhalten eines bekannten Theologen[8] an der eigentümlichen Behandlung der eigentlichen Fachmänner nicht ganz unbeteiligt war –, sondern in der Hand minder bedeutender Persönlichkeiten gewinnt die Regierung damit ein durchaus sicher wirkendes Mittel, deren Eitelkeit für ihre Zwecke zu fruktifizieren. Und je mehr die Berliner Universität sich mit *„businessmen"* [Geschäftsmännern] bevölkern wird, desto mehr werden sich die Dinge dahin entwickeln, daß die Regierung zwar jene Professoren, mit denen sie, im eigenen Interesse, ständige „persönliche Beziehungen" unterhält, sehr gern durch allerhand Entgegenkommen *im Kleinen* – Berücksichtigung von Fürsprachen für ihre Schützlinge und dergleichen – sättigen wird, daß also die *Patronage* der Berliner Professoren gegenüber der „Provinz" zu einer zwar inoffiziellen, aber faktisch anerkannten Institution wird, daß aber *gerade aus diesem Grunde* in jenen *wichtigen* Angelegenheiten, wo die Stimme des *Fach*mannes als solchem und die Autorität der *Fakultät* als solcher ins Gewicht fallen sollten, beide *nichts bedeuten*. Wer als *Patron* kraft *persönlicher* Beziehungen für *persönliche* Schützlinge zu wirken gewohnt ist, begibt sich eben damit des moralischen Gewichts, welches

---

[8] Weber bezieht sich hier auf Adolf (seit 1914) von Harnack (1851-1930).

seiner Stimme als *Fach*mann und Teilhaber an *amtlichen* Gewalten zukommen sollte. Die Entwicklung der Berliner Professorenschaft in der erstgedachten Richtung scheint fast unaufhaltsam. Sie bedroht aber naturgemäß in schwerster Art das akademische *Solidaritätsgefühl.* Die hochmütigen Abkanzelungen, mit welchen gewisse Berliner Kreise die Versuche bedachten, Besprechungen von Hochschullehrern über die allen Hochschulen gemeinsamen Angelegenheiten herbeizuführen, sind wohl noch in aller Erinnerung. Daß die Wirkungssphäre einer interlokalen Hochschulorganisation, gleichviel auf welcher Basis sie geschaffen werden möge, von vornherein ihre aus der Natur der Dinge folgenden Schranken hat, hat auch ohne jene freundlichen Belehrungen niemand bezweifelt. Daß aber, ganz abgesehen von den wichtigen Fragen der Hochschulpädagogik, eine Organisation von Hochschullehrern, *bei verständiger Leitung,* das *Standesehrgefühl des Nachwuchses gegenüber dem business[Geschäfts]-Standpunkt* wiedererwecken und zugleich dazu beitragen könnte, daß *zunehmend verloren gegangene moralische Gewicht der Hochschulen allmählich wieder zu erobern* – das ist doch eigentlich nicht zu bezweifeln. Daß beides für *Preußen* dringliche Aufgaben wären, dürfte unter anderem auch der „Fall Bernhard" gezeigt haben. Die schon jetzt nicht selten erbitternde Art, wie das preußische System und der Einfluss gewisser Berliner Sphären neuerdings *auch außerhalb* Preußens seine Kreise zu ziehen beginnt, mag für diesmal unerörtert bleiben.

Schließlich sind es auch allgemeinere Zukunftserwägungen, welche das Vordringen des *business*[Geschäfts]-Standpunktes und die Durchsetzung der Professoren-„Zünfte" mit Patronage-„Hierarchie" bedenklich erscheinen lassen müssen. Überall spielen ja heute die tagespolitischen Konstellationen in die Art der Behandlung der Universitäten hinein. Solche Vorgänge, wie der Fall Bernhard und solche Zustände, wie die, zu deren Symptomen dieser „Fall" gehört, sind unzweifelhaft auch geeignet, das Ansehen der akademischen Lehrer *in den Augen der Studentenschaft* tief herabzusetzen. Ob dies *dauernd* im Interesse der Regierungen liegen wird, das mögen diese selbst mit sich abmachen. Möchten jedenfalls die Vorgänge an den österreichischen Universitäten[9] deren deutschen Schwestern eine Mahnung sein, das, was sie an moralischem Kredit in der öffentlichen Meinung und bei ihren Hörern noch besitzen nicht ohne Wi-

---

[9] So ein Fall war an der Universität Innsbruck eingetreten, die einen Dozenten aufgrund des Vorwurfs entlassen hatte, er würde den christlichen Glauben nicht genügend respektieren. Vgl. hierzu Peter Josephson „Lehrfreiheit, Lernfreiheit, Wertfreiheit: Max Weber and the University Teachers Congress in Jena 1908", *Max Weber Studies,* Bd. 4, Nr. 2 (Juli 2004), S. 201-202.

derstand vernichten zu lassen – und auch nicht selbst, durch eigene Schuld, zu verscherzen.

2. Anonyme Zuschrift[10]

Wie im letzten Abendblatt [20. Juni 1908, S. 1] mitgeteilt wurde, hat Professor *Bernhard* in einem Schreiben an den Dekan der Berliner Philosophischen Fakultät erklärt, daß er die Entscheidung über seine Berliner Professur noch nachträglich in die Hände der Fakultät lege. Der Verfasser des Artikels über den „Fall Bernhard" (vgl. Erstes Morgenblatt, 18. Juni, S. 1) schreibt uns dazu:

Die Erklärung des Herrn *Prof. Bernhard ist keineswegs* geeignet, an der grundsätzlichen Beurteilung seines Vorgehens etwas zu ändern. Sie ist eine für das große Publikum wirkungsvolle „Beste": aber die schafft natürlich, wie jeder mit der Sachlage bekannte und Herr Prof. Bernhard selbst am allerbesten weiß, in keiner Weise *res integra* [abgeschlossene Sache] für die Fakultät. Sie setzt diese schlechterdings nicht in die Lage, sich so zu entscheiden, wie sie es hätte tun können, wenn ihre eigne Erwägung *nicht* präjudiziert worden wäre. Herr Bernhard wird daher, wenn die Fakultät von seinem Schreiben überhaupt Notiz nehmen zu können glaubt, voraussichtlich von ihr die Antwort erhalten, daß es sich für die Fakultät bei ihrem (eventuellen) Protest nicht um ein Vorgehen gegen *seine* Person handle. Aber bei der Situation, in welche die Fakultät gebracht worden ist, bedeutet das durchaus gar nichts.

Fakultäten sind ganz gewiß nicht unfehlbar. Oh nein! Ja der Schreiber dieser Zeilen wäre der Allerletzte, eine Nachprüfung und Kontrolle ihrer Vorschläge und Beschlüsse für entbehrlich zu halten. Und die schnöde Mißachtung, welche sie heute erfahren, haben, wie schon in dieser Zeitung [Erstes Morgenblatt, 18. Juni, S. 1] näher ausgeführt, viele Fakultäten, speziell die Berliner, zum Teil durch eigene frühere Unsachlichkeiten mitverschuldet. Aber die Art, wie heute in Preußen (und leider, wie es scheint, nach seinem Muster *gelegentlich* auch anderwärts) in Fällen, wo auch nicht der leiseste Verdacht unsachlichen Verhaltens entstehen kann, die Ansicht der ersten Fachautoritäten in den Wind geschlagen oder – wie im vorliegenden Fall – gar nicht erst eingeholt wird, fordert den schärfsten *Protest* heraus.

Wir können diesen Ausführungen nur zustimmen. Noch einiges wäre zu sagen, wenn eine Mitteilung der *Münchener Neuesten Nachrichten* [21. Juni, S. 1] richtig sein sollte. Sie behaupten, jene Erklärung des Professors

---

[10]   *Frankfurter Zeitung*, Abendblatt, 22. Juni 1908, S. 1; dieser Artikel besteht vollständig aus Informationen, die Max Weber der Zeitung übermittelte.

Bernhard sei nicht freiwillig, sondern auf Veranlassung der Fakultät erfolgt. Wir möchten aber vorerst annehmen, daß diese Mitteilung auf einem Irrtum beruhe.

3. Anonyme Zuschrift[11]

Frankfurt [am Main], 23. Juni [1908]

Wie uns der Verfasser des Artikels über den *Fall Bernhard* [Erstes Morgenblatt, 18. Juni 1908, S. 1] mitteilt, hat Prof. [Adolf] *Harnack* ihm gegenüber auf das kategorischste festgestellt, daß er durch die Berufung des Herrn Bernhard ganz ebenso überrascht worden sei, wie alle anderen, und unzweideutig erkennen lassen, daß er die Art des Vorgehens nicht anders beurteilt, als diese. Hiernach ist festzustellen: 1) daß mit der, auch in den nächstbeteiligten und bestinformierten Kreisen bestimmt geglaubten Annahme, daß Herr Prof. Bernhard wenigstens die ihm Nächststehenden um Rat gefragt habe, einerseits Prof. Harnack Unrecht geschehen, andererseits Prof. Bernhard zu günstig beurteilt worden ist, 2) daß auch der Minister *keinerlei* akademische Persönlichkeit zu Rate gezogen hat, obwohl hinterher die unwahre Behauptung, dies *sei* geschehen, aufgestellt wurde. Die ministerielle Behauptung, es sei keine Zeit gewesen, macht selbstverständlich im Zeitalter des Telefons und der elektrischen Droschke, einen ebenso grotesken Eindruck, wie die jetzt, *nach* Präjudizierung des Falls, an die Berliner Fakultät gelangte Erklärung des Herrn Bernhard. Damit ist der Fall wohl erledigt.

4. Glückwunschadresse zu Gustav Schmollers 70. Geburtstag 24. Juni 1908[12]

Heidelberg, 23. Juni 1908

Hochverehrter Herr Professor!

Sehr gegen meinen Wunsch und meine Hoffnung ist es mir unmöglich geworden, mich persönlich zu Ihrer Begrüßung und Beglückwünschung zu Ihrem 70. Wiegenfeste einzufinden. Seien Sie versichert, daß alle, die

---

[11] *Frankfurter Zeitung*, Zweites Morgenblatt, 24. Juni 1908, S. 1; dieser Artikel besteht vollständig aus Informationen, die Max Weber der Zeitung übermittelte.

[12] In *Reden und Ansprachen gehalten am 24. Juni 1908 bei der Feier von Gustav Schmollers 70. Geburtstag* (Altenburg: Pierersche Hofbuchdruckerei Stephan Geibel & Co., 1908), S. 67-68. Der Artikel ist einer Korrektur unterzogen worden.

menschliche Geistesarbeit in Ihren Bedingungen und in den Chancen ihres Erfolges abzuschätzen vermögen – mögen sie nun Ihnen persönlich nahe stehen oder nicht, mit Ihnen politisch oder in ihren Idealen mit Ihnen übereinstimmen oder nicht –, einig sein müssen und einig sind in der bewundernden Anerkennung zum mindesten folgender Leistungen, die *nur* Sie vollbringen konnten:

1. Sie haben den Einfluss der *Universitäten* auf das öffentliche Leben und in einer Zeit, die diesem Einfluss so ungünstig wie möglich war, im Umkreis *Ihrer* Interessen auf eine Stufe gehoben, wie sie seit den Zeiten zwischen 1837 und 1848 nie auch nur annähernd erreicht ist.

2. Nur ihre Klugheit und Mäßigung hat es ermöglicht, daß der sozialpolitische *Idealismus* der akademisch *Gebildeten* in Gestalt des Vereins für Sozialpolitik[13] ein Instrument erfand, das nicht nur in der öffentlichen Meinung, sondern auch bei den Leuten, welche die *Macht hatten*, in einem Maße zur Wirksamkeit kam, wie dies jedenfalls ohne Ihre Führung nie möglich gewesen wäre. Und dies, obwohl – wie Sie solches an sich ja oft genug erfahren haben – die „Inhalte" der Ideale und der Ziele in einzelnen Punkten vielfach die verschiedensten und auch von den Ihrigen abweichendsten waren. So oft auch und so stürmisch gelegentlich gegen Ihre *Meinung* gekämpft wurde, so moralisch unmöglich haben Sie selbst Andersdenkenden den Kampf gegen Ihre *Person* gemacht. So weit ich denken kann, ist die Überzeugung von der Unentbehrlichkeit *Ihrer* Führerschaft und das *Vertrauen* zu ihr von Sozialpolitikern des heterogensten Gepräges nie auch nur einen Moment bezweifelt worden.

3. In einer Zeit des dürrsten ökonomischen Rationalismus haben Sie *historischem* Denken in unserer Wissenschaft eine Stätte bereitet, wie es sie in gleicher Weise und gleichem Maße bei keiner anderen Nation gefunden hatte und bis heute nicht hat. Das wissenschaftliche Bedürfnis der einzelnen Menschenalter pendelt auf dem Gebiete unserer Disziplin – wie Sie selbst oft genug markiert haben – zwischen theoretischer und historischer Erkenntnis hin und her. Gleichviel aber, ob es heute vielleicht an der Zeit ist, mehr die theoretische Seite zu pflegen – *daß* die Zeit dafür „*reif*" werden konnte, und *daß* überhaupt ein mächtiger Bau voll Erkenntnis und historischer Durchdringung, psychologischer Analyse und philosophischer Gestaltung vor uns steht, den wir Jüngere nun wieder versuchen dürfen, mit den Mitteln *theoretischer* Begriffsbildung weiter zu bearbeiten –, das alles danken wir schließlich vornehmlich Ihrer jahrzehntelangen, unvergleichlich erfolgreichen Arbeit.

---

[13] Gegründet 1872-1873 zur Förderung sozialer Reformen.

Mit den herzlichsten Glückwünschen zu dieser Vergangenheit verbinde ich den Wunsch, daß die Zukunft Ihnen die Arbeitsfrische, in welcher Sie heute vor uns stehen, zum Wohle der Wissenschaft lange erhalten möge.

In Verehrung

Max Weber

5. Der „Fall Bernhard" und Professor Delbrück[14]

Von mir nahestehender Seite erhalte ich das Juliheft der *Preußischen Jahrbücher*[15] zugeschickt und möchte gegenüber Herrn Prof. [Hans] *Delbrück*, der sich darin unter anderem mit meinem Artikel in der *Frankfurter Zeitung* [Erstes Morgenblatt, 18. Juni 1908, S. 1] (über den „Fall Bernhard") beschäftigt, Folgendes bemerken:

Zunächst und namentlich: Ich hatte trotz der Bestimmtheit, mit welcher unwidersprochen in der Presse und ebenso in Berliner Fakultätskreisen (*nicht* etwa nur vereinzelt) angenommen wurde, daß Prof. *Harnack* eine gewisse Mitverantwortung für das Verhalten des ihm nahestehenden Prof. Bernhard trage, von dieser Annahme nur in einer Form, die sie deutlich als *nicht* sicher beglaubigt kennzeichnete, beiläufig Notiz genommen. Harnacks an mich gerichtetes Ersuchen, „zur Kenntnis zu nehmen", daß er von dem Vorgang „ganz ebenso überrascht" worden und daß er nicht so „unerfahren" und „leichtfertig" sei, „um für diese Art der Behandlung verantwortlich gemacht werden zu können", habe ich selbstverständlich 1. als nicht nur für mich privatim bestimmt, 2. als ein kategorisches Dementi jener Behauptung und 3. als eine gänzlich unzweideutige Beurteilung jenes Vorgangs selbst aufgefasst und dies pflichtgemäß der *Frankfurter Zeitung* alsbald mitgeteilt.[16] Wie ich anders hätte handeln dürfen, ist mir wie wohl jedem unerfindlich. In späteren, den Fall Bernhard betreffenden Briefen Prof. Harnacks findet sich denn auch selbstverständlich nicht der Schatten einer Andeutung, daß er sich in jener Wiedergabe seiner Stellungnahme irgendwie missverstanden fühle. Wenn jetzt Delbrück, weil es ihm in seinen Artikel so hineinpasst, den Anschein erweckt, als ob Prof. Harnack es lieber gesehen hätte, daß seine Stellung zur Sache der

---

[14] *Frankfurter Zeitung*, Viertes Morgenblatt, 10. Juli 1908, S. 1.

[15] „Akademische Wirren", *Preußische Jahrbücher*, Bd. CXXXIII, Nr. 1 (Juli 1908), S. 176-181. Hans Delbrück (1848-1929), Historiker. Weber schrieb ihm einen Entschuldigungsbrief am 19. Oktober 1913. Siehe „Max Weber Briefe 1913-1914". In *Max Weber Gesamtausgabe* (Tübingen: J. C. B. Mohr (Paul Siebeck), 2003), Abteilung II: Bd. 8, S. 337-338.

[16] Veröffentlicht im Zweiten Morgenblatt, 24. Juni 1908, S. 1.

Öffentlichkeit *vorenthalten* würde, und wenn er sich gar die Behauptung herausnimmt, dieselbe sei von mir und zwar sogar „in dem wesentlichen Punkte" (!) *unrichtig* wiedergeben, so wird in dieser – angesichts des mir vorliegenden Briefs – wirklich etwas lächerlichen Redewendung in Wahrheit Prof. *Harnack* eine Zweideutigkeit insinniert, derer kein anständiger Mensch, auch bei noch so großen Gegensätzen der Ansichten, ihn für fähig halten wird.

Schon dies Beispiel völlig unbedachten Drauflosredens könnte genügen, um zu beurteilen, was es mit der Behauptung, mein Artikel „wimmele geradezu von unrichtigen Angaben", gieße „eine Flut von Schimpf über die Berliner Fakultät" aus, „trage Klatsch zusammen" usw. auf sich hat – Redewendungen, welche Delbrück selbstredend nicht durch Angabe auch nur einer einzigen unrichtigen Tatsache oder durch die Anführung auch nur eines einzigen beschimpfenden oder auch nur leidenschaftlichen Wortes zu belegen versucht hat. Daß ich, auch wo ich mich allgemein ausdrückte (z. B. über den „Ostmarken-Apparat", über die „Patronage"), nichts gesagt habe, für das ich nicht in der Lage wäre, im Fall absoluter Nötigung hinlängliche Beispiele zu geben, weiß mein Kritiker sehr genau. Und lediglich das berechtigte Vertrauen darauf, daß ich es nicht angemessen finden würde, derartige Beispiele mit Namensnennung öffentlich zu erörtern, gab ihm den Mut zu seinen Stilblüten.

Was speziell die Person des Herrn Prof. Bernhard anlangt, so registriere ich gern, daß von einer ihm wohlgesinnten Seite mir versichert wurde, seine *Motive* würden zu ungünstig beurteilt. Leider geschah dies ohne alle greifbaren Unterlagen, welche mir die Erklärung ermöglicht und damit natürlich zu einer sehr angenehmen Pflicht gemacht hätten: Nur der Schein sei in dieser Hinsicht gegen ihn gewesen. Sein späteres Verhalten allein genügt dazu nicht. Daß man mit „weißer Weste" aus den Kabinetten des Kultusministeriums kommt – ich weiß es selbst, das ist in Preußen, bei der seit Althoff eingerissenen Art der Behandlung, keineswegs leicht –, *darauf* kommt es an, weit mehr als auf das, was man nachher, im Angesicht und unter dem Druck der Öffentlichkeit, tut und erklärt. Prof. Bernhard trägt eben doch nach wie vor die Verantwortung für das Entstehen einer Situation, die die ohnehin gänzlich ungesicherte Stellung der Fakultäten in Preußen schwer gefährdet hat. Daß bei der Feier eines Mannes, der zur Verklärung des preußischen Königtums unter allen Lebenden sicherlich das Meiste beigetragen hat, das preußische Kultusministerium aus purem Ärger unvertreten blieb, zeigt je die gehässige und dürftige Kleinlichkeit der hier „maßgebenden" Kreise zur Genüge. Prof. Delbrück drängt nun am Schluss seines Artikels seinem „sehr geschätzten und lieben Kollegen", Prof. Schmoller, etwas geräuschvoll seinen Schutz auf gegen etwaige Angriffe – wessen eigentlich? – auf dessen Unbefangenheit. Um darzutun, welche verschiedenen Richtungen unserer Disziplin in Berlin vertreten seien, wird uns dabei eine Serie von dort dozierenden Gelehrten vorgeführt und diesen Prädikate wie „Geheimer Admiralitätsrat", „Soziologe", „Statistiker", „agrarischer Reichstagskandidat" usw. beigefügt. Es ist nun ja gewiss beruhigend, daß neben der „Richtung" der „Soziologen" auch die „Richtung" der Herren Geheimer Admiralitätsräte, und neben derjenigen der „Agrarier" auch diejenigen der „Statistiker" vertreten ist. Nur ist zu dieser, logisch betrachtet, doch etwas wunderlichen Klassifizierung eins zu bemerken: Es sind dabei für die „Staatswissenschaft" auch die Namen von Gelehrten konfisziert, welche in ganz *anderen* (philosophischen, historischen) Disziplinen ihre wirkliche Heimat haben oder hatten, und – das ist die Hauptsache – deren *unwürdige Behandlung* durch die maßgebenden Berliner Instanzen viele Jahre lang das *gerade Gegenteil eines Ehrentitels* für das deutsche Universitätswesen geblieben ist. Dies zu berücksichtigen hätte Delbrück freilich in seinen Artikel schlecht hineingepasst.

Mit diesen Bemerkungen befinde ich mich bereits in der Nachbarschaft desjenigen Punktes, der von Delbrück am breitesten und dabei leider in einer Art behandelt worden ist, die mich, *sehr gegen meinen Wunsch*, schlechterdings zwingt, auch meinerseits „persönlich" zu werden. Ich hatte einige Fälle von meines Erachtens unsachlichem *und deshalb* der Autorität der Fakultäten nachteiligem Verhalten derselben angedeutet – verspräche es irgendwelchen sachlichen Nutzen, so könnte ich dies Kapitel weiter ausführen. Delbrück greift den Fall der Zurückweisung des Habilitationsgesuchs von Prof. [Werner] Sombart[17] in Berlin heraus. Gegenüber all dem, was er seinerseits dazu an „Sachlichem" vorbringt, genügt nun wohl die abermalige Feststellung: Die *Fach*männer, Adolf Wagner und Schmoller, welche für die Bedürfnisfrage doch wohl kompetenter sein dürften als Delbrück, sind trotz jener (sattsam bekannten) „Bestimmung" der Fakultät energisch *für* die Zulassung eingetreten. Das darf uns anderen wohl genügen. Um so mehr, als bekannt ist, und auch Delbrück wissen könnte, mit was für Mitteln des jämmerlichsten persönlichen Klatsches – dem erst von Außenstehenden entgegengetreten werden musste – seiner Zeit *gegen* die Zulassung Stimmung gemacht wurde. Wie schon diese Umstände zeigen, war hier von einer rein sachlichen oder rein formalen Schwierigkeit keine Rede: Es handelte sich um die *Person*. Daß nun bei dem Interesse, welches *mir* dieser Vorgang seiner Zeit abnötigte, auch eigene persönliche *Erlebnisse* mitbeteiligt waren – das ist richtig. *Mir*

---

17   Werner Sombart (1863-1941), Ökonom.

selbst war, privatim, aber aus immerhin recht maßgebenden Kreisen der Berliner Fakultät, nicht lange vorher nahegelegt worden, genau das Gleiche zu tun, was bald darauf Prof. Sombart zu tun verhindert wurde. Es sollte mich nun wundern, auf welchem Wege gerade für *meine* Zulassung ein Bedürfnis hätte herausgefunden werden können, welches für diejenige von Prof. Sombart *nicht* bestände. Freilich: Mein Blick fällt auf Delbrücks Bemerkung von der Bedrohung von „Licht und Luft" der „wirklichen Privatdozenten" durch solche Neuhabilitationen. Ich bin nun (deshalb lehnte ich seiner Zeit die Anregung ab) seit Jahren in dem Maß der mir möglichen Lehrtätigkeit gesundheitlich schwer gehemmt. Mithin wäre bei mir allerdings nicht in dem Grade, wie vermutlich bei Prof. Sombart, zu gewärtigen, ich könne der Berliner Kollegenschaft „Licht und Luft", wie Delbrück es dezent ausdrückt, oder auf Deutsch: Zuhörer und Kolleggeld fortnehmen. Folglich wäre allerdings meine Qualifikation für die Berliner Universität nach *den* Grundsätzen, die Delbrück jetzt ausdrücklich und öffentlich vertritt, die größere. Daß sich, anstatt daß ich Genugtuung darüber empfände, auch mein Anstandsgefühl gegen solche Anschauungen empört, daran kann ich nichts ändern. Ich glaube, daß es den von Delbrück für so „schutzbedürftig" erklärten Berliner Kollegen kaum anders gehen wird. Und ich glaube ferner, daß die Vertretung derartiger „Licht und Luft"-„Gesichtspunkte", die ja zu jenen akademischen *Pudenda* [Dinge, für die man sich schämen sollte] gehören, die ich rücksichtslos genug war, als vorhanden anzudeuten, *mehr zur Diskreditierung* unsrer Universitätszustände beitragen muss, als ein Dutzend Artikel von mir es könnten.

Genug davon. *Die* Deutung, welche Herr Delbrück seinem Publikum *allen Ernstes* vorträgt: meine sachlichen Ausführungen in diesem Blatt [Erstes Morgenblatt, 18. Juni 1908, S. 1] seien durch *persönliche Motive* bestimmt, würde ich, rührten sie von einem andern her, natürlich einfach als eine Niederträchtigkeit beurteilen und bezeichnen. Allein: So *ernsthaft* darf man – ich würde allerdings sagen: leider! – diese Dinge bei ihm nicht nehmen. Es handelt sich bei solchen Äußerungen und manchen ähnlichen, die seiner Polemik seit Langem einen recht üblen Ruf eingetragen haben, schwerlich um *bewusste* und *beabsichtigte* Unanständigkeiten gegenüber dem Gegner, sondern um Erscheinungen einer gewissen „Unkultur" des Empfindens, welche ihrerseits aus der Eigenart seiner Publizistik herausgewachsen ist. Er ist, im Gegensatz zu seinem von ihm so bitter gehassten Konkurrenten Maximilian Harden,[18] ein Dilettant auf dem Gebiete des Journalismus. Er hat sich daher von der Kunst des Journalisten

---

[18] Maximilian Harden (1848-1929), Journalist und Herausgeber der Wochenzeitschrift *Die Zukunft* (1892-1922).

angeeignet, was eben heutzutage ein Dilettant sich überall zuerst anzueignen bestrebt ist: die äußere Routine. Er ist ferner zwar, weiß Gott, nicht der große Meister der Diplomatie, als der er sich erscheint, aber doch, auch als Politiker, ein geistreicher Mann, der Gesichtspunkte hat und nicht selten wertvolle Gedanken oder, wenn das nicht, wenigstens amüsante Paradoxien vertritt. Dagegen fehlt ihm das *Verantwortlichkeitsgefühl* des echten Berufsjournalisten, und man darf sich daher über Dinge, die man einem solchen nie verzeihen würde, bei ihm nicht aufregen. Es kommt ihm auf eine Handvoll Worte oder Behauptungen, gleichviel welcher Tragweite, niemals an, wenn sie gerade in den Zweck eines einzelnen Artikels hineinpassen. Denn eben weil er *Dilettant* ist, so glaubt er: das sei in der Journalistik, zumal seines „diplomatischen" Genres, ein für allemal nicht anders – wie der Bauer glaubt, der Handel sei ein für allemal Gaunerei. Und eben auf dieser durchaus naiven Unkultur beruht auch die völlige, aber zugleich, wie ich mich an unmissverständlichen persönlichen Erfahrungen überzeugen konnte, *absolut gutgläubige Verständnislosigkeit*, welche er für die *Pflicht der Scheidung persönlicher Beziehungen und sachlicher Probleme* besitzt. Wer so steht, der kann natürlich auch keine Gewissenlosigkeit darin erblicken, wenn er dem Gegner leichthin unterstellt, er habe mit der Vertretung einer ersichtlich recht ernst gemeinten Sache einem „nahen Freund" einen Gefallen erweisen (oder wohl gar: ihn an der Fakultät rächen?) wollen. *Daß* er so denkt, und daß die Bestätigung dieser Denkweise zu den Dingen gehört, die seiner Journalistik zwar einen gewissen pikanten Reiz verleihen, sie aber innerlich entwerten – das kann wenigstens ich ganz gewiss nicht besonders erfreulich finden. Jedenfalls aber: Es ist nun einmal so, und einer solchen Naivität gegenüber *versagen* alle „ethischen Wertungen" – man muss ihm wohl oder übel eine Art von „Narrenfreiheit" konzedieren, für die ja schon [Heinrich von] Treitschke[19] seinerzeit das treffende Wort geprägt hat.

Zum Schluss dieser unerquicklichen Erörterung nur die eine prinzipielle Bemerkung zur Sache: Delbrück geht auch auf die von ihm sogenannte „Professorengewerkschaft" ein, welche ich exemplikatorisch herangezogen hatte (und an der aktiv teilzunehmen ich bisher behindert war). Ob der Zusammenschluss der akademischen Lehrerschaft nun in dieser oder in welcher anderen Form sonst etwa künftig zustande kommt, das scheint mir durchaus nebensächlich. Gelingt es aber den Gesinnungsgenossen Delbrücks, *jede* solche Organisation einer „öffentlichen Meinung" des Hochschullehrerstandes dauernd zu hindern – und ich halte es keineswegs für unmöglich, daß es ihnen wenigstens vorläufig gelingt – dann ist

---

[19] Heinrich von Treitschke (1834-1896), Historiker.

die unvermeidliche Folge: daß der einzelne in seiner Vereinzelung *ausschließlich die Presse* zu Aussprache in Anspruch nimmt. Die ernsthafte Presse hat bisher, ich glaube aus guten Gründen, akademische Angelegenheiten mit großer Zurückhaltung behandelt. Das würde dann gründlich anders werden müssen. Nach Delbrücks und mancher seiner Berliner Kollegen „Ideal" soll die Regierung, statt geordneter Instanzen und Organisationen, hervorragende *Einzelpersönlichkeiten* (sie wird ja schon wissen, wo sie sie findet!) heranziehen. Sollte sich dieses, jetzt eben im Falle Bernhard so kläglich gescheiterte „Ideal" in der bisherigen Richtung immer weiter praktisch verwirklichen, so wird das neben andern auch die unfehlbare Folge haben, daß die öffentliche Kritik an Universitätszuständen, sie mag nun wollen oder nicht, zunehmend den Charakter *persönlichen Kampfes und persönlicher Diskreditierung* annimmt. Das kann wahrhaftig niemand *wünschen*. Aber es ist die unabwendbare *Folge* der Anschauungen, die neben andern Delbrück zu vertreten pflegt und, wie die vorstehenden Ausführungen leider zeigen mussten, auch die Folge seines eigenen sittenlosen Verhaltens.

6. Die sogenannte „Lehrfreiheit" an den deutschen Universitäten[20]

Der zweite deutsche Hochschullehrertag in Jena[21] soll unter anderm die Frage der *„Lehrfreiheit"* erörtern. Aus den „Leitsätzen", die Professor [Karl] von Amira[22] in der Beilage zu den *Münchner Neuesten Nachrichten* veröffentlicht hat, geht hervor, daß ihm ausschließlich (oder doch wesentlich) der Klerikalismus als Gegner der Lehrfreiheit vor Augen steht, – nach den bayerischen Verhältnissen[23] begreiflich genug. Allein es fragt sich doch: 1. ist wirklich die Lehrfreiheit *nur* von dieser Seite gefährdet? 2. aber und vor allem: *Besitzen* wir eigentlich heute etwas, was man füglich mit dem Namen „Lehrfreiheit" bezeichnen kann und hätte uns also der Klerikalismus noch etwas Wesentliches auf diesem Gebiete zu nehmen? Bei der Jubelfeier der Universität *Jena* hat ihr Rektor, Prof. [Berthold G.G.]

---

[20] *Frankfurter Zeitung*, Fünftes Morgenblatt, 20. September 1908, S. 1.

[21] Ich veröffentliche diese Bemerkung vorher, da ich nicht absolut sicher bin, ob ich diese Tagung, wie ich wünschte, werde besuchen und sie mündlich vorbringen können. [Webers Fußnote.] Die Tagung fand vom 28.-29. September 1908 statt.

[22] Karl von Amira (1848-1930), Jurist.

[23] Weber spielt auf einen Vorfall in München an, ähnlich dem an der Universität Innsbruck. Vgl. Josephson, a.a.O., S. 202.

Delbrück,[24] unter Hinweis auf eine bekannte große Stiftung zu Gunsten der Universität, welche ausdrücklich an die *Bedingung* der Erhaltung der Lehrfreiheit geknüpft ist, versichert: sie *sei* durch jene Kautelen für Jena gewährleistet. Es muss angenommen werden, daß dieser angesehene Gelehrte entweder die tatsächliche Lage der Dinge, auch an der Universität Jena, irrtümlich beurteilt, oder aber, daß er unter „Lehrfreiheit" etwas wesentlich anderes *versteht* als viele andere, – zu denen übrigens, wie ich glauben möchte, auch der Urheber jener Stiftung, wenn er noch lebte, gehören würde. Welches die Verhältnisse in Wahrheit sind, zeige ein Beispiel aus der Praxis.

Der inzwischen durch eine Anzahl wertvoller Arbeiten bekannt gewordene Dr. Robert *Michels*,[25] längere Jahre als Privatgelehrter in Marburg ansässig, hatte den Wunsch, sich zu habilitieren. Da in Preußen, zufolge der bekannten Handhabung der *„lex Arons"* [„Gesetz von Arons"],[26] für ihn als Angehörigen der Sozialdemokratischen Partei[27] keinerlei Chance bestand, wandte er sich, im Vertrauen auf eben jene, von Professor Delbrück erwähnten „Kautelen", nach Jena und fragte, um ganz sicher zu gehen, zunächst privatim, an: ob etwa die Zugehörigkeit zu jener Partei seinem Vorhaben im Wege stände. Der befragte Fachvertreter musste ihm darauf antworten, daß er nach den ihm gewordenen Informationen unter den obwaltenden Umständen es für „ausgeschlossen" halten müsse, daß ein Habilitationsgesuch den vorgeschriebenen Instanzenzug (Fakultät, Senat, Regierungen) passieren würde. – Es ist in diesem Briefe nicht gesagt (und es bestand natürlich auch keine Verpflichtung zu sagen): bei *welcher* Instanz das Hindernis liegen würde, und ob die Fakultät gegebenenfalls ebenso energisch, wie seinerzeit die Berliner unter Schmollers Führung, gegen den Ausschluss politischer Ketzer von der Lehrtätigkeit, wohlgemerkt: auch einer Lehrtätigkeit als *nicht* staatlich angestellter Professor, sondern als freier Universitätsdozent, protestieren würde. Sicher

---

[24]   Berthold G. G. Delbrück (1842-1922), Sprachwissenschaftler und Begründer der vergleichenden Syntax der indogermanischen Sprachfamilie.

[25]   Robert Michels (1876-1936), deutsch-italienischer Soziologe und Autor des klassischen Werkes *Zur Soziologie des Parteiwesens. Untersuchungen über die oligarchischen Tendenzen des Gruppenlebens* (Leipzig: Julius Klinkhart Verlag, 1911).

[26]   Leo Arons (1860-1919), Physik-Privatdozent an der Universität Berlin, Mitglied der Sozialdemokratischen Partei Deutschlands und Jude. Das Unterrichtsministerium verklagte ihn aufgrund seiner politischen Aktivitäten, doch die Universität entschied zu seinen Gunsten. Demzufolge wurde 1898 ein Gesetz eingeführt, welches die politische Gesinnung der Privatdozenten der staatlichen Kontrolle unterstellte.

[27]   Gegründet 1875 durch die Verschmelzung zweier Arbeiterparteien, 1878 verboten und 1890 umbenannt in Sozialdemokratische Partei Deutschlands.

ist jedenfalls, daß der Zustand, wie er hier von berufener Seite als auch in Jena bestehend zugegeben wurde, das Gegenteil von „Lehrfreiheit" ist, und daß er zum mindesten dem Geiste der erwähnten Stiftung widerspricht.

Charakteristischer noch als dieser Vorgang selbst war aber ein Nachspiel, welches sich an ihn anschloss. Dr. Michels, abgeneigt, sich weitere ähnliche Refüs zu holen, habilitierte sich nunmehr an der Universität Turin, ist dort jetzt als Dozent mit Lehrauftrag tätig (und gehört natürlich auch dort offen der Sozialdemokratischen Partei an, von deren radikalsten Führern übrigens mehrere auch in etatsmäßigen Professuren in Italien sich finden). Ausdrücklich sei bemerkt, daß die Bedingungen der Habilitation in Italien schon um deswillen eine *strengere* wissenschaftliche Kontrolle enthalten als bei uns, weil dort nicht, wie in Deutschland, das Votum des Fachmannes der Einzeluniversität die (normalerweise einzige) Grundlage der Zulassung bildet, – wodurch doch immer eine Möglichkeit der Begünstigung eigener Schüler, Freunde, Gesinnungsgenossen gegeben ist. Der Beschluss der Einzeluniversität unterliegt dort vielmehr der Nachprüfung durch eine Zentralkommission, welcher Gelehrte aus dem ganzen Lande angehören. (Referent in Turin war Professor Achille Loria,[28] Referent in der Zentralkommission ein politisch konservativer Gelehrter, die Habilitationsschrift behandelte italienische Probleme). Als nun auf dem vorjährigen Hochschullehrertag Professor Alfred Weber[29] den Vorfall (ohne Nennung des Namens der Universität), als Beispiel mangelnder Lehrfreiheit erwähnte, trat ihm Professor Theodor Fischer[30] aus Marburg, offenbar in der Annahme, es sei die dortige Universität gemeint, mit der Behauptung entgegen, der betreffende (Dr. Michels) habe aus „ganz anderen Gründen nie an eine Habilitation denken können" und dieserhalb „den Staub des Vaterlandes von den Füßen geschüttelt". Als ich im Protokoll diese mir unverständliche Bemerkung las, glaubte ich, es sei vielleicht gemeint: Der rücksichtslose Freimut, mit welchem Michels Zustände der verknöcherten deutschen Sozialdemokratie zu kritisieren pflegt, hätte ihm von *dieser* Seite Unannehmlichkeiten zuziehen können. Allein ich irrte mich. Als Dr. Michels, dem ich persönlich näher getreten war, bei einem Besuch in Heidelberg von jener Äußerung Kenntnis erhielt und eine Erklärung verlangte, erhielt er von Professor Fischer die Antwort: der entscheidende Grund sei 1. die bei Michels „nicht nur vorhandene, sondern (*nota bene*) [merke wohl] öffentlich in außerordentlicher auffälliger Weise betätigte" sozialdemokratische Gesinnung, – 2. sein Familienleben: ob

---

[28] Achille Loria (1857-1943), Ökonom und Soziologe.
[29] Alfred Weber (1868-1958), Ökonom und Max Webers Bruder.
[30] Theodor Fischer (1862-1938), Architekt.

denn Dr. Michels – der, um nichts „Wichtiges" zu vergessen, „Arier" ist – auch nur einen Augenblick habe zweifeln können, daß ein Mann, *der seine Kinder nicht taufen lasse*, „in jeder höheren Laufbahn *unmöglich*" sei? „Welch wundervolle Stellung", heißt es dann weiter,

hätten Sie sich in Marburg, wo Sie so gut empfohlen waren und *mehrere einflussreiche Personen* (*nota bene*) [merke wohl] Ihnen mit dem größten Wohlwollen entgegen kamen, verschaffen können! Diese Leute haben es überaus schmerzlich empfunden und als einen wahren Jammer bezeichnet, daß Sie all das verscherzt haben.

Der Brief schließt mit der Vorhaltung: Dr. Michels habe seine Wohnung (deren Vizewirt Professor Fischer war) schlecht behandelt, so daß das Haus noch immer unverkäuflich sei!

Die Wiedergabe dieser Äußerungen erfolgt hier nicht etwa, um gegen den Verfasser des Briefs *persönlich* Vorwürfe zu richten. Ich bin im Gegenteil leider ziemlich sicher, daß – vielleicht mit Ausnahme des letzten Passus, der doch wirklich nicht in diesen Zusammenhang gehörte, es sei denn, daß man für die Habilitation das Wohlverhaltensattest des Hauswirts fordern wollte – sein Inhalt von weiten Kreisen *ganz in der Ordnung* gefunden werden wird. Eben deshalb: als „Typus", ist er ja so bezeichnend für unsere öffentlichen Zustände überhaupt und speziell für gewisse Zustände in unserem Universitätswesen. Daß es *meine* 'subjektive' Meinung ist, daß die Existenz und maßgebliche Bedeutung solcher Anschauungen, gerade *wegen* ihrer Gutgläubigkeit, wahrhaftig *keine Ehre* für uns als Kulturnation darstellt, daß ferner, solange solche Anschauungen herrschen, für mich nicht die Möglichkeit besteht, mich so zu gebärden, als besäßen wir so etwas wie eine „Lehrfreiheit", die uns erst noch von irgendjemand genommen werden könnte, und daß endlich, – wiederum nach meiner „subjektiven" Ansicht – religiöse Gemeinschaften, welche, wissentlich und offenkundig, ihre Sakramente dazu gebrauchen lassen, auf gleicher Linie mit Corpsbändern und Reserveoffiziers-Patenten, als Mittel zum Karrieremachen zu dienen, jene Missachtung reichlich verdienen, über welche sie sich zu beklagen pflegen, – daraus kann ich ehrlicherweise kein Hehl machen. Ich glaube, daß Professor von Amiras bewährter Unabhängigkeitssinn der gleichen Ansicht sein wird. Jedenfalls aber ist im Interesse des guten Geschmacks und auch der *Wahrhaftigkeit* zu verlangen, daß man uns hinfort nicht, wie es wieder und wieder geschehen ist, von der Existenz einer „Freiheit der Wissenschaft und ihrer Lehre" in Deutschland reden möge. Denn Tatsache ist doch, daß die angebliche „Lehrfreiheit" offenkundig 1) an den Besitz *politisch hof- und salonfähiger Ansichten* und überdies 2) daran geknüpft ist, daß man ein bestimmtes Minimum *kirchli-*

cher Gesinnung betätigt und, eventuell, erheuchelt. In Deutschland besteht die *„Freiheit der Wissenschaft" innerhalb der Grenzen der politischen und kirchlichen Hoffähigkeit* – außerhalb derselben nicht. Vielleicht ist dies mit dem dynastischen Charakter unseres Staatswesens untrennbar verknüpft. Nun wohl: Dann möge man es ehrlich eingestehen, aber sich nicht vorspiegeln, man besäße in Deutschland die gleiche Freiheit der wissenschaftlichen Lehre, die z. B. in Ländern wie Italien eine Selbstverständlichkeit ist.

Prof. *Max Weber* (Heidelberg)

7. Zweiter Deutscher Hochschullehrertag zu Jena am 28. und 29. September 1908[31]

Ausschnitte

M[ax] Weber (Heidelberg) zur Geschäftsordnung: Sind Sie mit uns in der Verurteilung dieser Vorgänge einig, so ist es meinem Bruder möglich, seine Resolution zurückzuziehen. Wir dürfen uns aber nicht auf diejenigen beschränken, die schon Lehrer sind.

Ich kann [Heinrich E.] Ziegler[32] nicht zustimmen, wenn er sagt, daß jemand sich nicht auf Grund einer Parteiansicht sollte habilitieren dürfen. Jeder, gleichviel welcher Parteirichtung, muss sich habilitieren dürfen.

Es ist ganz gleichgültig für die Zulassung, welche politische Gesinnung ein akademischer Lehrer hat. Wir wollen keine Gesinnungsschnüffelei, gleichviel, von welcher Seite. Wer sie ausübt, ist ein Lump.

8. Sozialdemokraten im akademischen Lehramt[33]

Wir haben im letzten Heft unter *Jena* bemerkt, daß der dortige „Fall Michels" keineswegs klar liege, bzw. aus dem bislang bekannten Tatbestand keine Gefährdung der Lehrfreiheit ersichtlich sei. Nun teilt uns Herr Prof. *Max Weber*, Heidelberg, Folgendes mit:

Der *Fall Michels* ist *völlig klargestellt* durch die von mir festgestellten Tatsachen, die niemand zu bestreiten versucht hat. Den Vorwand, daß kein *formeller* Beschluss über ein *formelles* Habilitationsgesuch mit der *formellen* Bezugnahme auf die politischen Motive vorliegt, habe ich bereits

---

[31] Beilage der *Münchner Neuesten Nachrichten*, 18. Dezember 1908, S. 634-635.
[32] Heinrich E. Ziegler (1858-1925), Zoologe.
[33] *Hochschul-Nachrichten*, Bd. XIX, Nr. 2, (November 1908), S. 45.

durch die Feststellung beseitigt, daß auf eine Anfrage, welche *nur* diesen
Punkt: ob eine bestimmte politische Betätigung die Habilitation hindere,
betraf, – nach wochenlangem Zögern und Beraten der zuständige Fachmann die *autorisierte* Antwort erteilte: dem sei so.

Des Weiteren will Prof. *Weber* nachweisen, „daß die Gesinnungsschnüffelei des Jenenser bei Berufungen *nicht* immer nur Sozialdemokraten, sondern auch z. B. *Zentrumsleute* [Deutsche Zentrumspartei][34] einschließt."

9. Die Lehrfreiheit der Universitäten[35]

von Prof. Max Weber – Heidelberg

Die Diskussionen auf dem zweiten deutschen Hochschullehrertag in Jena
über die Lehrfreiheit sind nicht geeignet gewesen, dieses schwierige und
doch grundlegende Problem wirklich zu klären. Wie so manches, was über
diesen Gegenstand im Laufe der letzten Jahre gesagt worden ist, standen
die versammelten Hochschullehrer viel zu ausschließlich unter dem Dru-
cke von „Berufsinteressen" derjenigen, welche zufällig bereits Hochschullehrer sind. Nur so ist es zu erklären, daß allen Ernstes von der Möglichkeit ausgegangen wurde, man könne die Diskussion der Frage: ob die Betätigung einer bestimmten (z. B. einer politisch oder religiös-„radikalen")
Überzeugung des Hochschullehrers dessen Belassung *auf* dem Katheder
ausschließe – was natürlich verneint wurde – von der Beantwortung der
anderen Frage: ob die Betätigung der *gleichen* Überzeugung von der Zulassung zum Katheder ausschließen könne, *trennen*. Nimmt man diese
Ansicht zusammen mit einer gleichfalls weiter verbreiteten anderen: Der
Hochschullehrer habe zwar einerseits, da er ja „Beamter" sei, in seinem
öffentlichen Auftreten (als Staatsbürger, bei Wahlen, bei Äußerungen in
der Presse usw.) „Rücksichten zu nehmen", auf der anderen Seite könne
er aber als sein Recht beanspruchen, daß seine Äußerungen vom *Katheder* herab *jeder* Weiterverbreitung in der Öffentlichkeit entzogen bleiben
– Professor Schmoller hat bekanntlich mit Erfolg Strafantrag gegen einen
Studenten gestellt, der Kollegäußerungen von ihm weiterverbreitete –, so
käme man zu folgendem seltsamen Begriff der „Lehrfreiheit": 1. Der
Hochschullehrer darf und soll bei seiner *Zulassung* zum Katheder nicht nur
auf seine wissenschaftliche Qualifikation, sondern auch auf seine Obö-
dienz gegenüber den jeweiligen politischen Machthabern und den kirchli-

---

[34] Deutsche Zentrumspartei, gegründet 1870-1871, vornehmlich römisch-
     katholische Unterstützung.

[35] *Hochschul-Nachrichten*, Bd. XIX, Nr. 4 (Januar 1909), S. 89-91.

chen Gebräuchen geprüft werden. 2. Ein *öffentlicher* Protest gegen das jeweilige politische System kann den im Besitz des Katheders befindlichen Hochschullehrer seine Stelle kosten – dagegen 3. In seinem Hörsaale, der Öffentlichkeit und also der Kritik *entzogen*, darf der einmal zum Lehrer *Zugelassene* sich äußern, wie es ihm beliebt, „unabhängig von allen Autoritäten".

Man sieht, *dieser* Begriff von Lehrfreiheit wäre ein Ideal von „gesättigten Existenzen", von *beati possidentes* [glücklichen Besitzenden], denen weder die Freiheit der Wissenschaft als solche, noch die Rechte und Pflichten der akademischen Lehrer als Staatsbürger etwas gelten, die vielmehr nur in der Ausübung der „Lebensstellung", in der sie sich einmal befinden, *ungeniert* sein wollen. Und zugleich könnte *diese* „Freiheit" natürlich als Feigenblatt für die möglichste Aufrechterhaltung einer bestimmten *politischen* Färbung des Hochschulunterrichtes in allen den Fächern, in denen eine solche möglich ist, dienen. Wie sehr sie dabei überdies den Charakter des Habilitations-Reflektanten gefährdet, braucht hier wohl nur angedeutet zu werden.

Demgegenüber ist doch wohl zu sagen: Daran, daß einer solchen, vor Zulassung zum Lehramt sorgsam in Bezug auf ihre politische und (äußerlich-) kirchliche „Unbedenklichkeit" durchgesiebten Professorenschaft das Recht auf den Besitz ihrer Katheder garantiert werde, hat die Gesamtheit *keinerlei* wie immer geartetes Interesse. Eine „Freiheit der Wissenschaft und ihrer Lehre" an der Universität besteht jedenfalls da *nicht*, wo die Zulassung zur Lehrtätigkeit an den Besitz (oder das Erheucheln) einer bestimmten politisch oder kirchlich „hoffähigen" Anschauungsweise geknüpft wird. Wenn von einer solchen „Freiheit" die Rede sein soll, so ist vielmehr *erstes* Erfordernis selbstredend gerade: daß Zulassung *zum* Katheder und Belassung *auf* dem Katheder in dieser Hinsicht zum mindesten *gleich* behandelt werden. Eine *Handlung*, welche, nach den bestehenden Gesetzen für jemand, der Hochschullehrer ist, seine (gerichtliche oder disziplinarische) *Entfernung* vom Lehramt bedingt, kann zweifellos auch seine Nichtzulassung rechtfertigen. Wo aber das eine nicht der Fall ist, darf selbstverständlich auch das andere nicht der Fall sein. Es kann jemand recht wohl die Ansicht vertreten, daß eine strafbare Handlung (z. B. politischen Charakters), die eine Disqualifikation für das Amt eines *Professors* bedinge, dennoch die Zulassung zur *Privatdozentur*, die ja kein „Amt" verleiht, nicht hindern dürfe. Aber der in Jena mehrfach vertretene gerade umgekehrte Grundsatz: daß jemand wegen eines Verhaltens, das einen Professor *nicht* für sein Amt disqualifiziert, dennoch für die Habilitation als Privatdozent disqualifiziert erscheinen könne, ist eine einfache Ungeheuerlichkeit. Erst *nachdem* diese völlig selbstverständliche Erkenntnis feststeht, kann man an die Erörterung der Frage herantreten, *welches* – öffentliche oder private – Verhalten denn nun als ein solches anzusehen sei, das mit der Stellung des Hochschullehrers unvereinbar wäre. Zu diesem Punkt habe ich *hier* lediglich einige Bemerkungen zu machen gegenüber einer Anschauung, welche meint, daß der formaljuristische Charakter der Universitäten als *Staatsanstalten* hier ein Kriterium der Auslese zu liefern habe. Auf den ordentlichen Professuren ausländischer Staatsuniversitäten finden sich z. B. Sozialisten, und zwar auch der denkbar radikalsten Färbung, und manche von ihnen gehören zu den besten wissenschaftlichen Namen, welche die betreffenden Nationen aufzuweisen haben. In Deutschland hat der – je nach den wechselnden Strömungen der „Kartell"- oder „Block"-Konstellationen – als „Reichsfeind" Geltende *eo ipso* [von selbst] alle Chancen gegen sich, und vollends der im Sinne der *politischen Polizei* „Staatsfeindliche" wird nicht nur durch das in den meisten Staaten bestehende Kontrollrecht der Behörden (politisches Leumundsattest *vor* oder Bestätigung der Zulassung durch die politische Behörde *nach* der Habilitation!) vom Katheder ausgeschlossen. Sondern, auch unaufgefordert, pflegen die *Fakultäten* sich als Mandatare der politischen Polizei zu gerieren. Dies alles, *weil* die Universitäten staatlich subventioniert und privilegiert seien, – und *obwohl* der Staat die Prüfung der Reflektanten auf seine Ämter nach *seinem* Belieben reguliert und die Universitätsbildung nur Voraussetzung der Anstellung (eine unter mehreren) ist, aber *keinerlei Anspruch* darauf verleiht. – Indessen: Lassen wir diese formalistische Art der Behandlung ganz bei Seite und fassen wir die „Frage" wie es sich gebührt: als *Kulturproblem!*

Daß mit dem Unterricht überhaupt auch der höhere Unterricht bei uns eine Angelegenheit des *Staates* geworden ist, ist Produkt einer ganz bestimmten Kulturentwicklung, die Folge insbesondere der Säkularisationen auf der einen Seite, auf der anderen der jahrhundertelangen tiefen Armut der Nation, welche die Entstehung so gewaltiger privater Stiftungen, wie die sind, auf denen in den angelsächsischen Ländern so viele hervorragende Universitäten beruhen, ausschloß. Heute ist diese Entwicklung bei uns eine Tatsache, mit der zu rechnen ist und auf deren Konto unzweifelhaft – das braucht hier nicht näher begründet zu werden – sehr bedeutende positive Werte kommen, da nach Lage der Dinge die materiellen Mittel für die Universität in dem Umfange, wie sie zur Verfügung gestanden haben, nicht anders als vom Staate zu beschaffen waren. Natürlich ist damit über die Frage, wie diese Entwicklung der materiellen Grundlagen unseres Universitätswesens endgültig in der Gesamtheit ihrer Wirkungen zu *bewerten* ist, noch nichts gesagt.

Wenn sich „der Staat", das heißt: die jeweilig die Nation beherrschenden Träger der politischen Gewalt, etwa auf den Standpunkt stellte: „Wes Brot ich esse, des Lied ich singe", wenn er mit anderen Worten die durch die materielle Situation der Universitäten in seine Hände gelegte Macht nicht als eine Übernahme von *Kulturaufgaben,* sondern als ein Mittel zur Erzielung einer bestimmten *politischen Dressur* der akademischen Jugend auffasste, so wäre das Interesse der Wissenschaft bei einem solchen „Staate" nicht besser, sondern in vielen Hinsichten *schlechter* geborgen, als in der früheren Abhängigkeit von der Kirche. Die, jede Entwicklung charaktervoller Persönlichkeiten vernichtende, Folge einer solchen Kastration der Freiheit und Unbefangenheit des Universitätsunterrichtes könnte durch keine noch so schönen Institute, noch so großen Hörerzahlen, noch so viele Dissertationen, Preisarbeiten und Examenserfolge irgendwie aufgewogen werden. Die beliebte Argumentation: „der Staat", das heißt, wohlgemerkt, immer: die nach der politischen Konstellation jeweilig herrschende politische Gruppe, „könne es sich nicht gefallen lassen", daß von den Universitäten „staatsfeindliche Lehren" verbreitet würden, krankt an einem grundsätzlichen, freilich, wie nicht zu leugnen ist, auch in Universitätskreisen zu findenden Irrtum über Sinn und Wesen der akademischen Lehre überhaupt. Darüber einige Worte.

Die Universitäten haben weder „staatsfeindliche", noch „staatsfreundliche", noch irgendwelche andere *Weltanschauung* zu lehren. Sie sind keine Anstalten, welche Gesinnungsunterricht zu treiben haben. Sie analysieren Tatsachen und ihre realen Bedingungen, Gesetze und Zusammenhänge, und sie analysieren Begriffe und ihre logischen Voraussetzungen und Inhalte. Dagegen lehren sie nicht und *können* nicht lehren: was geschehen *soll,* – denn dies ist Sache der letzten persönlichen Werturteile, der Weltanschauung, die nichts ist, was man „beweisen" könnte wie einen wissenschaftlichen Lehrsatz. Gewiss, die Universitäten lehren ihre Hörer Weltanschauungen *kennen:* Sie entwickeln sie in ihrer psychologischen Entstehung, analysieren sie auf ihren Gedankengehalt und auf ihre letzten allgemeinen gedanklichen Voraussetzungen hin, eben auf jenes *nicht* mehr beweisbare, sondern geglaubte, was in ihnen allen liegt, – aber sie würden das Gebiet des Wissenschaftlichen überschreiten, sobald sie sich anmaßen würden, nicht nur Wissen, sondern auch Glauben und „Ideale" *anzuerziehen.* In den Dienst welcher Ideale der Einzelne sich stellen will, – „welchen Göttern er dient", – das schieben sie ihm selbst in sein eigenes Gewissen. Sie schärfen ihm dabei den Blick für die tatsächlichen Bedingungen seines Strebens, sie lehren ihn die Fähigkeit, sich gedanklich klar zu werden: „zu wissen, was er will". Aber sie ständen um kein Haar über, sondern noch unter einer Jesuitenschule,[36] wenn sie ihm die persönlichen Ideale ihrer Lehrer, etwa deren politische Meinungen (sie seien nun „radikal", nach rechts oder links, oder „gemäßigt") als „Wissenschaft" auftischen wollten. Sie haben hier die *Pflicht der Selbstbescheidung* zu üben. Ein Element aller „echten" Weltanschauung allein ist es, welches sie ihrem Wesen nach ihren Hörern mit auf den Lebensweg zu geben haben: die Gewöhnung an die *Pflicht zur intellektuellen Rechtschaffenheit* und damit auch zur rücksichtslosen Klarheit über sich selbst. *Alles* andere: den ganzen *Inhalt* seines Strebens, muss der einzelne im Kampfe mit dem Leben sich selbst erobern.

Es wäre ein ebensolcher anmaßlicher Unfug, wenn ein Universitätslehrer sich unterfangen würde, z. B. die „Berechtigung" irgendwelcher sozialer Forderungen zu „beweisen", wie wenn er ihre „Nichtberechtigung" mit den Mitteln der Wissenschaft „nachweisen" wolle. Beides ist mit den Mitteln der Wissenschaft *schlechthin unmöglich*. Was die Wissenschaft hier zu bieten hat, ist lediglich: die Analyse jener Forderungen zunächst auf ihren eigentlichen Inhalt und damit auf diejenigen letzten, *nicht* mehr beweisbaren oder widerlegbaren, *Glaubens*überzeugungen und Werturteile, die ihnen zugrunde liegen. Alsdann: die Erörterung ihrer geschichtlichen Entstehung. Weiter: die Untersuchung der praktischen Vorbedingungen ihrer Realisierung und der voraussichtlichen faktischen Konsequenzen derselben und endlich: die Feststellung, ob die Gegenwartsentwicklung sich in ihrer Richtung bewegt oder nicht und warum? Dies alles sind wirklich „wissenschaftliche" Fragen. Ob nun aber der *einzelne* jene „letzten" Überzeugungen billigen oder verwerten, ob *er* jene Vorbedingungen und Konsequenzen ihrer Realisierung in Kauf nehmen will, ob *er* die Opfer zu groß findet im Verhältnis zu den Chancen des Erfolgs, – *das* zu entscheiden ist *seine* Pflicht, die ihm sein wissenschaftlicher Lehrer nicht abnehmen kann und vor allen Dingen nicht abnehmen *darf*, weil darüber „wissenschaftlich" schlechthin nichts auszumachen ist.

Gewiss, es ist leider bekannt, daß es nicht wenige akademische Lehrer (durchaus nicht etwa vorwiegend politisch „radikal" gesinnte, sondern *gerade* vermeintlich „staatsmännisch" begabte Vermittlungspolitiker) gibt, die jene Pflicht der Selbstbescheidung nicht üben und sich selbst die Befugnis, ja recht eigentlich die Aufgabe zuschreiben: die akademische Jugend in bestimmten politischen Gesinnungen und Weltanschauungen zu erziehen. Mit dieser Anmaßung würden sich die Universitäten auf die Dauer in ihr eigenes Fleisch schneiden. Denn es ist bei *dieser* Auffassung der Aufgaben des Unterrichtes die Forderung nicht zu umgehen, daß der

---

[36] Von einem römisch-katholischen Priesterorden geleitet.

unter allen Umständen *Nächst*beteiligte: der *Familienvater*, der seinen Sohn auf seine Kosten auf die Universität schickt, die Garantie habe, dort auch *seine* Weltanschauung vertreten zu sehen. Konfessionelle, ökonomische, soziale, politische Parteien hätten alsdann *jede* das Recht darauf, für die Unterweisung in ihren Idealen gesonderte Universitäten oder Lehrstühle bewilligt zu erhalten. Dann müsste man sich auf den prinzipiellen Boden der (konsequenter auszubauenden) Kuyper'schen[37] Universitäts-„Reform" in Holland stellen und jedermann das Recht geben, an den Universitäten vollberechtigte Lehrstühle und zugleich ein Kuratorium mit dem Recht der Besetzung derselben zu stiften: Der „Zentralverband deutscher Industrieller", der „Monistenbund"[38] und der „Keplerbund",[39] das „Gewerkschaftskartell", sämtliche Kirchen und politischen Parteien könnten dann, je nach ihren Finanzen, von diesem Recht ebenso Gebrauch machen, wie heute die katholische und andere Kirchen in Holland zu tun beginnen. Das wäre „Lehrfreiheit" *auf dem Boden des „Gesinnungsunterrichts".* Wer derartige Konsequenzen ablehnt, der muss ehrlicherweise auch den Gesinnungs-Unterricht als Aufgabe und die Gesinnungs-Qualifikation als Erfordernis des Hochschullehrers ablehnen. Er muss die Schaffung von Lehrstühlen (z. B. historischen, philosophischen), welche z. B. eine klerikale *Tendenz* zu vertreten ausgesprochen *bestimmt* sind, ebenso als eine schnöde Vergewaltigung der „Freiheit der Wissenschaft" ansehen, wie umgekehrt die Zurücksetzung eines wissenschaftlich Qualifizierten aus dem Grunde, weil er „Zentrumsmann" oder „Sozialist" sei.

Nur auf dem Boden *strenger wissenschaftlicher Selbstbescheidung* ist die heutige Kultureinheit auf dem Gebiete des Unterrichts innerlich zu rechtfertigen. Will man sie, so muss der Gedanke an *jede* Art von Gesinnungsunterricht fallen, so ist der akademische Lehrer, *gerade* in dem heute so ängstlich gehüteten Geheimkabinett seines Hörsaales ganz besonders streng verpflichtet, *jede* eigene Stellungnahme in dem Kampfe der Ideale zu vermeiden, sein Katheder, statt zu einer Stätte der Bekämpfung, zu einer solchen des historischen und gedanklichen Verständnisses fremder, von der seinen abweichender, Weltanschauungen zu machen.

Eine rein historisch bedingte, scheinbare Schwierigkeit in der Durchführung dieser Anforderungen bilden heute nur die *theologischen* Fakultäten. Keine prinzipielle: Es lässt sich vielmehr mit voller Eindeutigkeit angeben,

---

[37] Abraham Kuyper (1837-1920), holländischer Politiker und kalvinistischer Theologe, der 1880 die Freie Universität Amsterdam gründete.

[38] Deutscher Monistenbund, 1906 gegründet, um die monotheistische Doktrin der Existenz nur eines einzigen Höheren Wesens zu verbreiten.

[39] Keplerbund zur Förderung der Naturkenntnis, 1907 gegründet, vornehmlich in Opposition zum Deutschen Monistenbund.

welche Arten der Besprechung und Behandlung des Phänomens des religiösen Lebens in den Umkreis der Universitäten (bei Erhaltung ihres oben umschriebenen Charakters) gehören, welche anderen nicht. Daß heute auch diese letzteren, nur dogmatisch gebunden zu behandelnden Disziplinen und die apologetischen und praktischen Fächer statt durch Institutionen freier kirchlicher Gemeinschaften, durch staatlich angestellte, aber dabei in ihrer Lehrfreiheit beschränkte Hochschullehrer behandelt werden, entspringt *keinerlei Bedürfnissen des religiösen Lebens, sondern allein dem Wunsche staatlicher Kulturreglementierung.* Die Überzeugung, daß die starken Kirchengemeinschaften, insbesondere die katholische Kirche, den Zweck dieser Reglementierung schon heute völlig illusorisch zu machen wissen, wird, in Verbindung mit anderen Motiven der Kulturentwicklung, die unumgängliche Scheidung, im Interesse grade auch des religiösen Lebens hoffentlich nicht zu spät, bringen.

10. Verhandlungen des III. Deutschen Hochschullehrertages zu Leipzig am 12. und 13. Oktober 1909[40]

M[ax] Weber (Heidelberg): Zu den Bemerkungen des Vorredners frage ich: Wozu in aller Welt ist das Kolloquium vorhanden! Man stelle im Kolloquium Fragen, die die allerunangenehmsten sind, und dehne das Kolloquium solange aus, bis Klarheit besteht, daß der Mann zwischen seinem Glauben und zwischen der Art seiner wissenschaftlichen Arbeit in einer Weise zu scheiden weiß, von der man sagen muss: Das ist ein Denker, deshalb gehört er in den Kreis der Wissenschaft hinein, möge seine Überzeugung, seine religiöse Überzeugung uns persönlich noch so absurd erscheinen.

Zu dem, was Herr [Adolf] Wach[41] über die theologische Fakultät und ihre Stellung an der Universität gesagt hat, bemerke ich: Es ist nicht richtig, daß mit dem Begriffe der theologischen Fakultät das Dogma verbunden ist. Es gibt theologische Fakultäten, die dogmenfrei sind, die holländischen, die von aller Bindung an irgendein abzulegendes Glaubensbekenntnis befreit sind. Infolgedessen werden an diesen Fakultäten nur his-

---

[40] In *Verhandlungen des III. Deutschen Hochschullehrertags zu Leipzig* (Leipzig: Verlag des Literarischen Zentralblattes für Deutschland (Eduard Avenarius), 1910), S. 16-17, 20-21, 41-42, 47. Über den Dritten Deutschen Hochschullehrertag und Max Webers Äußerungen bei diesem Zusammentreffen waren zuvor bereits Berichte in der *Frankfurter Zeitung* erschienen (Abendblatt, 13. Oktober 1909, S. 1-2; Erstes Morgenblatt, 14. Oktober 1909, S. 1; Zweites Morgenblatt S. 2), aber diese unterscheiden sich nur unwesentlich von der offiziellen Darstellung.

[41] Adolf Wach (1843-1926), Jurist.

torische Gebiete gepflegt, dagegen weder Apologetik noch Dogmatik. Das Ministerium Abraham Kuyper hat nun allerdings dem Zustande ein Schnippchen geschlagen, indem es ein System eingeführt hat, das hier an der Universität Leipzig beinahe sein Gegenbild gefunden hätte. Wer nämlich heute in Holland eine Geldsumme stiftet, kann dafür verlangen, daß an der Universität ein Lehrstuhl begründet werde, wenn die Geldsumme ausreicht. Der erste, der von dieser Bestimmung Gebrauch gemacht hat, war der Bischof von Utrecht, und der erste, der bei uns in Deutschland an der Universität Leipzig von solchem Privileg Gebrauch machen würde, würde Herr [Henry A.] Bueck[42] sein, der Generalsekretär des Verbandes Deutscher Industrieller. Denn es ist bekannt, daß er an die Universität mit einem solchen Ansinnen herangetreten ist. Es ist ferner bekannt, daß der Mann, den er meinte, sich gleichzeitig bewerbend an den hiesigen Ordinarius der betreffenden Fakultät gewendet hat.

Ein prinzipieller Gegensatz zwischen mir und Wach besteht nur über die Werturteile. Werturteile gehören überhaupt nicht auf das Katheder, sondern der Dozent soll sich beschränken auf die Feststellung der Tatsachen und ihrer Kausalzusammenhänge, zweitens auf die Feststellung des logischen Sachverhaltes. Gehört zur wissenschaftlichen Erörterung auch die Tatsache, daß ein bestimmter Zweck erreicht werden soll, den der Staat oder irgendein Individuum oder irgendeine Partei verfolgt, so darf ich mich nur mit den Mitteln der Wissenschaft nahen und sagen: Zu diesem Zweck bedarf es der und der wissenschaftlichen Mittel. Unter diesen Mitteln befinden sich vielleicht einige, von denen man sich fragen wird: Willst du diese Mittel mit in Kauf nehmen für deinen Zweck? Denn aus solchen Kompromissen und Zwecken bestehen alle unsere Wertungen. Dadurch werde ich dem Hörer vielleicht zur Klärung verhelfen und überlasse ihm selbst die Entscheidung. Aber ihm diese Entscheidung abzuschneiden und ihm ein bestimmtes Soll zu suggerieren, ist nicht gestattet. Das habe ich immer abgelehnt, und ich bin auch heute stolz darauf, daß Schüler aus meinem Seminare von dem äußersten agrarischen bis zu dem extrem linksstehenden alle denkbaren Standpunkte im Leben vertreten haben, und ebenso muss z. B. auch der Jurist, der Historiker verfahren. Das Stück gemeinsamen Kulturbodens, das wir mit unsern Gegnern gemein haben, ist die schlichte Wissenschaft von den Tatsachen. Nichts weiter haben wir unseren Schülern mitzugeben, und wer eine echte und starke Überzeugung hat, der ist auch der Meinung, daß damit die Schüler nicht sich verlieren und jedem preisgegeben werden. Und wenn man auch in den Blättern nationale Töne angeschlagen hat gegen mich, der hier die Sozialde-

---

[42] Henry A. Bueck (1830-1916).

mokraten in die Höhe bringen wolle auf Lehrstühlen, meine Herren, lassen wir die Sozialdemokraten[43] doch einen Versuch machen, die Lehrstühle der deutschen Universitäten zu besetzen, und dann wollen wir die Blamage ansehen, die dabei herauskommt. Sie haben gar nicht die Kräfte, etwas zu bieten, wie es die deutsche Wissenschaft in ihrer Gesamtheit bietet.

[Max] Weber (persönliche Bemerkung): Einer der Herren Redner hat bemerkt, daß in die *Hochschul-Nachrichten* seinerzeit Kollegen geschrieben hätten. Gemeint war ich. Nachdem ich aber das Urteil mit seinem Inhalt gesehen habe, und daß der Mann, von dem ich angenommen, daß es ein *gentleman* [Herr] wäre, gegen dieses Urteil keine Berufung eingelegt hat, stehe ich allerdings auf dem Standpunkt: von mir kommt keine Zeile mehr in die Zeitschrift hinein! Das ist das eine.

Das Zweite betrifft meine Persönlichkeit. Ich muss dabei bleiben, daß ich imstande bin, wissenschaftliche Zusammenhänge darzulegen ohne Werturteile, und bin nur auf den Teil meiner Lehrtätigkeit stolz, in dem ich diesem Ideal treu geblieben bin.

M[ax] Weber: Jeder Institutsdirektor, den man ernstlich vor die Frage stellt, ob so etwas wie konstitutionelle Verhältnisse in seinem Institut möglich sind, wie [Karl G.] Lamprecht[44] eben angedeutet hat, wird sagen: Das ist unmöglich, ich bin für mein Institut verantwortlich mit meinem Vermögen. Es ist eine Utopie, daß man mehr als ganz bestimmte, näher zu erörternde, aber, wie ich glaube, in den Rahmen der heutigen Diskussion kaum gehörende Palliativmittel vorschlagen kann gegen die Renitenz des Institutsdirektors. Ferner müssen wir uns die für die Verhältnisse der Assistenten, des Nachwuchses überhaupt, tragische Tatsache klar machen, daß die Rücksicht auf die Wissenschaft die brutalste Auslese verlangt.

Was speziell die Assistenten anbelangt, so ist das Einzige, daß man zu dem alten Grundsatze zurückkehrt, daß es sich nicht gebührt, daß ein Assistent länger als 3 Jahre Assistent ist. Ich kann mich sehr gut der Zeit erinnern, wo man es dem Assistenten verübelte, wenn er länger als 3 Jahre dem hinter ihm Stehenden im Wege war. Heute ist das anders geworden, und ich möchte in dieser Beziehung sagen: die Herren Assistenten mögen auch an ihre eigene Brust schlagen.

In der Generaldebatte erhält das Wort *M[ax] Weber* (Heidelberg):

---

43 Sozialdemokraten in ihrer Eigenschaft als Sozialdemokraten.
44 Karl G. Lamprecht (1856-1915), Historiker.

In der Debatte der Ortsgruppe München vermisse ich einen Gesichtspunkt: Ist der Privatdozent nichts weiter als akademischer Nachwuchs? Ist er nicht freier Lehrer und Forscher, dem Gelegenheit gegeben wird, durch Habilitation seine Ansichten kundzugeben? Er ist doch nicht nur eine Art Avantageur. Das wäre eine bürokratische und militärische Auffassung. Jedem Privatdozenten muss in die Seele geschrieben werden, daß er unter keinen Umständen ein irgendwie ersitzbares Recht auf irgendwelche Versorgung habe. (Bravo!) Hinaus mit all den Gesichtspunkten, die an Bürokratie und an das Schema des aufsteigenden Unteroffiziers, Sergeanten usw., oder auch an gleiches Recht usw., kurz an irgendwelche bürokratischen Gesichtspunkte erinnern. (Stürmischer lang anhaltender Beifall.)

11. Zum Hochschullehrertage[45]

Aus dem Leipziger Universitätskreise erhalten wir folgende Zuschrift:

Als auf dem kürzlich hier abgehaltenen Hochschullehrertage des im Juni 1908 gemachten Versuches gedacht worden war, die Universität Leipzig mit einer nationalökonomischen Professur bestimmter Richtung zu beglücken, ergriffen einige Blätter den Anlass zu heftigem Tadel gegen die königliche sächsische Regierung, weil sie den von einem bestimmten „Verbande" an sie herangebrachten Antrag nicht ohne weiteres abgewiesen, ihn vielmehr an die philosophische Fakultät und den akademischen Senat weitergeleitet hätte. Auf dem Hochschullehrertage selbst ist keine Silbe solchen Tadels laut geworden. Er ist auch vollkommen unberechtigt! Zunächst hat die Regierung sich in gar keiner Weise mit jenem Antrage identifiziert. Seine Mitteilung an die Universität aber entsprach guter alter Tradition, wonach das Kultusministerium in allen wichtigen die Universität bestreffenden Angelegenheiten die Universität zu hören und womöglich im Einklange mit ihr zu handeln pflegt. Deshalb haben auch Fakultät und Senat am Anfange des sehr energischen Antwort-Berichtes, an dessen Schluss entschiedenste Bewahrung gegen das grundsätzlich unzulässige Eingreifen einer wirtschaftlichen Vereinigung in Berufs-Angelegenheiten der Leipziger Universität eingelegt wird, ausdrücklich dafür gedankt, daß ihnen durch das Ministerium Gelegenheit gegeben worden sei, sich über den ihm gemachten Vorschlag zu äußern. Es liegt im dringendsten Interesse aller Universitäten, daß in analogen Fällen von den Regierungen gerade so gehandelt werde!

---

[45] *Frankfurter Zeitung*, Erstes Morgenblatt, 19. Oktober 1909, S. 1.

Ferner schreibt uns Herr Professor Max Weber in Heidelberg:

Sehr geehrte Redaktion!

Zu den Verhandlungsberichten über den Hochschullehrertag gestatten Sie mir nachzutragen:

1) An dem Versuch, die Anstellung eines Tendenzprofessors mit Geld zu erkaufen, hatte sich der Betreffende,[46] nach sehr vielversprechenden Anfängen zunehmend auf die Bahn plattester Schnellpublikation geratene Gelehrte dadurch beteiligt, daß er an einen Professor der betreffenden Fakultät, *und zwar an einen hervorragenden Kathedersozialisten*,[47] das Ansehen richtete, für seine Berufung zu wirken. – In Preußen dürfte der betreffende, einstmals streng antiagrarische Herr jetzt, seinem Verhalten entsprechend, vom Bund der Landwirte[48] in Entreprise genommen werden. Man darf alsdann gespannt sein, ob das dortige Ministerium sich in der Lage befinden wird, auch nur ein solches Mindestmaß von formaler Korrektheit walten zu lassen, wie dies in Sachsen der Fall war. Denn so naiv, wie dies in Sachsen geschehen ist, gehen die Junker nicht vor – wie der Fall [Gustav] Ruhland[49] gezeigt hat, – und die von ihnen angewandten Mittel haben ferner den für sie außerhalb wie innerhalb der Steuerpolitik großen Vorzug, ihre Taschen nicht mit einem Aufwand von 30.000 Mark zu belasten.

2) Der Versuch, den Sinn der Wachschen Thesen, nachdem ihnen der *sozialdemokratische Korreferent ausdrücklich zugestimmt* hatte, zu verdrehen, hat wohl nur innerhalb des Leserkreises der *Täglichen Rundschau* Aussicht auf Erfolg.

Hochachtungsvoll

Max Weber

12. Professor Ehrenberg[50]

Sehr geehrte Redaktion!

---

46 Richard Ehrenberg (1857-1921), Ökonom.

47 Trotz dieser Bezeichnung waren sie eher Sozialreformer als Sozialisten. Sie forderten die Intervention des Staates in Wirtschaft und Gesellschaft zur Entschärfung von Klassenkonflikten.

48 1893 gegründet zur Interessenvertretung der Landwirte, insbesondere mittlere und Großgrundbesitzer.

49 Gustav Ruhland (1860-1914), Ökonom, Landwirt und Agrarpolitiker.

50 *Frankfurter Zeitung*, Abendblatt, 20. Oktober 1909, S. 1-2.

Von Herrn Professor Ehrenberg erhalte ich heute, Dienstag, den 10. Oktober, seine Auseinandersetzung. Er glaubt, mich zu der Erklärung auffordern zu dürfen, daß ich ihn „ohne Grund in seiner Ehre" gekränkt" habe.

Ich habe selbstverständlich an dem, was ich über ihn sagte [*Frankfurter Zeitung*, Erstes Morgenblatt, 19. Oktober 1909, S. 1] kein Wort zu ändern und nur Folgendes hinzuzufügen:

1. *Kein* Nationalökonom von Bedeutung, der von Methodik das mindeste versteht, kann Herrn Professor Ehrenberg die Erfindung irgendeiner neuen Methode zugestehen.

2. *Jeder* Nationalökonom, auch Herr Professor Ehrenberg, weiß, daß der sogenannte „Kathedersozialismus" heute in *keinem* Sinn des Worts eine „Richtung" darstellt, daß vielmehr in dem „Verein für Sozialpolitik", dessen Mitglieder vor nunmehr 36 Jahren von liberaler Seite mit diesem Titel belegt wurden, seit langem die denkbar schärfsten Gegensätze der Ansichten und Ideale bestehen, ganz ungleich stärkere, als zwischen Mitgliedern des Vereins und Außenstehenden. Der Verein sucht heute, wie bekannt, seine Ehre darin, nach Aufklärung des Tatbestandes durch rein wissenschaftliche Erhebungen, alle Meinungen, z. B., wie wohl noch erinnerlich, auch die der Herren [Emil] Kirdorf[51] und Genossen, auf seinen Versammlungen zur Aussprache gelangen zu lassen. Er hat übrigens auch Herrn Prof. Ehrenberg zu seinen Arbeiten heranzuziehen gesucht, – umsonst. Die Andeutung vollends, als ob die Qualität als „Kathedersozialist" die Chancen der akademischen Laufbahn verbessere, wird heute, den jedermann bekannten Tatsachen gegenüber, niemand ernst nehmen.

3. *Kein* Nationalökonom von Belang wird vollends gerade Herrn Professor Ehrenberg glauben, daß irgendeine angebliche besondere „Richtung" von ihm einem Fakultätsvorschlag im Wege gestanden habe oder stehe. Jeder ernst zu nehmende Fachmann weiß vielmehr, daß es der Eindruck einer – nach sehr viel versprechenden Leistungen – bei steigender Hast leider unaufhaltsam *sinkenden Qualität* seiner Publikationen ist, der einen Vorschlag heute für sorgsam prüfende Fakultäten wohl auch dann außerordentlich erschweren würde, wenn nicht sein jetzt in Rede stehendes, im deutschen akademischen Leben *noch niemals erhörtes Verhalten* allein schon genügen müsste, einen solchen normalerweise unmöglich zu machen.

---

51 Emil Kirdorf (1847-1938), Großindustrieller und Gegner der Arbeitergewerkschaften.

93

4. Herr Ehrenberg hat mir persönlich nie etwas zuleide getan. Ich habe nahe Freunde in allen denkbaren sozialpolitischen Lagern. Ich bin, solange ich selbst an Fakultätsvorschlägen beteiligt war, für Leute aus den heterogensten Lagern eingetreten, speziell für solche, die ich ungerechterweise zurückgesetzt fand. Herr Ehrenberg wird sich selbst sagen müssen, daß für mich keinerlei denkbares Motiv besteht, ihn um seiner vermeintlich eigenartigen Richtung willen persönlich wehe zu tun oder ihm die erstrebte Berufung zu missgönnen, *wenn er* sie nach seinem gegenwärtigen Habitus *verdienen würde*. Allein ein Verhalten, wie es hier von seiner Seite vorlag und als Tatsache durch seine eigene Erklärung ja lediglich bestätigt wird, hätte öffentlich festgestellt werden müssen, auch wenn Herr Ehrenberg nicht in der letzten Zeit den sogenannten „Kathedersozialismus" mit den maßlosesten Schmähungen überschüttet hätte und ihm auch jetzt leichtfertig ungerechte Unterdrückung Außenstehender vorwürfe. Die Art der Beurteilung seines Verhaltens wird bei *keinem* unbefangenen, im akademischen Leben stehenden Mann irgendwie zweifelhaft sein können. Und gegen diese Beurteilung können Herrn Professor Ehrenberg *keinerlei* Erklärungen helfen, am allerwenigsten aber die vorsichtigen Formen, in welche er sein Vorgehen gekleidet hat. Denn alle diese Dinge sind, wie die Römer sagen würden, *protestationes facto contrarine* [Beteuerungen, die den Tatsachen widersprechen].

Sache und Person sind für mich damit erledigt.

Hochachtungsvoll

Max Weber

13. Verhandlungen des Ersten Deutschen Soziologentages vom 19.– 22. Oktober 1910 in Frankfurt am Main[52]

Professor Dr. Max Weber (Heidelberg):

Meine Damen und Herren!

Der Geschäftsbericht unserer Gesellschaft, den ich zu erstatten den Auftrag habe, hat sich wesentlich zu erstrecken 1. auf die Verfassungsänderungen, welche im Laufe des verflossenen Jahres die Gesellschaft vorgenommen hat, und 2. auf die konkreten wissenschaftlichen Aufgaben, die sich die Gesellschaft für die nächste Zukunft gestellt hat. Denn bei dem

---

[52] In *Verhandlungen des Ersten Deutschen Soziologentages vom 19. bis 22. Oktober 1910 in Frankfurt am Main. Reden und Vorträge* (Tübingen: J.C.B. Mohr (Paul Siebeck), 1911), S. 39-62.

schwankenden Inhalt des Begriffes „Soziologie" tut eine Gesellschaft mit diesem bei uns unpopulären Namen gut, das was sie sein möchte, tunlichst durch ganz konkrete Angaben über ihre derzeitige Konstitution und ihre derzeitigen nächsten Aufgaben erkennbar zu machen.

Was nun das Erste anlangt, so sind folgende Grundsätze, die ich ganz kurz registriere, erst im Laufe des letzten Jahres in unseren Statuten zum Ausdruck gelangt: Erstens – ein Prinzip, über welches ja schon mein verehrter Herr Vorredner gesprochen hat: – daß die Gesellschaft jede Propaganda *praktischer* Ideen in ihrer Mitte grundsätzlich und definitiv ablehnt. Die Gesellschaft ist nicht etwa „unparteiisch" nur in dem Sinne, daß sie jedem gerecht zu werden, jeden zu verstehen oder daß sie die beliebte „Mittellinie" zu ziehen suchen möchte zwischen Parteiauffassungen, zwischen politischen, sozialpolitischen, ethischen oder ästhetischen oder andern Wertungen irgendwelcher Art, sondern daß sie mit diesen Stellungnahmen überhaupt ihrerseits gar nichts zu tun hat, daß sie auf allen Gebieten schlechthin parteien*los* ist. Es kann also das Bestehen, die Eigenart, die Forderungen und die Erfolge von politischen, ästhetischen, literarischen, religiösen und anderen Parteimeinungen selbstverständlich sehr wohl Gegenstand einer auf die *Tatsache ihrer Existenz*, auf die vermeintlichen und wirklichen Gründe derselben, auf ihre Erfolge und Erfolgschancen, auf ihre „prinzipiellen" und „praktischen" Konsequenzen gerichteten und diese durch rein objektive, von aller eignen Bewertung frei, ermittelnden *Analyse* werden. Aber niemals, das besagt der jetzige § 1 unseres Statuts, kann in unserer Gesellschaft das Für und Wider, der Wert oder Unwert einer solchen Meinung Gegenstand der Erörterung werden. Wenn z. B. die Gesellschaft eine Enquete über das Zeitungswesen veranstaltet – ich werde davon zu sprechen haben – , so ist damit nach unseren Grundsätzen gesagt: daß sie nicht im Entferntesten daran denkt, zu Gericht sitzen zu wollen über den faktischen Zustand, von dem sie zu sprechen hat, daß sie nicht fragen wird: ob dieser Zustand erwünscht, oder unerwünscht ist, daß sie nichts Weiteres tut, als feststellen: Was besteht? Warum besteht es gerade so, wie es besteht? Aus welchen historischen und sozialen Gründen?

Der zweite Grundsatz, den wir festgelegt haben, ist der, daß die Gesellschaft keinen „Akademismus" treibt. Die Gesellschaft ist keine Notabilitätsgesellschaft, sie ist das gerade Gegenteil von irgendetwas wie eine Akademie. Es kann z. B. keine Gekränktheit geben von Leuten, die etwa zufällig einem Ausschuss der Gesellschaft nicht angehören, es soll keine „Ehre" sein – das klingt ja etwas paradox – diesem Ausschuss der Gesellschaft anzugehören. Denn diese Zugehörigkeit besagt nur: daß augenblicklich der Aufgabenkreis der Gesellschaft so gestaltet ist, daß die

Herren, die in diesen Ausschuss eingetreten sind, teils weil sie aus eigner Initiative uns ihre Neigung dazu kundgegeben haben, teils weil wir sie von uns aus darum gebeten haben, für *diese* konkreten Aufgaben zweckmäßige Mitarbeiter sind, und daß sie die eine einzige allgemeine Voraussetzung der Zuwahl erfüllen: daß sie nämlich durch rein wissenschaftliche, also nicht praktische, sondern rein soziologische Leistungen bereits bekannt sind und auf diesem von jedem Parteistreit entfernten Boden mit uns zusammen arbeiten wollen. Die Gesellschaft ist eine Arbeitsgemeinschaft, aber nicht – ich wiederhole es – irgendetwas einer „Akademie" Ähnliches. Wer immer bei uns in unserem Sinne mittun will, der mag es sagen: Er ist herzlich willkommen.

Drittens haben wir den Grundsatz festgelegt, daß die Gesellschaft keinen „Ressort-Patriotismus" treibt, daß sie nicht sich selbst als Selbstzweck ansieht, nicht versucht, Aufgaben für sich zu konfiszieren und anderen wegzunehmen, daß sie deshalb auch bei sich selbst dem Grundsatz der Dezentralisation der wissenschaftlichen Arbeit in weitgehendem Maße huldigt.

Das kommt in unserer Verfassung darin zum Ausdruck, daß 1. der Schwerpunkt der gesamten Arbeit der Gesellschaft nicht in Versammlungen der Mitglieder als solcher, sondern in den von der Gesellschaft für jede konkrete Arbeitsaufgabe einzusetzenden Ausschüssen liegt. Diese Ausschüsse, für die die Gesellschaft nur den Vorsitzenden und eventuell einige Mitglieder – möglichst wenige – wählt, sind jeder auf seinem Gebiet völlig souverän, insbesondere in der Kooptation anderer, und zwar auch außerhalb der Gesellschaft stehender Mitarbeiter. Insbesondere die Herren Praktiker, beispielsweise also auf dem Gebiete des Zeitungswesens die Zeitungsverleger und die Vertreter des Journalismus, ohne die wir ja gar nicht arbeiten können, gehören in unsere Ausschüsse hinein, wo wir mit ihnen mit vollem gleichem Stimmrecht, in jeder Hinsicht gleichberechtigt, zusammen arbeiten wollen, und wo wir von ihnen die direkten Anregungen für unsere Arbeiten zu finden hoffen.

Zweitens drückt sich der gleiche Grundsatz der Dezentralisation darin aus, daß voraussichtlich die soziologische Gesellschaft nie wieder in der Form wie heute und in den nächsten Tagen vor die Öffentlichkeit treten wird, als eine ungegliederte Einheit, die eine ganze Reihe einzelner Themata nacheinander in Vorträgen und Diskussionen behandelt. Es besteht vielmehr die Absicht, Abteilungen sich bilden zu lassen. Die Bildung einer Abteilung für Statistik ist bereits aus den Kreisen der Herren Statistiker angeregt worden, und die Gesellschaft hat den Grundsatz, nun nicht schematisch die Bildung von Abteilungen ihrerseits schematisch zu oktroyieren, sondern umgekehrt: den Interessenten in ihrer Mitte es zu überlassen, sich zu den Fach-Abteilungen zusammenzuschließen; – der Vorstand wird dann mit diesen Abteilungen darüber verhandeln, welche Stellung innerhalb der Gesellschaft ihnen einzuräumen ist, und zwar in dem Sinne, daß sie auf ihren Gebieten so völlig selbstständig gestellt werden, wie es überhaupt denkbar ist, daß es ihnen z. B. überlassen ist, ihrerseits die Fachmänner, und *nur* die Fachmänner, des betreffenden Gebietes heranzuziehen, unter Ausschluss aller derjenigen, die nicht als solche zu betrachten sind, daß sie selbst zu beschließen haben, welche Arbeiten sie vornehmen wollen und in welcher Weise. Wir werden daher bei künftigen Soziologentagen – sagen wir einmal, nach zwei Jahren oder eineinhalb Jahren – voraussichtlich, da auch von anderen Interessenten ähnliche Anregungen zu gewärtigen sind, sehen, daß einerseits mehrere Abteilungen nebeneinander tagen; vielleicht eine Abteilung für theoretische Nationalökonomie, innerhalb derer sich die Theoretiker und niemand anders über theoretische Probleme unterhalten; eine Abteilung für Statistik, innerhalb derer sich die Statistiker, die Fachstatistiker und niemand anders über ihre Probleme unterhalten, natürlich nach ihrem eigenen Belieben auch unter Zuziehung anderer, die sich dafür interessieren, aber, wenn sie es wollen, unter Beschränkung der aktiven Teilnahme an der Auseinandersetzung auf die, die etwas von den Dingen wirklich fachmännisch verstehen, – und daß dann daneben die Muttergesellschaft ihre Versammlungen in der Art hält, wie diesmal, aber wohl möglichst unter Beschränkung auf einige wenige große, wenn möglich, durch Publikationen und Arbeiten der Gesellschaft vorbereitete Themata. Denn die Gesellschaft wird den Hauptnachdruck ihrer Tätigkeit zu verlegen haben auf die Seite der *Publikationen*.

Ich habe nunmehr davon zu sprechen, was für Arbeiten die Gesellschaft in dieser Art in Angriff nehmen will durch fachmännisch geleitete und durch einen möglichst großen Kreis von Mitarbeitern, unter Beteiligung eines jeden, der mit uns zusammen arbeiten will, der sich mit uns in den Dienst der Sache stellen will, bearbeitete Publikationen. Es versteht sich, daß diese Ausführungen hier nur einen ganz grob skizzenhaften, wenn sie wollen, feuilletonistischen Charakter haben können. Denn, meine Herren, gerade die Formulierung der eigentlichen, von uns zu bearbeitenden, *Fragestellungen* ist ja die entscheidende wissenschaftliche Aufgabe.

Meine Herren, das erste Thema, welches die Gesellschaft als geeignet zu einer rein wissenschaftlichen Behandlung befunden hat, ist eine *Soziologie des Zeitungswesens*. Ein ungeheures Thema, wie wir uns nicht verhehlen, ein Thema, welches nicht nur sehr bedeutende materielle Mittel für die Vorarbeiten erfordern wird, sondern welches unmöglich sachgemäß zu behandeln ist, wenn nicht die führenden Kreise der Interessenten des Zeitungswesens mit großem Vertrauen und Wohlwollen in unsre Sachlichkeit dieser Angelegenheit entgegenkommen. Es ist ausgeschlossen, daß, wenn wir auf Seiten der Vertreter des Zeitungsverlages oder auf Seiten der Journalisten dem Misstrauen begegnen, daß die Gesellschaft irgendwelche Zwecke moralisierender Kritik an den bestehenden Zuständen verfolge – es ist ausgeschlossen, sage ich, daß wir dann unsern Zweck erreichen, denn es ist ausgeschlossen, daß wir ihn erreichen, wenn wir nicht im weitestgehenden Maße von eben dieser Seite mit Material versorgt werden können. Es wird in der nächsten Zeit das Bemühen des Ausschusses, der dafür zusammen zu setzen ist, sein, nun die Fachmänner des Pressewesens, einerseits die Theoretiker des Pressewesens, die heute bereits sehr zahlreich existieren – wir haben bekanntlich bereits glänzende theoretische Publikationen auf diesem Gebiete (lassen Sie mich im Augenblick nur an das Buch von [Emil] Löbl[53] erinnern, deshalb, weil grade dies auffallenderweise viel weniger gekannt ist, als es verdient) – und ebenso die Praktiker des Pressewesens zur Mitarbeit zu gewinnen. Es ist nach den vorläufig gepflogenen Verhandlungen Hoffnung vorhanden, daß wenn wir, wie es geschehen wird, in der allernächsten Zeit uns sowohl an die großen Presseunternehmen wie an die Verbände der Zeitungsverleger und Zeitungsredakteure wenden, dieses Wohlwollen uns entgegengebracht werden wird. Geschieht es nicht, so wird die Gesellschaft von einer Publikation eher absehen, als eine solche zu veranstalten, bei der voraussichtlich nichts herauskommt.

Meine Herren, über die Größe der allgemeinen Bedeutung der Presse hier etwas zu sagen, hat ja keinen Zweck. Ich käme in den Verdacht der Schmeichelei gegenüber den Herrn Pressevertretern, umso mehr, als das, was darüber von hochstehenden Seiten schon gesagt worden ist, ja unüberbietbar ist. Wenn die Presse mit kommandierenden Generalen verglichen worden ist, – es ist ja allerdings nur von der ausländischen Presse gesagt worden – so weiß jeder Mensch: Darüber gibt es bei uns nichts rein Irdisches mehr, und es wäre nötig, in das Gebiet des Überirdischen zu greifen, um Vergleiche zu finden. Ich erinnere Sie einfach daran: Denken Sie sich die Presse einmal fort, was dann das moderne Leben wäre, ohne diejenige Art der Publizität, die die Presse schafft. Das antike Leben, verehrte Anwesende, hatte auch seine Publizität. Mit Grausen stand Jakob Burckhardt[54] der Öffentlichkeit des hellenischen Lebens, die die gesamte Existenz des athenischen Bürgers bis in die intimsten Phasen hinein um-

53 *Kultur und Presse* (Leipzig: Duncker & Humblot, 1903); österreichischer Journalist (1863-1942).
54 Jakob Burckhardt (1818-1897), Schweizer Kunst- und Kulturhistoriker.

fasste, gegenüber. Diese Publizität besteht so heute nicht mehr, und es ist nun schon interessant, einmal zu fragen: Wie sieht denn eigentlich die heutige Publizität aus und wie wird diejenige der Zukunft aussehen, was wird alles durch die Zeitung publik gemacht *und was nicht*? Wenn das englische Parlament[55] vor 150 Jahren Journalisten zu kniefälliger Abbitte wegen *breach of privilege* [Missbrauch eines Privilegs] vor den Parlamentsschranken zwang, wenn sie über seine Verhandlungen berichteten und wenn heute die Presse durch die bloße Drohung, die Reden der Abgeordneten nicht abzudrucken, die Parlamente auf die Knie zwingen, so hat sich offenbar ebenso der Sinn des Parlamentarismus wie die Stellung der Presse geändert. Und dabei müssen auch *lokale* Differenzen bestehen, wenn z. B. noch bis in die Gegenwart es amerikanische Börsen gab, welche ihre Fenster mit Milchglas versahen, damit die Kursbewegungen auch nicht durch Signale nach außen gemeldet werden könnten, und wenn wir auf der anderen Seite doch sehen, daß fast alle wesentlichen Eigentümlichkeiten in der Art der Zeitungszusammenstellung durch die Notwendigkeit, auf die Börsenkurspublikationen Rücksicht zu nehmen, mit beeinflusst werden. Wir fragen nun, wohl gemerkt, nicht, was *soll* publik gemacht werden? Darüber gehen die Ansichten weit auseinander, wie jedermann weiß. Es ist natürlich interessant, auch festzustellen: *welche* Ansichten darüber heute bestehen und früher bestanden und bei wem? Auch das fällt in unseren Arbeitskreis, aber nichts weiter als diese faktische Feststellung. Jedermann weiß z. B., daß darüber in England andere Ansichten bestehen als bei uns, daß man erlebt, daß wenn etwa ein englischer Lord eine Amerikanerin heiratet, in der amerikanischen Presse ein Steckbrief über Physis und Psyche dieser Amerikanerin mit allem, was dazu gehört, einschließlich der Mitgift natürlich, zu finden ist, während nach den bei uns herrschenden Auffassungen wenigstens eine Zeitung, die etwas auf sich hält, in Deutschland das verschmähen müsste. Woher diese Differenz? Wenn wir für Deutschland festzustellen haben, daß heute das ernstliche Bemühen gerade bei den ernsten Vertretern des Pressegeschäftes dahin gerichtet ist, rein persönliche Dinge aus der Zeitungspublizität auszuschließen, – aus welchen Gründen und mit welchen Ergebnissen? – so werden wir auch konstatieren müssen, daß auf der anderen Seite ein sozialistischer Publizist wie Anton Menger[56] der Meinung war: umgekehrt im Zukunftsstaat würde die Presse gerade die Aufgabe

---

[55] Wie viele Menschen meinte auch Weber, wenn er über England, das Englische Parlament oder die Engländer schrieb, das gesamte Vereinigte Königreich von Großbritannien und Irland, nicht nur England als einen konstitutionellen Teil davon.

[56] Anton Menger (1841-1906), österreichischer Jurist und Sozialpolitiker.

haben, Dinge, die man nicht dem Strafgericht unterstellen kann, vor ihr Forum zu führen, die antike Zensor-Rolle zu übernehmen. Es lohnt sich, festzustellen: *welche* letzten Weltanschauungen der einen und der andern Tendenz zugrunde liegen. *Nur dies* freilich, nicht eine Stellungnahme dazu, wäre unsere Aufgabe. –

Wir werden unsererseits vor allem die *Macht*verhältnisse zu untersuchen haben, welche die spezifische Zeitungspublizität schafft. Sie hat z. B. für wissenschaftliche Leistungen eine andere, wesentlich geringere Bedeutung, als etwa für solche, die, wie eine schauspielerische oder Dirigenten-Leistung, mit dem Tage vergehen, und sie ist bei allem, was unter dem Striche besprochen wird, überhaupt besonders groß: In gewissem Sinn ist der Theater- und auch der Literatur-Rezensent derjenige Mann in der Zeitung, welcher am leichtesten Existenzen schaffen und vernichten kann. Für jeden Teil der Zeitung, vom politischen angefangen, ist aber dies Machtverhältnis äußerst verschieden. Die Beziehungen der Zeitung zu den Parteien bei uns und anderswo, ihre Beziehungen zur Geschäftswelt, zu all den zahllosen, die Öffentlichkeit beeinflussenden und von ihr beeinflussten Gruppen und Interessenten, das ist ein ungeheures, heute erst in den Elementen bebautes Gebiet soziologischer Arbeit. – Aber kommen wir zu dem eigentlichen Ausgangspunkt der Untersuchung.

Treten wir der Presse soziologisch näher, so ist fundamental für alle Erörterungen die Tatsache, daß die Presse heute notwendig ein kapitalistisches, privates Geschäftsunternehmen ist, daß aber die Presse dabei eine vollständig eigenartige Stellung schon insofern einnimmt, als sie im Gegensatz zu jedem anderen Geschäft zwei ganz verschiedene Arten von „Kunden" hat: Die einen sind die Käufer der Zeitung und diese wieder entweder der Masse nach Abonnenten oder aber der Masse nach Einzelkäufer – ein Unterschied, dessen Konsequenzen der Presse ganzer Kulturländer entscheidend verschiedene Züge aufprägt – die anderen sind die Inserenten, und zwischen diesen Kundenkreisen bestehen die eigentümlichsten Wechselbeziehungen. Es ist z. B. ja gewiss für die Frage, ob eine Zeitung viel Inserenten haben wird, wichtig, ob sie viel Abonnenten hat und, in begrenzterem Maße, auch umgekehrt. Aber nicht nur ist die Rolle, die die Inserenten im Budget der Presse spielen, bekanntlich eine sehr viel ausschlaggebendere als die der Abonnenten, sondern man kann es geradezu so formulieren: Eine Zeitung kann nie zu viel Inserenten haben, aber – und das im Gegensatz zu jedem anderen Warenverkäufer – zu viel Käufer, dann nämlich, wenn sie nicht in der Lage ist, den Insertionspreis so zu steigern, daß er die Kosten der immer weiter sich ausdehnenden Auflage deckt. Das ist ein für manche Arten von Blättern durchaus ernsthaftes Problem und hat ganz allgemein die Folge, daß von einer bestimmten

Auflageziffer ab das Interesse der Zeitungen nach weiterer Vermehrung nicht mehr steigt, – wenigstens *kann* es so kommen, wenn unter gegebenen Voraussetzungen eine weitere Erhöhung der Inseratenpreise auf Schwierigkeiten stößt. Das ist eine Eigentümlichkeit nur der Presse, die rein geschäftlicher Art ist, die aber natürlich ihre mannigfachen Konsequenzen hat. Nun ist bei internationaler Vergleichung das Maß und die Art des Zusammenhanges zwischen der Presse, welche doch das Publikum politisch und auf andern Gebieten belehren und sachlich informieren will und dem in dem Inseratentum sich äußernden Reklamebedürfnis der Geschäftswelt ein höchst verschiedenes, namentlich wenn man Frankreich zum Vergleich heranzieht. Warum? Mit welchen allgemeinen Konsequenzen? – Das sind die Fragen, die wir, so oft darüber schon geschrieben wurde, doch wieder aufnehmen müssen, da eine Übereinstimmung der Ansichten nur teilweise besteht.

Nun aber gehen wir weiter: Ein Charakteristikum ist heute vor allem das Wachsen des Kapital*bedarfs* für die Pressunternehmungen. Die Frage ist, und diese Frage ist heute noch nicht entschieden, die best unterrichteten Fachmänner streiten darüber: in welchem Maß dieser wachsende Kapitalbedarf wachsendes Monopol der einmal bestehenden Unternehmungen bedeutet. Das könnte vielleicht nach den Umständen verschieden liegen. Denn auch abgesehen von der Einwirkung des steigenden Kapitalbedarfs ist die Monopolstellung der schon bestehenden Zeitungen wohl verschieden stark, je nachdem die Presse regelmäßig auf Abonnements beruht oder auf Einzelverkauf, wie im Ausland, wo der einzelne jeden Tag die Wahl hat, ein anderes Blatt zu kaufen, als er am Tag vorher gekauft hatte, und also – so scheint es wenigstens auf den ersten Blick – das Aufkommen neuer Blätter vielleicht erleichtert ist. *Vielleicht* – es ist etwas, was untersucht und mit dem der wachsende Kapitalbedarf als solchem in seiner Wirkung bei der Betrachtung kombiniert werden müsste für die Beantwortung der Frage: Bedeutet dieses wachsende stehende Kapital auch steigende Macht, nach eignem Ermessen die öffentliche Meinung zu prägen? Oder umgekehrt – wie es behauptet, aber doch noch nicht eindeutig bewiesen worden ist, – wachsende Empfindlichkeit des einzelnen Unternehmens gegenüber den Schwankungen der öffentlichen Meinung? Man hat gesagt, der augenfällige Meinungswechsel gewisser französischer Blätter – man pflegt z. B. an den *Figaro* gelegentlich der

Dreyfusaffäre[57] zu erinnern – sei einfach daraus zu erklären, daß das so große in diesen modernen Zeitungsunternehmungen fest investierte Kapital gegen irgendwelche Missstimmungen des Publikums, welche sich in Abbestellungen äußern, in solchem Maße zunehmend nervös und dadurch vom Publikum abhängig werde, weil es sie geschäftlich nicht ertragen könne, – wobei freilich die in Frankreich bei herrschendem Einzelverkauf so große Leichtigkeit des Wechsels natürlich mit ins Gewicht fallen würde. Das hieße also, daß steigende Abhängigkeit von den jeweiligen Tagesströmungen die Konsequenz des wachsenden Kapitalbedarfs sei. Ist das wahr? Das ist eine Frage, die wir zu stellen haben. Es ist von Pressfachmännern – ich bin kein solcher – behauptet, es ist von anderen Seiten bestritten worden.

Ferner: Stehen wir im Gefolge der Zunahme des stehenden Zeitungskapitals vielleicht, wie oft bei wachsendem Kapitalbedarf, vor einer Vertrustung des Zeitungswesens? Wie liegt die Möglichkeit einer solchen? Meine Herren, das ist bestritten worden, auf das allerenergischste von Fachmännern der Presse allerersten Ranges, von Theoretikern sowohl wie von Praktikern. Allerdings, der hauptsächlichste Vertreter dieser Ansicht, Lord [Alfred C. W.] Northcliffe,[58] könnte es vielleicht besser wissen, denn er ist einer der größten Trustmagnaten auf dem Gebiete des Zeitungswesens, die es überhaupt gibt. Welches aber würde die Folge für den Charakter der Zeitungen sein, wenn das geschähe? Denn daß die Zeitungen der großen, schon heute bestehenden Konzerne einen vielfach andern Charakter tragen als andere, lehrt der Augenschein. Genug – ich führte diese Beispiele ja nur als solche an, die zeigen, wie sehr der geschäftliche Charakter der Presse-Unternehmungen in Betracht zu ziehen ist – wir müssen uns fragen: Was bedeutet die kapitalistische Entwicklung *innerhalb* des Pressewesens für die soziologische Position der Presse im allgemeinen, für ihre Rolle innerhalb der Entstehung der öffentlichen Meinung?

Ein anderes Problem: Der „Institutions"-Charakter der modernen Presse findet bei uns in Deutschland seinen spezifischen Ausdruck in der Anonymität dessen, was in der Presse erscheint. Unendlich viel ist gesagt worden „für" und „wider" die Anonymität der Presse. Wir ergreifen da keine Partei, sondern fragen: *Wie kommt es*, daß diese Erscheinung sich

---

[57] Alfred Dreyfus (1859-1935), ein jüdischer Hauptmann der französischen Armee, wurde 1894 zu lebenslänglicher Haft verurteilt, weil er dem deutschen Militärattaché geheime militärische Informationen geliefert haben sollte. 1904 wurde er nach neuerlichen Verhandlungen freigesprochen. Diese Affäre erweckte großes öffentliches Interesse und polarisierte die öffentliche Meinung der französischen Gesellschaft.

[58] Lord Alfred C. W. Northcliffe (1865-1922).

z. B. in Deutschland findet, während im Ausland teilweise andere Zustände bestehen, in Frankreich z. B., während England darin uns näher steht. In Frankreich ist heute eigentlich nur eine einzige Zeitung vorhanden, die strikt auf dem Boden der Anonymität steht: der *Temps*. In England haben dagegen Zeitungen, wie die *Times* auf das strengste an der Anonymität festgehalten. Das kann nun ganz verschiedene Gründe haben. Es kann sein – wie es z. B. bei der *Times* der Fall zu sein scheint – daß die Persönlichkeiten, von denen die Zeitung ihre Informationen hat, vielfach so hoch gestellt sind, daß es für sie nicht möglich wäre, öffentlich unter ihrem Namen Information zu geben. Die Anonymität kann aber in andern Fällen auch den gerade umgekehrten Grund haben. Denn es kommt darauf an: Wie stellt sich diese Frage vom Standpunkt der Interessenkonflikte aus, die nun einmal – darüber kommt man nicht hinweg – bestehen zwischen dem Interesse des einzelnen Journalisten daran, möglichst bekannt zu werden, und dem Interesse der Zeitung daran, nicht in Abhängigkeit von der Mitarbeit dieses einzelnen Journalisten zu geraten. Natürlich liegt auch so etwas geschäftlich sehr verschieden, je nachdem ob Einzelverkauf vorherrscht oder nicht. Und vor allem spielt dabei natürlich auch mit die politische Volkseigenart, je nachdem z. B., ob eine Nation, wie es die deutsche tut, dazu neigt, sich von institutionellen Mächten, von einer als ein „überindividuelles" Etwas sich gebärenden „Zeitung", sich mehr imponieren zu lassen, als von der Meinung eines einzelnen, – oder ob sie von dieser Art von Metaphysik frei ist. – Das sind schon Fragen, die dann hinüberführen in das Gebiet des Gelegenheits-Journalismus, auf dem es in Deutschland ganz anders aussieht, als beispielsweise in Frankreich, wo der Gelegenheitsjournalist eine allgemeine Erscheinung ist, und auch als in England. Und da würde man sich die Frage vorzulegen haben: wer denn eigentlich überhaupt von außen her heute noch in die Zeitung schreibt und was? Und wer und was nicht? Und warum nicht? Das führt nun weiter zu der allgemeinen Frage: Wie beschafft sich die Presse überhaupt das Material, das sie dem Publikum bietet? Und was bietet sie ihm denn eigentlich, alles in allem? Ist das bei uns stetige Wachstum der Bedeutung des reinen *Tatsachen*referats eine allgemeine Erscheinung? Auf englischem, amerikanischem und deutschem Boden ist es der Fall, dagegen nicht ganz so auf französischem: – Der Franzose will in erster Linie ein Tendenzblatt. Warum aber? Denn z. B. der Amerikaner will von seinem Blatt nichts als Fakta. Was an Ansichten über diese Fakta in der Presse publiziert wird, das hält er überhaupt nicht der Mühe für wert zu lesen, denn als Demokrat ist er überzeugt, daß er im Prinzip das ebensogut, wenn nicht besser versteht, als derjenige, der die Zeitung schreibt. Aber der Franzose will doch auch ein Demokrat sein. Woher also der Unterschied? Jedenfalls aber: In beiden Fällen ist die gesellschaftliche Funktion der Zeitung eine ganz verschiedene.

Da aber der Nachrichtendienst der Presse trotz dieser Differenzen doch in allen Ländern der Erde nicht nur das Budget der Presse steigend belastet, sondern auch an sich immer stärker in den Vordergrund tritt, – so fragt es sich weiter: wer denn nun eigentlich letztlich die Quellen dieser Nachrichten sind: – das Problem der Stellung der großen Nachrichtenbüros und ihrer internationalen Beziehungen untereinander. Wichtige Arbeiten sind darüber zu machen, sind teilweise in den Anfängen schon vorhanden. Die Behauptungen, die über die Verhältnisse auf diesem Gebiet vorgetragen werden, standen bisher teilweise im Widerspruch miteinander, und es wird die Frage sein, ob es nicht möglich ist, rein objektiv darüber mehr Material zu erhalten, als heute zu erlangen ist.

Soweit nun aber der Inhalt der Zeitung weder aus Nachrichten noch, andererseits, aus Produkten eines Klischeegewerbes – es gibt bekanntlich Massenproduktionen von Pressinhalten, von der Sport- und Rätsel-Ecke bis zum Roman, von allem Möglichen, in eigenen Groß-Unternehmungen, – ich sage, soweit weder Klischees, noch reine Nachrichten die Presse anfüllen, bleibt übrig die Produktion dessen, was an eigentlich journalistischen Leistungen in der Presse heute geboten wird, und was bei uns in Deutschland wenigstens, im Gegensatz zu manchen nicht deutschen Ländern, noch von fundamentaler Bedeutung für die Bewertung der einzelnen Zeitung ist. Da können wir uns nun nicht mit der Betrachtung des vorliegenden Produktes begnügen, sondern müssen seine Produzenten würdigen und nach dem Schicksal und der Situation des Journalistenstandes fragen. Da ist nun das Schicksal z. B. des deutschen Journalisten ganz heterogen von dem im Ausland. In England sind unter Umständen sowohl Journalisten, wie Zeitungs-Geschäftsleute ins Oberhaus gekommen, Männer, die zuweilen gar kein anderes Verdienst hatten, als daß sie als *businessmen* [Geschäftsmänner] für ihre Partei ein glänzendes, alles andere unterbietendes – darf man in diesem Fall nur sagen, nicht: überbietendes – Blatt geschäftlich geschaffen hatten. Journalisten sind Minister geworden in Frankreich, massenhaft sogar. In Deutschland dagegen dürfte das eine sehr seltene Ausnahme sein. Und – auch ganz von diesen hervorstechenden Äußerlichkeiten abgesehen – werden wir zu fragen haben: wie sich die Verhältnisse der Berufsjournalisten in der letzten Vergangenheit in den einzelnen Ländern verschoben haben.

Welches ist die Herkunft, der Bildungsgang und was sind die Anforderungen an einen modernen Journalisten in beruflicher Hinsicht? – Und welches ist das innerberufliche Schicksal des deutschen und im Vergleich mit ihm des ausländischen Journalisten? – Welches endlich sind seine – möglicherweise außerberuflichen – Lebenschancen überhaupt heute bei uns und anderwärts? Die allgemeine Lage der Journalisten ist, von anderm abgesehen, auch nach Parteien, nach dem Charakter des Blattes usw. sehr verschieden, wie jedermann weiß. Die sozialistische Presse z. B. ist eine Sondererscheinung, die ganz besonders behandelt werden muss, und die Stellung der sozialistischen Redakteure ebenso, die katholische Presse und ihre Redakteure erst recht.

Schließlich: Was *bewirkt* denn eigentlich dieses auf den von uns zu untersuchenden Wegen geschaffene Produkt, welches die fertige Zeitung darstellt? Darüber existiert eine ungeheure Literatur, die zum Teil sehr wertvoll ist, die aber ebenfalls, auch soweit sie von hervorragenden Fachleuten herrührt, sich oft auf das Allerschärfste widerspricht. Meine Herren, man hat ja bekanntlich direkt versucht, die Wirkung des Zeitungswesens auf das Gehirn zu untersuchen, die Frage, was die Konsequenzen des Umstandes sind, daß der moderne Mensch sich daran gewöhnt hat, ehe er an seine Tagesarbeit geht, ein Ragout zu sich zu nehmen, welches ihm eine Art von Chassieren durch alle Gebiete des Kulturlebens, von der Politik angefangen bis zum Theater, und allen möglichen anderen Dingen, aufzwingt. Daß das nicht gleichgültig ist, das liegt auf der Hand. Es lässt sich auch sehr wohl und leicht einiges Allgemeine darüber sagen, inwieweit sich das mit gewissen anderen Einflüssen zusammenfügt, denen der moderne Mensch ausgesetzt ist. Aber so ganz einfach ist das Problem doch nicht über die allereinfachsten Stadien hinauszubringen.

Man wird ja wohl von der Frage auszugehen haben: Welche Art von Lesen gewöhnt die Zeitung dem modernen Menschen an? Darüber hat man alle möglichen Theorien aufgestellt. Man hat behauptet, das Buch werde verdrängt durch die Zeitung. Es ist möglich. Die deutsche Bücherproduktion zwar steht quantitativ in unerhörter „Blüte", so wie in keinem andern Land der Welt. Nirgends werden soviel Bücher auf den Markt geworfen wie bei uns. Die Absatzziffern dieser selben Bücher dagegen stehen im umgekehrten Verhältnis dazu. Russland hatte, und zwar vor der Einführung der Pressfreiheit, Auflagen von 20.000 bis 30.000 Exemplaren, für solche – bei aller Hochachtung vor Anton Mengers Charakter – unglaubliche Bücher wie seine *Neue Sittenlehre* [Jena: Gustav Fischer, 1905]. Es hatte sehr gelesene Zeitschriften, die durchweg eine „letzte" philosophische Fundamentierung ihrer Eigenart versuchten. Das wäre in Deutschland unmöglich, und wird in Russland unter dem Einfluss der wenigstens relativen Pressfreiheit unmöglich werden, die Anfänge zeigen sich schon. Es sind unzweifelhaft gewaltige Verschiebungen, die die Presse da in den Lesegewohnheiten vornimmt, und damit gewaltige Verschiebungen der

Prägung, der ganzen Art, wie der moderne Mensch von außen her rezipiert. Der fortwährende Wandel und die Kenntnisnahme von den massenhaften Wandlungen der öffentlichen Meinung, von all den universellen und unerschöpflichen Möglichkeiten der Standpunkte und Interessen lastet mit ungeheurem Gewicht auf der Eigenart des modernen Menschen. Wie aber? Das werden wir zu untersuchen haben. Ich darf mich darüber nicht ausführlich fassen und schließe mit der Bemerkung:

Wir haben die Presse letztlich zu untersuchen einmal dahin: Was trägt sie zur Prägung des modernen Menschen bei? Zweitens: Wie werden die objektiven überindividuellen Kulturgüter beeinflusst, was wird an ihnen verschoben, was wird an Massenglauben, an Massenhoffnungen vernichtet und neu geschaffen, an „Lebensgefühlen" – wie man heute sagt –, an möglicher Stellungnahme für immer vernichtet und neu geschaffen? Das sind die letzten Fragen, die wir zu stellen haben, und Sie sehen sofort, verehrte Anwesende, daß der Weg bis zu den Antworten auf solche Fragen außerordentlich weit ist.

Sie werden nun fragen: Wo ist das Material für die Inangriffnahme solcher Arbeiten. Dies Material sind ja die Zeitungen selbst, und wir werden nun, deutlich gesprochen, ganz banausisch anzufangen haben damit, zu messen, mit der Schere und dem Zirkel, wie sich denn der Inhalt der Zeitungen in quantitativer Hinsicht verschoben hat im Lauf der letzten Generation, nicht am Letzten im Inseratenteil, im Feuilleton, zwischen Feuilleton und Leitartikel, zwischen Leitartikel und Nachricht, zwischen dem, was überhaupt an Nachrichten gebracht wird und was heute nicht mehr gebracht wird. Denn da haben sich die Verhältnisse außerordentlich geändert. Es sind die ersten Anfänge von solchen Untersuchungen vorhanden, die das zu konstatieren suchen, aber nur die ersten Anfänge. Und von diesen quantitativen Bestimmungen aus werden wir dann zu den qualitativen übergehen. Wir werden die Art der Stilisierung der Zeitung, die Art, wie die gleichen Probleme innerhalb und außerhalb der Zeitungen erörtert werden, die scheinbare Zurückdrängung des Emotionalen in der Zeitung, welches doch immer wieder die Grundlage ihrer eigenen Existenzfähigkeit bildet, und ähnliche Dinge zu verfolgen haben und darnach schließlich in sehr weiter Annäherung die Hoffnung haben dürfen, der weittragenden Frage langsam näher zu kommen, welche wir zu beantworten uns als Ziel stecken. –

Meine Herren, ich muss mich nun noch wesentlich kürzer und skizzenhafter fassen über die zwei anderen Problemgebiete, die die Gesellschaft außerdem beabsichtigt in Angriff zu nehmen.

Das zweite Thema muss ich zunächst notgedrungen sehr weit dahin formulieren, daß es eine fundamentale Aufgabe einer jeden Gesellschaft für Soziologie ist, diejenigen Gebilde zum Gegenstand ihrer Arbeit zu machen, welche man konventionell als „gesellschaftliche" bezeichnet, d. h. alles das, was zwischen den politisch organisierten oder anerkannten Gewalten – Staat, Gemeinde und offizielle Kirche – auf der einen Seite und der naturgewachsenen Gemeinschaft der Familie auf der anderen Seite in der Mitte liegt. Also vor allem: eine *Soziologie des Vereinswesens* im weitesten Sinne des Wortes, vom Kegelklub – sagen wir es ganz drastisch! – angefangen bis zur politischen Partei und zur religiösen oder künstlerischen oder literarischen Sekte.

Meine Herren, auch ein solches ungeheures Thema ist unter den allerverschiedensten Gesichtspunkten in die allerverschiedensten Fragestellungen zu zerlegen: Wenigstens einige wenige davon will ich ganz kurz andeuten.

Der heutige Mensch ist ja unzweifelhaft neben vielem anderen ein Vereinsmensch in einem fürchterlichen, nie geahnten Maße. Man muss ja glauben: Das ist nicht mehr zu überbieten, seitdem sich auch „Vereins-Enthebungs"-Organisationen gebildet haben. Deutschland steht in dieser Hinsicht auf einem sehr hohen Standard. Es lässt sich aus einem beliebigen Adressbuch feststellen – wenn es wirklich die Vereine auch nur annähernd vollständig enthält, was meist nicht der Fall ist, in Wirklichkeit vielleicht niemals, in Berlin beispielsweise ganz unvollständig, dagegen in kleinen Städten zuweilen besser – daß beispielsweise in einzelnen Städten von 30.000 Einwohnern 300 verschiedene Vereine bestehen, also auf 100 Einwohner, d. h. auf 20 Familienväter, ein Verein.

Meine Herren, mit der quantitativen Verbreitung geht die qualitative Bedeutsamkeit des Vereinswesens nicht immer Hand in Hand. Welches ist, qualitativ betrachtet, das Vereinsland par excellence? Zweifelsohne Amerika, – und zwar aus dem Grund, weil dort die Zugehörigkeit zu irgendeinem Verein für den Mittelstand direkt zur Legitimation als *gentleman* [Herr] gehört – richtiger: gehörte, denn jetzt europäisiert sich das alles. Ein paar drastische Beispiele! Mir erzählte ein deutscher Nasenspezialist, daß sein erster Kunde in Cincinnati vor Beginn der Behandlung ihm sagte: „Ich gehöre der *First Baptist Church* [Erste Baptistenkirche] in der so und sovielten *street* [Straße] an." Was das mit dem Nasenleiden zu tun habe, konnte der betreffende Arzt nun nicht einsehen. Es bedeutete aber gar nichts anderes als: Ich bin ein patentierter *gentleman* [Herr] und – zahle gut und prompt. Der zweite, der zu ihm kam, zeigte ihm als erstes eine Art von Ehrenlegions-Rosette im Knopfloch. Der Arzt erkundigte sich und erfuhr, daß das ein bestimmter Klub sei, in den man nach sorgsamen Recherchen über die Persönlichkeit hineinballotiert würde. Wenn man dem nun angehörte, so war man eben als *gentleman* [„Herr"] legitimiert. Massenhaft finden sich diese Art von Klubs und Vereinen aller Art im Bürgertum verbreitet. Heute sind sie zunehmend weltlichen Charakters. Aber der Urtypus alles Vereinswesens ist – das kann man grade in Amerika studieren – die *Sekte* im spezifischen Sinne des Wortes. Ob rein historisch, ist hier gleichgültig – aber prinzipiell. Deshalb, weil die Sekte ihrem Sinn nach ein Zusammenschluss von spezifisch qualifizierten Menschen ist und nicht eine „Anstalt", weil sie nach ihrem soziologischen Strukturprinzip die Sanktion der autoritären Zwangsverbände – Staat, Kirche – ablehnt und „Verein" sein *muss*. In Amerika spielt sie deshalb vielfach noch heut die Rolle, sozusagen das ethische Qualifikationsattest für den Geschäftsmann auszustellen. Ehe z. B. die Baptisten[59] jemand aufnehmen, unterwerfen sie ihn einer Prüfung, die an unsere Reserveoffizierprüfung erinnert und die sich auf seine ganze Vergangenheit erstreckt: Wirtshausbesuch, Beziehungen zu Damen, Kartenspiel, Schecks und alle nicht bezahlten Dinge des persönlichen „Wandels" werden herausgesucht, ehe er die Taufe erreichen kann. Wer dann getauft ist, – der ist als unbedingt kreditwürdig legitimiert und macht gute Geschäfte. Nicht ganz so streng, aber ähnlich machen es andre traditionelle amerikanische Vereine, und mit ähnlichen Konsequenzen. Ganz ähnlich funktionierte das Freimaurertum, auch bei uns, wie man sich aus Freimaurerakten leicht überzeugen kann, – aber erst recht in Amerika. Wie mir dort einmal ein Herr, der es sehr beklagte, daß er aus äußeren Gründen nicht die Stellung als Meister am Stuhl habe erlangen können, auf meine Frage: warum ihm das wichtig sei? sagte: Wenn ich Meister am Stuhl bin und auf meinen Geschäftsreisen als solcher mit dem Geheimzeichen auftreten kann, so bekomme ich alle Kunden, ich schlage jede Ware los, da von jedermann vorausgesetzt wird, ich liefere nur reelle Ware zu reellem Preise. Denn wenn ich das jemals nachweislich nicht getan hätte, so würden mich die Freimaurer in ihrer Mitte nicht dulden. So ist es im gesellschaftlichen Leben in Amerika überhaupt. Wer da nicht hineinkommt – und beispielsweise der Deutsch-Amerikaner hat selten das Glück hineinzukommen, der kommt nicht in die Höhe. Die Demokratie in Amerika ist kein Sandhaufen, sondern ein Gewirr exklusiver Sekten, Vereine und Klubs. Diese stützen die Auslese der an das amerikanische Leben überhaupt Angepassten, stützen sie, indem sie ihnen zur geschäftlichen, zur politischen, zu jeder Art von Herrschaft im sozialen Leben verhelfen. – Wie steht es damit bei uns? Finden

---

[59] Mitglieder einer protestantischen Glaubensgemeinschaft, die die Erwachsenentaufe durch vollständiges Eintauchen befürworteten.

sich – und in welcher Art und welchem Umfang – dazu Analogien? Wo? Mit welchen Konsequenzen? Wo nicht? Warum nicht? Das ist die eine, nach außen gewandte, Seite der Sache.

Eine zweite Frage ist: Wie wirkt die Zugehörigkeit zu einer bestimmten Art von Verband nach innen? Auf die Persönlichkeit als solche? Man kann allgemein sagen: Wer einem Verband angehört, sei es z. B. einer Couleur in Deutschland, sei es einer *Greek Letter Society* [Griechischer Buchstabe - Gemeinschaft, entspricht der deutschen Couleur] oder anderen studentischen Klubs in Amerika, der muss sich in der Mitte seiner Verbandsgenossen im äußerlichen und im innerlichen Sinn des Worts *„behaupten"*. Und die Frage ist: wodurch er sich behauptet? Im vorliegenden Beispiel hängt das z. B. davon ab: welches spezifische Ideal von „Männlichkeit", bewusst und absichtsvoll oder auch unbewusst und traditionell innerhalb einer deutschen Couleur einerseits und eines englischen Sportklubs oder eines amerikanischen Studentenvereins andererseits gepflegt wird? Die Bedingungen, sich die *Achtung* der Genossen zu erwerben, sind dabei natürlich grundverschieden. Sie sind es ganz allgemein, nicht nur je nach den Nationen, sondern auch nach den verschiedenen Schichten und den Kategorien von Vereinen. Der Einzelne aber wird nach diesem Ideal bewusst oder unbewusst ausgelesen und dann geprägt. Und es handelt sich dann ja weiter nicht nur um die Frage, ob er sich die äußere Achtung der Genossen erwirbt, sondern letztlich müssen wir ja immer fragen: Wie besteht der einzelne, der nun diesen Einflüssen ausgesetzt ist, vor seiner *eigenen Selbstachtung* und vor seinem Bedürfnis, „Persönlichkeit" zu sein? Was für innere Positionen verschieben sich, die für die Ausbalanciertheit dessen, was wir „Persönlichkeit" nennen, für die Notwendigkeit, das auf eine neue Basis zu stellen, wichtig werden können? Denn unter solchen inneren Problemstellungen vollzieht sich ja die Aneignung der Einflüsse solcher sozialen Ensembles, in die der einzelne gesteckt wird, die Einfügung dieser Einflüsse in den Zusammenhang des eigenen „Ich". Und das Gefühl der eignen „Würde" kann sich, je nach der Art des Ensembles, auf grundverschiedene Postamente verschieben.

Nun weiter: Jeder Verein, zu dem man gehört, stellt dar ein *Herrschafts*verhältnis zwischen Menschen. Zunächst, wenigstens der Regel nach, formal und offiziell ein Majoritätsherrschaftsverhältnis. Es ist also die Psychologie dieser Majoritätsherrschaft über den Einzelnen, die letztlich in Frage steht, und die sich auf dem Boden dieser Privatverbände in sehr spezifischer Art äußert und wirkt, – wobei ich hier nur auf den Punkt zu sprechen kommen kann, der der entscheidende ist. Daß selbstverständlich innerhalb jedes solchen Gremiums, wie es auch heiße, Partei, Verein, Klub oder was es ist, in Wirklichkeit die Herrschaft stets eine Minoritätsherrschaft, zuweilen eine Diktatur Einzelner ist, die Herrschaft eines oder einiger irgendwie im Wege der Auslese und der Angepasstheit an die Aufgaben der Leitung dazu befähigter Personen, in deren Händen die faktische Herrschaft innerhalb eines solchen Vereins liegt.

Wie nun, unter welchen Bedingungen, unter welchen, ich möchte sagen, „Spielregeln" diese Auslese der Leitenden innerhalb der einzelnen Kategorien von Vereinen, Parteien, oder was es ist, sich vollzieht, das ist für die Frage entscheidend, welche Art von Persönlichkeiten die Herrschaft an sich bringen. Und das ist wieder nur speziell für je ganz bestimmte Arten von Vereinen und je nach den Kulturbedingungen der Umwelt zu beantworten. Es ist dies aber eine zentral wichtige soziologische Frage, und nicht minder ist es die weitere, daran sich anknüpfende: durch welche Mittel die leitenden Gruppen die Loyalität gegenüber den Vereinen, das heißt gegenüber ihrer eignen Herrschaft, zu sichern suchen. Über diese Frage liegen mancherlei wichtige Vorarbeiten schon vor.[60]

Weiter: Welche Art von Beziehungen besteht zwischen einem Verein irgendwelcher Art, wieder von der Partei bis – das klingt ja paradox – zum Kegelklub herab, zwischen einem beliebigen Verein also und irgendetwas, was man, im weitesten Sinne des Wortes, „Weltanschauung" nennen kann? Überall ist eine solche Beziehung irgendwie vorhanden, auch wo man sie gar nicht vermuten sollte. Aber in sehr verschiedener Art. Zunächst ist es eine alltägliche Erscheinung, daß Vereinigungen, die ausgegangen sind von großen Weltanschauungsideen, zu Mechanismen werden, die sich faktisch zunehmend davon loslösen. Das liegt einfach an der allgemeinen, wie man zu sagen pflegt: „Tragik" jedes Realisationsversuchs von Ideen in der Wirklichkeit überhaupt. Es gehört ja zu jedem Verein bereits irgendein, sei es bescheidenster, Apparat, und sobald der Verein propagandistisch auftritt, wird dieser Apparat in irgendeiner Weise versachlicht und vom *Berufs*menschentum okkupiert. Denken Sie – um ein grobes Beispiel zu nehmen – daran, daß ein so heikles und delikates Problemgebiet, wie das Problem des erotischen Lebens, daß die Propaganda von Ideen auf diesem Gebiet schon heute die *pekuniäre* Grundlage für Existenzen zu bilden hat. Ich spreche hier nicht in Form irgendeines sittlichen Vorwurfs gegen die betreffenden Personen aus, und halte mich dazu, angesichts dessen, daß so und so viele Professoren auf ihren Kathedern noch heute die Propaganda für ihre subjektiven politischen oder anderen Ideen für ihre Aufgabe halten, für nicht berechtigt. Aber es ist Tatsache und hat selbstverständlich sehr weitgreifende Folgen, wenn

---

[60] Es ist hier namentlich an die Arbeiten von Prof. *Alexander G. Leist* gedacht. [Webers Fußnote]; (1862-1918), Jurist.

dasjenige spezifische Stadium der Versachlichung eines Ideengehaltes, wo die Propaganda für diese Ideen die Grundlage für materielle Existenzen wird, erreicht ist, und natürlich wiederum verschiedene Konsequenzen, je nach der Art und dem Charakter dieser Ideale. – Auf der anderen Seite, meine Herren, attrahiert fast jeder Verein, auch ein solcher, der das prinzipiell vermeiden will, in irgendeiner Weise „weltanschauungsmäßige" Inhalte. In gewissem Sinne, könnte man behaupten: sogar auch ein deutscher Kegelklub, in deutlicherem Maße schon ein deutscher Gesangsverein. Meine Herren, – um dabei zu bleiben – die Blüte des Gesangsvereinswesens in Deutschland übt meines Erachtens beträchtliche Wirkungen auch auf Gebieten aus, wo man es nicht gleich vermutet, z. B. auf politischem Gebiete. Ein Mensch, der täglich gewohnt ist, gewaltige Empfindungen aus seiner Brust durch seinen Kehlkopf herausströmen zu lassen, ohne irgendeine Beziehung zu seinem Handeln, ohne daß also die adäquate Abreaktion dieses ausgedrückten mächtigen Gefühls in entsprechend mächtigen Handlungen erfolgt – und das ist das Wesen der Gesangsvereinskunst – das wird ein Mensch, der, kurz gesagt, sehr leicht ein „guter Staatsbürger" wird, im passiven Sinn des Wortes. Es ist kein Wunder, daß die Monarchen eine so große Vorliebe für derartige Veranstaltungen haben. „Wo man singt, da lass dich ruhig nieder". Große, starke Leidenschaften und starkes Handeln fehlen da. Es klingt das paradox, es ist vielleicht, das gebe ich zu, etwas einseitig, es soll auch kein Tadel sein, – es kann vielleicht ja einen Standpunkt geben, von dem aus man sagt, daß eben dies der Reichtum des deutschen Volkes sei, daß es fähig ist, diese Ablösung zu vollziehen und auf dieser Basis eine ihm eigne künstlerische Kultur zu schaffen, und man kann ferner sagen, daß jede Art von Kultur in der Einschaltung von Hemmungen zwischen Empfindung und Abreaktion ihre Basis findet. Ich lasse das alles gänzlich dahingestellt, denn es geht die Frage der Bewertung uns gar nichts an. Ich konstatiere nur, daß eine solche Beziehung, wie ich sie andeutete, möglicherweise – ich weiß nicht, in welcher Stärke, ich habe vielleicht übertrieben – vorhanden sein kann.

In solchen und ähnlichen Fällen handelt es sich ja wesentlich um die unbewusste Beeinflussung des Gesamthabitus durch den Inhalt der Vereinstätigkeit. Aber es gibt die allerverschiedensten Abschattierungen in der Art des Übergreifens rein fachlicher oder rein sachlicher Ziele verfolgender Gemeinschaften auf das Gebiet der Beeinflussung und Reglementierung der praktischen Lebensführung. Sie kann auch ganz bewusst erfolgen, von rein fachlich-sachlichen Positionen aus, hinter denen wir sie an sich gar nicht vermuten würden. Denken Sie doch daran, daß ganz bestimmte Theorien medizinischer Art, ganz bestimmte psychiatrische

Theorien, heute auf dem offenkundigen Weg zur Sektenbildung begriffen sind, daß eine bestimmte, von einem berühmten Wiener Psychiater geschaffene Theorie dazu geführt hat, daß eine Sekte sich gebildet hat, die bereits so weit ist, daß sie ihre Zusammenkünfte solchen, die nicht zu ihr gehören, strengst verschließt und sekretiert. Der „komplexfreie" Mensch als das Ideal und eine Lebensführung, durch die dieser komplexfreie Mensch geschaffen und erhalten werden kann, ist Gegenstand dieser Sektenwirksamkeit, die allerverschiedensten Lebenszweige finden ihre Reglementierung von diesen Idealen aus, – was gewiss kein Mensch, wenn er zunächst diese Theorien rein als psychiatrische und für wissenschaftliche Zwecke bestimmte sich ansieht, daraus allein entnehmen könnte, obwohl der Zusammenhang nachher sehr leicht verständlich ist.

Ähnliches kann z. B. auch auf dem Gebiete des Ästhetischen: der künstlerischen Sektenbildung, sich ereignen, ja, die von künstlerischen Weltgefühlen getragenen Sekten gehören in soziologischer Hinsicht – sie bieten auch sonst ein erhebliches Interesse – oft zu dem Interessantesten, was es geben kann. Sie haben noch heute, ganz wie eine religiöse Sekte, ihre Inkarnationen des Göttlichen gehabt, – ich erinnere an die Sekte Stefan Georges[61] – und die Prägung der praktischen Lebensführung, der inneren Attitüde zum gesamten Leben, die sie in ihren Anhängern erzeugten, kann eine sehr weitgreifende sein. Und wir erleben ja ganz dasselbe auf dem Gebiete der Rassentheoretiker. Das Heiraten nach adeligen Ahnentafeln kann man selbstverständlich durch das Heiraten nach hygienischen Ahnentafeln ersetzen, und es weiß jedermann, daß eine Sekte mit vornehmlich diesem Zweck aus esoterischen und exoterischen Anhängern besteht, – wobei ich, wie hier durchweg, den Ausdruck Sekte *gänzlich wertfrei* gebrauche. Der Ausdruck ist ganz ohne Grund bei uns so eigentümlich in Verruf, weil man den Begriff der „Enge" damit verbindet. Spezifische, fest umrissene Ideale können aber gar nicht anders als zunächst im Weg der Bildung einer Sekte begeisterter Anhänger, die sich voll zu verwirklichen streben und sich deshalb zusammenschießen und von andern *absondern*, ins Leben getragen werden.

Meine Herren, wir kommen, – denn ich muss damit abbrechen, um Ihre Zeit nicht zu weit in Anspruch zu nehmen – schließlich zu zwei ähnlichen prinzipiellen Fragestellungen, wie bei der Presse: Wie wirken die einzelnen Kategorien solcher Verbände und Vereine, von den Parteien angefangen – denn auch diese können entweder Maschinen sein, reine Maschinen, wie die amerikanischen Parteien, oder angebliche Weltan-

---

[61] Stefan George (1868-1933), lyrischer Dichter, Begründer der Schriftstellergruppe George-Kreis.

schauungsparteien, wie heute die Partei der Sozialdemokratie, die es ehrlich glaubt, eine solche zu sein, obwohl sie es schon lange nicht mehr ist, oder wirkliche Weltanschauungsparteien, wie in immerhin weitgehendem Maße noch heute die Partei des Zentrums, obwohl auch bei ihr dieses Element im Schwinden begriffen ist, und es gibt da die allerverschiedensten Paarungen zwischen Idee und Mechanismus, – wie, sage ich, und mit welchen Mitteln wirken sie in der doppelten Richtung: einmal der Prägung der einzelnen Individuen, und dann der Prägung der objektiven, überindividuellen Kulturgüter?

Wenn Sie nun nach dem Material fragen, mit dem eine solche Untersuchung zu führen sei, so ist der Stoff, mit dessen Bewältigung zunächst einmal anzufangen ist, wiederum ein ganz trockener, trivialer, und ohne solche trockene, triviale, viel Geld und viel Arbeitskraft einfach in den Boden stampfende Arbeit ist nichts zu machen. Zunächst lohnt der systematische Versuch, von den Vereinen Auskunft darüber zu erhalten, welchen Berufen, welchen geographischen, ethnischen, sozialen Provenienzen ihre Mitglieder angehören. Ich halte es nicht für ausgeschlossen, wenn auch nicht für sicher, daß wir im Lauf der Zeit eine Art von Kataster der wichtigsten Vereinskategorien in dieser Hinsicht schaffen können und damit den Ausleseprinzipien auf die Spur kommen, die den Vereinen selbst natürlich meist ganz unbewusst sind und nur aus ganz großem und umfassenden Material erschlossen werden können. Daneben haben wir dann die *Mittel* der Vereinswirkung nach innen, auf die Mitglieder, nach außen in propagandistischem Sinn und im Kampf, zu analysieren und schließlich die propagierten Inhalte selbst, alles in frischer, soziologischer Kasuistik. Eine Arbeit vieler Jahre! –

Da ich soeben von „Auslese" sprach, so erwähne ich anschließend daran gleich das letzte, schon jetzt von uns in Aussicht genommene große Arbeitsgebiet. Das ist die von Prof. [Franz] Eulenburg[62] in Leipzig bei uns zur Diskussion und zur systematischen Bearbeitung angeregte Frage der Auslese der führenden Berufe innerhalb der modernen Gesellschaft, derjenigen Berufe, die man im üblichen Sinn – denn von etwas anderem als dem konventionellen Sinn kann die Soziologie nicht ausgehen – die „führenden" nennt, der ökonomisch und politisch Führenden, der wissenschaftlich, literarisch, künstlerisch Führenden, der Geistlichen, der Beamten, der Lehrer, Unternehmer usw. Wir fragen dabei: Woher stammen diese Leute, was war ihr Vater und Großvater, wo stammen sie ethnisch her, was haben sie für Lebensschicksale hinter sich, d. h., wie, über welche Staffeln hinweg, sind sie an ihren jetzigen Posten gelangt usw., kurz, wieso hat die

---

[62] Franz Eulenburg (1867-1943), Ökonom.

überall wirksame Auslese gerade sie – und das könnten wir natürlich nur aus einer großen Zahl erschließen – in diese Stellungen gebracht, welche ethnische, berufliche, soziale, materielle usw. Provenienz ist es, die die günstigsten Chancen am meisten in sich enthält, grade in diese Berufe und Positionen zu gelangen? Eine Aufgabe, die wiederum erst durch sehr umfassende Erhebungen im Lauf der Zeit vielleicht gelöst werden kann. Ich habe, meine Herren, in der mir gesteckten Zeitspanne lediglich versuchen können, *rein illustrativ*, an beliebig herausgegriffenen Beispielen, Ihnen deutlich zu machen, *daß* es auf den von uns anzugreifenden Problemgebieten Fragen gibt, deren Inangriffnahme wissenschaftlich lohnt.

Sie sehen aber, daß schon diese konkreten Aufgaben, die ich hier erwähnt habe, nicht solche sind, daß Sie darauf rechnen könnten, im nächsten Jahre läge etwa schon irgendein brillantes Resultat vor. Die Gesellschaft wird Geduld haben müssen, das Publikum auch. Diese Arbeiten erfordern nicht nur eine Selbstlosigkeit der Hingabe an den selbstverständlich im einzelnen Fall begrenzten Zweck, wie sie heute selten anzutreffen ist, wie sie aber immerhin gelegentlich und hoffentlich zunehmend angetroffen wird, sie erfordern – wie ich hinzufügen muss: bedauerlicherweise – sie erfordern *sehr erhebliche pekuniäre Mittel*. Meine Herren, für die Zwecke der Pressenquete allein sind die Kosten auf ungefähr 25.000 Mark für die Vorarbeiten geschätzt. Von diesen 25.000 Mark stehen uns jetzt rund 20.000 zur Verfügung durch eine Vereinbarung mit der Heidelberger Akademie der Wissenschaften und mit dem Institut für Gemeinwohl hier in Frankfurt und durch private Stiftungen von innerhalb und außerhalb unserer Gesellschaft. Es ist zu hoffen, daß der noch notwendige Rest ebenfalls in irgendeiner Weise von privater Seite gestiftet wird, da wir unter keinen Umständen mit unserer Arbeit beginnen werden, ehe wir sicher sind, daß die Mittel, die wir jetzt für erforderlich halten müssen, und die hoffentlich reichen, wenigstens vorhanden sind. Für die anderen Untersuchungen steht heute noch nichts an Geldern zur Verfügung außer den laufenden Mitteln der Gesellschaft, und diese fallen für solche Arbeiten nicht ins Gewicht bei einem Mitgliederbestand von vorläufig nicht wesentlich über 200 – wir hoffen ja, daß er steigen wird – ich sage, die laufenden Mittel der Gesellschaft können dafür natürlich nicht die Unterlage bilden, sie gehen für laufende Geschäfte, zum überwiegende Teil wenigstens, darauf und müssen die Kosten solcher Tagungen, wie wir sie hier und in, wie gesagt, wesentlich veränderter und verbesserter Form künftig haben werden, tragen helfen. Wir sind also, das gestehen wir offen, auf Mäzenatentum angewiesen, auf Mäzenatentum, wie es sich bisher bereits in einem Fall in einer für Deutschland ungewöhnlichen Art manifestiert hat. Denn, meine Herren, in vollem Gegensatz zu den Zuständen des

Auslands, nicht nur Amerikas, ist es in Deutschland äußerst selten, daß bedeutende Geldmittel für rein wissenschaftliche Zwecke zu haben sind. Geldmittel sind in Deutschland zu haben für Zwecke der Technik, etwa für Flugprobleme und Derartiges, für Zwecke, bei denen irgendetwas für den lieben Körper und seine Kur herausspringt, also für Radio-Therapie oder Derartiges, wenn wenigstens in ferner Aussicht steht, daß irgendetwas Therapeutisches dabei herauskommt. Sie stehen ferner noch in erfreulicher Weise zunehmendem Maße für künstlerische Zwecke zur Verfügung. Wenn aber bei uns in Deutschland Geld gegeben wird für wissenschaftliche Zwecke, so kann man im allgemeinen sicher sein, daß es staatlichen Instanzen anvertraut wird, aus Gründen, die ich hier nicht weiter erörtern will, die sehr verschiedener Art, subjektiv gewiss oft berechtigter Art, objektiv nach meiner Meinung aber nicht immer erfreulicher Art sind. Damit allein ist es aber natürlich auf die Dauer für den Forschritt der Wissenschaft bei aller hohen Anerkennung dessen, was der Staat dafür bei uns im Gegensatz zu anderen Ländern auf diesem Gebiet geleistet hat, nicht getan. Es gibt bis jetzt nur *eine* Stadt, in der in ganz großem Maßstab Mäzenatentum geübt worden ist für Zwecke der Wissenschaft *ohne* Staatseinmischung in einer Art, wie sie etwa in Amerika üblich ist, das ist Frankfurt am Main. Aber es ist nicht möglich, sich damit abzufinden, daß Frankfurt am Main dieses Monopol auf die Dauer behalten soll, sondern man muss – und davon ist nicht nur unsere spezielle wissenschaftliche Arbeit, sondern der Fortschritt der wissenschaftlichen Arbeit überhaupt abhängig – man muss hoffen, daß die wenigen in aller Munde befindlichen glänzenden Namen, die auf dem Gebiete des deutschen rein wissenschaftlichen Mäzenatentums – und das bedeutet ein Mäzenatentum, welches die Geduld hat, abzuwarten, daß die um ihrer selbst willen betriebene Wissenschaft schließlich irgendwann auch „dem Leben diene" – ich sage, man muss hoffen, daß ein solches Mäzenatentum in Deutschland auch außerhalb dieser Stadt in größerem Maße, als es bisher in Deutschland der Fall war, erwachsen werde, nicht nur, wie gesagt, um die speziellen Aufgaben dieser Gesellschaft zu fördern, sondern im Interesse der wissenschaftlichen Arbeit überhaupt. (Lebhafter Beifall.)

14. Die Deutsche Gesellschaft für Soziologie[63]

Die Wissenschaft der „Soziologie" war bis vor kurzem bei uns nach ihrem Aufgabenkreis und ihrer Methode, nach ihren Zukunftschancen und selbst nach ihrem Namen, umstritten. Sie besaß im Ausland, sowohl im

---

[63] Beilage zum *Archiv für Sozialwissenschaft und Sozialpolitik*, Bd. 31, Heft 2 (1910), S. 27-30.

angelsächsischen wie im romanischen Kulturgebiet, bereits eine stattliche Zahl nicht nur von Zeitschriften und Kompendien, sondern auch von Instituten mit zuweilen sehr großen Mitteln, und – was dem deutschen Publikum wohl immer noch den meisten Eindruck macht: – von ordentlichen Professuren an den Universitäten. In Deutschland ist sie, unter ihrem eigenen Namen wenigstens, nur literarisch vertreten und überwiegend von Gelehrten, die innerhalb der offiziellen Zunft schwer Platz finden. Spezialzeitschriften von Bedeutung fanden sich für sie nicht, von Instituten vollends ist auch heute noch keine Rede und innerhalb des akademischen Lehrplans war nur ein Teilgebiet: die allgemeine Staatslehre, und auch diese nur vereinzelt, Promotionsfach und Gegenstand von Lehraufträgen. Andere soziologische Gebiete oder die Soziologie in ihrem Gesamtumfang finden sich in den Vorlesungsverzeichnissen erst neuerdings und dann meist unstet. Allerdings hatte ein geräuschvolles Dilettantentreiben seinerzeit den Namen „Soziologie" bei uns derart diskreditiert, daß bis in die jüngste Vergangenheit hinein es ernste Gelehrte gegeben hat, welche Bedenken trugen, Arbeiten unzweifelhaft soziologischen Charakters auch offen unter dieser Flagge segeln zu lassen.

Was in letzter Zeit einen Umschwung in dieser spezifisch deutschen Stellungnahme herbeiführt, ist zunächst die wachsende Einsicht, daß man bei der Ergründung der Strukturverhältnisse unserer Kultur zunehmend zu Fragestellungen gelangt, die zu den Forschungszielen derjenigen *Einzel*disziplinen, welche das soziale Leben unter spezifischen Einzelgesichtspunkten behandeln (also: Nationalökonomie, Rechtskunde, Kulturgeschichte, historische und vergleichende Religionswissenschaft, historische und systematische Sittenkunde, Sozialpsychologie), teils als umfassendere Probleme, teils als Zwischen-, teils als Berührungsgebiete sich verhalten. Dann die fernere Einsicht, daß es unter den für diese Gebiete gemeinsamen Aufgaben solche gibt, welche schlechterdings nur durch *organisierte Kollektiv*arbeit zu bewältigen sind. – Nach mannigfachen älteren Versuchen darf jetzt von einem Beginn organisierter soziologischer Arbeit berichtet werden.

Die seit dem vorigen Jahre mit dem Sitze Berlin (West 50, Spichernstraße 17) bestehende *Deutsche Gesellschaft für Soziologie* hat sich kürzlich ihre definitive Verfassung gegeben. Die einfache (unterstützende) Mitgliedschaft, welche das Recht auf aktive Teilnahme an allen wissenschaftlichen Veranstaltungen der Gesellschaft (insbesondere an den Diskussionen der Tagungen und am Publikationsbezug zu Vorzugsbedingungen) gibt, kann von jedermann gegen die Verpflichtung zu einem Jahresbeitrag von 10 Mark erworben werden. Es genügt Einzahlung des Betrages an die Kommerz- und Diskontobank, Depositenkasse D, Berlin West 15, Kaiserallee

211 und Mitteilung davon an die obige Adresse. Über Anträge auf Veranstaltungen wissenschaftlicher Arbeiten (zu deren Stellung und persönlicher Vertretung jedes Mitglied berechtigt ist) beschließt, dem Zweck der Gesellschaft entsprechend, die ausschließlich aus soziologischen *Fach*männern (Theoretikern und Praktikern) bestehende Versammlung der sogenannten ordentlichen Mitglieder, welche zurzeit aus ungefähr 100 Personen besteht und ihrer stetigen weiteren Ergänzung entgegengeht. Die Einladung zur Gründung unterzeichneten seinerzeit unter anderen: Prof. [Ernst] Bernheim (Greifswald), Prof. [Kurt] Breysig (Berlin), Prof. [Hermann] Cohen (Marburg), Dr. Eduard David (Berlin), Prof. [Eberhard] Gothein (Heidelberg), Prof. [Heinrich] Herkner (Charlottenburg), Prof. [Ignaz] Jastrow (Berlin), Prof. [Georg] Jellinek (Heidelberg), Prof. Paul Laband (Straßburg), Prof. [Wilhelm] Lexis (Göttingen), Prof. [Franz] von Liszt (Berlin), Dr. W. M. Meier [Richard M. Meyer] (Berlin), Dr. [Albert] Moll (Berlin), Prof. [Paul] Natorp (Marburg), Prof. [Wilhelm] Ostwald (Leipzig), Prof. [Georg] Simmel (Berlin), Prof. [Werner] Sombart (Berlin), Dr. [Louis] W. Stern (Breslau), Prof. [Ferdinand] Tönnies (Kiel), Prof. [Ernst] Troeltsch (Heidelberg), Prof. [Alfred] Vierkandt (Berlin), Prof. [Heinrich] Waentig (Halle, zurzeit Tokyo), Prof. Alfred Weber (Heidelberg), Prof. Max Weber (daselbst). Die Vorberatung und Durchführung von Arbeiten der Gesellschaft liegt in den Händen teils von Ausschüssen, welche von der ordentlichen Mitgliederversammlung im Einzelfall damit betraut werden, teils in der des Vorstandes, welcher aus 7 Personen (zurzeit den 3 Vorsitzenden: Prof. F. Tönnies - Kiel, Prof. G. Simmel - Berlin, Prof. W. Sombart - Berlin, Dr. [Hermann] Beck - Berlin als Schriftführer, ferner Dr. [Alfred J.] Plötz - München, Dr. A. Vierkandt - Berlin, Prof. Max Weber - Heidelberg) besteht. Die Verfassung der Gesellschaft sucht, indem sie die ordentlichen Mitgliederversammlungen und ebenso alle einzelnen, für spezielle Arbeiten gewählten Ausschüsse mit dem Kooptationsrecht (unter sehr liberaler Handhabung desselben) und ferner mit der Befugnis der Zuziehung aller geeigneten Personen als Berater und völliger Bewegungsfreiheit ausstattet, in den Personalbestand der leitenden Instanzen die für wissenschaftliche Arbeiten unentbehrliche Stetigkeit mit der ebenso notwendigen Elastizität und weitherzigen Offenhaltung der Mitarbeit für jeden ernsten Denker, gleichviel welchen Gepräges, welcher mitarbeiten *will*, zu vereinigen. Denn der Betrieb der Wissenschaft kann einerseits seinem Wesen nach niemals eine Angelegenheit von Majoritätsabstimmungen, Wahlagitationen und dergleichen werden, auf der andern Seite darf er nicht Sache einer Coterie sein. – Die fortlaufende Kontrolle der Geldverwaltung liegt in allen Einzelheiten in den Händen eines dafür besonders bestellten Rechners. Soweit die Mittel für wissen-

schaftliche Arbeiten von Dritten (Akademien oder ähnlichen Korporationen oder privaten Stiftern) herrühren, wird diesem durch Zuziehung ihrer Vertreter zu dem betreffenden Ausschuss die Kontrolle einer bestimmungsgemäßen und zweckdienlichen Verwendung der von ihm gegebenen Mittel gewährleistet. – Für die Zwecke international zu organisierender Arbeiten (und, gegebenenfalls, auch internationaler Kongresse) tritt die Gesellschaft mit den gleichartigen Verbänden des Auslands in Verbindung. Innerhalb Deutschlands werden von ihr zurzeit folgende Veranstaltungen in die Wege geleitet:

1. Die Abhaltung eines *deutschen Soziologentages*, der erstmalig im *Oktober* dieses Jahres [1910] (vom 19. bis 21. *Oktober*) in *Frankfurt am Main* stattfinden soll (Näheres durch besondere Bekanntmachung und auf Anfrage) und an dessen Diskussionen, neben besonders geladenen Gästen, alle Mitglieder der Gesellschaft Anteil zu nehmen berechtigt sind. Von Vorträgen sind, vorbehaltlich näherer Bestimmung, vorläufig folgende in Aussicht genommen:

    1. Prof. Dr. Georg Simmel, Soziologie der Geselligkeit;
    2. Prof. Dr. Ferdinand Tönnies, Wege und Ziele der Soziologie;
    3. Prof. Dr. Werner Sombart, Technik und Kultur;
    4. Dr. Alfred J. Plötz, Der Begriff der Rasse und die Soziologie;
    5. Prof. Ernst Troeltsch, Religiöses und profanes Naturrecht;
    6. a. Prof. Dr. Andreas Voigt, Wirtschaft und Recht;
    6. b. Privatdozent Dr. Hermann Kantorowicz, Rechtswissenschaft und Soziologie;
    7. Prof. Dr. Eberhard Gothein, Soziologie der Panik.

2. Die *wissenschaftlichen Arbeiten* der Gesellschaft werden in Serien von Monographien, jede Serie einem bestimmten Problemkreis gewidmet, im Buchhandel erscheinen und an sämtliche Mitglieder zu einem lediglich die Selbstkosten deckenden Vorzugspreis verteilt werden.

Von solchen Arbeiten soll zurzeit zunächst:

a) die Veranstaltung einer umfassenden Erhebung über die *Soziologie des Zeitungswesens* in Deutschland unter Vergleichung mit den Verhältnissen anderer Hauptkulturländer (namentlich Amerika, England, Frankreich) in die Wege geleitet werden. Der Schaffung der für die Vorarbeiten dieses, der Analyse einer der wichtigsten modernen Kulturfaktoren geltenden, Unternehmens auf mindestens 25.000 Mark veranschlagten Geldmittel sind die Akademie der Wissenschaften in Heidelberg, das Institut für Gemeinwohl in Frankfurt am Main und einige private Stifter (innerhalb und außerhalb der Gesellschaft) in der Art näher getreten, daß *für den Fall* der Schaffung der erforderlichen *Arbeitsorganisation*, über welche zurzeit

Verhandlungen mit den berufenen Vertretern der Presse (des Zeitungsverlages sowohl wie des Journalistenstandes) eingeleitet werden sollen,
der genannte Betrag zu annähernd vier Fünfteln als voraussichtlich ge-
deckt gelten darf. Es muss gehofft werden, daß alsdann private Opferwil-
ligkeit den noch ungedeckten Restbetrag übernehmen wird, vor allem
aber, daß die selbstverständlich für das Gelingen der Erhebung ganz unentbehrliche Zusammenarbeit *der Praktiker* mit geeigneten Vertretern
der Wissenschaft sich herstellen, und so der vorläufig nur ganz proviso-
risch entworfene Grundriss eines Arbeitsplanes sich zu einer definitiven
Präzisierung konkreter Themata und Feststellung der für ihre Lösung zu
beschaffenden Materialien und geeigneten Methoden führen wird. Der
Absicht der Gesellschaft nach sollten die Arbeiten möglichst sowohl die
geschäftlichen und organisatorischen Existenzbedingungen des modernen Zeitungswesens (Verlagsgeschäft, Redaktion, Nachrichtengeschäft,
Annoncengeschäft, in allen ihren Verzweigungen), soweit sie direkt oder
indirekt für dessen kulturgeschichtliche und soziologische Eigenart be-
stimmend sind, erfassen, wie ferner die Art der Wirkung der Presse auf
die politischen und Kulturverhältnisse der großen untereinander zu vergleichenden Kulturländer und umgekehrt die Abhängigkeit der allgemeinen Stellung der Presse und des Journalismus von den allgemeinen politischen Kulturbedingungen, insbesondere aber auch die neuesten Tendenzen der Entwicklung des Zeitungswesens und seiner Kulturbedeutung. Da
die Deutsche Gesellschaft für Soziologie die Beschränkung ihrer Tätigkeit
auf streng wissenschaftliche Arbeit, unter strikter Ablehnung *jedweder*
politischen, sozialpolitischen, konfessionellen, ethischen oder sonstigen
praktischen Stellungnahme zu einem ihrer statutenmäßig festgelegten
Grundprinzipien gemacht hat, so kann es sich bei diesen, wie bei anderen
Arbeiten ausschließlich und allein um objektive Feststellung von Tatsachen und deren Ursachen, *niemals* aber um ein moralisierendes oder
überhaupt kritisierendes Räsonnement *über* diese Tatsachen handeln.

Das gleiche gilt für andere, vorerst nur innerhalb des Vorstands erwogene
und eventuell der Gesellschaft zu unterbreitende Arbeitspläne. Dahin
dürfte vor allem gehören

b) die Untersuchung der *Auslese* der ökonomisch oder sozial oder intellektuell oder künstlerisch *führenden Schichten* der Kulturnationen nach ihrer
geographischen, ethnischen, beruflichen und sozialen, kulturlichen Provenienz, sowie

c) die soziologische Analyse der *zwischen* dem heutigen Staat (und anderen öffentlichen oder öffentlich anerkannten und privilegierten Körperschaften) und den Einzelindividuen stehenden *gesellschaftlichen Gemein-*

schaften, von den reinen lokalen und rein gesellige Zwecke verfolgenden *Vereinen* angefangen bis zu den idealen Gemeinschaften, welche sich die Pflege künstlerischer oder wissenschaftlicher oder sittlicher oder anderer Kulturgüter zum Ziel setzen und bis zu den *politischen Parteiorganisationen* mit ihren jetzt auch bei uns zunehmend raffinierten Apparaten. Die Tragweite der Zugehörigkeit des einzelnen zu solchen Gemeinschaften ist eine verschieden große. Aber sehr weitgehend und über den direkt beabsichtigten oder doch offiziell zugestandenen Zweck weit hinausgehend, oft diesem gänzlich inkongruent, ist ihre Wirkung auch bei uns in den meisten Fällen, mag es sich nun um Gesangsvereine, Kriegervereine, studentische Korporationen, Künstlersekten oder um was immer handeln. Stets gehören diese zahlreichen Gemeinschaftskreise, in denen der einzelne steht, zu den wichtigsten Faktoren, welche die persönliche Eigenart des Individuums ebenso wie die objektiven Kulturgüter prägen. – Auch hier ist natürlich strengste Enthaltung von aller und jeder *Parteinahme* Vorbedingung für die Gewinnung von sachlich zutreffenden Resultaten.

Wie die beabsichtigte Arbeit über die Presse, würde aber auch diese Erhebung *großer Mittel* bedürfen, für die unentbehrlichen Vorarbeiten, die hier wie dort zum Teil rein mechanischer Natur sind, zum Teil umfängliche statistische Rechnungen einschließen.

Die Gesellschaft, welche aus ihren laufenden Mitteln zunächst im Wesentlichen die Kosten der Soziologentage und laufende Ausgaben zu decken hat, kann die Gewinnung der außerordentlichen Mittel für groß angelegte Arbeiten nur erwarten, wenn, entsprechend dem gestiegenen Reichtum, das wissenschaftliche Mäzenatentum in Deutschland, welches bis heute erst durch einige wenige, glänzende und in aller Mund befindliche Namen vertreten ist, aufhört, in dem Maße Ausnahmeerscheinung zu sein, wie es dies bis heute, bei uns, sehr im Gegensatz zu Amerika und anderen Ländern, ist. Die Deutsche Gesellschaft für Soziologie kann freilich einen Mäzenaten (außer der selbstverständlichen Abstattung des Dankes durch Nennung auf ihren Publikationen) *nur* durch seine Aufnahme in den Kreis der "Stifter" (welchen statutengemäß die dauernde Mitbeteiligung an allen ihren Verhandlungen zusteht) ehren. Aber sie glaubt hoffen zu dürfen, daß der Sinn für die Bedeutung wissenschaftlicher, speziell kultur- und sozialwissenschaftlicher Arbeit auch in Deutschland in Zunahme begriffen ist. Bisher waren bei uns wesentlich für aktuelle technische Probleme einerseits, für bestimmte ästhetische Zwecke andererseits, in ziemlich umfassendem Maße private Geldmittel verfügbar. Ebenso unter Umständen für gewisse naturwissenschaftliche Arbeiten, von deren Förderung man, direkt oder indirekt, Früchte für therapeutische oder technische Zwecke erhoffen zu können glaubte. Dies alles war sehr erfreulich und wird hoffentlich so bleiben. Für Arbeiten im Dienst sozialwissenschaftlicher Erkenntnis, deren praktische Tragweite, obwohl selbstverständlich ebenfalls vorhanden, nicht so unmittelbar greifbar zutage tritt, war ähnliches bei uns vorerst nur ausnahmsweise der Fall. Je mehr wir aber den Charakter eines vorwiegend utilitarisch gestimmten Parvenüvolkes abstreifen und wieder ein Kulturvolk werden, desto zahlreiche Gefolgschaft werden hoffentlich auch jene bisher schon aufgetretenen glänzenden Ausnahmen finden, welche die wissenschaftliche Arbeit um ihrer selbst willen fördern und also die *Geduld* haben, von ihrem ruhigen, durch *allzu* schnelles Schielen nach unmittelbar praktischen Resultaten nicht gestörten Wachstum zu erwarten, daß es auch „dem Leben dienen" werde.

Was speziell die Aufgaben der „Deutschen Gesellschaft für Soziologie" anlangt, so ist sicherlich eine ihrer wesentlichsten Zukunftspflichten, nach allseitig anerkannten Mustern des Auslandes, auch die Schaffung eines *Soziologischen Instituts*. Es steht zurzeit zur Erwägung, eventuell zugleich mit der Einleitung der Untersuchung über die Presse die allerersten Schritte zu tun, um ein solches, in vorerst sehr bescheidenem Ausmaße, vorzubereiten. Aber – wie das Ausland zeigt – etwas wirklich Großzügiges zu leisten, wäre hier nur möglich bei Unterstützung einerseits durch sehr beträchtliche Kapitalien, andererseits durch jenes „Massen-Mäzenatentum", an dem sich jeder an den Aufgaben der Gesellschaft Interessierte durch Eintritt in den Kreis der „unterstützenden" Mitglieder beteiligen kann.

15. Eine Duellforderung an der Heidelberger Universität[64]

Nach unserer Information sind die Mitteilungen über die Differenzen zwischen Prof. *Weber* und Privatdozent *Ruge* von *durchaus unberufener Seite* in einem Hamburger und einem Berliner Blatt veröffentlicht worden. Schon die Behauptung, Dr. Ruge habe Professor Weber eine *Duellforderung* zugehen lassen, ist, wie wir schon am Samstag festgestellt haben, *vollständig aus der Luft gegriffen*. Wir erhalten hierüber von Herrn Professor Dr. *Max Weber*, zurzeit in Charlottenburg [seit 1920 Teil von Berlin], folgendes *Dementi*:

An der Nachricht des *Hamburger Fremdenblattes* ist *kein wahres Wort*. Die Angelegenheit selbst, über deren wirklichen Verlauf ich es nicht für richtig halten würde, mich *öffentlich* ohne absolut zwingenden Grund zu äußern, ist für mich persönlich in jedem Sinne erledigt.

---

[64] *Heidelberger Tageblatt*, 9. Januar 1911, S. 4.

Aber auch sonst ist die Darstellung des „Falles" in verschiedenen Punkten falsch. So hat vor allem Dr. [Arnold] Ruge[65] von Professor Weber nicht Genugtuung verlangt wegen des der Öffentlichkeit übergebenen Schreibens der Frau Marianne Weber. Dr. Ruge hat vielmehr von Professor Weber einen Brief erhalten, durch dessen Inhalt sich der Empfänger in seiner Ehre als Dozent beleidigt fühlte. Es ist also eine *grobe Fälschung*, wenn behauptet wird: „Dr. Ruge frug bei Professor Weber an, ob er die Äußerung seiner Gattin billige und ob er sie eventuell *mit der Waffe verteidigen wolle.*" Im Gegenteil, Dr. Ruge hat die Vermittlung eines Fakultätsmitgliedes in Anspruch genommen, um einen *friedlichen und geräuschlosen Ausgleich der Angelegenheit* zu erlangen. Selbstverständlich machte Ruge die Zurücknahme der Bemerkungen, die er als Beleidigung auffasste, zur Bedingung. Die in dieser Beziehung unternommenen Versuche, die Sache zu erledigen, sind jedoch *völlig gescheitert*. Es wäre nun allerdings der Weg gegeben gewesen, die Angelegenheit mit der Pistole zu erledigen. Dieser Weg wurde jedoch aus prinzipiellen Gründen nicht beschritten. Eine zweite Möglichkeit, sich durch den Spruch der Universitätsdisziplinarbehörde Recht zu verschaffen, lag ebenfalls nicht vor, da Professor Weber als inaktiver Professor keiner Disziplinarbehörde untersteht. Aus demselben Grunde konnte auch die philosophische Fakultät als entscheidende Instanz nicht in Anspruch genommen werden. Es blieb also Dr. Ruge nur der Weg der *Privatklage* offen, den er auch tatsächlich beschritten hat. – Auch die Anmerkung über die *Einmischung der Universitätsbehörden* in dieser Angelegenheit in den Blättern entspricht den Tatsachen *nicht* ganz.

---

[65] Arnold Ruge (1881-1945), Philosophie-Privatdozent an der Universität Heidelberg.

16. Die Affäre Dr. Ruge – Professor Weber[66]

(Zur Affäre Dr. Ruge – Professor Weber) erhalten wir folgende Zuschrift:

Sehr geehrte Redaktion!

Da Ihre Notiz vom 9. diesen Monats auch positive Angaben enthält, *muss* ich nunmehr dazu bemerken:

Da der Eindruck nicht entstehen dürfte, als bedürften Frauen zur erfolgreichen Abwehr von Angriffen der hier in Frage stehenden Art in der Öffentlichkeit irgendeines ehemännlichen Schutzes, habe ich *meine* Auffassung von seinem Verhalten Herrn Dr. Ruge lediglich privatschriftlich und ferner erst dann mitgeteilt, als er seine „Diskussion" mit meiner Frau als „abgeschlossen" bezeichnet hatte. Ich habe dabei gleichzeitig einige mir zugängliche Kollegen gebeten, ein scharfes, disziplinares Vorgehen gegen Herrn Dr. R. möglichst hintan zu halten – ich selbst bin übrigens *kein* pensionierter Professor, sondern ein Dozent wie Herr Dr. Ruge, lediglich behaftet mit einer Titulatur, deren praktische Bedeutung sich gänzlich darin erschöpft, daß sie mich besonderer Beurlaubungsgesuche enthebt. Und endlich habe ich den Vermittlungsanträgen eines hochgeschätzten Kollegen gegenüber sofort *genau* diejenigen nach der Sachlage selbstverständlichen Voraussetzungen angegeben, deren Erfüllung mir es überhaupt erst *ermöglichen* würde, ohne Unaufrichtigkeit meinen erwähnten privaten Brief einer erneuten Erwägung zu unterziehen. Eine etwaige Privatklage, für deren voraussichtlich wenig erfreuliche Folge ich die Verantwortung ablehne, wäre das am allerwenigsten geeignete Mittel, mich zu einer Änderung meiner Beurteilung der Tatsachen zu veranlassen. Hiermit genug.

Mit vorzüglicher Hochachtung.

Prof. Max Weber

---

[66] *Heidelberger Tagesblatt*, 13. Januar 1911, S. 4. Genaueres zu diesem Vorfall und seinen Auswirkungen, vgl. Marianne Weber, *Max Weber. Ein Lebensbild*, 3. Aufl., unveränderter Nachdruck der 1. Aufl. [1926], ergänzt um Register und Verzeichnisse von Max Weber-Schäfer (Tübingen: J. C. B. Mohr (Paul Siebeck), 1984), S. 435-445. Weber bezieht sich auf diesen und andere Vorfälle auch im Artikel 30. Genaueres zum Fall Ruge, *Dresdner Neueste Nachrichten* und Adolf Koch (1855-1922), außerordentlicher Professor der Journalistik an der Universität Heidelberg, vgl. „Max Weber Briefe 1911 – 1912". In *Max Weber Gesamtausgabe* (Tübingen: J. C. B. Mohr (Paul Siebeck), 1998), Abteilung II: Bd. 7, 2. Halbband, S. 816-988. Eine detaillierte Analyse des Vorfalls findet sich in Bernhard Obst, *Ein Heidelberger Professorenstreit. Die Auseinandersetzung zwischen Adolf Koch und Max Weber 1910-1914* (Köln: Studienverlag Hayit, 1987). Webers Handlungen hatten zur Folge, dass Koch 1913 von seinem Posten entlassen wurde.

17. Ein Votum zur Universitätsfrage[67]

Sehr geehrter Herr Doktor [Max Quarck]![68]

Es ist ja unmöglich, auf einen so nachdrücklich an die persönliche Ehre sich wendenden Appell, wie den Ihrigen, *nicht* zu antworten, – und zwar natürlich mit der Ermächtigung, davon jeden beliebigen Gebrauch zu machen, – obwohl ich weder gerade *mich* für in erster Linie zur Aussprache über diese Probleme berufen halte, noch auch den geringsten Erfolg von einer Äußerung gerade *meinerseits* versprechen kann, und obwohl endlich eine solche gerade für mich auch eine einigermaßen heikle Sache ist. Sie könnte leicht im Sinn jener so trübseligen „Konkurrenzfurcht" vor Nachbaruniversitäten gedeutet werden, wie sie ja leider anderweit hervorgetreten ist. Und sie setzt sich vermutlich in Widerspruch mit der Ansicht hochgeschätzter Kollegen, – der jetzigen Lehrer an der Frankfurter Akademie[69] –, welche ja schließlich als die in erster Linie Betroffenen und Interessierten den Anspruch darauf hätten, daß auch *ihre* Auffassung mit in erster Linie Beachtung finde, an der öffentlichen Geltendmachung dieser jedoch durch Gründe der Delikatesse immerhin stark behindert sind. Unter den Gründen, welche die Entwicklung zu einer „Universität" des üblichen Schemas mit fast unwiderstehlicher Stärke begünstigen, ist aber einer der eindrucksvollsten wohl gerade der: daß die gegenwärtige „Akademie" in der Art der Gestaltung ihres Lehrbetriebs, *nach Inhalt und Methode*, bereits so stark dem Lehrbetrieb der offiziellen Universitäten angenähert, im Wesentlichen geradezu mit ihnen identisch *ist*, daß das Erstreben der vollen „Gleichberechtigung" in Bezug auf die Examina, ganz unvermeidlich stets von neuem sich einstellen wird und *muss*. Und da, *an sich*, – wenn man nämlich einmal die allgemeinen Bedenken gegen den jetzt bestehenden Universitätstypus bei Seite lassen würde, – angesichts der Überfüllung der schon bestehenden Universitäten durch die zunehmenden Studentenzahlen, eine Vermehrung derselben *durchaus* am Platze wäre, so ist naturgemäß der Versuch einer Opposition, welche lediglich behauptet: daß gerade Frankfurt dafür *nicht* in Frage zu kommen habe, in einer schwierigen Lage. Man kann es vom Standpunkt der Wissenschaft aus vielleicht bedauern, daß die großen Mittel, welche hier zum ersten Mal in Deutschland zu solchen Zwecken zur Verfügung gestellt werden,

---

[67] *Volksstimme. Sozialdemokratisches Organ für Südwestdeutschland*, 26. Juni 1911, S. 1.

[68] Dr. Max Quarck (1880-1930), Chefredakteur.

[69] Frankfurter Akademie für Handels- und Sozialwissenschaften, Vorgängerin der 1914 gegründeten Universität Frankfurt.

nicht wenigstens teilweise *reinen Forschungszwecken zugeführt worden sind*, da die gewiss nützliche Verbindung von Forschung und Lehre durch die staatlichen Universitäten genugsam vertreten ist, die üblichen „Akademien" aber wesentlich Subventions- und dabei Notabilitäten-Institute ohne eigenen Arbeitsbetrieb sind. Aber das ist nun einmal nicht geschehen und wird jetzt schwerlich (oder vielmehr: sicher *nicht*) nachträglich geschehen können.

Der Protest gegen die Verstaatlichung muss sich, soweit er sich auf die *besonderen* Voraussetzungen und Bedingungen des hier vorgelegten Planes gründet, in erster Linie gegen die, trotz aller Großartigkeit der privaten Stiftungen, unzulänglichen, genauer gesagt: wohl für eine kleine „Provinzialuniversität", *nicht* aber für ein Institut, welches – wie die Vorlage des Magistrats behauptet hatte – mit den großen *Großstadt*-Universitäten um Zuhörer konkurrieren soll, zulänglichen *Mittel* richten.

Daneben fallen namentlich jene Veränderungen in der Stellung der Krankenhäuser, sowohl ihres Personals, wie ihres Materials, ins Gewicht, über deren Bedenklichkeit der Mehrheitsbericht in der Tat wohl allzu leicht hinweggegangen ist, und gegen die es im Fall der Umwandlung in Universitäts-Institute *kein* sicheres Mittel gibt.

Aber *weit* schwerer als all dies muss für jede die heutige preußische Bürokratie nicht schlechthin bejahende Partei die Frage ins Gewicht fallen: ob es erwünscht ist, ein Institut, welches doch immerhin freiem Bürgersinn seine Entstehung und Entwicklung verdankt, und auch in seiner bisherigen Situation höchst achtungswerte pädagogische Arbeit geleistet hat, der *Beherrschung durch das preußische Unterrichtsministerium auszuliefern*, so lange dessen Eigenart und durch eine fast 40-jährige Tradition geschaffene Praxis so bleiben, wie sie heute sind. Ich bemerke ausdrücklich, daß hier *nicht* etwa Vorwürfe gegen konkrete Persönlichkeiten erhoben werden sollen: Die Beamten jenes Ministeriums sind sicherlich nicht „schlechter" und nicht „besser" als andere Menschen unter ähnlichen Bedingungen es auch wären. Sie sind einfach Knechte eines Systems, welches nicht sie geschaffen haben, welches wenigstens manche von ihnen vielleicht gern ändern würden, wenn das in ihrer Macht läge. Dieses System ist aber *gesetzlich* durch die „*lex Arons*" [„Gesetz von Arons"] in derjenigen *Interpretation*, welche die höchste Disziplinar-Instanz ihr gegeben hat, festgelegt, und schlechterdings *keine* Art der Gestaltung des Vorschlagsverfahrens kann hindern, daß diese Interpretation sich auch auf die Frankfurter Dozenten erstrecken wird. Selbst die Klausel in dem Vertrage der Zeiß-Stiftung mit den Behörden, welche eigens zum Ausschluss eben dieser Interpretation der „Amtspflichten" der Dozenten von [Ernst

C.] Abbe[70] eingefügt wurde, garantiert nur die Meinungsfreiheit der schon in Jena angestellten bzw. zum Lehren zugelassenen Dozenten, hindert aber nicht, daß bei der Frage der Berufung von auswärts und der Habilitation die gehässigste politische Gesinnungsschnüffelei stattfinden *darf*. Es ist durchaus zuzugeben, daß politische, sozialpolitische, ökonomische Interessenten unter *jeder* Art von Universitätsverfassung und in *jedem* Lande irgendwie die Mittel finden können, gelegentlich und hinter den Kulissen die rein sachlich-wissenschaftliche Auslese der akademischen Lehrer zu trüben, und daß es keine politische Partei oder andere soziale Gruppe gibt, der die Versuchung dazu nicht gelegentlich nahe läge, auch wohl keine, die ihr nicht gelegentlich unterlegen wäre. Zweifellos ist dies z. B. gelegentlich auch in Amerika geschehen. Die Bemerkung über die „Herrschaft des Dollars" an den amerikanischen Hochschulen, welche in Frankfurt in letzter Zeit einmal gefallen ist, ist jedoch, wie nachdrücklich bemerkt sei, eine in höchstem Grade *leichtfertige*, zumal mit unserem „Balken im Auge". So gewiss auch in England, Frankreich, Skandinavien, der Schweiz und selbst in Italien in diesem Punkt: Unabhängigkeit der Zulassung zum Lehramt von *anderen* als rein *wissenschaftlichen* Qualifikationsmerkmalen – *gelegentlich* „mit Wasser gekocht" wird, – es gibt keinen „Kulturstaat", welcher sich in dieser Hinsicht mit der feststehenden Praxis des derzeitigen Preußen irgendwie *noch so entfernt vergleichen ließe*. Denn vor allem ist das, was dort von unabhängigen Gelehrten als ein gelegentlicher und schnöder Missbrauch empfunden wird, in Preußen *offizielle Doktrin*. Dazu tritt nun aber noch der Gesamthabitus des preußischen Unterrichtsministeriums in der Auffassung seiner Aufgaben gegenüber den Universitätsdozenten. Ganz gewiss sind auch die heutigen Fakultäten und würden auch irgendwelche anders zusammengesetzte Fakultäten fehlbar und daher einer kontrollierenden und korrigierenden Instanz bedürftig sein. Aber die heutige preußische Unterrichtsbürokratie ist geradezu hierfür die am allerwenigsten geeignete Behörde. Keine noch so bedeutenden Erfolge, welche speziell (wie unbedingt anzuerkennen ist) der verstorbene Ministerialdirektor Althoff z. B. auf dem Gebiet der Beschaffung von Unterrichtsmitteln und vielem anderen erzielt hat, vermögen über den *korrumpierenden Einfluss* – ein anderes Wort gibt es nicht – hinwegzutäuschen, welchen sein an dieser Stelle nicht näher zu analysierendes *System der Menschenbehandlung* auf den akademischen Nachwuchs ausgeübt hat. Es ist in dieser Hinsicht seither nicht besser, sondern – da seine immerhin sehr bedeutende Persönlichkeit fortgefallen ist – wesentlich schlimmer geworden. Der sogenannte Fall Bernhard z. B., mit all seinen widerlichen Erscheinungen, kommt fast ausschließlich auf das Konto

---

[70] Ernst C. Abbe (1840-1905), Physiker und Sozialreformer.

der Unterrichtsbürokratie. Er begann mit einem Rechtsbruch und mit der, nach akademischer Standessitte, unanständigen Zumutung einer ehrenwörtlichen Schweigepflicht, fand dann seine Fortsetzung in einer vom Ministerium mit herbeigeführten Friedensstörung, zeitigte weiterhin Erscheinungen, wie die, daß das Ministerium, welches durch Zuweisung von Inseraten offiziöse Hochschul-Organe alimentiert, Herausgeber von Zeitschriften, welche ihm opponieren, durch Entziehung von Inseraten mürbe zu machen sucht, daß ferner Beamte dieses Ministeriums ausschließlich *amtlich* ihnen bekannt gewordene Tatsachen, aus dem Zusammenhang gerissen, an einen Teil der Presse gaben und dadurch eine widerliche Kampagne dieser Presse gegen angesehene Gelehrte in Szene setzen hilft und dergleichen mehr – alles zu Begünstigung eines protegierten Professors. Wenn, nach *solchen* „Leistungen", der Unterrichtsminister sich gestatten zu dürfen glaubte, eine *Stärkung* „der Machtstellung" der Unterrichts-Bürokratie als Heilmittel in Aussicht zu stellen, so ist dies wohl nur in einem Parlament von der Eigenart des jetzigen preußischen Landtages möglich.

Unter diesen Umständen muss, scheint mir, für eine unabhängige Partei die Umgestaltung der Organisation und vor allem des „Geistes", der Universitätsbürokratie an *Haupt und Gliedern*, die Voraussetzung für die Auslieferung von Instituten, deren Mittel nicht einmal zu einem Bruchteil der Staatshilfe entstammen, an den derzeitigen preußischen Staat sein. Sollte sie aber dennoch erfolgen, so müsste allerdings durch Aufnahme einer, möglichst noch schärfer und eindeutiger zu fassenden, Bestimmung, nach Art der von Abbe, in sein Stiftungsstatut eingefügten Klausel dafür gesorgt werden, daß jene gehässige politische *Interpretation* der „*lex Arons*" [„Gesetz von Arons"], welche – *ohne* daß sie *formell* im Gesetz selbst enthalten wäre – die staatliche *Disziplinarbehörde gegen* den Protest der Fakultät eingenommen hat, für Frankfurt *ausgeschlossen* bleibt.

Mit vorzüglicher Hochachtung ergebenst

Prof. Max Weber

Heidelberg, 24. Juni 1911

18. Vergleich deutscher und amerikanischer Universitäten[71]

M[ax] Weber (Heidelberg): Die Haupterscheinung, auf die man bei Betrachtung der amerikanischen Universität zunächst stößt, ist die große Differenzierung in qualitativer wie quantitativer Hinsicht. Wir finden Universitäten, die embryonal in den Anfängen der Entwicklung stehen, und daneben andere mit einem so differenzierten, umfangreichen Lehrbetrieb, daß selbst große Universitäten bei uns sich dagegen verstecken müssen. Aber auch in ihrer Eigenart differenzieren sich die amerikanischen Universitäten, und zwar darf man behaupten, daß diese Differenzierung wesentlich durch eine allmähliche und langsame Europäisierung der Universitätsverhältnisse bewirkt wird, eine Europäisierung, die nie zur Gleichheit mit europäischen Verhältnissen führen wird, die aber doch in einer Richtung der Annäherung an deutsche Verhältnisse sich vollzieht, ebenso wie man von uns vielleicht in mancher Hinsicht auch auf dem Universitätsgebiete von einer Amerikanisierung wird sprechen dürfen.

Die klassische alte amerikanische Universität ist aus dem College herausgewachsen, und diese Colleges lagen nicht in Großstädten, sondern womöglich auf dem Lande, jedenfalls aber an kleinen Orten. Ferner waren die alten Colleges überwiegend von Sekten eingerichtet. Reminiszenzen daran finden sich noch überall. Heute dagegen sind die amerikanischen Universitäten bis zu einem gewissen Grade doch auf dem Wege, Großstadt-Universitäten zu werden. Und ferner ist kein Zweifel, daß mindestens ein Teil der Universitäten das alte Collegesystem mit seinem Internatszwange und seiner strengen Kontrolle auch der Lebensführung der Studenten über Bord zu werfen teils im Begriffe steht, teils schon über Bord geworfen hat. Dagegen ist mir aus amerikanischen Geschäftskreisen versichert worden, daß diese es seien, welche auf den Fortbestand des Colleges und der besonderen Art der Collegebildung hinwirken, die nicht in erster Linie Heranbildung zur Wissenschaft bezweckt, sondern Ausbildung der Persönlichkeit zum Sich-behaupten-lernen in Kreisen gleichartiger Studenten, erwachsener Menschen, Ausbildung einer Gesinnung, die dem amerikanischen Staats- und Gesellschaftswesen als Unterlage zu dienen hat. Währenddessen gründet man bei uns Handelsschulen. Wenn wir uns ganz deutlich ausdrücken wollen, so ist der Dampf, der diese Handelshochschulen macht, doch eigentlich immer der Umstand, daß die Kommis gern satisfaktions- und damit reserveoffiziersfähig werden möchten: ein paar Schmisse ins Gesicht, ein bisschen Studentenleben, ein

---

[71] Unbetitelte Ansprache in *Verhandlungen des IV. Deutschen Hochschullehrertages zu Dresden am 12. und 13. Oktober 1911* (Leipzig: Verlag des Literarischen Zentralblattes für Deutschland (Eduard Avenarius), 1912), S. 66-77, 85-86.

bisschen Abgewöhnung der Arbeit – alles Dinge, bei denen ich mich frage, ob wir denn damit, wenn sie unserem kaufmännischen Nachwuchs anerzogen werden, den großen Arbeitsvölkern der Welt, insbesondere den Amerikanern, werden Konkurrenz machen können.

Der Unterschied des inneren Wesens der amerikanischen Universität gegenüber der unserigen beruht zum guten Teil darauf, daß die amerikanische Universität nicht von Amts wegen verpflichtet ist, dem Staate für seine Bürokratie, für seine Schule, für, ich weiß nicht was alles, den entsprechend examenmäßig vorgebildeten Nachwuchs zu liefern. Damit ist die amerikanische Universität in einer beneidenswerten Lage. Ich bin allerdings überzeugt, daß mit dem Fortschreiten der Verwaltungsreform früher oder später der Moment in Amerika kommen wird, wo eine irgendwie ähnliche Situation auch für die amerikanische Universität eintritt, und ich wünsche ihr, daß sie sich dann unter Wahrung ihrer Selbstständigkeit, unter Wahrung von sehr viel mehr ihrer heiligsten Güter zu dieser Situation zu stellen in der Lage sein wird, als die deutschen Universitäten dies ohne ihre Schuld gegenüber der Übermacht des Staates vermocht haben.

Mit wenigen Worten möchte ich die Lehrmethode streifen, von der *Lamprecht* mit einem gewissen Recht sagte, daß es schwer für uns sein dürfte, sie zu übernehmen oder daraus zu lernen. Lehrreich an sich ist sie. Es ist da zu scheiden zwischen freien Vorlesungen und den College-Vorlesungen. Jene unterscheiden sich in nichts von deutschen Vorlesungen außer einer sehr viel ausgiebigeren Benutzung von Anschauungsmaterial. Im Übrigen habe ich diese Vorlesungen, die ich gehört habe, nicht anders als die unseren gefunden: sachlich, präzise, nüchtern, ohne irgendwelche Mittel, die auf die Masse wirken könnten. Anders die traditionellen und spezifisch amerikanischen, von den unserigen abweichenden Vorlesungen für die Anfänger, die College-Vorlesungen. Diese werden so durchgeführt, daß dem Studenten aufgegeben wird, eine bestimmte Anzahl Paragraphen eines Lesebuches bis zu dem und dem Tage zu lernen. Über den Inhalt dieser Paragraphen wird er dann ausgefragt. Das kann natürlich ein unerhört geistloses Examinieren sein. Aber auf der anderen Seite habe ich diese Lehrmethode an der Columbiauniversität und sonst in einer Art handhaben sehen, gegen die alles, was wir an Vorlesungs- und Seminarbetrieb haben, einfach extensive Lehrmethode ist.

Es gehört zu dieser Lehrmethode selbstverständlich auch der Collegbesuchzwang, der in Amerika besteht.

Das Studentenleben in Amerika im Allgemeinen unterscheidet sich sehr stark von dem unserigen, obwohl auch hier europäische, und zwar speziell deutsche Einflüsse – und es ist fraglich, ob solche der besten Art – im Vordringen sind. Wenn ich mit amerikanischen Studenten zusammen war, so interessierte sie gar nichts auf der weiten Welt mehr, als was eigentlich eine deutsche Mensur wäre. Und auf der Columbiauniversität wurde ich von einem Kollegen zu einem regelrechten deutschen Kommerse mit Schlägern und allem, was dazu gehört, eingeladen, der in der Aula der Universität stattfinden sollte, veranstaltet von Seiten der germanistischen Abteilung der Universität zur Einführung in die deutsche Kultur.

Der amerikanische Student hat wie der deutsche Student seine Verbindungen. Diese sind anderer Art als die deutschen. Die deutschen Verbindungen sind heute mehr und mehr Versicherungsanstalten für Konnexionen und Avancement geworden. Daß das den amerikanischen Verbindungen ganz fehlt, kann man nicht behaupten. Man braucht sich nur die Jachtbücher und die Alten-Herren-Listen anzusehen, wo notiert wird, daß in diesem Jahre der *Mister* [Herr] [Theodore] Roosevelt[72] zum Präsidenten gewählt ist usw. Immerhin ist die ganze Art des Betriebes innerhalb der Verbindungen dennoch heute eine sehr andere, als bei uns mit ihrem Hausbesitzercharakter, mit all dem bürokratischen Wesen, dem Drill, der drum und dran hängt. Gemeinsam ist beiden und allen anderen amerikanischen Verbindungen mit den deutschen der erziehliche Charakter, der darin liegt, daß auch hier das Individuum in einem Kreise sehr scharf und rücksichtslos kritisierender Genossen sich behaupten muss. Nur divergieren das Männlichkeitsideal des Amerikaners und das des deutschen Studenten in wichtigen Punkten, und es ist schwierig, das eine an dem anderen zu messen.

Damit komme ich zu der Verfassung amerikanischer Universitäten. Einige ausgiebigere Worte darüber müssen Sie mir schon gestatten, und zwar unter Bezugnahme auf deutsche Verhältnisse.

Die Verfassung der amerikanischen Universitäten und vieles andere in ihrem Zustande ist dadurch bedingt, daß die amerikanischen Universitäten, in noch sehr viel höherem Maße als die deutschen, Institute sind, die miteinander zu konkurrieren haben. Der Umstand, daß in der Stadt Chicago allein zwei Universitäten und im Staate Illinois eine dritte, die Staatsuniversität, sind, zeigt ja schon allein, wie es damit steht, und zwar ist diese Konkurrenz im Prinzip ganz frei. Die amerikanischen Universitäten konkurrieren mit ziemlich rücksichtslosen Mitteln gegenüber ihren Schwesterinstituten. Sie tragen auch darin den Charakter eines Konkurrenzinstituts, daß sie wie ein modernes Fabrikunternehmen eine rücksichtslose

---

72   Theodore Roosevelt (1858-1919), Präsident Amerikas von 1901-1909.

Auslese in Bezug auf Tüchtigkeit mindestens ihrer jüngeren Lehrkräfte halten, unendlich viel rücksichtsloser als irgendeine deutsche Universität.

Die entscheidende Frage, von der wir aber doch reden möchten, ist ein Vergleich der amerikanischen und der deutschen Universität in Bezug auf ihre Beziehungen zur Bürokratie. Denn es ist ja doch die Frage, die uns heute in Deutschland vor allem am Herzen liegt.

Die deutschen Universitäten befinden sich seit langer Zeit in einem teils latenten, teils offenen Kampfe der alten Universitätsgewalten mit der über ihnen stehenden staatlichen Bürokratie. Diese staatliche Bürokratie ist in Deutschland formal keine einheitliche. Die Universitätsgewalt liegt in den Händen der Einzelstaaten, und sie ist in ihrem ganzen Charakter vor allen Dingen qualitativ differenziert, in jedem einzelnen deutschen Staate, der Universitäten zu verwalten hat, anders als in anderen. Die beiden Universitätsbürokratien Sachsens und Badens stehen an der Spitze aller an Wohlwollen und verständnisvoller Berücksichtigung der Wünsche der Universitäten, auch da, wo sie ihnen im ersten Augenblicke irrationell und töricht erscheinen, wo sie auch vielleicht einmal wirklich töricht sind. Diese beiden Verwaltungen sind, wie ich aus eigner Erfahrung weiß, ganz heterogen gegenüber der Verwaltung Preußens seit langen Jahren, und es scheint auch gegenüber der Verwaltung Bayerns, man sagt es so. (Heiterkeit.)

Ich bekenne ganz offen, als ich seinerzeit aus dem Gebiete der preußischen Unterrichtsverwaltung in das der badischen versetzt wurde, hatte ich das Gefühl, in saubere Luft zu kommen. Die deutschen Unterrichtsverwaltungen stehen in einem Kartell miteinander, welches diesen Zustand der Konkurrenz unter ihnen in weitem Grade beseitigt hat. Dieses Kartell ist aber selbstverständlich ganz ebenso wie ungefähr die deutsche Eisenbahngemeinschaft, an der man arbeitet, eine Sache, bei der die übrigen Unterrichtsverwaltungen Vasallen der preußischen werden. Wes' Geistes Kind dies Kartell ist, geht daraus hervor, daß, als ich nach Baden aus Preußen berufen wurde, mir die gesamte Korrespondenz, welche das badische Ministerium mit dem preußischen gepflogen hatte, von dem preußischen Ministerialdezernenten mit dem Bemerken vorgelegt wurde, ob ich denn von einem Kerl – ich mildere den Ausdruck etwas –, der solche Briefe über mich schrieb, einen Ruf anzunehmen geneigt sein würde. (Heiterkeit.) Das umgekehrt entsprechende, meine Herren, wäre wohl ausgeschlossen.

Es ist nicht möglich über diese Dinge zu sprechen, ohne an die Persönlichkeit anzuknüpfen, welche das heute bestehende System der preußischen und damit der deutschen Unterrichtsverwaltung geschaffen hat.

Das ist der verstorbene Ministerialdirektor Althoff. Es ist sehr schwierig, über diesen Mann zu sprechen. Er war nicht nur ein wirklich guter Mensch im spezifischen Sinne des Wortes, sondern er war ein Mann von sehr weiten Gesichtspunkten. Er konnte von sich in der Tat sagen: Ich sehe weiter als die Herren an den einzelnen Universitäten. Ob das der heutige preußische Kulturminister ernstlich von sich behaupten kann, darüber kann ich nichts sagen. (Heiterkeit.) Althoff war aber weiter ein Mann, dem die deutschen Universitäten Dinge verdanken, die in gewissem Sinne unsterblich sind. Er war von einem Maß Ressortpatriotismus beseelt, wie man ihn rücksichtsloser sich nicht denken kann. Er sagte zu mir einmal: „Wenn ich zu dem Minister [Johannes von] Miquel[73] gehe, werde ich künftig immer eine Pistole mitnehmen, sonst kriege ich von dem Manne kein Geld für die Bedürfnisse der Universitäten." Er hat die preußischen Universitäten in technischer Hinsicht, in allem, was Verwaltungsmittel und Institute anlangt, auf ein außerordentlich hohes Niveau gehoben. Und in personaler Hinsicht kann nicht nachdrücklich genug betont werden, daß auch da für ihn sein Ressortpatriotismus maßgebend war. Nepotismus gab es unter ihm nicht, jedenfalls nicht in dem Sinne, wie man sich das gewöhnlich vorstellt. Er konnte sich ja vergreifen und hat sich vergriffen. Aber er hat unter Umständen auch glänzendere Wahlen getroffen als die deutschen Universitäten. Nur eins muss als Vorbehalt hinzugefügt werden: Er ging bei der Behandlung der Personalien von der Anschauung aus, daß jeder, mit dem er zu tun hatte, ein Schuft oder zum mindesten ein ordinärer Streber sei. Versetzen Sie sich nun in die Situation eines mittellosen, vielleicht gar verehelichten oder verlobten jungen Dozenten, der das erste Mal unter die Wirkung dieser ganz überlegenen Intelligenz kam, und Sie werden mir zugeben, daß darin die Gefahr lag, daß der betreffende junge Mann, wenn er dauernd dieser Einwirkung ausgesetzt war, wirklich auf die Bahn gedrängt wurde, das zu werden, und sei es auch nur zum Teil, was Althoff hinter ihm vermutete. Die Mittel, mit welchen die preußische Unterrichtsverwaltung arbeitete, waren die denkbar rücksichtslosesten, und dieses System von Mitteln hat die Gefahr erzeugt, daß bei uns ein akademischer Nachwuchs entsteht, der nicht mehr die alten Universitätstraditionen hoch hält, auch nicht mehr in sie hineinpasst, sondern der dem Typus eines Amerikaners gleicht, aber nicht eines Amerikaners an der Universität, sondern an der Börse. Der Einfluss des Althoffschen Systems hat direkt korrumpierend gewirkt. Man wird sagen: Beispiele! Nun gut, ich will mit einigen Beispielen aufwarten. Ich persönlich bin dem Geheimen Rat Althoff zu außerordentlichem Danke für die Art verbun-

---

73   Johannes (seit 1897) von Miquel (1828-1901), nationalliberaler Politiker und preußischer Finanzminister von 1890-1901.

den, in der er mich äußerlich und innerlich in einer Weise gefördert hat, die zu meinem Verdienste in gar keiner Weise im Verhältnis stand. Aber diese Freude wurde mir durch die Beobachtung geschmälert, daß diese auffällige Protektion mit dem nationalliberalen[74] Abgeordnetenmandat meines Vaters im Zusammenhang stand, an den der Dezernent des Unterrichtsministeriums gelegentlich in einer so taktlosen und dreisten Art unter Bezugnahme auf dieses Personalverhältnis herangetreten ist, daß das zu einer Niederlegung des Mandats meines Vaters in der Budgetkommission geführt hat. Die Tatsache liegt vor, und ich bin nicht der einzige gewesen, der deshalb froh sein konnte, als er von einem anderen als dem preußischen Staat Anerkennung für seine Leistungen fand.

Sie werden mir zugeben, daß eine solche Praxis auf das Parlament einen korrumpierenden Einfluss auszuüben geeignet war, und nicht nur auf das Parlament, sondern auch sonst sind solche Einflüsse von der gleichen Stelle ausgegangen. Sie werden sich eines Falles erinnern, auf den ich nicht näher eingehen werde, den ich nur streife, der im vorigen Jahre so außerordentlich viel Staub an der Berliner Universität aufgewirbelt hat. Wir alle, die wir sicher einmütig hinter den vom Ministerium schikanierten Berliner Kollegen stehen, haben damals bedauert, daß von diesen Kollegen einem anderen, vom Ministerium protegierten Kollegen ein bestimmter Revers abverlangt war. Das ist akademischem Brauche nicht entsprechend. Aber das Reverssystem stammt aus dem preußischen Ministerium. Ich will nur wenige Worte darüber sagen. Wenn Dozenten von auswärts unter Althoffs Regierung nach Preußen berufen wurden, so ging das nie, ohne daß ein Teil der Bezahlung in Papiergeld erfolgte mit einem Reverse auf Avancement an einer anderen, insbesondere an der Berliner Universität. Wenn die Berliner Kollegen es erlebt hätten, daß eines Tages all dieses Papiergeld einmal öffentlich notiert worden wäre und all diese Reverse auf ihren Todesfall ihnen ins Gesicht gehalten worden wären mit der Frage: Willst du denn ewig leben? – Sie würden sich geschämt haben, weiter zu existieren. (Heiterkeit.) Das waren Reverse, welche das Ministerium den Leuten aufzwängte. Ich selbst bin in die erstaunliche Lage gekommen, als ich in Berlin Extraordinarius werden sollte und längst mit der Fakultät in Verbindung stand, daß mir der Ministerialdezernent um jeden Preis einen Revers in die Hand drückte. Ich wusste nicht, weshalb, bis ich auf dem Heimwege bemerkte, daß in den Revers nachträglich eine Verpflichtung gesetzt worden war, die ich nicht übernommen hatte, und die auch noch nicht darin stand, als ich ihn durchlas. (Heiterkeit.)[75] Das ne-

---

[74] 1867 gegründet, hauptsächlich durch die Mittelklasse unterstützt.
[75] Genaueres zu diesem Vorfall, siehe Marianne Weber, a.a.O., S. 210-212.

benbei! Die Hauptsache ist aber, daß, als er mir dieses Papiergeld in die Hand drückte, er die Überzeugung hatte: Das wird mein Mann, der wird von mir abhängig werden. Reverse des Ministeriums von der einen, Reverse des Dozenten von der anderen Seite! Meine Herren, auch darin habe ich persönliche Erfahrungen. Man hat mir ganz daßelbe angesonnen, durch dessen Übernahme der Kollege, dessen Name im vorigen Jahre so viel Aufsehen machte, auf die schiefe Bahn der Schwäche und Unentschlossenheit gekommen ist. Man hat mir, als ich Extraordinarius wurde, einen geheimen Lehrauftrag angesonnen, und als ich nach dem Grunde fragte, wurde mir gesagt, weil die beiden in Betracht kommenden Ordinarien gegen ihre Ernennung zum Extraordinarius stimmen würden. Es wurde mir damit eine Unanständigkeit angesonnen. Ich sagte, die beiden Herren seien längst von mir informiert. In einem Augenblick, wo ein preußischer hochgestellter Ministerialbeamter einem jungen Manne so etwas ansinnt, kann ich auf den jungen Mann keinen Stein werfen, der dann in diese Falle hineingeht und etwas begeht, was objektiv nach akademischer Standessitte eine Unanständigkeit ist.

Ich schließe damit diese Erörterung und frage nun: Wie steht es wohl in Amerika mit diesem Zustande? Amerika hat seinen Althoff an jeder Universität. Der amerikanische Präsident ist eben ein solcher. Er verwaltet die Universität und all die Dinge, die bei uns selten ohne Drahtziehen von Seiten der Unterrichtsministerien gelingen, geschehen durch ihn. Seine Macht ist faktisch sehr viel größer als formell. Er ist in der Lage, auch das, was wir Fakultät nennen, matt zu setzen, indem er sich auf die Universitätsdemokratie der jüngeren Lehrkräfte stützt. Mir wurde gesagt, daß das ganz besonders an den modernen großen Universitäten in starkem Maße der Fall sei. Der Unterschied ist vorläufig nur, daß eben unzählige Althoffs da nebeneinander sitzen, daß der an der einen Universität ganz anders aussieht als an der anderen, wobei allerdings zu bedenken ist, daß Berufungen junger Dozenten von einer Universität an eine andere nicht gerade sehr häufig und jedenfalls wohl eher in der Abnahme begriffen sind, daß es vielmehr das Ideal der Präsidenten der Universitäten ist, ihren Nachwuchs für die höheren Stellen selbst heranzuzüchten.

Über diesen Nachwuchs einige Worte! In Amerika ist die Bürokratisierung der Universitätsverfassung in außerordentlich weitgehendem Maße durchgeführt und ebenso ein Ideal durchgeführt, das zu meinem persönlichen Bedauern, aber ganz begreiflicherweise ein größerer Teil unseres Nachwuchses pflegt: die Sicherung der Existenz des Nachwuchses. Die Universitäten in Amerika müssen konkurrieren. Da ist nun die Kehrseite der Bürokratisierung des Nachwuchses und des Umstandes, daß jeder junge Dozent in Amerika bereits Gehalt bekommt, und zwar eine für unsere Begriffe hohe Anfangseinnahme, daß der gesamte Nachwuchs auf Kündigung steht und von dieser Kündigung nicht in dem Maße, wie es geschehen könnte, aber in recht erheblichem Umfange Gebrauch gemacht wird. Und weiter: Als Entgelt für das Gehalt ist der dortige Nachwuchs mit Lehraufgaben in einem Umfange belastet, wie wir das bei uns in Deutschland nicht kennen. Ich frage mich gelegentlich immer wieder vergebens: Wie kann ein amerikanischer junger Assistent bei dem Maß von Vorlesungen, welches ihm sehr häufig aufgeladen ist, überhaupt zu Fortschritten in seiner Wissenschaft kommen, denn die Verhältnisse sind so, daß, während der Ordinarius in der Woche drei Stunden, der Dozent ein vielfaches davon liest. Die Verhältnisse sind also gerade umgekehrt wie bei uns. Und es ist sehr ernstlich zu fragen, was zunächst vom Standpunkte des Fortschreitens der Wissenschaft aus vorzuziehen ist, das amerikanische System oder das deutsche. Darüber möchte ich mir heute absolut kein Urteil erlauben, zumal die Erfahrungen, die ich habe, nur von einigen Universitäten stammen. Wir stehen ja heute überhaupt hier nicht vor der Frage: sollen wir dies oder jenes amerikanisch machen, sondern ich habe mich darauf beschränkt, Vergleiche zwischen den beiden Ländern zu ziehen. (Stürmischer Beifall.)

M[ax] Weber (Heidelberg) (Schlusswort): Eine Bemerkung des Kollegen [Max] *Pappenheim*[76] hat mich sehr befremdet. Er hat hier gesagt, über preußische Verhältnisse hat hier unter Verhimmelung der sächsischen und seiner eignen Unterrichtsverwaltung ein Mann gesprochen, der kein Preuße ist usw. Er hat damit wohl zweifellos nicht sagen wollen, daß, wenn ich in Preußen wäre, ich nicht ganz dasselbe bemerkt hätte. (Zuruf: Nein!) Damit ist meiner Meinung nach die Sache erledigt. Ich bin der ehrlichen Meinung und wiederhole das, daß die Verhältnisse in Sachsen und in Baden günstiger liegen als anderwärts.

Ich möchte noch eine Sache richtig stellen. Es ist mir sehr übel genommen worden, daß ich von einer unreinen Luft gesprochen habe, die in Preußen herrsche. Ja, meine Herren ich habe sehr genau spezialisiert, inwiefern ich allerdings der Meinung bin, daß nicht die Persönlichkeit, aber das System des damaligen Geheimrats und späteren Ministerialdirektors Althoff unter dem akademischen Nachwuchs eine fatale Atmosphäre verbreitet hat und daß damals in den Räumen des preußischen Ministeriums in persönlicher Hinsicht mit Mitteln gearbeitet wurde, die nicht zu billigen sind, und denen gegenüber ich es scharf und klar aufrecht erhalte als mein gutes Recht, meine Empfindung dahin auszusprechen, daß ich allerdings froh war und es als eine saubere Atmosphäre empfand, als ich

---

[76]   Max Pappenheim (1860-1934), Jurist.

mit anderen als dem damaligen preußischen Dezernenten zu tun hatte, unbeschadet meiner Verehrung und Dankbarkeit für seine Person. Denn es lag in seinem System, und es lag in der Menschenverachtung, die ihm eigen war und an der er vielleicht nicht ganz allein – das wollen wir ja sagen – Schuld gewesen ist.

Auch angesichts der Erörterung des Herrn von der Handelshochschule bin ich verpflichtet, noch einiges zu sagen. Ich möchte ausdrücklich feststellen, daß die deutschen Handelshochschulen Ausgezeichnetes leisten, soweit ich darüber urteilen kann. Was ich hier zum Ausdruck bringen wollte, ist das Bedauern, daß man den Weg besonderer Handelshochschulen und nicht den Weg der Angliederung an die Universität beschritten hat. Der Grund, weshalb man das getan hat, liegt allerdings nach der Richtung, die ich angedeutet habe, nach der Richtung, daß Herren, die innerhalb des Handelsstandes sich betätigen wollen, eine bestimmte in der Eigenart unserer feudalen Gesellschaftsordnung in Deutschland liegende Qualifikation sich verschaffen wollen.

19. Deutscher Hochschullehrertag[77]

Herr Prof. *Max Weber*, hier, schreibt uns zu der vorgestrigen Notiz über seine Äußerung auf dem Hochschullehrertag:

Ich habe das *System* des verstorbenen Ministerialdirektors *Althoff* in der Behandlung von Personen angegriffen, indem ich gleichzeitig hervorhob, daß er nicht nur glänzende sachliche Erfolge erzielt, sondern daß auch seine Motive fachlicher, „ressortpatriotischer" Natur gewesen seien und daß er persönlich, trotz aller rauen Formen, ein Mensch von großer Herzensgüte gewesen sei. Ich fügte hinzu, daß ich persönlich ihm, als Person, gewiss zum größten Dank verpflichtet gewesen sei, daß mir aber die Freude an der ganz auffällig günstigen Behandlung, welche ich von ihm erfahren habe, stark vergällt worden sei durch die Erfahrung, daß das *Abgeordnetenmandat* meines Vaters damit augenscheinlich in tatsächlicher Verbindung gestanden habe. Denn Herr Althoff erlaubte sich eines Tages, bei der Beratung des Kulturbudgets, auf einem parlamentarischen Abend, an meinen Vater, welcher ein Budgetreferat hatte, heranzutreten: „Er

---

[77] *Heidelberger Zeitung*, 20. Oktober 1911, S. 1. Über den Vierten Deutschen Hochschullehrertag und Max Webers Äußerungen bei diesem Zusammentreffen waren zuvor bereits Berichte in folgenden Zeitungen erschienen: *Berliner Tageblatt*, 2. Beiblatt, 14. Oktober 1911, S. 1-2; *Tägliche Rundschau*, Erste Beilage, 14. Oktober 1911, S. 1-2; *Vossische Zeitung*, Morgenausgabe, 14. Oktober 1911, S. 2 und Dritte Beilage, S. 9; *Germania*, Erstes Blatt, 17. Oktober 1911, S. 1. Diese unterscheiden sich jedoch nur unwesentlich von der hier in Rede stehenden Darstellung.

(mein Vater) möge doch dafür sorgen, daß seine Fraktion nicht eine bestimmte neu geforderte (*nationalökonomische*) Professur wie sie (angeblich) beabsichtige, ablehne. *Er möge doch mich* (damals war ich Privatdozent in Berlin) *einmal fragen*, ob ich für diese Ablehnung sei". Diese in jeder Hinsicht äußerst bedenkliche Äußerung veranlasste meinen Vater, nach Rücksprache mit mir, sein Referat niederzulegen (bzw. nicht wieder zu übernehmen). Die Fassung von Althoffs Bemerkung war – bei aller faktischen Unzweideutigkeit des Sinnes – zu vorsichtig in der *Form*, um Herrn Althoff zu „stellen" und gegen ihn amtlich vorzugehen. – Nach dieser (*und zahlreichen anderen*, nur teilweise angeführten) Erfahrungen, bemerkte ich, hätte ich *trotz* aller Freundlichkeiten Althoffs, für die ich ihm zu Dank verpflichtet war, das Gefühl gehabt, „in sauberere Luft" zu kommen, als ich die Berufung nach Freiburg angenommen hatte. – Ich füge noch hinzu, daß ich Herrn Althoff *seinerzeit nicht darüber im Zweifel gelassen* habe, daß mir gewisse Seiten seines Verhaltens äußerst unangenehm waren. Da aber ein Privatdozent einem Ministerium selbstredend keinen „Rüffel" erteilen kann – ich bin übrigens *niemals freiwillig* mit ihm in persönliche Berührung getreten – so geschahen diese Mitteilungen auf dem Wege durch den Dekan der juristischen Fakultät in Berlin, an welchen ich mich gewandt hatte.

20. Professor Max Weber – Heidelberg – über seine Rede auf dem Deutschen Hochschultag zu Dresden[78]

Gestern gelangte Ihr Bericht über eine Rede von mir auf dem Deutschen Hochschullehrertag in der 1. Beilage vom 14. Oktober [1911] in meine Hände. Der Bericht enthält eine Anzahl Irrtümer, welche übrigens, wie ich inzwischen höre, ganz ähnlich in den Berichten anderer Zeitungen sich finden sollen und deren Entstehung teils durch offenbare Hörfehler, teilweise aber dadurch sich erklärt, daß bei der unvermeidlichen Zusammenziehung des Gesagten Sätze ausgefallen sind, welche Ihrem Herrn Referenten begreiflicherweise unerheblich erscheinen konnten, auf die ich aber das größte Gewicht legen muss, da ohne ihre Wiedergabe beispielsweise einige besonders hervorragende Gelehrte der *Berliner Universität* in einem Lichte erscheinen würden, welches ich auch nicht *einen* Augenblick unwidersprochen auf ihnen ruhen lassen könnte. Gestatten Sie mir daher, zu den mir wesentlichsten Punkten folgende Bemerkungen zu Ihrem in akademischen Kreisen viel gelesenen Blatte:

---

[78] *Tägliche Rundschau*, Morgenausgabe, Zweite Beilage, 22. Oktober 1911, S. 2-3.

1)   Es ist in Ihrem Bericht als Äußerung von mir wiedergegeben:

„Als ich von Preußen nach Baden berufen wurde, wurde mir in *Baden* die ganze Korrespondenz vorgelegt, die Preußen mit dem badischen [Kultus]ministerium geführt hat, und ich las dort darin, was von *Preußen* über mich geschrieben worden war. Der *badische* Dezernent fragte mich, wie ich denn von einem Kerl, der solche Briefe über mich geschrieben hat, früher einen Ruf hätte annehmen können."

Hier liegt eine einfache Verwechslung vor, sicherlich infolge eines Hörfehlers. Der Tatbestand verhält sich genau *umgekehrt*. Und zwar folgendermaßen: *Ehe* meine Berufung nach Baden erfolgte, fand eine Korrespondenz zwischen dem damaligen badischen Dezernenten und dem damaligen preußischen Dezernenten, Geheimer Rat *Althoff*, statt. Der badische Dezernent erkundigte sich einmal danach, ob gewisse Angaben über meine Berliner *Einkommensverhältnisse*, welche ich der Freiburger Fakultät auf Wunsch gemacht hatte, sich tatsächlich so verhielten. Geheimer Rat Althoff legte mir diese Anfrage vor und knüpfte daran die Frage: Ob ich von einem „Kerl", welcher in meine Angaben *Zweifel* setze, einen Ruf in Ehren annehmen zu können glaube. – Der badische Dezernent führte ein anderes Mal aus, daß die Regierung in Baden wohl in die Lage versetzt werden würde, dem wiederholten Drängen der Freiburger Fakultät, mich zu berufen, nachzugeben, daß aber die und die (rein sachlichen) Bedenken (das Einzelne führte hier wohl zu weit) *gegen* meine Berufung bestehen könnten, insbesondere die Frage, ob ich nicht besser täte, in Berlin zu bleiben. Geheimer Rat Althoff knüpfte daran die Frage, ob ich von einem „Menschen", der den „*animus non possidendi*" [Abwesenheit einer akzeptablen Intention] in Bezug auf mich an den Tag lege und überhaupt derart mit ihm über mich korrespondiere, eine Berufung annehmen zu können glaube.

Ich hatte im ersten Fall erwidert, daß ich in der Bitte an eine Behörde um amtliche Bestätigung der Angaben eines Privatmannes nicht *unbedingt* etwas für mich Beleidigendes finde, im zweiten Falle erwiderte ich, daß in den betreffenden Ausführungen – zumal sie nur denjenigen Bedenken entsprächen, welche *ich selbst* der Freiburger Fakultät, als sie mir von ihrer Absicht, mich vorzuschlagen, Kenntnis gab, mitgeteilt hätte, – etwas Beleidigendes nicht liege, im übrigen aber für mich das Vertrauen der *Kollegen*, mit denen ich zusammen zu arbeiten hätte, in erster Linie zu stehen habe. Das Weitere interessiert für die Aufhellung des Missverständnisses nicht.

Ich habe auf dem Hochschullehrertage nicht diese Einzelheiten, die ich noch vervollständigen könnte, sondern lediglich die Tatsache, daß mir von dem preußischen Dezernenten Briefe, welche sein badischer Kollege über mich an ihn schrieb, im Original mit jenen despektierlichen Glossen (und: der Frage: was er meiner Ansicht nach antworten solle?) zur Durchsicht gegeben wurden, – mitgeteilt, um daran zu illustrieren, in welcher Weise die andern deutschen Universitätsverwaltungen, die, – wie auch Ihr Bericht wiedergibt – von Preußen im Wege des bekannten Kartellverhältnisses sehr stark beeinflusst worden seien, und, soviel ich wisse, noch würden, *ihrerseits von Preußen behandelt worden wären.*

Im Schlusspassus Ihres Berichtes ist nun gesagt, ich hätte „hoch und heilig versichert", diese Dinge durch *Briefe* belegen zu können. Das war ein *Hörfehler:* Wie mir die Anwesenden bestätigen müssten (soweit sie genau gehört haben), habe ich gesagt, daß von einem „dokumentarischen" Beweise dieser rein persönlichen Unterredung nur in dem Sinne die Rede sein könne, daß ich den *Inhalt* dieser Briefe dem Sinne nach ziemlich genau wiederzugeben in der Lage sei. Ob sich diese auf Oktavbriefpapier eigenhändig geschriebenen Briefe des Herrn Oberregierungsrat [Ludwig] *Arnsperger*[79] bei den amtlichen Akten befinden oder von Geheimem Rat Althoff als private Korrespondenz behandelt worden sind, kann ich nicht wissen. (Zu meinem großen Bedauern erfuhr ich (erst jetzt), daß der betreffende frühere badische Dezernent, der später ein andres Amt übernahm, ebenfalls verstorben ist.)

2) Der *zweite* Punkt betrifft folgenden Satz Ihres Berichtes:

„Es ist so weit gekommen, daß infolge der taktlosen und dreisten Art, mit der der Dezernent des Kultusministeriums auf diese persönlichen Verhältnisse" (von mir zu meinem, damals dem Abgeordnetenhause angehörigen Vater) „Bezug nahm, mein Vater sein *Mandat in der Budgetkommission* des Abgeordnetenhauses niedergelegt hat."

Ich bemerke dazu zur Präzisierung: Mein Vater hatte ein Referat über Teile des Budgets. Nachdem Geheimer Rat Althoff bei einem parlamentarischen Abend ihm gegenüber darauf angespielt hatte, daß mein Vater doch über die Erwünschtheit der Bewilligung einer bestimmten (hier wohl nicht interessierenden) neu geforderten (*nationalökonomischen*) Professur doch *mich* (damals Privatdozent) befragen möge, ehe er zuließe, daß die nationalliberale Fraktion diese Professur (wie sie, angeblich, beabsichtigt) ablehne, erklärte mir mein Vater nach eingehender Rücksprache und mit meiner lebhaften *Zustimmung,* daß er weiterhin dies Referat *nicht* mehr zu übernehmen sich in der Lage fühle. Die Äußerung Althoffs war formell so gefasst, daß ein direktes Vorgehen *gegen ihn* nicht möglich war, sach-

---

[79] Ludwig Arnsperger (1837-1907), Jurist.

lich ihrem Sinne nach aber unmissverständlich. Ich lege Gewicht darauf, den Vorfall hier etwas ausführlicher wiederzugeben, damit *keine Zweideutigkeit* bleibt.

3) Ihr Bericht erwähnt folgende Äußerung von mir:

„Auch mir hat man seinerzeit zugemutet, einen *Revers* zu unterschreiben, in dem mir ein geheimer Lehrauftrag angesonnen wurde. Als ich fragte, warum, da sagte man mir, der Lehrauftrag müsse geheim bleiben, weil sonst die Professoren *Brunner* und *Gierke* gegen meine Ernennung stimmen würden. Es wurde mir also eine direkte Unanständigkeit angesonnen."

Das ist unvollständig und nicht ganz genau. Ich hatte in der Dresdener Rede hinzugefügt, das ich die Unterzeichnung eines Reverses, germanistische Vorlesungen neben den lehrauftragsmäßigen halten zu *müssen*, abgelehnt und bezüglich der Geheimhaltung und ihrer Gründe Herrn Althoff bemerkt hatte, daß die beiden Germanisten [Heinrich] Brunner[80] und [Otto F. von] Gierke[81] in der Fakultät ja bereits für meine Ernennung gestimmt hätten, *obwohl sie* (und ebenso der Dekan) durch mich bereits darüber *genau unterrichtet* gewesen seien, daß ich jene Vorlesungen zu halten *beabsichtige*. Geheimer Rat Althoff erklärte daraufhin: dann erledige sich ja die Sache, und machte sich einige Bleistiftnotizen.

Ich habe den Vorfall in der Verhandlung erwähnt, um zu verdeutlichen, in welcher Art eine so *menschenverachtende* Einschätzung selbst unserer bedeutenden Gelehrten und vollends der Umstand, daß solche Unterstellungen einem ihrer jungen Berliner Kollegen vom Dezernenten für Personalien vorgetragen wurden, *korrumpierend* auf den Charakter des Nachwuchses zu wirken geeignet war. Zugleich aber auch, um zu erläutern, in welcher Weise z. B. der sogenannte *Fall Bernhard* entstanden ist. Denn *nichts anderes* als der Umstand, daß Prof. Bernhard die, vom kollegialen Standpunkt angesehen, Unanständigkeit der Zumutung von Schweigepflichten bei einem die Rechte der Universität verletzenden Versprechen der Regierung nicht sofort erkannt hat, hat ihn, in konsequenter Entwicklung, in jene äußere und innere Situation gebracht, um welche ihn, bei allem Glanz der äußeren Stellung, doch sicherlich *kein Kollege beneiden wird*.

Damit genug. Sie gestatten mir aber wohl noch *zwei* Bemerkungen: Es war selbstverständlich nicht angenehm, in einer *öffentlichen* Versammlung fortwährend *von mir selbst* reden zu müssen. Allein es liegt auf der

---

[80]   Heinrich Brunner (1840-1915), österreichischer Historiker.
[81]   Otto F. (seit 1911) von Gierke (1841-1921), Rechtsphilosoph.

Hand, daß ich die zahllosen, ähnlichen Erlebnisse *Dritter*, welche ich vertraulich kenne, unter schlechterdings *gar keinen* Umständen und auch auf die Gefahr hin, daß Leute, die mich nicht kennen, *mir* nicht glauben, jemals öffentlich oder privatim zur Sprache bringen kann, daß ich auch nicht einmal einen Druck auf sie ausüben könnte, mir dies zu gestatten.

Man könnte ferner fragen: Warum ich denn diese Dinge nicht zu Althoffs *Lebzeiten* zur Sprache gebracht habe? Hierauf bemerke ich: Als das bekannte „*Althoff-Diner*" veranstaltet wurde, habe ich mit verschiedenen Kollegen darüber konferiert, ob man nicht diese und zahlreiche ähnliche Dinge zur Sprache bringen solle, um den von Prof. *Schmoller* als „unerhört" bezeichneten Angriff des verstorbenen Prof. [Adolf] *Michaelis*[82] auf das Althoffsche System (der in einzelnen Punkten fehlgriff, in anderen aber nach unserer Überzeugung das richtige traf), gegen jene Bemerkung in Schutz zu nehmen (ich bemerke vorsichtshalber, daß Prof. Michaelis mir damals persönlich völlig unbekannt war). Wir kamen zu dem Resultat, daß, trotz allem, Althoff seinen *voraussichtlichen Amtsnachfolgern vorzuziehen* sei, und daß man deshalb alle solche Dinge jetzt auf sich beruhen lassen sollte. Wenn ich *jetzt* mich entschlossen habe, die von mir seinerzeit öffentlich gegen die Auslieferung der zukünftigen *Frankfurter* Hochschule an die preußische Bürokratie erhobenen Bedenken, von denen man damals gesagt hat, sie müssten durch Beispiele gestützt werden, durch einige solche aus *eigener* Erfahrung zu illustrieren, so ist dafür einerseits der Umstand maßgebend gewesen, daß der preußische Herr *Kultusminister*, der doch erst seit *recht* kurzer Zeit in sein Amt eingetreten ist, sich dennoch berechtigt glaubte, in Breslau öffentlich *seine* Bürokratie, und gar nach dem, was im vorigen Jahre passiert war, auf Kosten der Universität *herauszustreichen*. Anderseits aber war dafür maßgebend die Art des Vorgehens der preußischen Unterrichtsverwaltung gegen drei hervorragende Berliner Kollegen im Falle Bernhard.

Es ist (*meines Wissens unwidersprochen*) festgestellt, daß Beamte des Unterrichtsministeriums einen Teil der Presse ihnen nur *amtlich* bekanntes Material bekannt gegeben haben für einen Pressfeldzug von, wie sie wissen mussten, *schnödester* Art gegen jene drei Kollegen. Es bezweifelt in Berlin niemand mehr, der die Vorgänge kennt, daß Herren des Unterrichtsministeriums Herrn Prof. Bernhard zu demjenigen Verhalten, welches von dem eingesetzten Schiedsgericht als Wortbruch bezeichnet werden musste, *angestiftet* oder allermindestens ihn in diesem Verhalten *bestärkt* haben, – *und* daß dann *dieselbe Instanz* sich für berufen hielt, in einer Sache, wo sie *Partei* war, den *Richter* zu spielen. Es steht *ferner* fest,

---

[82]   Adolf Michaelis (1835-1910), Archäologe.

daß die preußische Unterrichtsverwaltung staatliche Gelder dazu benutzt hat, um durch Bezahlung objektiv nach der Ansicht Bornflachs [unbekannt] *nicht* unentbehrlicher Vorlesungs*inserate* einerseits, und durch Entziehung der *gleichen* Inserate anderseits, hier unabhängige Männer, welche *nicht* der gleichen Meinung waren wie sie selbst, materiell zu *züchtigen*, *Reptile* zu *subventionieren*, welche es als ihre Aufgabe ansahen, den Professoren, welche oben unbequem wurden, in den Rücken zu fallen. Ich habe weder die Personen des Herrn Kultusministers und seiner Beamten, noch deren berufliche Gewissenhaftigkeit angreifen zu wollen erklärt, sondern lediglich den Fortbestand eines *Systems*, welches in ihren Händen *alle* Schwächen und *keine* der auch von mir ausdrücklich anerkannten Stärken an sich trägt, die es in den Händen seines *genialen* Begründers, des Geheimen Rats Althoff besaß. Daß ich auch Herrn Althoff menschlich und beruflich voll gerecht geworden bin, ergibt Ihr Bericht.

Meine persönliche Ansicht über sein *System* aber kannte Herr Althoff – den ich *freiwillig* niemals aufgesucht habe – *genau*, sowohl durch eine direkte Bemerkung von mir gleich bei dem ersten eingehenderen Gespräch, wie durch den Dekan der Berliner juristischen Fakultät, den ich gebeten hatte, ihm das absolut Unmögliche einiger Bemerkungen von ihm (über gleichaltrige Kollegen von mir) und seines ganzen Verhaltens noch wirksamer klarzumachen, als ich es selbst schon zu tun versucht hatte, wie endlich durch einen *dritten*, ihm persönlich nahestehenden Herrn. Seine fast grotesken Antworten in solchen Fällen – mir persönlich ist er *nie* direkt zu nahe getreten – habe ich Freunden oft zur *Belustigung* erzählt. Sie gehören nicht hierher. Man musste schließlich *persönlich* ihn nehmen, wie er war, und ich habe ihm *persönlich* beim Abschied sehr warm schriftlich für alle Förderung gedankt – ohne deshalb sein *System* verzeihlicher zu finden, welches mir, wie er wusste, unerträglich war. Sein entscheidender Fehler war die *rücksichtslose Bekundung* einer absoluten *Menschenverachtung*: daß für deren Entstehung auch so manches, was innerhalb der Universitäten passiert war, mit verantwortlich gewesen sei, dies habe ich in Dresden *unter lebhafter Zustimmung der Anwesenden* betont. Aber ich musste allerdings zugleich zum Ausdruck bringen: Es geht, wie andere, in Universitätssachen genau ebenso gut, und heute besser, verwaltete Staaten beweisen, *auch ohne* jene eigentümlich „*verschmitzte Tücke*", welcher so ziemlich jedermann von seiner Seite ausgesetzt war, für welche ich in Dresden ein in Ihrem Bericht nicht erwähntes und sachlich gleichgültiges Beispiel anführte und welche den Charakter des Nachwuchses wahrlich *nicht günstig* beeinflussen konnte. Denn – um ein Missverständnis des

Herrn Kollegen [Alexander A.] Kaufmann[83] zu beseitigen – im Verkehr mit den *Ministerien* (von *diesen* sprach ich ja allein) fühlte ich mich allerdings in Baden „in *sauberer Luft*".

21. Max Weber über das „System Althoff"[84]

Sehr geehrte Redaktion!

Die *Norddeutsche Allgemeine Zeitung* [Drittes Morgenblatt, 24. Oktober 1911, S. 2] sucht meinen Angriff auf das in wichtigen Punkten bei der preußischen Unterrichtsverwaltung noch heute fortbestehende, meines Erachtens korrumpierende *System der Menschenbehandlung*, als einen *persönlichen* Angriff gegen den verstorbenen Geheimen Rat Althoff hinzustellen und dadurch die Angelegenheit von der Gegenwart in die Vergangenheit und von den Zuständen auf das rein persönliche Gebiet zu spielen. Sie publiziert zu diesem Zweck einen mir, nicht seinem speziellen Inhalt, wohl aber seiner Existenz und seinem *Zweck* nach bekannt gewesenen Brief des genannten Herrn an den früheren badischen Universitätsdezernenten, zu welchem ich, nachdem er nun einmal publiziert ist, Folgendes bemerke:

1. Der Brief enthält den Passus: „Umso weniger wird es aber der hiesigen (Berliner) Praxis entsprechen, ihm (mir) in seiner freien Entschließung irgendwelche Hindernisse in den Weg zu legen" –, obwohl die Berliner Praxis war und ist, neuernannte Dozenten durch Revers zur Ablehnung auswärtiger Berufungen zu verpflichten, *und obwohl* nicht allzu lange vorher Geheimer Rat Althoff ausdrücklich versucht hatte, *auch mich* durch einen genau *ebensolchen* Revers zu binden. Daß dieser Versuch gemacht worden war, muss teilweise „aktenkundig" sein, da das Schreiben, welches jenes Verlangen *zurücknahm, kanzliert* war. Die eigenhändige Nachschrift und meine Briefe, auf welche diese letztere Bezug nahm, dürften vielleicht in den Akten fehlen, ebenso wie eine (vollständige) Angabe des Inhalts der Unterredung, auf welche in dem Schreiben selbst Bezug genommen wurde. Die Einzelheiten dieser Vorgänge gehören nicht hierher.

2. Der Brief enthält einige schmeichelhafte Bemerkungen über mich. Ich kann hier nicht in eine Darlegung der Antezedenzien und des Zwecks dieses Schreibens näher eingehen und bemerke in dieser Hinsicht nur, daß Geheimer Rat Althoff, wie sich für mich wiederholt ergab, meinen steten nachdrücklichen Erklärungen, daß ich mit einer Berufung nach Baden, – die ja sein Schreiben nach Lage der Dinge beinahe erzwingen musste und

---

[83] Alexander A. Kaufmann (1864-1919), russischer Ökonom.
[84] *Frankfurter Zeitung*, Abendblatt, 27. Oktober 1911, S. 2-3.

auch erzwingen wollte, – keine „Handelsgeschäfte" im Sinne eines von ihm, wie ich voraussah, beabsichtigten Arrangements treiben, sondern entweder *bedingungslos* bleiben oder *bedingungslos* gehen würde, den Glauben *hartnäckig versagt* hat.

Ich bemerke aber ferner, daß ich in der Art der *amtlichen* Beurteilung und Behandlung eines Dozenten, welche doch nicht aus persönlicher Freundlichkeit, sondern aus *sachlichen* Gründen der Unterrichtsinteressen zu erfolgen hat, schlechterdings *gar nichts* erblicke, was den Betreffenden zu persönlichem Dank verpflichten müsse *oder auch nur dürfe*. Ebenso konnte unmöglich Althoffs *persönlich* freundliche Ansicht über meine Person (von der ich in Dresden ausführlich gesagt habe, aus welchen Gründen die Art, wie sie sich äußerte, und die Motive, durch die sie, teilweise, bedingt schien, mich verletzten) mich dazu verpflichten, sein *System* günstig zu beurteilen. An diesen beiden Punkten lag, wie Althoff (ich wiederhole das) *genau wusste*, die Grenze meiner Dankbarkeit. Die Art übrigens, wie (konservative!) Gelehrte wie Schmoller und Wagner, welche beide für die Verklärung der preußischen Königskrone und der preußischen Verwaltung wahrlich mehr geleistet haben als alle Beamte des Kultusministeriums zusammengenommen und von denen Schmoller jahrzehntelang jene Beamten in den schwierigsten Teilen ihrer Geschäfte in einer Weise unterstützt hat, daß man fast sagen kann: Er hatte ihnen den wesentlichsten Teil ihrer Sorge abgenommen, *trotzdem* von den jetzigen Herren dieses Ministeriums im „Falle Bernhard" behandelt worden sind, dürfte hinlänglich zeigen, daß jedenfalls zu den Eigenschaften der preußischen Unterrichtsverwaltung die „Dankbarkeit" ganz gewiss *nicht* zählt. Es ist eine *Unwahrheit*, daß ich das Andenken an Althoffs, von mir so stark wie von irgend jemandem sonst öffentlich und privatim anerkannte Verdienste oder auch die rein menschlichen Qualitäten, welche er besaß, durch das von mir *wirklich* (und nicht nur angeblich) Gesagte „getrübt" habe. Aber nicht von diesen nur illustrativ vorgebrachten Dingen ist jetzt zu reden, sondern von dem durch ihn geschaffenen und heute noch fortbestehenden *System*. Einem System, welches, – mit seinen Reversen (1. Reversen der Dozenten über alle möglichen und unmöglichen Dinge, keineswegs etwa nur über Nichtannahme von Berufungen, 2. Reversen der Unterrichtsverwaltung, enthaltend Exspektanzen auf den Todesfall von Berliner und anderen Ordinarien und dergleichen), Schweigepflichten, friedensstörenden Eingriffen in kollegiale Beziehungen, Inseratensubvention und Inseratenentziehung je nach der Gesinnung, Bekanntgabe amtlichen Materials zum Zweck von Presskampagnen und all den Dingen, von denen ich in Wirklichkeit gesprochen *habe*, – darnach strebt, unseren akademischen Nachwuchs allmählich in eine Art von akademischen Geschäftsleuten zu verwandeln, Persönlichkeiten aber, die ohne Hintergedanken in diesen Apparat hineingeraten, in Gewissenkonflikte bringt, oder zu falschen Schritten verleitet, an deren Konsequenzen sie nachher vielleicht ihr ganzes akademisches Leben hindurch zu tragen haben. Eine sachliche Unterrichtsverwaltung, deren Beamte den Gefahren der großen, in ihren Händen liegenden Macht innerlich gewachsen sind, kann solcher Mittel entbehren und muss sich ihrer enthalten, ganz abgesehen davon, daß, was man Althoff schließlich doch immer wieder verzeiht, darum noch lange nicht andern verziehen werden kann.

Ich darf Sie schließlich wohl bitten, auch hier wiederholen zu dürfen, daß in einem großen Teil der Presse über den Inhalt meiner Darlegungen teils fehlerhaft, teils missverständlich berichtet worden ist, und daß dadurch z. B. sowohl das badische Ministerium wie zwei hervorragende Berliner Gelehrte absolut unbegründeten Verdächtigungen ausgesetzt waren, wie ich dies inzwischen öffentlich an anderem Orte festgestellt habe. Da es schlechthin unmöglich ist zu wissen, wie weit speziell diese Irrtümer in der Presse weitergegeben wurden, ebenso unmöglich aber, der gesamten deutschen Presse Berichtigungen zuzuschicken, so darf ich wohl hiermit andere Pressorgane bitten, von diesen Bemerkungen Notiz nehmen zu wollen.

Endlich darf ich bei dieser Gelegenheit vielleicht noch eins aussprechen: Hie und da in der Presse ist von dem besonderen „Mut" gesprochen worden, den die offene Erörterung solcher Dinge von meiner Seite – mit einem unangenehmen Seitenblick auf meine Kollegen – beweise. Sehr mit Unrecht. Meine Kollegen, speziell in Preußen, setzen bei offener Erörterung solcher, *allseitig bekannten*, Dinge keineswegs nur ihre persönliche Stellung, sondern vielfach auch die fachlichen Interessen ihrer Institute aufs Spiel, da sie bezüglich der Lehrmittel vielfach auf den guten Willen des Unterrichtsministeriums angewiesen sind. Bei mir ist dies nicht der Fall, da meine, in Erinnerung an frühere Jahre mir wertvolle Beziehung zur Universität Heidelberg, welche ich äußerstenfalls aufs Spiel setze, leider zurzeit und für die absehbare Zukunft nur eine formelle sein kann. Auf *den*, etwas *bequemen* Standpunkt freilich: „Solche Erörterungen nutzen voraussichtlich doch nichts, darum soll man sie lassen", stelle ich mich *nicht*, jedenfalls nicht in diesen Angelegenheiten.

Mit vorzüglicher Hochachtung

Prof. *Max Weber*

22. Die Handelshochschulen – Eine Entgegnung von Professor Dr.

Max Weber [85]

Heidelberg, 24. Oktober [1911]

Die bekannte Rede Professor Dr. Max Webers in Heidelberg ist in drei uns zugegangenen und von uns veröffentlichten Entgegnungen beantwortet worden. Nachdem so zwei Vertreter der Berliner Handelshochschule – der *Rektor Professor Dr. [Arthur] Binz*[86] und *Professor Dr. Paul Eltzbacher*[87] – und ein Vertreter der Leipziger Universität, *Professor Dr. Ludwig Beer,*[88] sich hier nacheinander zu der Rede geäußert haben, wollen wir noch den nachstehenden Ausführungen Raum geben, die Professor Dr. Max Weber uns sendet.

Die Redaktion des *Berliner Tageblatts*

Ohne sich bei mir zu erkundigen, ob in einer durch einen großen Teil der Blätter gegangenen Notiz eine Äußerung von mir betreffend der Handelshochschulen richtig und *vollständig* wiedergegeben sei, haben zwei Professoren, darunter bedauerlicherweise auch der *Rektor* der Handelshochschule in Berlin gegen mich im *Berliner Tageblatt* Angriffe erhoben (welche sie, wie ich gern anerkenne, wenigstens die nicht von allen Seiten geübte Loyalität hatten, mir zu zu senden). Angesichts der Eile, mit welcher diese Herren die Handelshochschulen sehr „wirksam" in Schutz genommen hatten, habe ich, nach langer Abwesenheit von hier, überbeschäftigt mit zahlreichen unaufschiebbaren Dingen, mich zu besonderer Eile in der öffentlichen Richtigstellung nicht mehr veranlasst sehen können, zumal nachdem ich *beiden* Herren mitgeteilt hatte, das jene Notiz einen unzutreffenden Eindruck des von mir Gesagten erwecke. Dies letztere hat seinen Grund im Wesentlichen darin, daß der Berichterstatter sich, offenbar Raumes halber, genötigt sah, nicht nur mehrere Sätze, sondern Sätze aus *zwei ganz verschiedenen Reden* von mir in einen einzigen, nur das ihm wesentlich Erscheinende enthaltenden Satz zusammenzuziehen. Denn ich hatte mich am Schluss der Verhandlungen eigens zu dem Zwecke noch einmal zum Wort gemeldet, um gegenüber der Interpellation eines anwesenden Handelshochschulkollegen, in einer jede Möglichkeit der „Herabwürdigung" der Handelshochschulen absolut ausschließenden Art ausdrücklich und nachdrücklich hervorzuheben, wie gut ich wisse (ich pflege nämlich die mir überhaupt zugänglich gemachten Berichte der Handelshochschulen, speziell der Kölner, ziemlich genau zu lesen), welche in jeder Hinsicht ausgezeichnete Arbeit von den zum Teil sehr hervorragenden Kollegen an den Handelshochschulen geleistet wer-

---

[85] *Berliner Tageblatt,* Morgenausgabe, 27. Oktober 1911, S. 1.
[86] Arthur Binz (1868-1943), Chemiker.
[87] Paul Eltzbacher (1868-1928), Jurist.
[88] Ludwig Beer (1868-1935), Jurist.

de. Da übrigens die Handelshochschule *Berlin* in erster Linie der Arbeit meines früheren Berliner Kollegen *Jastrow,*[89] die in Köln und Mannheim derjenigen meines hiesigen Kollegen *Gothein*[90] ihre Entstehung verdanken, da ferner (um von anderen Herren nicht zu reden) zum Beispiel an der Berliner Handelshochschule mein Freund und Redaktionskollege *Sombart* lehrt, so konnte auch der schlechtest unterrichtete Rektor sich sagen, daß hier eine Anfrage bei mir, zum mindesten vor *öffentlichen* Schritten, wohl am Platze sei. Am Tage der Absendung seines Schreibens an das *Berliner Tageblatt* (16. Oktober) hätte er meine Antwort auf seinem Tische gefunden, wenn er mir die Nummer des Blattes vom 14. Oktober sofort geschickt hätte. Ich lege großen Wert darauf, gerade in diesem Blatte jetzt noch zu Worte zu kommen.

Gesagt habe ich in Dresden gelegentlich der zur Diskussion stehenden *Vergleichung* amerikanischer mit deutschen Verhältnissen (dem *Sinn*, teilweise aber auch dem Wortlaut nach) bezüglich des hier interessierenden Punktes Folgendes: In Amerika zeige sich in Bezug auf das althistorische Institut des *College* (Studenteninternat mit einem, wie wir sagen würden: stark „humanistischen", etwa der Prima unserer Gymnasiasten und den ersten philosophischen Studiensemestern entsprechenden Lehrgang) eine doppelte Tendenz: die Entwicklung des Fachstudiums nach europäischem Muster strebe dahin, jenes Institut als Bestandteil der alten Universitäten in den Hintergrund zu drängen (in Baltimore zum Beispiel bestehe schon jetzt ein Gymnasium deutscher Art als Vorbildungsanstalt für die Universität). Dem stehe, wie mir (zu meiner Überraschung) von beteiligten amerikanischen Herren wiederholt versichert worden sei (die Allgemeingültigkeit und Dauer dieser Erfahrung könne ich freilich nicht nachprüfen), eine ziemlich starke entgegengesetzte Tendenz gerade in amerikanischen *Geschäfts*kreisen gegenüber. Das College mit seiner spezifischen Prägung der Persönlichkeit (im Sinne des angelsächsischen *gentleman* [Herren]-Ideals nämlich) und die spezifische Allgemeinbildung, welche es biete, scheine diesen Kreisen, nach ihren Erfahrungen, vielfach eine besonders geeignete Stätte der Erziehung zur Selbstbehauptung (und, wäre hinzu zu fügen, zum gesunden *bürgerlichen* Selbstgefühl) des angehenden Kaufmanns, sowohl als Menschen wie für seinen Beruf, eine bessere als ein Fachkursus. Gewiss gehöre auch diese (in jenen Kreisen) steigende Bewertung von „Bildungsdiplomen" (*degrees*) jenem Kreise von *Europäisierungs*erscheinungen an, welche das ganze amerikanische (auch das akademische) Leben heute erfasst habe und mit der Zivildienstreform

---

[89] Ignaz Jastrow (1856-1937), Ökonom.
[90] Eberhard Gothein (1853-1923), Ökonom.

[Beamtendienstreform] immer weiter fortschreiten werde (immerhin, möchte ich *hier* hinzufügen, ist die Art der Erlangung und die praktische Bedeutung der verschiedenen Bildungsdiplome in Amerika doch eine in wichtigen Punkten andere als bei uns). *Bei uns*, fügte ich nun hinzu, erstrebe man Ähnliches auf dem Wege der Gründung von Handelshochschulen. Der Grund dieser Schöpfung gesonderter (*nota bene*!) [merke wohl!] Institute für diesen Zweck sei einerseits – was ich sehr stark hervorhob – in dem Hochmut unserer traditionellen Universitätsprofessoren zu suchen. Man denke sich den Schauder eines durchschnittlichen juristischen Geheimrats, wenn ihm, etwa in einer rechts- oder staatswissenschaftlichen Fakultät, zugemutet würde, mit einem Menschen in einer Fakultätssitzung sich zusammenzufinden, der ein so wenig salonfähiges (ob ich diesen *Ausdruck* brauchte, weiß ich nicht mehr) Fach wie etwa Handelsbetriebslehre, gewerbliche Kalkulationslehre und dergleichen verträte. (Fächer, von denen ich *hier* bemerken möchte, daß ich es für ein Unheil halte, daß der Nachweis ihres gründlichen Studiums nicht obligatorisch für jeden nationalökonomischen Examenkandidaten an den Universitäten ist.) Auf der anderen Seite entstamme aber ein gut Teil des „Kampfes" für die Schaffung der gesonderten Handelshochschulen auch dem in unserem kaufmännisch-industriellen Nachwuchs unleugbar vorhandenen (ich habe nicht gesagt: „durchweg" *oder auch nur*: „überwiegend" vorhandenen) Streben, jenes *feudale Prestige* sich anzueignen, welches bei uns die durch Farbentragen, Schmisse, überhaupt das traditionelle, von der intensiven Arbeit ablenkende Studentenleben zu erwerbende „Satisfaktions"- und „Reserveoffiziersfähigkeit" gewähren. Ich habe hinzugefügt, daß, *wenn* diese Tendenzen und – wie ich nach Ausweis meiner unmittelbar vor der Rede gemachten Notizen hinzufügen *wollte, vielleicht* aber im Eifer der Rede vergaß – überhaupt schon an sich das, nachgerade in allen Berufen chinesenhaft um sich greifende Streben nach Schaffung immer neuer Arten von offiziellen Bildungspatenten überhaupt immer weiter wuchern würden, dies uns im ökonomischen Kampf mit den großen Arbeitsvölkern der Erde vielleicht nicht zum (wohlgemerkt) *dauernden* Vorteil gereichen werde. Dies *habe* ich gesagt. Ich hatte einen Vergleich zu ziehen und folglich auch die beiderseits mitspielenden *Tendenzen* darzulegen, auch die beiderseitigen *Schwächen*, was ich für die amerikanischen Hochschulen (nach anderen Richtungen hin) ausgiebig getan habe. Verschweigen konnte ich diese Dinge nicht und musste mich darauf verlassen, daß in dem Kreise, in welchem ich sprach, hinlänglich bekannt wäre, daß mir eine so törichte Behauptung, wie die: es studierten *vorwiegend* oder gar: *nur* Leute mit jenem feudalen Ehrgeiz an den Handelshochschulen, ebenso fern lag wie die Behauptung, es gebe an den

Universitäten nur Couleurstudenten, die, wie jedermann weiß, auch dort überall in der Minderheit, aber dennoch sehr einflussreich sind.

Und nun eine kleine Geschichte: Auf dem Kontor einer bedeutenden Fertigfabrikatfirma erscheint als Geschäftsreisender eines ihrer Halbfabrikatlieferanten ein Herr von einem Aussehen, welches an Tadellosigkeit dem Inhalt der überreichten Visitenkarte gleichkommt: „X. Leutnant der Reserve des usw. (unten links:) Firma D. und Co. (unten rechts:) in Z. (Sitz der Firma)." Der auf dem Kontor anwesende Mitinhaber der besuchten Fabrik spricht sein Bedauern aus, daß der Besuch nicht telephonisch angemeldet worden sei, wie das Geschäft dies von allen seinen Lieferanten, auch der von dem Reisenden vertretenen Firma, zwecks prompter Erledigung dringend erbeten habe. Er könne gerade jetzt seinen Kompagnon, welcher diese Abschlüsse zu erledigen habe, schlechterdings nicht mitten aus den (näher angegebenen) unaufschiebbaren Arbeiten herbitten lassen. Der Herr Reisende möge zu anderer Tagesstunde wiederkommen. Übrigens müsse er selbst seinerseits bereits auf zweierlei aufmerksam machen: die zuletzt gelieferte Ware bestehe nachweislich die Qualitätsprobe nicht, und die zuletzt geforderten Preise würden nachweislich von der Konkurrenz geschlagen. – Vornehm „nasale" Antwort (annähernd wörtlich): „Äh – be-dau-re sehr, daß nach Ihrer Meinung Ihr Herr Kompagnon, der, soviel ich weiß, Offiziersqualifikation hat, es nicht für erforderlich erachten würde, einen Ka-me-ra-den sogleich zu begrüßen. Im Übrigen könnte Ihnen ja wohl genügen, daß ich Reserveoffizier bin, um zu wissen, daß ich nur reelle Ware zu den besten Preisen anbiete. Be-dau-re sehr!" – Tadelloser und stolzer Rückzug. – Für dieses Prachtexemplar eines Reisenden, über welches der verblüffte Fabrikant noch nach Wochen lachte, und mit welchem seine Firma auf die Dauer schwerlich glänzende Resultate erzielt haben dürfte, fällt es mir nun (vorsichtshalber sei es ausdrücklich gesagt) gewiss nicht ein, die bestehenden Handelshochschulen verantwortlich zu machen. Ich bemerke nur noch, daß mir von einem Herrn aus einer ganz anderen Branche, dem ich den Vorfall zu seinem Amüsement erzählte, gesagt wurde: *Ganz* vereinzelt stehe das keineswegs da; manche Lieferanten glaubten ernstlich, durch solche Reisende imponieren zu können. Und in der Tat: *einmal*, das *erstemal*, sei er in der Verblüfftheit, wie man einen so ungewohnt auftretenden Herrn wieder los werde, tatsächlich auf einen Posten (unbrauchbarer) Ware hereingefallen, was ihm freilich nicht wieder passieren werde, – und ich füge hinzu: In einer gewiss etwas fratzenhaften Art *könnte* dies Histörchen immerhin illustrieren, welche Entwicklungs*tendenz* in der Eigenart unseres kaufmännisch-industriellen Nachwuchses gezüchtet oder gestärkt werden würde, *wenn* in unseren Kontoren eine mit Hochschulbildungspatenten ausgerüstete und *deshalb* sich ihren Kollegen *sozial über-legen* dünkende Schicht sich breit zu machen beginnen sollte, und voll-ends, wenn überdies auch noch gar die Eigenarten, welche das studenti-sche Verbindungswesen erzieht, oder schließlich vollends die heutzutage durch militärische Qualifikationsatteste nur allzu leicht geschaffene Art von feudalen Prätentionen in den Mittelpunkt des Gesichtskreises rücken sollte. Hier ist nicht der Ort, zu erörtern, in welchem Sinn die Zugehörig-keit zu studentischen Verbindungen (über die ich *so* generell, wie mir zu-geschrieben wurde, *nicht* gesprochen habe) und das Militär „erziehlich" wirken. Aber: Weder der Besitz eines Couleurbandes, noch der Besitz ei-nes Offizierspatentes sind, als solche, in *irgendeinem* Sinne geeignet, den Beweis zu liefern, daß ihr Besitzer für die harte und nüchterne *Arbeit* ge-eignet ist, ohne welche unser Bürgertum in Handel und Gewerbe die Machstellung Deutschlands in der Welt nicht behaupten wird. Da mir in einem Blatt hochmütiges Herabsehen auf die „Kommis" unterstellt wird: Ich selbst trage meinen Namen von westfälischer Leinwand und verleug-ne den Stolz auf diese bürgerliche Herkunft *nicht* in der Art, wie es jene Kreise, von denen ich sprach, nur allzu gern tun möchten.

Ohne den anderen Handelshochschulen irgendwie zu nahe zu treten, muss auch unbedingt anerkannt werden, daß die mir wohlbekannte Un-terdrückung jenes für Kaufleute lächerlichen Verbindungsunfugs an der Berliner Handelshochschule doch ein positives Verdienst ist. Es hängt die-ses, an sich ja nur einen kleinen Einzelzug darstellendes Verhalten wohl zusammen mit dem auch sonst etwas abweichenden Gesamtcharakter, welcher dieser Gründung von Anfang an in manchen Hinsichten aufge-prägt wurde, von dem aber auch bekannt ist, *welche Schwierigkeiten* da-durch den Männern, die sie schufen, und weiterhin auch noch der Anstalt selbst in ihrer ersten Zeit, entstanden sind, und zwar zum Teil *aus gewis-sen zu feudalen Idealen neigenden Kreisen der deutschen Industrie selbst.*

23. Die preußische Unterrichtsverwaltung und Prof. Max Weber – Heidelberg[91]

Herr Universitätsprofessor Max *Weber*, der dieser Tage von der *Norddeutschen Allgemeinen Zeitung* wegen seiner Rede auf dem Dresdner Hochschullehrertag gegen das „System Althoff" angegriffen wurde, schreibt der Redaktion folgenden Brief:

Heidelberg, 22. Oktober 1911

Sehr geehrte Redaktion!

Von einer Reise, während derer ich keine Zeitungen beachten konnte, heimkommend, wurde ich am Dienstag von *fünf* verschiedenen, sehr gewichtigen Stellen auf offenbare Irrtümer in dem Bericht von Berliner Blättern über Äußerungen von mir auf dem *Dresdner Hochschullehrertage* hingewiesen, welche, wie ich höre, seitdem weithin durch die Presse die Runde gemacht haben. Nachdem ich Freitag endlich in den Besitz der *Täglichen Rundschau* [Erste Beilage, 14. Oktober 1911, S. 1-2] gelangt war, sandte ich dieser die beifolgende, nach telegraphischem Versprechen *heute* daselbst erscheinende Darlegung, von der ich Sie, speziell bezüglich des *ersten* Punktes, Notiz zu nehmen sehr ergebenst bitte. Er betrifft den Umstand, daß ein von mir mitgeteiltes Verhalten des bekannten Geheimen Rates *Althoff,* dem – wie ich mit großem Bedauern bei dieser Gelegenheit erfuhr – ebenfalls bereits verstorbenen früheren *badischen* Personaldezernenten, damaligen Oberregierungsrat Arnsperger, zugeschrieben wurde. Die vornehm reservierte Natur des genannten Herrn, dem ich persönlich ebenso wie übrigens Geheimem Rat Althoff, zu großem Danke verpflichtet bin – und zwar *ohne* daß ich bei ihm jemals auf jene, meines Erachtens korrumpierende, Art der Menschenbeurteilung gestoßen wäre, welche mein Empfinden bei dem Verkehr mit Herrn Althoff immer wieder aufs Schwerste verletzte –, schloss für jeden Kenner seiner Persönlichkeit die Möglichkeit aus, den von dem Berichterstatter begangenen Irrtum zu verkennen.

Da ich hier die Gastfreundschaft eines *badischen* Blattes erbitte, so erlauben Sie mir vielleicht hinzuzufügen: Es war nicht etwa meine Absicht, auf dem Hochschullehrertage die Dinge so darzustellen, als ob in Baden im Gegensatz zu Preußen, vom Standpunkt der Universitätsinteressen aus gesehen, *lediglich* Sonnenschein herrsche. Mit wachsender Sorge betrachten, wie allgemein bekannt ist, weite Kreise, zu denen auch viele der ersten Männer *unserer* Universitäten zählen, die *wachsende* Kühnheit, mit welcher ein kleiner Kreis konservativer Partei- und Kirchenpolitiker einen

---

[91] *Badische Landeszeitung*, 28. Oktober 1911, S. 2.

Einfluss auf die Universitätsverhältnisse *erstrebt*, der weder ihrer Zahl, noch ihrer geistigen Bedeutung, noch selbstverständlich den wissenschaftlichen und sachlichen Universitätsinteressen entspricht. Wir können nicht wissen, ob nicht die zuständigen Instanzen in ihrem sicherlich vorhandenen Bestreben an der alten badischen Tradition, welche, rein sachlich und von allen Parteitendenzen frei, lediglich nach den Interessen der Wissenschaft fragte, war, *festzuhalten*, auf zunehmende *Schwierigkeiten* stoßen. Solche, *vielleicht* vorhandenen Schwierigkeiten standen indes mit den auf dem Hochschullehrertag erörterten Dingen nicht in Beziehung. In Bezug auf das, was dort erörtert wurde, vor allem: die *sachlichen* Leistungen der Universitätsverwaltung und die *sachliche* (und dabei menschlich wohlwollende) Behandlung der Personalien, wird Baden auch heute, wie jeder, der vergleichen konnte und kann, weiß, von *keiner* Verwaltung übertroffen. Ich bitte Sie, falls Sie meiner Bitte geneigt, von jener Berichtigung Notiz zu nehmen, auch um Abdruck dieses Briefes.

Mit vorzüglicher Hochachtung

Ergebenst

Professor *Max Weber*

24. Max Weber und das „System Althoff"[92]

Berlin, 28. Oktober [1911]. Die *Norddeutsche Allgemeine Zeitung* bemerkt zu den Äußerungen des Herrn Prof. *Max Weber* (vergl. Abendblatt [27. Oktober 1911, S. 2-3]) Folgendes:

Wir haben keinen Anlass, uns in weitere Erörterungen mit Herrn Professor Weber einzulassen. Wenn er aber behauptet, daß bei dem preußischen Kultusministerium ein System von Reversen verschiedenster Art bestehe, so ist dies völlig *falsch*, wie diejenigen, welche Berufungen an preußische Universitäten erhalten haben – und solche sind gerade aus den letzten Jahren in großer Zahl vorhanden – bestätigen werden. Von den Professoren wird bei ihrer Berufung keinerlei Revers verlangt, sondern lediglich die folgende Erklärung unterzeichnet:

Erklärung:

Aus Anlass meiner Berufung nach ... verpflichte ich mich

1) über eine Berufung an eine andere Hochschule oder in eine sonstige Stellung nicht ohne vorgängige Benachrichtigung des Herrn Kultusministers in Verhandlung zu treten;

2) auch nach Erfüllung der Verpflichtung einer Berufung jedenfalls nur zum 1. Oktober und 1. April und nur nach vorgängiger dreimonatiger Kündigung zu entsprechen;

---

[92]   *Frankfurter Zeitung*, Erstes Morgenblatt, 31. Oktober 1911, S. 3.

3) falls ich einer Berufung innerhalb der ersten drei Jahre vom 1. ... ab Folge leisten sollte, die mir bei meiner Übersiedlung von ... nach ... bewilligte Umzugskosten = Entschädigung von ... Mark noch vor meinem Abgange von ... an die dortige Universitätskasse zurückzuzahlen.

..., den ... 19...

Die Verpflichtung zu 3 wird in allen deutschen Bundesstaaten gefordert, nur daß bei einigen Universitätsverwaltungen nicht *drei* Jahre, sondern *fünf* Jahre vorgesehen sind.

(Prof. Weber wird sich wohl hierzu äußern.)

25. Max Weber und das System Althoff [93]

Sehr geehrte Redaktion!

Ich wäre Ihnen für die Aufnahme folgender Bemerkung zu den Äußerungen der *Norddeutschen Allgemeinen Zeitung* vom 28. Oktober dankbar:

Die *Norddeutsche Allgemeine Zeitung* verschiebt abermals den Diskussionsgegenstand. Die von ihr mitgeteilte, von *allen* Professoren zu unterzeichnende „Erklärung" ist selbstverständlich *kein* „Revers" der von mir besprochenen Art. Die unter Nr. 3 derselben enthaltene Verpflichtung habe ich selbst bei meiner Berufung nach Baden als selbstverständlich und unbedenklich übernommen. Die Punkte No. 1 und 2 sind ebenfalls normalerweise durchaus harmlos. Der Revers dagegen, welcher *mir abverlangt* wurde, enthielt die Anerkennung: daß ich einen etwa an mich gelangenden „*Ruf abzulehnen*" mich verpflichtet hätte. Da in der mündlichen Verhandlung von etwas derartigem *keine Rede* gewesen war, entzog ich mich brieflich dieser Zumutung (in einer hier nicht näher interessierenden Art). Wenn aber die *Norddeutsche Allgemeine Zeitung* etwa behaupten wollte, daß Reverse von genau der *gleichen* Art dem System des verstorbenen Ministerialdirektors Althoff *fremd* gewesen seien, so würde diese Aufstellung zweifellos das größte Aufsehen bei denjenigen zahlreichen Kollegen erregen, welchen ebenfalls ein solcher Revers (teils mit, teils ohne Erfolg) angesonnen worden ist. Soll endlich die Bemerkung lediglich besagen, daß in „den letzten Jahren" (von denen die *Norddeutsche Allgemeine Zeitung* spricht) diese Praxis *nicht mehr* bestehe, so wäre darauf hinzuweisen: daß die Ausgestaltung des Kartellverhältnisses der Universitätsverwaltungen dieses, von außerpreußischen Verwaltungen naturgemäß unangenehm empfundene Mittel nunmehr für den beabsichtigten Zweck entbehrlicher erscheinen ließ. *Allein*: Ich habe *ausdrücklich nicht* nur von Reversen der eben erwähnten immerhin nicht direkt anstö-

---

[93] *Frankfurter Zeitung*, Erstes Morgenblatt, 2. November 1911, S. 2-3.

ßigen Art gesprochen, sondern von Reversen betreffend die Verpflichtung zu nicht lehrauftragsgemäßen Vorlesungen (ein solcher wurde mir angesonnen), von Schweigepflichten (wie sie mir und anderen, und zwar gerade in letzter Zeit unter *Verletzung bestehender Korporationsrechte* angesonnen wurden), ferner z. B. von Reversen, welche das Auftreten in öffentlichen Versammlungen betrafen (wie dies in einer mir genau bekannten Art, allerdings längere Zeit zurückliegend, passiert ist). Ferner von Reversen der Unterrichtsverwaltung, betreffend Eröffnung von Exspektanzen auf *künftig* irgendwo vakant werdende Professuren, also z. B. auf den Todes- oder Rücktrittsfall bestimmter Ordinarien großer Universitäten: Mit diesem „Papiergeld" ist unter der Verwaltung Althoffs bei Berufungen nach Preußen freigebig gezahlt worden, und ich warte die Behauptung ab, daß derartige Offerten in den letzten Jahren *nicht mehr* passiert seien. Die Reverse waren (in mir bekannten Fällen) *schriftlich* gegeben. Da die *Norddeutsche Allgemeine Zeitung* erklärt, keinen Anlass zu weiteren Erörterungen mit mir zu haben, so bemerke ich dazu: daß ich ein Bedürfnis nach solchen mit dieser Zeitung als notwendig unfruchtbar von Anfang an nicht besessen habe. Ich mache nur *wiederholt* darauf aufmerksam: daß meine Auslassungen ersichtlich in erster Linie an *öffentlich feststehende*, der jüngsten Vergangenheit angehörende Vorfälle anknüpften, und daß die Heranziehung einiger weiter zurückliegenden Beispiele lediglich zur Illustration des *„Systems"* erfolgte.

Ich darf mir vielleicht noch die Bitte erlauben, bezüglich meiner Bemerkungen über die *Handelshochschulen*, welche ich an anderer Stelle *eingehend richtiggestellt* hatte, hinzufügen zu dürfen: Da mir private Zuschriften sowohl wie Anschreiben von Rektoren von Handelshochschulen den Beweis liefern, daß trotz jener Darlegung meine Auslassungen *noch immer* als eine „Herabwürdigung" der Tätigkeit der Handelshochschulen empfunden werden, und da außerdem ich den Eindruck habe: daß wenigstens in Köln meine Befürchtungen bezüglich des Einflusses des meines Erachtens für Handelshochschüler *gänzlich deplacierten Verbindungswesens* als unbegründet angesehen werden, so komme ich auf diese Punkte in einem dieser Tage an die Leiter der betreffenden Handelshochschulen zu versendenden Schreiben zurück, welches die *Tatsachen*, auf welche ich mich stütze und welche, mündlich und schriftlich, aus Kreisen stammen, deren Unbefangenheit und Informiertheit anzuzweifeln für mich keinerlei Möglichkeit besteht, zu beliebiger Verwendung mitteilen wird.

Mit vorzüglicher Hochachtung

Prof. *Max Weber*

26. Professor Weber über das System Althoff[94]

Prof. Max Weber hat jetzt seine uns telegraphisch angekündigte Erwiderung auf die Erklärung der parteiamtlichen *Nationalliberalen Correspondenz* zu seinen Dresdener Mitteilungen formuliert. Wir geben auch sie hier wieder, wie sie in der *Nationalliberalen Correspondenz* zu lesen ist:

1) *Die in Frage stehende Professur* war *nicht eine Stelle in Marburg, sondern eine solche in Kiel.* Ob diese letztere im Etat als Extraordinariat oder etwa als „künftig wegfallendes" Ordinariat angefordert worden ist, ob sie von Mitgliedern der Fraktion [Nationalliberale Partei] bestritten war (was ich nicht behauptet habe: Ich habe lediglich gesagt, daß „angeblich", nämlich nach der Meinung Althoffs, ihr Schwierigkeiten hätten entstehen können), zu wessen Ergänzung oder Ersatz sie bestimmt war, – dies alles weiß ich heute nicht und habe es wahrscheinlich nie gewusst, da es mich nicht interessierte. Sehr unsicher (und vielleicht ganz irrtümlich) schwebt mir allerdings vor, daß irgendwelche sachlichen Schwierigkeiten bestanden hätten, vielleicht (wenn überhaupt) solche, die schon vor der Anforderung beseitigt und interner Natur gewesen wären. Ich bemerke ferner, *daß mir auch diese (Kieler) Stelle* (sei sie nun damals schon geschaffen oder ihre Anforderung erst beabsichtigt gewesen) *gelegentlich mündlich, und zwar als ein Extraordinariat, jedoch mit der Aussicht, sehr bald Ordinariat zu werden, von Herrn Althoff zur Auswahl neben einigen anderen teils juristischen, teils national-ökonomischen Stellen angeboten wurde,* darunter übrigens auch, und zwar unter der gleichen Avancementschance, die von Ihrem Herrn Referenten erwähnte, damals, soviel ich mich erinnere, erst geplante Stelle. Dies geschah indessen erst in einem späteren Zeitpunkt, als dem jener Unterredung Althoffs mit meinem Vater, und ich habe diese sämtlichen Angebote alsbald ohne weitere Erörterung von der Hand gewiesen, wofür neben anderen entscheidenden Gründen auch jene Antezedentien und ferner der Umstand maßgebend war, daß keinerlei Verhandlungen über mich mit den betreffenden Fakultäten vorlagen. Ich bemerke ferner noch, daß die irrtümliche Annahme, es habe sich bei dem von mir öffentlich berichteten Vorfall um ein Marburger national-ökonomisches Extraordinariat gehandelt, bei dem Herr Verfasser Ihrer Darlegung vielleicht dadurch entstanden ist, daß, wenn ich seiner Zeit nicht falsch berichtet wurde, allerdings über einen eventuellen Vorschlag meiner Person in Marburg auf Veranlassung Herrn Althoffs Verhandlungen gepflogen worden sind, wie meines Erachtens auch aktenkundig sein müsste (nach meiner speziell über den Zeitpunkt sehr unsicheren Erinne-

---

[94] *Tägliche Rundschau*, Morgenblatt, Erste Beilage, 4. November 1911, S. 1-2.

rung im Frühjahr 1893; über die Verhandlungen selbst hat mir seinerzeit lediglich Herr Professor [Ludwig] Enneccerus[95] etwas mir nicht mehr Erinnerliches mitgeteilt.) Es handelte sich dabei jedoch um ein meines Wissens später durch Herrn Prof. [Carl M.] Bergbohm[96] besetztes damaliges Ergänzungsextraordinariat für Staatsrecht (wobei der von mir Herrn Althoff gegenüber betonte Umstand, daß ich mich mit diesem Fache niemals wissenschaftlich befasst hatte, auf ihn keinerlei Eindruck gemacht hatte. Ich hatte die Bedingung gestellt, daß das betreffende Extraordinariat ein germanistisches werden müsse). Die etwa gepflogenen weiteren Verhandlungen führten, wenn sie überhaupt zu amtlichem Charakter gediehen sind, wahrscheinlich nicht einmal zu einem Vorschlag, jedenfalls nicht zu einer Berufung. Die von mir gemeinte Kieler Professur dagegen ist später durch Herrn Prof. [Wilhelm] Hasbach[97] besetzt worden, wie ich glaube (aber hier nicht kontrollieren kann) schon im Lauf des Jahres 1894, ich weiß nicht, ob alsbald als Ordinariat oder (wie dies mir vorgeschlagen war) zunächst als Extraordinariat. Später jedenfalls und meines Wissens schon bald hat der genannte Gelehrte sie als Ordinarius längere Jahre hindurch vertreten.

2) *Der fragliche Vorfall* fällt natürlich *nicht* (wie Ihr Herr Referent als allein möglich voraussetzt) *in den Winter 1893/1894*, in welchem ich bereits Extraordinarius in Berlin für Handelsrecht war, sondern er fällt in die Zeit meiner *Privatdozentur*, und zwar in den *Winter*. Meine Habilitation war materiell im Spätherbst 1891 perfekt, ihre formelle Erledigung nach außen durch öffentliche Antrittsrede Anfang 1892. Es würde sich danach aus Akten und amtlichem Stenogramm vielleicht ermitteln lassen, in welchen der beiden allein in Frage stehenden Winter der Vorfall gespielt haben muss. Nach den bisher von Ihrem Herrn Referenten gemachten Mitteilungen könnte dies (aus gleich zu erwähnenden Gründen) nicht nur im Winter 1892/1893, sondern auch in dem vorhergehenden der Fall gewesen sein. Ich weiß dies heute, nach 18 Jahren, nicht mehr und bemerke zu dieser Frage des Zeitpunktes ferner, daß mein Gedächtnis noch in einem Punkte nicht absolut sicher ist: Ich glaubte und glaube zwar ziemlich bestimmt, daß mein Vater ausdrücklich von einer beabsichtigten „Niederlegung" eines von ihm bereits übernommenen oder jedenfalls ihm fest zugedachten und von ihm zugesagten Budgetreferates gesprochen hat, wonach er also schon Mitglied oder mindestens designiertes Mitglied der Kommission gewesen sein müsste. Doch wäre es allerdings auch möglich, daß er von der Ablehnung eines ihm nur (wirklich oder seiner Annahme

---

95   Ludwig Enneccerus (1843-1928), Jurist.
96   Carl M. Bergbohm (1849-1927), Jurist.
97   Wilhelm Hasbach (1849-1920), Ökonom.

nach) zugedachten, aber noch nicht übernommenen Referates gesprochen hat und ich in diesem, mir begreiflicherweise damals nicht wichtigen Punkte ihn vielleicht missverstanden hätte. Ob mein Vater ein etwa übernommenes Referat weiterhin tatsächlich (wofür die Akten maßgebend sein müssen) niedergelegt oder (was die Akten eventuell nicht ergeben würden) ein ihm angebotenes Mandat für die betreffende Sektion tatsächlich nicht übernommen hat, dies kann ich mit Sicherheit nicht wissen. Denn es war bei ihm, speziell in den späteren Jahren, etwas ganz Ungewöhnliches, wenn er von der Art seiner persönlichen parlamentarischen Tätigkeit innerhalb seiner Familie überhaupt nähere Mitteilungen machte, und er hat mir (wie ich in der *Täglichen Rundschau* berichtet habe) nur von seiner Absicht gesprochen, so zu handeln, ohne daß ich wissen kann, ob vielleicht eine Rücksprache mit einem seiner Freunde angesichts des Umstandes, daß er ja ein Universitätsreferat nicht hatte (was ich auch weder behauptet habe, noch behaupten konnte), ihn umgestimmt hat. Daß er übrigens schon 1890/1891, als der Ablauf seiner Wahlperiode im Berliner Magistrat allmählich näher rückte und seine Wiederwahl infolge der Parteiverhältnisse unsicher erschien, mit der Wiederaufnahme seiner unterbrochenen Tätigkeit in den Landtagskommissionen rechnete, ist mir durch einen zufälligen Umstand zeitlich ziemlich deutlich erinnerlich. Da Ihr Herr Referent möglicherweise aus diesen, freilich für die Frage der Authentizität des allein wesentlichen Vorfalls meines Erachtens bedeutungslosen Punkt Gewicht legen könnte, so möchte ich ausdrücklich hinzufügen, daß, dem eben Gesagten gemäß, meine Formulierung betreffs der Frage, wie mein Vater schließlich gehandelt hat, – ein Punkt, in welchem ich nicht nach eigenem Augen- beziehungsweise Ohrenschein berichten konnte, noch vorsichtiger hätte sein sollen, wie ich dies gegebenenfalls auch öffentlich feststellen werde. Denn es ist selbstverständlich, daß in der Tat darüber die Akten allein entscheiden können. Es wäre dies übrigens in meinen ziemlich eingehenden und die verschiedensten Punkte berührenden öffentlichen Ausführungen die einzige zu beanstandende Formulierung, welche mir (bisher) aufgefallen ist.

3) Da ich juristischer Privatdozent war, musste meinem Vater und mir und muss dritten jetzt auffallen, daß Geheimer Rat Althoff schon damals auf eine eventuelle nationalökonomische Professur für mich anspielte. Wie sich später herausgestellt hat, muss dies seinen Grund darin gehabt haben, daß von mehreren (mir persönlich damals fernstehenden) Gelehrten er auf Grund meiner die Grenzgebiete beider Disziplinen berührenden Arbeiten auf mich aufmerksam gemacht worden ist, wie dies auch in einem späteren Zeitpunkt nachweislich geschehen ist. Leider lässt sich der Zeitpunkt jener älteren Korrespondenz jetzt nicht mehr feststellen, sonst

würde ich ganz eindeutige Angaben in zeitlicher Hinsicht zu machen in der Lage sein.

Zum Schluss möchte ich noch ausdrücklich bemerken: daß ich ein irgendwelches Interesse der nationalliberalen Partei als solcher an der Bewilligung oder Nichtbewilligung der fraglichen Professur oder gar an der Art ihrer Besetzung ersichtlich in schlechterdings keiner Weise behauptet habe, noch auch je öffentlich oder privatim die Behauptung aufgestellt habe, daß diese Partei oder einzelne ihrer Mitglieder sich aus eigener Initiative irgendwie in diese Personalfrage einzumischen für richtig befunden hätten. Ein Schatten fällt also in dieser Angelegenheit, deren entscheidender Punkt: die von meinem Vater mir erzählte Unterhaltung Althoffs mit ihm für jeden, der meinen Vater und mich (und übrigens auch: Althoffs rücksichtslose Menschenverachtung) einigermaßen kennt, allerdings als Tatsache feststeht, auf die nationalliberale Partei sicherlich in gar keiner Wiese.

27. Max Weber. Erklärung (Denkschrift an die Handelshochschulen) vom 7. November 1911[98]

Die auch nach meiner Darlegung im *Berliner Tageblatt* vom 27. Oktober anhaltenden zahlreichen öffentlichen Angriffe und privaten Zuschriften anlässlich meiner Bemerkung über die Handelshochschulen auf dem Hochschullehrertage veranlassen mich zu den nachfolgenden Bemerkungen, von denen ich anheim stelle, jeden erwünschten Gebrauch zu machen. Eine Veröffentlichung unterlasse ich meinerseits, weil ich dadurch wenigstens bei Unkundigen in der Tat vielleicht den Schein erwecken könne, als sei meine Absicht, den Handelshochschulen etwas anzuhängen, da ich hier ja nicht vermeiden kann, gewisse konkrete Zustände vorwiegend kritisch zu beleuchten.

Ich schicke, ehe ich zur Sache komme, einige Bemerkungen voraus.

Es ist vor den geschehenen öffentlichen Schritten von *keiner* der beteiligten Seiten an mich die Anfrage gerichtet worden, ob die Zeitungsmeldungen zutreffend und vollständig seien, obwohl doch die Voraussetzung, daß ich hier Gelegenheit, Zeit und übrigens auch: Neigung hätte, ohne konkreten Anlass norddeutsche Blätter nach Berichten über eigene Reden zu durchforschen, wohl kaum als selbstverständlich gelten konnte. Man sagt mir, daß die *Frankfurter Zeitung* in der Sensationsmacherei an-

---

[98] Universitätsarchiv der Humboldt-Universität zu Berlin, Wirtschaftshochschule Berlin 1906-1945, Nr. 989, S. 139-149; eigenhändig verbesserte Durchschrift.

lässlich meiner Rede sich nicht beteiligt habe. Ich selbst weiß dies nicht, da ein zwölfstündiger Prozesstermin am 15. und eine Ganztagsreise am 16. Oktober mich außerstand setzte, irgendeinen, insbesondere diesen Bericht, zu lesen. Nachdem ich erstmalig von den Pressberichten erfuhr (17. Oktober), habe ich privatim nach Berlin und Köln mitgeteilt, daß selbstredend eine Richtigstellung etwaiger Irrtümer erfolgen werde. In Köln ist diese Mitteilung festgestelltermaßen durch einen nicht vorauszusehenden Zufall nicht an den Herrn Studiendirektor gelangt. Das erste Berliner Blatt erhielt ich am Donnerstag, den 19. Oktober abends. Meine sehr eingehende Berichtigung einer ganzen Anzahl anderweiter Falschberichte datiert vom 21. und erschien in der *Täglichen Rundschau* vom 22. Oktober, meine eingehende Darlegung betreffs der Handelshochschulen vom 24. erschien infolge einer verzögernden Rückfrage des *Berliner Tageblatts* daselbst am 27. Oktober.

Indem ich nachstehend mein inzwischen öffentlich gegebenes Versprechen einlöse, die Gründe und Tatsachen, auf welche ich mich stütze, näher zu spezifizieren, nehme ich Bezug auf die eben erwähnte beiliegende Darlegung und bemerke, daß ich Namen zu nennen oder indirekt die Quellen erkennbar zu machen, nach eingehender Erwägung ablehne, auch da wo mir dies, wie z. B. in einem erst kürzlich erhaltenen umfangreichen Schreiben, ausdrücklich freigestellt worden ist. Denn andernfalls würde ich lediglich Veranlassung zu sterilen Rekriminationen und Personalrecherchen aller Art geben. Ich habe davon nur für einen Fall in dem übrigens Außenstehenden gegenüber als absolut vertraulich anzusehenden Begleitschreiben an die beiden Herren Hochschulleiter in Köln und Berlin eine in jenem Schreiben näher motivierte Ausnahme gemacht.

Die im Lauf der Jahre mir teils mündlich, teils schriftlich zugegangenen Meinungsäußerungen betrafen teils (zum wesentlich kleineren Teil) die Wirkung der Diplome der Handelhochschulen als solcher, teils aber und namentlich die Wirkung des Couleurwesens. Sie stammten 1. von Firmen, 2. von Angestellten, 3. – in einem Fall – aus den Kreisen der hochschulmäßig vorgebildeten Handelslehrer. Ich scheide alle diejenigen aus, welche – wie der Fall *ad* [zu Punkt] 3 und die meisten *ad* [zu Punkt] 2 – durch ihre Tonart Bedenken gegen die Sachlichkeit des Schreibens erregen. Alsdann verbleiben folgende Punkte:

Der Herr Rektor der Berliner Hochschule weist es als verletzend zurück, daß in Berlin ein Verbindungswesen existiere. Der Herr Studiendirektor in Köln umgekehrt spendet den dortigen Verbindungsstudenten Anerkennung und hält das Verbindungswesen mindestens für unschädlich, wenn nicht für erfreulich, wie aus Äußerungen in den Jahresberichten sowohl wie in seiner letzten Immatrikulationsrede hervorgeht.

Nun existiert aber das Verbindungswesen *auch in Berlin*, nach den eingehenden Mitteilungen eines Herrn, der mit den dortigen Verbindungsstudenten persönlich verkehrt hat. Nur offenbar auf viel tieferem Niveau des Zuschnitts und der gesellschaftlichen Formen. Während in Köln in erster Linie Abkömmlinge vermögender Familien und einer sogenannten guten Kinderstube sich den Luxus eines Couleurlebens nach Art der Universitäten zu leisten scheinen, mindestens die tonangebenden Elemente sind, fehlen anscheinend diese Elemente unter den Berliner Verbindungsstudenten fast gänzlich und der dort herrschende Ton wird als zum Teil deshalb höchst minderwertig geschildert. Es scheint sich um eine Auslese der Minderwertigsten zu handeln und das Verbot hat also immerhin die Wirkung gehabt, tüchtigere Elemente aus diesem Treiben auszuschalten. Was sodann die Kölner Verbindungen anlangt, deren Zahl und Mitgliederstärke mir im einzelnen nicht bekannt ist, deren praktische Bedeutung aber, auch mit den Universitäten verglichen, keinesfalls gering sein kann, da ihre auch an den Universitäten überall vorhandene Minderheitsstellung für ihre Rolle nicht maßgebend ist, so liegen deren soziale Schichtungsverhältnisse gerade umgekehrt und danach bestimmt sich nach den mir gemachten Mitteilungen auch ihr Einfluss. Dies würde meinen persönlichen Erfahrungen durchaus entsprechen. Als ich in Heidelberg Couleurstudent war, betrug die Zahl aller Verbindungsstudenten zusammen noch nicht 1/7 der Studentenschaft (heute wesentlich mehr, was für Entwicklungsprognosen auch der Handelshochschulstudentenschaft wichtig sein dürfte). Dennoch aber spielten diese, schon weil für die äußere Repräsentation der Studentenschaft ihre Mitwirkung als unentbehrlich galt, in studentischen Angelegenheiten eine ausschlaggebende Rolle. Vor allem aber ließ sich, auch bei solchen Studierenden, welche außerhalb der Couleuren oder ihnen direkt feindlich gegenüberstanden, dennoch der unwillkürliche Einfluss der von den Verbindungen gezüchteten Formen des Auftretens nach meinen sehr deutlichen Erinnerungen nicht verkennen. Eben dies wird von der Existenz, Anerkennung und öffentlichen Belobung des Verbindungswesens an den Handelshochschulen teils – vielleicht mit Unrecht – schon jetzt behauptet, teils – meines Erachtens nicht ohne Grund – für die Zukunft befürchtet. Diese dem Couleurstudententum mit gewissen Schichten der in Preußen offiziell als gesellschaftsfähig anerkannten Kreise gemeinsame Art sich zu geben: im Verkehr mit Gleichstehenden sowohl wie im Verkehr der Gesellschaft wie vor allem im Verkehr mit Untergebenen und mit anderen Kreisen Angehörenden, sind nun, wo immer sie sich zeigen, das Gespött des gesamten

Auslands. Die Tragweite dieser prinzipiell ja gewiss gleichgültigen Dinge ist infolgedessen in der Praxis gerade für die Pionierarbeit des Handels keineswegs ganz gering. Sie schädigen, wie ich, nach einjährigem Aufenthalt in Italien, und von Beobachtungen bei persönlichen Besuchen in Holland, England, Nordamerika her, vor allem aber durch die Mitteilungen meiner zahlreichen Verwandtschaft in diesen drei Ländern und in Belgien und Norwegen, mit vollster Bestimmtheit behaupten darf, die Beliebtheit und das Ansehen des Deutschtums dort auf das allerempfindlichste. Jener Spott – der einen ganz anderen Charakter hat, als z. B. die stets mit einem Einschlag von geheimem Respekt verbundene Heiterkeit, welche bei uns z. B. Engländer und Amerikaner gelegentlich erregen, – müsste natürlich ertragen werden, wenn wir selbst der Ansicht sein könnten, er sei unberechtigt. Dies ist aber, bei mir wenigstens, keineswegs der Fall. Während in früheren Jahrzehnten das zu geringe Gefühl für Würde und Haltung, speziell auch der deutschen Handlungsreisenden, im Ausland unser Ansehen beeinträchtigten, besteht jetzt die Gefahr, daß auch der deutsche Kaufmannstand von jener auf den Außenstehenden ganz ebenso, daneben aber stillos und grotesk wirkenden Geschwollenheit des Auftretens angesteckt wird, welche ganz gewiss nicht ausnahmslos, aber in sehr hohem Maße durch das Couleurwesen gezüchtet zu werden pflegt. Mit der Bemerkung: daß es überall geschmacklose Menschen gebe, ist es da schlechterdings nicht getan. Ich scheue mich nicht, ganz offen zu sagen, und überlasse es gern jedem, der Lust dazu hat, darüber zu scherzen, daß ich die Schwierigkeit, diese in unreifen Jahren auf der Universität unwillkürlich eingeübten „Gesten" wieder, sozusagen, aus den Gliedern loszuwerden, am eigenen Leibe erfahren habe.

Das Gleiche darf ich, wiederum aus eigener, und zwar ziemlich ernster Erfahrung, von der Bedeutung der couleurstudentischen Alkoholgewohnheiten für die Arbeitskraft, namentlich für deren Nachhaltigkeit in späteren Jahren, sagen. Es ist nicht die in, sei es noch so schweren, *Gelegenheitsexzessen* sich äußernde historische Trinkfröhlichkeit unseres Volkes, welche bedenklich ist, sondern die einen Bestandteil der Couleur*dressur* bildende Verpflichtung, regelmäßig und vorgeschriebenermaßen zu trinken. Daß heute in den Couleuren quantitativ im Trinken viel weniger geleistet wird als zu meiner Studentenzeit, ja nach unseren damaligen Maßstäben erbärmlich wenig, ändert daran nichts. Daß es heute schlagende Verbindungen von ganz gutem Ruf gibt, welche Limonade als Getränk auf der Kneipe zulassen, ist ebenso wie jener Umstand ein Symptom für die mit steigender Intensität der Arbeitsanforderungen gesunkene physische und psychische Alkoholkapazität. Wäre aber ein auf Limonade basiertes Couleurleben unter Beibehaltung der auf Alkohol basierten Geselligkeitsformen eine stillose Lächerlichkeit und ein Zeichen seiner eigenen Überlebtheit, so ist die Übertragung der unvermeidlichen Trinkdressur auf Hochschüler, denen im Leben eine wesentlich härtere und angespanntere Arbeitsleistung bevorsteht, als (nach meinen eigenen Erfahrungen in der juristischen Praxis) den durchschnittlichen preußischen Juristen, eine schwere Gefahr für deren Interessen. Daß diese Trinkdressur und alle sonstigen Eigenarten des studentischen Verbindungslebens ganz in traditioneller Art auch den Couleuren der Handelshochschulen eigen sind, ist mir aber für Köln sehr nachdrücklich versichert worden, erst soeben wieder aus Köln selbst von einer Seite, welche dies aus persönlichem Verkehr mit den dortigen Verbindungsstudenten genau zu wissen erklärt.

Als besonders schwere Schäden des Verbindungslebens wurden mir in ziemlich typischer Art folgende Momente hervorgehoben, von denen einige ebenfalls in Zuschriften aus den letzten Wochen erneut mit Beispielen belegt werden:

Zunächst die nicht ganz seltene Teilnahme auch Minderbemittelter an dem, seinem Wesen und auch meiner eigenen Erfahrung nach, lediglich auf den Geldbeutel bemittelter Studenten zugeschnittenen Couleurleben. Die wirkliche oder vermeintliche Poesie dieser Lebensform an sich scheint dabei, wie (heute) auf den Universitäten, so auch auf den Handelshochschulen keineswegs das regelmäßig entscheidende Motiv der Teilnahme zu sein. Vielmehr wird berichtet, und dies würde völlig meinen eigenen Erfahrungen aus der Zeit, als ich Gegenstand des „Keilens" war, entsprechen: daß die von den Couleuren selbst genährte Erwartung, auf diesem Wege Konnexionen zu gewinnen, gerade für Minderbemittelte sehr oft den Ausschlag geben. Für diese Schichten aber bedeutet die Couleurzeit nicht nur die Gefahr des Schuldenmachens um der soeben erwähnten materiellen Zukunftschance willen, sondern auch herbe Enttäuschungen und ein erschwertes Sichabfinden mit dem späteren Leben, wenn der Kontrast der unvermeidlich fühlbaren Abhängigkeit im Kontor mit der Ungebundenheit des Studentenlebens sich geltend macht.

Von Seiten von Handelsangestellten wird – soweit hier sachliche Äußerungen mit greifbarer und plausibler Begründung vorliegen – der Befürchtung Ausdruck gegeben, daß künftig in den Kontoren die Berücksichtigung der Leistung hinter den durch das Couleurleben geschaffenen Konnexionen und überhaupt den gesellschaftlichen ebenfalls dadurch bedingten Konventionen zurücktreten könnte. Indem ich bemerke, daß aus den Kreisen von Arbeitgebern mir gelegentlich die ganz entsprechende Bemerkung gemacht wurde: Für den Chef würde eine unangenehme Lage entstehen, wenn ein Teil seiner Angestellten eine vermeintliche, durch frühere Couleurzugehörigkeit bedingte, soziale Sonderstellung seinen Angestellten oder auch ihm selbst gegenüber zur Geltung zu bringen sich in der Lage fühlen würde, möchte ich einen noch stärkeren Nachdruck auf das von der gleichen Seite geäußerte Bedenken legen: daß die Empfehlungen früherer Couleurbrüder (als Empfohlener oder Empfehlender) bei der Frage der Anstellung oder Entlassung eine Rolle zu spielen beginnen können. Nach meinen persönlichen Erfahrungen innerhalb der preußischen Bürokratie kann ich diese Befürchtungen keineswegs für übertrieben erachten.

Im Zusammenhang damit wurde mir nun von Chefs sowohl wie von Angestellten wiederholt ganz allgemein die Befürchtung ausgesprochen, daß schon das bloße Entstehen einer Diplom-Aristokratie innerhalb der Kontore den Frieden und die Arbeitsfreude der Angestellten stören könne. Dies werde natürlich noch wesentlich gesteigert, wenn das Couleurwesen um sich greife und auch seinerseits Schichten schaffen würde, welche – trotz aller offiziellen Verwahrungen dagegen – eben doch faktisch ein spezifisches Prestige und zwar aus Gründen, die nicht in ihrer Leistung und Stellung im Geschäft lägen, beanspruchen würden. In einem in letzter Zeit mir zugegangenen äußerst sachlichen und eingehenden Schreiben wird dies durch eine Reihe von – wie nachdrücklich hervorgehoben wird – durchweg bei persönlich genau bekannten Firmen und bei persönlich genau bekannten Angestellten vorgefallenen und authentischen Beispielen aus der Praxis erläutert. Zunächst durch eine Anzahl von Fällen, in welchen Hochschul-Verbindungsstudenten tatsächlich infolge ihres in der Couleurdressur eingelernten Auftretens und Allgemeinverhaltens gegenüber anderen Angestellten haben entlassen werden müssen. Es wird ferner über eine sehr bedeutende Firma berichtet, welche nach ihrer eigenen Mitteilung sich veranlasst gesehen habe, bei Anstellung eines Akademikers einige Zeit hindurch eine förmliche Überwachung in Bezug auf dessen Betragen gegenüber den anderen Angestellten vorzunehmen, nachdem sie sich für den Fall, daß derselbe zu Beschwerden Anlass gebe, die Entlassung vorbehalten habe. Eine Anzahl anderer mir berichteter Fälle lassen Zweifel darüber entstehen, ob nicht mindestens neben den Folgen der Couleurdressur auch individuelle Eigenschaften bei den betreffenden Erfahrungen mitgespielt haben und bleiben daher vielleicht besser außer Betracht. Aber die zitierten einwandsfreien Erfahrungen scheinen mir immerhin ausreichend, um diejenigen Bedenken, welche ich ausgesprochen habe, zu begründen. Diese meine Bedenken richten sich in erster Linie gegen die, von dem auch von mir, wie ihm selbst wohl bekannt, ganz besonders hochgeschätzten Herrn

Studiendirektor in Köln wiederholt öffentlich und ausdrücklich bekundete freundliche Beurteilung des Couleurwesens als einer Stätte lediglich harmloser studentischer Fröhlichkeit. Hier steht seiner Überzeugung allerdings die meinige schnurstracks entgegen und die von ihm in solchen Fällen, wie ich sehr wohl weiß, ebenfalls ausgesprochenen Vorbehalte und Ermahnungen stehen mit dem innersten Wesen des Couleurwesens im Widerspruch, ein Punkt, in welchem ich für mich als altem Couleurstudent Sachverständnis beanspruche. Das Couleurleben strebt heute überall nach Exklusivität und Dressur in dem früher in dieser Art unbekannten Sinn: daß die Zugehörigkeit zu einer Verbindung der Studenten von der Zugehörigkeit zu anderen Vereinen, wissenschaftlicher, sportlicher oder geselliger Art und in zunehmendem Maße geradezu von dem Umgang mit anderen, mindestens mit anders denken Studenten, *abschneidet* und der Couleurstudent in den Kreis seiner Couleurbrüder eingesponnen, nur ihrer Kontrolle untersteht und damit einer außerordentlichen Verengung seines geistigen Horizontes ausgesetzt wird.

Ich bemerke noch, daß die mündlichen und schriftlichen Mitteilungen, aus denen ich hier schöpfte, von jeglicher Animosität gegen die Handelshochschulen als solche durchaus frei waren. – Was die Leistungen der diplomierten Handelshochschüler in den Kontoren anlangt, so ist mir für sie im Gegensatz zu anderen Angestellten ein generell ungünstiges Urteil, welches die sehr verdienstlichen Feststellungen der Kölner Handelshochschule in ihren Jahresberichten direkt umzustoßen geneigt wäre, *nicht* entgegengetreten; andererseits allerdings auch keines, welches direkt eine durch die Hochschulbildung erhöhte Brauchbarkeit behauptet hätte. Indessen bin ich persönlich von dem Nutzen jeder, und speziell auch der an den Handelshochschulen betriebenen geistigen Arbeit, wenn sie gründlich und ehrlich vor sich geht, wie sicherlich bei sehr zahlreichen Handelshochschülern, von vornherein fest überzeugt. Und ich füge hinzu, daß aus den Kreisen der Handelsangestellten selbst mir wenigstens zwei Äußerungen vorliegen, welche ausdrücklich aussprechen, daß sie an Handelshochschulen etwas Tüchtiges gelernt hätten. Was ich, um es offen auszusprechen, für meine Person problematisch finde (und darin finde ich mich mit den Ansichten mancher Praktiker von bedeutender Erfahrung zusammen) ist Wohltätigkeit der Schaffung einer Klasse offiziell approbierter Kaufleute. Daß ich in meinen wirklichen (nicht: angeblichen) Äußerungen die Tragweite des Strebens nach der Satisfaktionsfähigkeit mit ihren militärischen und sonstigen Konsequenzen nicht unrichtig beurteilt haben kann, zeigen mir auch jetzt wieder ausdrückliche Äußerungen von durchaus unbefangenen Seiten, die sich gerade auf diesen Punkt bezogen. Da ich übrigens die gleichen Bedenken bereits vor 7 Jahren öffentlich geltend gemacht habe,[99] so darf mir sicherlich nicht imputiert werden, daß dieselben ein Produkt einer momentanen Stimmung gewesen seien und nicht auf hinlänglicher Überlegung beruht hätten und noch weniger, daß ich diejenigen, wie ich hoffe, sehr zahlreichen Studierenden, welche lediglich um der Arbeit willen die Handelshochschulen beziehen, damit hätte identifizieren wollen. Daß die Ansichten der Hochschul-Studierenden über Zweck und Ziel des Besuchs der Handelshochschule indessen recht vielfach noch außerordentlich undeutlich sind, soweit die daselbst zu leistende Arbeit in Betracht kommt, wird mir von einem genauen Kenner und hervorragenden Gönner der Mannheimer Handelshochschule bestätigt, wonach die konsequentesten und zielbewusstesten Arbeiter unter den Studierenden dem Handelslehrerstande zugute zu kommen pflegen, während sonst eine gewisse Planlosigkeit eine ziemlich häufig zu beobachtende Erscheinung sei. Die Wahrscheinlichkeit scheint mir nicht gering, daß nach der Analogie anderer Schichten (Bund der Diplomingenieure, – damit zu vergleichen auch das sogar in einzelnen journalistischen Kreisen sich findende Streben nach patentierten und patentierenden Fachschulen) die Erwartung sozialer Vorteile, die sogenannte Standeshebung und damit dann indirekt auch des Anspruches auf standesgemäße Bezahlung sehr oft stärker mitspricht als der Wunsch nach Erweiterung des Wissens. Im Übrigen möchte ich, was die Mannheimer Handelshochschule anlangt, gegenüber einigen wenig liebenswürdigen Andeutungen in der Presse, ausdrücklich bemerken, daß ich zu einem Urteil über die dortigen Verhältnisse ganz besonders wenig kompetent bin. Ich bin, als ich noch im Amt war, kein Anhänger der Errichtung gesonderter Handelshochschulen gewesen, habe daraus auch amtlich keinen Hehl gemacht und mich, abgesehen von gesundheitlichen Gründen, auch deshalb der Beteiligung an der Schaffung der dortigen Handelshochschule, die von befreundeten und sehr hervorragenden Kollegen ausging, enthalten. Die außerordentliche Zunahme des Examenwesens und sein Übergreifen auf alle möglichen Berufe scheint mir in einem Augenblick sehr zweifelwürdig, wo hervorragende Verwaltungsbeamte in Preußen nach ihren mir genau bekannten Anschauungen allmählich zu der Ansicht gelangen, daß es vielleicht an der Zeit sei, gegen diese stetig wachsende Examensbürokratie irgendein Gegengewicht durch Schaffung der Möglichkeit, auch ohne den vorgeschriebenen Bildungsgang in faktisch leitende Stellungen zu gelangen, geschaffen werden müsse, wenn sich dazu ein gangbarer Weg finden sollte. Daß sich ein solcher finden könnte, ist

---

[99] „Agrarstatistische und sozialpolitische Betrachtungen zur Fideikomissfrage in Preußen", *Archiv für Sozialwissenschaft und Sozialpolitik*, Bd. 19, Nr. 3 (1904), S. 503-574.

mir freilich mehr als zweifelhaft und die Universitäten, welche mit ihren Studenten ja zu mehr als 9/10 in ganz der gleichen Lage sich befinden, welche eben von mir hypothetisch für einen unbekannten Bruchteil der Handelshochschülerschaft vermutet wurde, haben sicherlich keinerlei Ursache sich gegenüber den Handelshochschulen irgendwie auf das hohe Pferd zu setzen. Allein in einem Vortrage, wie in Dresden, konnte ich bei einem Vergleich mit der amerikanischen Entwicklung die bei uns bestehende Entwicklungstendenz mit ihren nach meiner Meinung keineswegs eindeutig erfreulichen Konsequenzen auch dann nicht totschweigen, wenn ich sie – wie dies tatsächlich der Fall ist, für voraussichtlich unwiderstehlich hielt. Den einmal bestehenden Handelshochschulen aber etwas anderes zu wünschen, als daß ihre sehr hervorragenden Lehrkräfte an einer möglichst großen Zahl möglichst tüchtiger Studenten ein ihnen erfreuliches Arbeitsgebiet fänden, hat mir dabei natürlich ganz fern gelegen.

28. Nochmals Weber – Althoff[100]

Herr Professor *Max Weber* – Heidelberg schreibt uns:

Ich bitte Sie, mir noch einmal, – ich denke: zum letzten Mal, – Gastrecht zu gewähren.

Irgendwelche Entgegnungen auf meine, an öffentlich feststehende Tatsachen anknüpfenden, Ausführungen über die gegenwärtige preußische Unterrichtsverwaltung hatte ich weder beansprucht noch provozieren wollen. Allein in der *Norddeutschen Allgemeinen Zeitung* ist zweimal entgegnet worden, und die Art, wie dies geschah, hat derartige *Irreführungen* im Gefolge gehabt, daß jetzt auch ein von mir bei aller Verschiedenheit der Standpunkte sehr geachtetes *offizielles Organ einer großen politischen Partei* mir den Vorwurf macht: ich zöge weit zurückliegende Dinge ans Licht zu dem Zweck, die *gegenwärtigen* preußischen Ministerialbeamten anzugreifen. Parlamentarische Persönlichkeiten oder politische Parteien, welche, ihrem Wesen nach, unvermeidlich auch solche Angelegenheiten politischen Gesichtspunkten und Zwecken einzuordnen veranlasst sind, in Universitätsfragen meinerseits hineinzuziehen, zumal im Wege unkontrollierbarer privater Information, würde ich meinerseits das größte Bedenken tragen. Jenen Vorwurf aber kann ich nicht auf mir sitzen lassen, bin auch der ewigen Missverständnisse müde und bemerke daher notgedrungen öffentlich Folgendes:

---

[100] *Tägliche Rundschau*, Abendblatt, Zweite Beilage, 9. November 1911, S. 1.

Notorisch und, wenn nötig, auch *gerichtlich erweislich*, sind folgende, die *gegenwärtige* Universitätsverwaltung belastende Tatsachen:

1) *Entgegen der Ableugnung der Norddeutschen Allgemeinen Zeitung* ist auch in der Gegenwart mit der Gepflogenheit nicht gebrochen worden, *als Entgelt* für die Ablehnung von Berufungen oder für andere Dienste *„Exspektanzen" auf künftig vakant werdende „große" akademische Stellungen* anzubieten. – Ein solches Vorgehen widerspricht dem Geist der Universitätsstatuten und ist geeignet, *Streberei* zu züchten. Es muss dahin führen, daß *ein System von „Schiebungen"* entsteht, welches unter dem akademischen Nachwuchs einen Typus hochkommen lässt, der sich als „Kreatur" des jeweils in der Macht befindlichen Ministerialbeamten fühlt und als solcher bewähren zu müssen glaubt. Sein praktischer Effekt für die Universitäten muss sein, wissenschaftliche Nullen (Ich bemerke ausdrücklich, daß ich diesen Ausdruck auf den Herrn Professor Bernhard nicht anwenden würde, dessen wesentlichster Fehler übrigens darin bestand, daß er die Natur der Zumutungen und Offerten der Unterrichtsverwaltung nicht erkannt hat, als es an der Zeit war.) von praktischem „Nutzwert" in akademische Stellungen zu bringen, welche nach sachlichen Grundsätzen ausschließlich wissenschaftlich hervorragenden Persönlichkeiten gebühren. Sein praktischer Effekt auf die Veranstaltung von praktisch-politisch wichtigen Arbeiten und Untersuchungen anderseits muss sein, daß diese nicht um ihres sachlichen Nutzens, sondern um akademischer Avancementschancen willen veranstaltet werden.

2) Es sind von Ministerialbeamten anlässlich schriftlicher Reverse *Schweigepflichten* auferlegt worden, und zwar in einer ausdrücklich als einem *Ehrenwort* äquivalent bezeichneten Weise, bei einer Gelegenheit, wo die Verletzung der (durch Recht oder Sitte) feststehenden, den dauernden Universitätsinteressen entsprechenden, Übung: die Fakultäten gutachtlich zu hören, beabsichtigt war und erfolgt ist. – Die Zumutung einer solchen Schweigepflicht muss, unter diesen Umständen, vom Standpunkt der berechtigten Universitätsinteressen aus als Zumutung einer Unanständigkeit bezeichnet werden. Die gewählte Form aber widerspricht den guten Gepflogenheiten amtlichen Verkehrs und ist mit der Stellung einer Behörde nicht in Einklang zu bringen.

3) Von Beamten der Unterrichtsverwaltung ist ein Professor zu einem Verhalten gegenüber weit älteren Kollegen, darunter solchen von Weltruf, angestiftet worden, welches (wie bekannt sein musste) ihn in Gewissenskonflikte brachte, ihm den von einem aus unbeteiligten Kollegen, durchweg Gelehrten von Weltruf, eingesetzten Schiedsgericht einstimmig ausgesprochenen Vorwurf des Wortbruches und der Unreife zuzog

und ihn der einstimmig amtlich ausgesprochenen Missachtung seiner Fakultät aussetzte. Dabei ist durch Eingriffe von Beamten in kollegiale Verhältnisse der akademische Frieden schwer gestört und seine Herstellung durch friedliche Vereinbarung und andere kollegiale Mittel vereitelt und ferner der Versuch gemacht worden, auch das von den beteiligten Teilen anerkannte akademische Schiedsgericht in seiner Tätigkeit zu hindern. Schließlich haben sich alsdann dieselben Beamten, welche in dieser Angelegenheit als Partei eingegriffen hatten, in der gleichen Sache zu Richtern aufgeworfen. Dies gesamte Verhalten ist mit einer sachlichen Unterrichtsverwaltung in keiner Weise in Einklang zu bringen: Es entspricht den Aufgaben einer Behörde ebenso wenig wie den Interessen und dem Ansehen der ihr unterstellten Hochschulen vor dem In- und Auslande.

4) Als im Gefolge des vornehmlich durch die Schuld der Unterrichtsverwaltung entstandenen und ausschließlich durch ihre Schuld zu dieser Schärfe gediehenen Konflikts ein Teil der Presse eine systematische Kampagne mit Schmähungen schwerster Art gegen hochverdiente Gelehrte, darunter solche von Weltruf, eröffnete, haben Beamte der Unterrichtsverwaltung eben diesen Teil der Presse dazu ausersehen, um durch Mitteilungen von einseitig ausgewählten Tatsachen, die ihnen *dienstlich* bekannt waren, diesen Pressefeldzug zu unterstützen, welcher das Ansehen der Universitäten vor dem In- und Auslande auf das Schwerste zu schädigen geeignet war. Ein solches Verhalten ist weder mit den Aufgaben einer Behörde, noch mit der Sachlichkeit einer Unterrichtsverwaltung, noch schließlich auch nur mit den elementarsten Pflichten persönlicher Ritterlichkeit zu vereinbaren.

5) Beamte der Unterrichtsverwaltung haben über amtliche Gelder für Inseratenzwecke in einer Art verfügt, daß durch Belassung oder Entziehung von einträglichen Inseraten private Besitzer von periodischen Publikationsorganen, welche keinen amtlichen Charakter haben, materiell belohnt oder geschädigt wurden, je nach ihrer (nicht einmal öffentlichen) persönlichen Stellung zu den persönlichen Auffassungen der betreffenden Beamten. – Das Verhalten war geeignet, das Vertrauen in die Sachlichkeit der Unterrichtsverwaltung schwer zu erschüttern, entspricht nicht den besten Sitten einer staatlichen Verwaltung und nicht der Stellung einer Behörde.

Wenn nun – *leider!* – unterstellt werden muss, daß die betreffenden Beamten der Unterrichtsverwaltung der Ansicht gewesen sind, zu den vorstehend charakterisierten Mitteln greifen zu dürfen und Grund zu der Ansicht hatten, daß dies von der ihnen vorgesetzten Stelle keine nachdrückliche Ahndung finden würde, und wenn – wie es geschehen ist – ihr Verhalten von amtlicher Seite vor der Öffentlichkeit keinen Tadel fand, so berechtigt dies zu dem *Urteil: daß hier ein System einer Gebahrung in der Unterrichtsverwaltung vorliegt, welches der Reform dringend bedürftig ist.* Nachdem trotzdem der preußische Herr Unterrichtsminister geglaubt hat, öffentlich die Art der Verwaltung und den Weitblick seiner Bürokratie, und zwar ausdrücklich auf Kosten der Universitäten, loben zu dürfen, so war es am Platze, daß, *nach langem zornigen Schweigen, aus den Kreisen der Hochschullehrer, deren überwältigende Mehrzahl in ihrem Urteil über jene Vorgänge untereinander übereinstimmen, dagegen protestiert wurde.* Ausschließlich diesen Zweck, dagegen keinerlei politische oder persönliche Absicht verfolgten meine Ausführungen, welche, wie abermals betont sei, weder auf Anregungen noch auf Informationen der beteiligten Universitätskollegen noch auf irgendwelche sonstigen Verabredungen zurückgingen. Ausdrücklich bemerkt sei schließlich nochmals: daß die Heranziehung von Beispielen aus der Zeit der Verwaltung des Herrn Althoff lediglich zur Illustration der Kontinuität jenes Systems erfolgte. Ebenso sei nochmals nachdrücklich betont, daß den außerordentlichen Verdiensten dieses unzweifelhaft genialen Mannes und der von allen persönlichen Rücksichten freien Sachlichkeit seiner Ziele dadurch kein Eintrag geschehen soll, daß ein Teil der von ihm angewendeten *Mittel*, insbesondere seine Art der Menschenbehandlung, scharf abgelehnt werden musste – ein Punkt, über welchen, wie ich bestimmt zu glauben positiven Anlass habe, in der Zukunft noch so mancherlei den meinigen durchaus gleichartige Erfahrungen der Öffentlichkeit bekannt werden dürften.

Dies ist, wie ich hoffen darf, in dieser Angelegenheit mein letztes Wort.

Mit vorzüglicher Hochachtung

Professor *Max Weber*

29. Noch einmal die Erklärungen des Herrn Professor Dr. Max Weber – Heidelberg[101]

Herr Professor Dr. *Max Weber* – Heidelberg sendet uns auf die Darlegung unseres parlamentarischen Mitarbeiters in Nr. 236 [5. oder 6. November 1911] wiederum eine Entgegnung. Professor Weber geht sachlich nur auf den Punkt 11 der Feststellungen unseres Mitarbeiters ein, wo gesagt war: „Wundern muss man sich dagegen, daß Herr Professor Dr. W. einen vermeintlichen Beeinflussungsversuch, der 18 Jahre zurückliegt, erst heute ans Licht zieht, um die *gegenwärtigen* Ministerialbeamten der preußischen Unterrichtsverwaltung anzugreifen." Hierzu bemerkt Herr Professor Weber:

---

[101] *Nationalliberale Correspondenz*, 10. November 1911, S. 1.

Die Wendung, man müsse sich „wundern", daß ich diesen 18 Jahre zurückliegenden Vorfalle erst heute „ans Licht ziehe", „um die gegenwärtigen
Ministerialbeamten der preußischen Unterrichtsverwaltung anzugreifen",
ist nicht nur unzutreffend, sondern, und zwar ohne objektiven Grund, verletzend. Denn nichts in meinen Äußerungen in Dresden oder später gibt
irgendwelchen Anlass zu der Annahme, daß dies letztere geschehen oder
beabsichtigt gewesen sei. Diese älteren Vorgänge sind ausgesproche-
nermaßen nur herangezogen, um zu konstatieren (wie ich zur Sicherheit
außerdem auch noch nachher wiederholt erklärt habe): daß diejenigen
Vorgänge, aus denen ich, in Übereinstimmung zum mindesten mit der
überwältigenden Mehrheit der deutschen Hochschullehrer, *wirklich* Vorwürfe (und zwar allerdings ziemlich schwere Vorwürfe) für die *Gegenwart*
herleite, Überkommnisse einer Tradition seien, welche durch Herrn Althoff geschaffen war und auch unter ihm schwere Schatten warf, die aber
freilich unter seiner Verwaltung durch die großen Lichtseiten seiner, von
mir sehr stark anerkannten, Organisationsleistungen mehr als kompen-
siert wurden. Daß ich dabei nicht Erfahrungen Dritter, die ich in beträcht-
licher Zahl und aus den verschiedensten Zeiten kenne, aber natürlich
streng vertraulich behandeln muss, verwerten konnte, ist klar und von mir
auch ausdrücklich gesagt. Da ich persönlich aber seit 17 Jahren mit der
preußischen Unterrichtsverwaltung amtliche Beziehungen nicht mehr
habe, konnte ich nicht wohl über jüngere eigene Erfahrungen verfügen. –
Ihr Herr Referent ist in seinen hierher gehörigen Bemerkungen (Punkt 11)
offenbar ein Opfer der um die Gegenwart herumgehenden, teilweise direkt unaufrichtigen Erklärungen der *Norddeutschen Allgemeinen Zeitung*
geworden, welche die Aufmerksamkeit von dem, was den *gegenwärtigen*
Ministerialbeamten von mir *wirklich* und ausdrücklich, unter spezieller
Angabe der einzelnen Punkte, öffentlich zum Vorwurf gemacht worden
ist, auf andere Punkte abzulenken, geeignet und ersichtlich auch dazu
bestimmt waren. Ich verweise in dieser Hinsicht auf die Bemerkungen der
Redaktion der *Kölnischen Zeitung* vom 29. Oktober [1911]. Sehr gegen
meine Neigung muss ich daraus den Anlass nehmen, *abermals öffentlich
unzweideutig* festzustellen, was der *gegenwärtigen* Unterrichtsverwaltung
von mir zum Vorwurf gemacht worden ist, und zwar diesmal in einer
Form, welche eine gerichtliche Feststellung des Sachverhalts ermöglicht.
Denn ich bin nicht gesonnen, einen von so gewichtiger Seite ausgehen-
den Angriff auf mir sitzen zu lassen, andererseits aber nicht geneigt, für
diese Zwecke den Weg *privater* Information von Parlamentspolitikern zu
beschreiten (worin ich mich sicherlich der Zustimmung Ihres Herrn Referenten selbst erfreuen werde). Denn politische Parteien sind ihrem Wesen
nach genötigt, auch derartige Angelegenheiten politischen Zwecken und

Gesichtspunkten einzuordnen. Mein Angriff aber, der in Wirklichkeit eine Abwehr von, unter den gegebenen Umständen ganz besonders, deplazierten Äußerungen des Herrn Kultusministers gegen die Universitäten war, verfolgt seinerseits weder politische noch persönliche Zwecke und war, wie ich auch hier nachdrücklich hervorheben möchte, auch nicht etwa durch Anregungen oder Informationen beteiligter Universitätskollegen veranlasst. Ich werde die persönliche Hereinziehung Dritter auch jetzt nach Möglichkeit zu vermeiden suchen.

30. Rechenschaftsbericht für die abgelaufenen beiden Jahre[102]

Zunächst ist als sehr erfreulich zu registrieren, daß es gelungen ist, als eine Sektion der Deutschen Gesellschaft für Soziologie die Deutsche statistische Gesellschaft zu begründen unter dem Vorsitze des Nestors der deutschen Statistik, Herrn [Georg] von Mayr.[103] Über die inneren Verhältnisse, die Organisation und die Tätigkeit dieser Gesellschaft wird zweifellos in deren Sitzungen Bericht erstattet werden. Ich habe hier lediglich zu erwähnen, daß, unserem Prinzip gemäß, die unbedingteste Autonomie dieser Tochtergesellschaft besteht, daß lediglich vereinbart ist, die beiderseitigen Tagungen möglichst gleichzeitig oder anschließend aneinander stattfinden zu lassen und gemeinsame Unternehmungen besonders erleichtert sind, daß im Übrigen die Konstanz der Fühlungnahme von beiden Seiten dadurch gewährleistet ist, daß im Vorstand der Deutschen Gesellschaft für Soziologie der erste Vorsitzende der Tochtergesellschaft in dieser seiner Eigenschaft Sitz und Stimme hat und umgekehrt die Deutsche statistische Gesellschaft statutenmäßig ein Mitglied des Vorstandes der Deutschen Gesellschaft für Soziologie mit Sitz und Stimme in ihren Vorstand aufnimmt. Über die Gründung einer gesellschaftsbiologischen Sektion schweben Verhandlungen.

Die Mitgliederzahl unserer Gesellschaft beträgt zurzeit 334, das bedeutet an Mitgliederbeiträgen eine Jahreseinnahme von 2.311 Mark, an welcher jedoch die Deutsche statistische Gesellschaft für ihre Mitglieder, die als solche zugleich Mitglieder der Deutschen Gesellschaft für Soziologie sind, in einem zwischen den beiderseitigen Vorständen vereinbarten Umfang partizipiert. Das Vermögen unserer Gesellschaft einschließlich der Außenstände beträgt zurzeit 3.223,38 Mark.

---

[102] In *Verhandlungen des Zweiten Deutschen Soziologentages vom 20.-22. Oktober 1912 in Berlin. Reden und Vorträge* (Tübingen: J. C. B. Mohr (Paul Siebeck), 1913), S. 75-79.
[103] Georg von Mayr (1841-1925), Ökonom und Statistiker.

Von den Unternehmungen, welche die Deutsche Gesellschaft für Soziologie geplant hat, habe ich leider bisher nur Anfänge und Ansätze zu registrieren. Das liegt an durchaus zufälligen und persönlichen Umständen.

Ein ganz besonderer Unstern hat über demjenigen Unternehmen gewaltet, welches die Deutsche Gesellschaft für Soziologie als erstes ins Leben rufen wollte: der *Erhebung über das Zeitungswesen.* Hier spielen leider Verhältnisse, die direkt mit meiner Person verknüpft sind, die entscheidende Rolle, denn mir persönlich hat die Verpflichtung ob gelegen, dieses von mir vorgeschlagene Unternehmen in Gang zu bringen. Im Dezember 1910 hat auch die Konstituierung des dafür vorgesehenen Ausschusses mit dem Rechte der Kooptation stattgefunden und zahlreiche angesehene Theoretiker und Praktiker des Zeitungswesens hatten ihre Mitwirkung zugesagt, auch war es gelungen, den Vorstand des Vereins deutscher Zeitungsverleger und den Reichsverband der Presse teils zum Eintritt in den Ausschuss, teils zum Zusammenwirken zu gewinnen. Große Zeitungen hatten zugesagt, ihre geschäftliche Entwicklung durch Angabe über die prozentuale Entwicklung und Bedeutung der einzelnen großen Einnahme- und Ausgabeposten offenzulegen.

Alles war auf dem besten Wege. Zu Anfang 1911 aber geriet ich in einen Konflikt, der in unaufhaltsamer Verkettung zu einem Presseprozess und an diesen anschließend zu einem Prozess mit einem andern Herren[104] führte. Bei dem Presseprozess handelte es sich nun um den Versuch, trotz des Redaktionsgeheimnisses, welches kein ehrenhafter Journalist preisgibt, die Quelle eines anonymen Angriffs zu ermitteln. Dies ist schließlich gelungen. Die ganze Angelegenheit aber hat sich im Ganzen über mehr als 1½ Jahre hingezogen und erst jetzt vor einigen Tagen ihren vorläufigen prozessualen Abschluss gefunden. Es lag auf der Hand, wie leicht jener nach Lage der Dinge ganz unvermeidliche Versuch einer Durchbrechung des Redaktionsgeheimnisses mich in den Augen der deutschen Presse mit einem sehr schweren Odium belasten konnte, welches ein Zusammenwirken der für die Unternehmung unentbehrlichen Herren Praktiker des Pressewesens mit mir außerordentlich erschwert hätte. Ich konnte die Verantwortung, die sehr erheblichen Mittel, welche teils von der Heidelberger Akademie, teils vom Institut für Gemeinwohl in Frankfurt, teils von Privaten gezeichnet waren, – zusammen 20.000 Mark – diesem an meiner Person haftenden Risiko unmöglich aussetzen. Daher stellte ich sofort, nachdem sich die Unvermeidlichkeit des Presseprozesses ergeben hatte, meine Tätigkeit für dieses Unternehmen und die gesamte umfangreiche Korrespondenz dafür ein. Ein Ersatz für mich aber

---

[104] Für Details siehe Fußnote 66.

war zunächst nicht vorhanden. Ich selbst werde mir auch jetzt noch, solange die Angelegenheit nicht wirklich ganz erledigt ist, Zurückhaltung auferlegen müssen. Dadurch ist zu meinem großen Bedauern vorläufig alles ins Stocken geraten, wie ich bestimmt hoffe, nicht mehr für allzu lange Zeit. Soweit es trotzdem möglich war, habe ich einige Arbeiten, die schon lange im Gange waren, weiter gefördert. Es sind Arbeiten dem Abschluss nahe über die Bedeutung der „kleinen Anzeigen" für die deutsche Presse, von einem Praktiker des Pressegeschäfts, über die württembergische Presse von einem journalistischen Praktiker. Ferner Arbeiten über die westpreußische Lokalpresse. Dazu tritt eine größere Arbeit, welche sich wesentlich auf die Entwicklung der Feuilleton-Belletristik und verwandte Probleme erstrecken soll. Es ist daraus zu schließen, daß, wenn die jetzt bestehenden rein persönlichen Schwierigkeiten behoben sein werden – sei es, daß statt meiner ein anderer Herr die Leitung übernimmt, sei es, daß es sich zeigt, daß meine Annahme, ich persönlich könne bei der Presse auf Misstrauen stoßen, sich als unbegründet erweist –, das von uns geplante Unternehmen eine günstige Prognose aufweist. Ich jedenfalls werde, wenn die Gesellschaft es wünscht und es sich nicht als unzweckmäßig oder unmöglich erweist, auch künftig zur Verfügung stehen, während ich allerdings meine Stellung als Rechner der Gesellschaft jetzt nicht mehr weiter beibehalten kann. Dies ist es im Wesentlichen, was ich Ihnen zu berichten habe.

Wenn die Entwicklung einer Gesellschaft, wie der unsrigen, auf nicht geringe Schwierigkeiten gestoßen ist und immer noch stößt, wenn es namentlich vorläufig nicht gelungen ist, der großen alten, glänzend geleiteten und mit reichen Mitteln arbeitenden Organisation des Vereins für Sozialpolitik, die in mehr als einer Hinsicht für uns als Muster gedient hat, mit etwas schon jetzt Ebenbürtigem für unsere Zwecke an die Seite zu treten, so liegt das teils an sachlichen, teils an persönlichen Verhältnissen. Wir haben nicht, wie der Verein für Sozialpolitik, die Mehrzahl der älteren Gelehrten mit weithin klingendem Namen und damit die Hilfe der großen Seminare für unsere Arbeiten zu Verfügung. Unsere Mitglieder, die ja zum großen Teil, wie ich selbst, auch eifrige Mitglieder des Vereins für Sozialpolitik sind – daneben haben wir andere, welche jener Organisation ablehnend oder feindlich gegenüberstehen –, sind vorwiegend solche Gelehrte, welche außerhalb der Ordinariate der Universität tätig sind oder erst künftig in solche einzurücken die Chance haben. Wir haben ferner im Gegensatz zum Verein für Sozialpolitik, dessen Sinn ja gerade in der Propaganda bestimmter Ideale besteht, keinerlei propagandistische, sondern ausschließlich sachliche Forschungszwecke. Es ist aber klar, daß die Erörterung aktueller großer sozialpolitischer Fragen, wie sie der Verein für

Sozialpolitik pflegt, die öffentliche Aufmerksamkeit in stärkerem Maße in Anspruch nimmt und auch das persönliche Pathos der an den Diskussionen Beteiligten stärker wachruft als nüchterne Diskussionen über Tatsachenfragen. Diejenigen von uns, welche zugleich Mitglieder des Vereins für Sozialpolitik sind, werden den Wunsch haben, daß dieser Verein bleiben möge, was er bisher in großartiger Art – das bestreiten auch die Gegner der in ihm vertretenen Ideale nicht – gewesen ist. Sie werden aber zugleich hoffen und wünschen, daß auch für diejenige anderweitige Art von Arbeit, welche wir zu pflegen wünschen, eine Organisation bestehe, und hoffen, daß es unserer Gesellschaft gelingen möge, der soziologischen Wissenschaft auch in Deutschland endlich denjenigen Platz zu erringen, welchen sie im Auslande längst besitzt, und der dieser früher mit einem gewissen Recht verschrien gewesenen Disziplin nach ihren jetzigen Leistungen auch unbedingt zukommt. Ich darf in diesem Zusammenhang erwähnen und schließe damit diesen Bericht: daß der Vorstand auf eine Anregung des Herrn Professor Dr. Ferdinand Schmid[105] in Leipzig hin beschlossen hat, Erwägungen darüber anzustellen, auf welchem Wege am besten dem jetzt in Deutschland offiziell an den wissenschaftlichen Lehranstalten noch gänzlich unvertretenen Fache der Soziologie den ihm gebührenden Platz und Rang als ein reguläres Lehrfach zu erringen wäre.

31. Eine katholische Universität in Salzburg[106]

Aus akademischen Kreisen schreibt man uns:

Durch die Presse ging kürzlich die Nachricht, in *Salzburg* solle eine *Universität* gegründet werden. Daran ist soviel zutreffend, daß Bestrebungen bestehen, im Anschluss an die in Salzburg bestehende theologische Fakultät eine auch für einen Teil der weltlichen Professuren *konfessionell gebundene* Hochschule zu errichten.[107] Nicht etwa nur in dem Sinn, daß die Tatsache einer bestimmten Konfessions*zugehörigkeit* für die Übertragung bestimmter Professuren gefordert würde. Bis vor kurzem waren solche Reste älterer Zeiten bei einzelnen alten Stiftungsprofessuren auch an deutschen Universitäten noch nicht beseitigt, und hie und da ist dies viel-

---

[105] Ferdinand Schmid (1862-1925), österreichischer Statistiker.
[106] *Frankfurter Zeitung*, Morgenblatt, 10. Mai 1917, S. 1.
[107] Die Universität Salzburg war 1622 gegründet worden, 1810 wurde sie jedoch geschlossen. Es blieben allerdings eine römisch-katholische Theologie- und Philosophieabteilung sowie eine medizinische Schule in Form eines Lyzeums bestehen. 1850 wurde auch das Lyzeum geschlossen und die theologische und philosophische Abteilung wurde zum Rang einer Universitätsfakultät erhöht. 1962 wurde die Universität wieder konstituiert.

leicht noch jetzt nicht der Fall. Wo es etwa noch besteht, ist das vom Standpunkt einer rein wissenschaftlichen Auslese der Bewerber unbedingt abzulehnen und die Beseitigung ist auch überall im Gange. Aber solche Bestimmungen bedeuten keine *innerliche* konfessionelle Bindung des Lehrers. In Salzburg soll aber die kaiserliche Ernennung für nicht weniger als *fünf* von den *weltlichen* Professuren an die vorhergehende *Zustimmung des Erzbischofs* gebunden werden, also: eine *„missio canonica"* [„kanonische Mission"] in aller Form bestehen. Eine solche Hochschule wäre natürlich keine „Universität", die irgendwelche Aussicht hätte, von akademischen Körperschaften als gleichberechtigt angesehen und als vollwertig behandelt zu werden. Angeblich soll ein Salzburger katholischer Verein Mittel hergeben und die bisherige deutsche Universität *Czernowitz* dorthin verlegt werden. Dieser würde damit freilich eine schwere Degradation drohen. Der Plan entstammt den Erwerbsinteressen lokaler Salzburger Kreise. Die Behauptung dieser Interessenten: ein Ministerium eines süddeutschen Bundesstaats und sogar ein reichsdeutscher Staatssekretär seien vorher um Zusage des Anerkenntnisses der Gleichberechtigung angegangen worden und hätten zugestimmt, entspricht schwerlich den Tatsachen. Eine solche Zustimmung würde übrigens einer solchen konfessionellen Anstalt nie dazu verhelfen können, daß ihre Zöglinge für die Promotion an Volluniversitäten oder ihre Graduierten für die Habilitation an solchen als qualifiziert angesehen würden. Darüber können außerakademische Instanzen nichts verfügen.

32. Austrittserklärung aus der Burschenschaft Allemannia[108]

17. Oktober [November?] 1918

Lieber [Friedrich] Keller![109]

Ich bitte Dich, mich in der Liste der Philister der Allemannia zu streichen.

Ich gedenke dankbar dessen, was die Couleur mir als jungem Menschen bedeutet hat und freue mich zu wissen, daß ihre Mitglieder – wie selbstverständlich – im Kriege ihren Mann gestanden haben. Aber ich bin der Ansicht, daß nach dem Kriege die Zeit des Couleurlebens, wenn sie nicht tatsächlich vorbei ist, doch vorbei sein sollte. Für die alte „Feuchtfröhlichkeit" des Couleurstudenten werden die Verhältnisse nicht angetan sein,

---

[108] In *12. Kriegsbericht der Burschenschaft Allemannia zu Heidelberg*, Februar 1919, S. 8.

[109] Friedrich Keller (1875-1926), Jurist, der auch 1912 Weber in seinem Fall gegen Koch vertrat.

und die Pflege der Männlichkeit, um welche sich die Couleuren zweifellos Verdienste erworben haben, muss sich andere Mittel und Wege suchen. An eine „Reform" der bestehenden Verbindungen glaube ich nicht, daran hindert sie schon der von mir stets innerlich als unstudentisch abgelehnte Hausbesitz und die dadurch vermittelte Gebundenheit an den Geldbeutel und dadurch an die „Traditionen" der Alten Herren. Insbesondere glaube ich nicht, daß die im Laufe der Jahre immer enger gezogene geistige Inzucht, wie sie die Beschränkung des persönlichen Verkehrs mit sich bringt, schwinden wird. Ich halte Exklusivität durchaus nicht an sich für ein Übel, wohl aber – gegenüber den deutschen Zukunftsaufgaben – die Art, in der sie in den Couleuren auftritt.

Ich bin durch diese Auffassung so sehr im Gegensatze zu derjenigen der Couleur getreten, daß diese selbst es für richtig halten wird, daß ich das Band freundschaftlich und mit den besten Wünschen löse.

Mit den allerbesten Wünschen für Dich selbst

Dein Max Weber

33. Professor Max Weber und die Couleurstudenten[110]

Wir erhalten folgende *Zuschrift*:

Zu dem Protest verschiedener Couleuren in den hiesigen Zeitungsausgaben vom 21. Januar [1919] habe ich zu bemerken:

Es ist sehr zu beklagen, daß die Farbenverbindungen die Einstellung ihres öffentlichen Auftretens seit 1914 im *vierten* Kriegsjahre wieder rückgängig gemacht haben und es ist das gegenüber der zunehmenden Schwere unserer Lage nicht zu rechtfertigen. Wenn ich von dem völlig unentschuldbaren, inzwischen wohl entsprechend gesühnten Verhalten mehrerer Mitglieder einer hiesigen Burschenschaft im letzten Spätherbst ganz absehe, so war ein Stiftungsfest mit allgemeiner *Beflaggung* seitens einer Couleur im Augenblick nach dem Eintreffen der ersten *Niederlagenachrichten* von der Front (Ende Juli vorigen Jahres) eine *herausfordernde Verletzung der Gebote des nationalen Takts* und verdiente die scharfe Zurückweisung reichlich, welche ich für angebracht hielt. Inwiefern die gegenwärtige Lage der Nation für Derartiges geeignet wäre, ist nicht abzusehen. Den Herren, die hinter dem Proteste stehen, muss denn doch bemerkt werden: Im Felde haben andere Leute, auch solche, die wenigstens vom bisherigen Standpunkt schlagender Verbindungen als „*nicht satisfak-*

---

[110] *Heidelberger Neueste Nachrichten*, 27. Januar 1919, S. 2.

tionsfähig" galten und dementsprechend behandelt wurden, bekanntlich ganz ebenso ihre Pflicht getan, wie, selbstverständlich, auch die Couleurstudenten. Die heute übliche Berufung darauf wirkt also nicht gerade erfreulich. Wer in einer Zeit nationaler Schande durch Sonderabzeichen die Vertretung einer *Sonderehre* gleichviel welcher Art in Anspruch nimmt und wer dadurch zugleich in einer Zeit furchtbaren wirtschaftlichen Ruins der Nation ostentativ bekundet: daß der Geldbeutel der Eltern für die entsprechenden Sonderausgaben noch ausreichend gefüllt sei, – der müsste denn doch schon nationale Sonderpflichten von ganz außerordentlicher Tragweite auf sich nehmen, um das gerechtfertigt oder auch nur menschlich erträglich erscheinen zu lassen. Den etwas sentimental wirkenden Appell an (angeblich) „ideelle Interessen" *der Bürgerschaft am Couleurwesen* kann ich als eine Berufung auf solche nationalen Leistungen oder als ein Versprechen von solchen nicht gelten lassen und überhaupt nicht besonders hoch bewerten. Die Anerkennung der Pflicht, jetzt *mehr* „politisch" (auch: mehr im Übrigen?) zu *arbeiten*, ebenso wenig. Mit solchen akademischen Spießbürgereien ist eine Auseinandersetzung unfruchtbar.

Dagegen hebe ich gern hervor: Die Gesinnung, welche aus privaten Zuschriften anderer hiesiger Couleurkreise sprach, hat mir trotz aller Meinungsunterschiede einen ganz wesentlich anderen, vor allem: einen männlicheren Eindruck gemacht. Und ich stehe, wie seinerzeit geantwortet, diesen Kreisen gern Rede über alles, was ich prinzipiell zur Sache denke, vorausgesetzt natürlich, daß dieselben es wünschen sollten. Und selbstverständlich geht mich der Sinn, den *sie selbst* mit einer Fortsetzung des Couleurlebens verbinden, schon deshalb etwas an, weil ein Zurückkommen auf diesen Gegenstand bei gegebener Gelegenheit kaum zu vermeiden ist.

Hochachtungsvoll

Max Weber

34. Die Demonstrationen in der Universität[111]

Zu unserer Notiz über eine verhinderte Vorlesung in Nr. 29 [Morgenausgabe, 22. Januar 1920, S. 3] übersendet uns Herr Professor Dr. *Max Weber* zur vollständigeren Feststellung der Tatsachen eine Zuschrift, der wir folgendes entnehmen:

---

[111] *Münchner Neueste Nachrichten*, Abendausgabe, 23. Januar 1920, S. 4. Diese Ereignisse fanden Mitte Januar 1920 an der Münchner Universität statt. Siehe Marianne Weber, a.a.O., S. 684-685 und *Frankfurter Zeitung*, Erstes Morgenblatt, 3. Februar 1920, S. 2.

1. Von einer ‚Verdrehung' der Worte des Herrn Rektors durch den (sozialistischen, wie ich mich informiert habe, als tadellos anständig bekannten) Studierenden [Friedrich Meyer] konnte keine Rede sein. Das objektiv zweifellos vorliegende Missverständnis würde ich, im Falle der Anwesenheit, und zwar nach der eigenen Wiedergabe seiner Worte durch den Herrn Rektor, *geteilt* haben. Eine Entschuldigung wegen des Irrtums war erfolgt.

2. Mit Bezug nicht etwa nur auf jenen Herrn, sondern auf eine ganze *Gruppe* von Studierenden war, und zwar von einem *Mitglied des Studentenausschusses*, der Ausdruck „Bande" gebraucht worden. Trotz meines sofort nach Kenntnis davon gestellten, später schriftlich und mündlich wiederholten dringenden Ersuchens um Remedur (verbunden mit der Bitte: „meine Rücksichtslosigkeit gegebenenfalls nicht unterschätzen zu wollen") war eine solche durch den Herrn Rektor bis Montagabend *nicht* erreicht worden. Vor die Wahl gestellt, nunmehr die Angelegenheit, eine Frage des *akademischen Anstandes*, an die Presse zu bringen, habe ich es selbstredend vorgezogen, zunächst an der gleichen Stelle (Auditorium Maximum) das Verlangen zu stellen: daß derartige Fälle von Beschimpfungen gegen machtlose Minderheiten durch glatte Zurücknahme ritterlich erledigt werden müssten, mit dem Zusatz: ‚Ein Hundsfott, wer es nicht täte.' Selbstredend habe an ich dieser *generellen* Bemerkung kein Wort zu ändern und würde in jedem künftigen Falle, einerlei ob es sich um katholische, liberale, konservative, sozialistische Minderheiten handeln sollte, genau das Gleiche sagen, ganz gewiss nicht aber mich daran durch würdelose Kindereien hindern lassen. Der vorliegende Fall wurde Mittwoch in letzter Minute durchaus anständig erledigt und dies gab mir zu meiner Freude die Möglichkeit, die – wenn auch hypothetische – Kränkung des betreffenden Studierenden glatt und vorbehaltlos zurückzunehmen.

3. Für selbstverständliche Pflicht eines akademischen Lehrers – gerade eines solchen, der Universität und Armee jeder Politik entzogen zu sehen wünscht – hielt (und halte) ich es, solche lächerlichen, aber leider vielleicht nicht folgelosen studentischen Torheiten, wie die Proklamation eines (angeblich) hergestellten Einverständnisses politisierender Akademiker mit Teilen der Reichswehr, rücksichtslos als das zu bezeichnen, was sie sind.

35. Unruhen in der Universität[112]

Bekanntmachung des Universitäts-Rektorates vom 29. Januar 1920

Der Rektor[113] verliest die Bekanntmachung, worin er die Studierenden, welche jüngst die Vorlesung des Professors Weber störten, auffordert, sich zu melden.

Der Senat ist damit einverstanden, daß, sofern nicht neue besonders erschwerende Umstände bekannt werden, in der Ahndung dieser Vorfälle über einen scharfen Tadel nicht hinausgegangen wird. Der Rektor berichtet, daß die letzten Vorlesungen des Professors Weber ohne Störung verlaufen seien und verliest die Entschliessung des Studentenausschusses vom 23. Januar 1920.

Auf Ersuchen äußert sich Professor Weber über die Vorfälle:

Ich bin durch den Pedell in die Grosse Aula gebeten worden, zog mich nach einiger Zeit zurück, wurde dann durch unbeteiligte Studierende zurückgeholt, da Beleidigungen gefallen seien, den Tatbestand hierüber hörte ich erst später, ich habe dann den Rektor gebeten, doch eine Remedur eintreten zu lassen und wohnte, da an ein Fortgehen aus dem überfüllten Saale nicht mehr zu denken war, gezwungener Weise den weiteren Vorgänge bei. Veranlassung zu meinem späteren Vorgehen waren

1) die Schlussworte des Rektors: „Wir freuen uns mit Ihnen dessen, was geschehen". Ich freute mich nicht mit, sondern hielt das Geschehene für eine schwere Niederlage der Staats-Autorität. Während der Rektor so sprach, stund ich sichtbar auf der Estrade. Das „Wir" musste auch auf mich bezogen werden.

2) [Walter] Hemmeter hatte den Ausdruck „Bande" gegen eine Gruppe gebraucht. Ich habe auf der Estrade den Rektor gebeten, eine Remedur eintreten zu lassen. Ich hörte, daß schon wiederholt eine Revokation gefordert, aber abgelehnt worden sei. Trotzdem wurde hernach Hemmeter zum Worte zugelassen und zwar, weil er Vertreter einer Abordnung sei.

Später kam der Studierende Meyer zu mir und sagte, gegen ihn richte sich ein organisierter Boykott, er könne sich in der Universität nicht sehen lassen, ohne daß mit Fingern auf ihn gezeigt werde;

---

[112] Niederschrift über die außerordentliche Sitzung des akademischen Senats am 29. Januar 1920, S. 339-343 (Universitätsarchiv München, Senatsprotokolle 1920).

[113] Reinhard (seit 1912) von Frank (1860-1934), Jurist.

eine Zurücknahme der Beleidigung durch Hemmeter sei nicht erfolgt.

Für mich bestanden zwei Möglichkeiten, die Angelegenheit zu besprechen: In der Presse oder an einem akademischen Orte. In beiden Fällen war ich Vorwürfen ausgesetzt. Ich habe geglaubt, die Presse-Erörterungen vermeiden zu sollen. Ich habe dem Herrn Rektor erst brieflich und dann in einer Unterhaltung gesagt, daß ich bitte, die Rücksichtslosigkeit nicht zu unterschätzen, mit der ich in einem solchen Falle vorginge. Was ich im Hörsaal dann gesagt habe, habe ich vor einigen Tagen aufgeschrieben. Für die Vollständigkeit und die wortgetreue Wiedergabe kann ich nicht bürgen. Das Wesentlichste und die schärften Ausdrücke dürfte die Niederschrift enthalten.

Der Redner verliest diese Niederschrift seiner Äußerungen, und fährt fort:

Ohne seine Bemerkungen hätte der Beleidiger sicher nichts zurückgenommen, der Rektor hätte sich vergeblich bemüht. Hemmeter sei ein Mann, der solche Sachen taktisch erledige. So habe er seine Revokation später wieder revoziert. Auch sei deutlich, daß Hemmeter über seine Entschliessungen nicht Herr sei, sondern in der Hand einer Gruppe stehe, die ihn unsichtbar dirigiere. Da helfe alles Überreden nichts. Redner berichtet über die Vorgänge in Heidelberg, die ihn, Redner, Ende 1918 zum Ausscheiden aus seiner Studentenverbindung bewogen haben. Der Anlass sei gewesen, daß er, als im November 1918 nach dem Waffenstillstandsangebot in Heidelberg ein grosses Couleur-Fest gefeiert wurde, erklärt habe: ‚Ein Hundsfott, wer Couleur trägt, solange das Deutsche Reich in seiner alten Macht und Herrlichkeit nicht wieder aufgerichtet ist.' Wenn heute die Dinge in den Zeitungen so weitergehen wie bisher, und wenn weiter solche Vorkommnisse geschehen wie der Anschlag dieses Pamphlets des Studentenausschusses an den Säulen der Universität, so werde er die weiteren Konsequenzen ziehen und nicht einen Schritt weiter entgegenkommen, als bisher geschehen.

Senator Dr. [Emil] Kraepelin[114]: Warum habe sich Professor Weber in die Geschäftsführung des Rektors eingemischt?

Professor Weber: Trotz brieflicher und mündlicher Erörterung habe ihm der Herr Rektor nichts davon gesagt, daß er überhaupt irgend etwas in dieser Angelegenheit zu tun beabsichtige. Von sich aus

---

[114] Emil Kraepelin (1856-1926), Psychiater.

habe er nicht annehmen können, daß das der Fall sein würde, nachdem der Rektor seiner auf der Estrade immer wieder ausgesprochenen Bitte um Remedur nicht entsprochen hatte. Wenn er sehe, es ist ein absolutes Unrecht geschehen und keine Remedur erfolgt, so frage er nach formalen Dingen niemals. Das habe er immer im Leben so gehalten, ob es sich nun um eine sozialistische Minderheit gehandelt habe oder um eine katholische oder um irgend welche andere. Er bemerke ausdrücklich, daß er mit der sozialistischen Akademischen-Gruppe weder unmittelbar noch mittelbar Beziehungen habe, daß er ferner den Studierenden Meyer in früherer Zeit einmal, woran er erst jetzt erinnert worden sei, geprüft, ihn aber, als der vorliegende Fall auftauchte, nicht mehr gekannt habe.

Senator Dr. Kraepelin: Waren Sie persönlich in die Sache irgendwie verwickelt?

Professor Dr. Weber: Nicht im geringsten.

Senator Dr. Kraepelin: Haben Sie vorausgesehen, daß sich aus Ihrer Erklärung ein Skandal entwickeln werde?

Professor Dr. Weber: Nein, aber wenn ich es vorausgesehen hätte, so hätte ich unter gar keinen Umständen von meiner Erklärung abgesehen.

Senator Dr. [Johannes] Rückert[115]: Warum hat sich Professor Weber nicht offiziell an den Rektor, gegebenenfalls an den Senat gewendet?

Professor Dr. Weber: Ich frage in solchen Lagen nicht nach Zuständigkeiten. Rektor und Senat hätten den Herrn Hemmeter niemals zur Zurücknahme bewogen.

Senator Dr. [Erich] von Drygalski[116]: Den Studenten, welche über die Hemmeter'sche Äusserung Beschwerde führten, und eine Erledigung an Ort und Stelle wünschten, war es in der Elf-Uhr-Versammlung bekannt geworden, daß der Rektor die Erledigung selbst in die Hand genommen hatte; sie bekamen nämlich vom Rektor die bestimmte Zusicherung, daß die Äusserung redressiert werde, es sei aber die jetzige Versammlung nicht der geeignete Ort, da sonst eine Nebensache zur Hauptsache gemacht würde.

Professor Dr. Weber: Mir ist von Studenten gesagt worden, sie hätten an den Rektor diese Zumutung gestellt, sie seien abgewiesen worden. Ich habe nachher den Rektor angesprochen, worauf der Rektor sagte: 1. habe der Mann seine, des Rektors, Worte verdreht.

---

[115] Johannes Rückert (1854-1923), Arzt.
[116] Erich von Drygalski (1865-1949), Geophysiker und Geograf.

Hierzu muss ich bemerken, eine unrichtige Wiedergabe der Worte des Rektors durch den Studierenden Meyer liegt zweifelslos vor, aber nicht in schlechtem Glauben. Jedenfalls ist eine Zurückweisung des Ausdrucks „Bande" durch den Rektor nicht erfolgt, bis Montag Abend hat von diesen Studenten niemand etwas gewusst, daß von Seiten des Rektors irgend etwas im Gange sei.

Senator Dr. [Walther] Lotz[117]: Auffällig sei der Anschlag des Studentenausschusses, worin mitgeteilt wurde, daß der Ausschuss über Professor Weber Beschwerde erhoben habe.

Rektor: Der Studentenausschuss habe nicht die Verpflichtung, die Genehmigung des Rektors zu seinen Anschlägen einzuholen.

Rektor: Soll dem Studentenausschuss eine Antwort gegeben und er darin darauf hingewiesen werden, was falsch in seiner Eingabe ist?

Der Senat ist einverstanden.

Beschluss: Professor Dr. Weber geht.

---

[117] Walther Lotz (1865-1941), Ökonom.

Politik als Beruf[1]

Der Vortrag, den ich auf Ihren Wunsch zu halten habe, wird Sie nach verschiedenen Richtungen notwendig enttäuschen. In einer Rede über Politik als Beruf werden Sie unwillkürlich eine Stellungnahme zu aktuellen Tagesfragen erwarten. Das wird aber nur in einer rein formalen Art am Schlusse geschehen anlässlich bestimmter Fragen der Bedeutung des politischen Tuns innerhalb der gesamten Lebensführung. Ganz ausgeschaltet werden müssen dagegen in dem heutigen Vortrag alle Fragen, die sich darauf beziehen: *Welche* Politik man treiben, welche *Inhalte*, heißt das, man seinem politischen Tun geben *soll*. Denn das hat mit der allgemeinen Frage: was Politik als Beruf ist und bedeuten kann, nichts zu tun. – Damit zur Sache! –

Was verstehen wir unter Politik? Der Begriff ist außerordentlich weit und umfasst jede Art selbständig *leitender* Tätigkeit. Man spricht von der Devisenpolitik der Banken, von der Diskontpolitik der Reichsbank, von der Politik einer Gewerkschaft in einem Streik, man kann sprechen von der Schulpolitik einer Stadt- oder Dorfgemeinde, von der Politik eines Vereinsvorstandes bei dessen Leitung, ja schließlich von der Politik einer klugen Frau, die ihren Mann zu lenken trachtet. Ein derartig weiter Begriff liegt unseren Betrachtungen vom heutigen Abend natürlich nicht zugrunde. Wir wollen heute darunter nur verstehen: die Leitung oder die Beeinflussung der Leitung eines *politischen* Verbandes, heute also: eines *Staates*.

Was ist nun aber vom Standpunkt der soziologischen Betrachtung aus ein „politischer" Verband? Was ist: ein „Staat"? Auch er lässt sich soziologisch nicht definieren aus dem Inhalt dessen, was er tut. Es gibt fast keine Aufgabe, die nicht ein politischer Verband hier und da in die Hand genommen hätte, andererseits auch keine, von der man sagen könnte, daß sie jederzeit, vollends: daß sie immer *ausschließlich* denjenigen Verbänden, die man als politische, heute: als Staaten, bezeichnet, oder welche geschichtlich die Vorfahren des modernen Staates waren, eigen gewesen wäre. Man kann vielmehr den modernen Staat soziologisch letztlich nur

---

[1] Vortrag gehalten am 28. Januar 1919 an der Universität München dem Freistudententischen Bund. Landesverband Bayern. Veröffentlicht in verschiedenen Werken, unter anderem in Wolfgang J. Mommsen und Wolfgang Schluchter in Zusammenarbeit mit Birgit Morgenbrod (Hg.), *Wissenschaft als Beruf 1917/1919 – Politik als Beruf 1919* (Tübingen: J.C.B. Mohr (Paul Siebeck), 1994), S. 35-88.

definieren aus einem spezifischen *Mittel*, das ihm, wie jedem politischen Verband, eignet: der physischen Gewaltsamkeit. „Jeder Staat wird auf Gewalt gegründet", sagte seinerzeit [Leon D.] Trotzki[2] in Brest-Litowsk.[3] Das ist in der Tat richtig. Wenn nur soziale Gebilde beständen, denen die Gewaltsamkeit als Mittel unbekannt wäre, *dann* würde der Begriff „Staat" fortgefallen sein, *dann* wäre eingetreten, was man in diesem besonderen Sinne des Wortes als „Anarchie" bezeichnen würde. Gewaltsamkeit ist natürlich nicht etwa das normale oder einzige Mittel des Staates: – Davon ist keine Rede –, wohl aber: das ihm spezifische. Gerade heute ist die Beziehung des Staates zur Gewaltsamkeit besonders intim.[4] In der Vergangenheit haben die verschiedensten Verbände – von der Sippe angefangen – physische Gewaltsamkeit als ganz normales Mittel gekannt. Heute dagegen werden wir sagen müssen: Staat ist diejenige menschliche Gemeinschaft, welche innerhalb eines bestimmten Gebietes – dies: das „Gebiet" gehört zum Merkmal – das *Monopol legitimer physischer Gewaltsamkeit* für sich (mit Erfolg) beansprucht. Denn das der Gegenwart Spezifische ist: daß man allen anderen Verbänden oder Einzelpersonen das Recht zur physischen Gewaltsamkeit nur so weit zuschreibt, als der *Staat* sie von ihrer Seite zulässt: Er gilt als alleinige Quelle des „Rechts" auf Gewaltsamkeit. „Politik" würde für uns also heißen: Streben nach Machtanteil oder nach Beeinflussung der Machtverteilung, sei es zwischen Staaten, sei es innerhalb eines Staates zwischen den Menschengruppen, die er umschließt.

Das entspricht im Wesentlichen ja auch dem Sprachgebrauch. Wenn man von einer Frage sagt: sie sei eine „politische" Frage, von einem Minister oder Beamten: er sei ein „politischer" Beamter, von einem Entschluss: er sei „politisch" bedingt, so ist damit immer gemeint: Machtverteilungs-, Machterhaltungs- oder Machtverschiebungsinteressen sind maßgebend für die Antwort auf jene Frage oder bedingen diesen Entschluss oder bestimmen die Tätigkeitssphäre des betreffenden Beamten. – Wer Politik treibt, erstrebt Macht, – Macht entweder als Mittel im Dienst anderer Ziele – idealer oder egoistischer – oder Macht „um ihrer selbst willen": um das Prestigegefühl, das sie gibt, zu genießen.

---

[2] Leon D. Trotzki (1879-1940); Theoretiker des Kommunismus und Volkskommissar des Auswärtigen im Sowjetrussland 1917-1918.

[3] Der Friedensvertrag von Brest-Litowsk zwischen Russland und den Mittelmächten wurde am 3. März 1918 unterzeichnet.

[4] Anspielung auf die die Deutsche Revolution November 1918 bis Februar 1919, die zur Ausrufung der Deutschen Republik am 9. November 1918 und zu weiteren Konflikten führte.

Der Staat ist, ebenso wie die ihm geschichtlich vorausgehenden politischen Verbände, ein auf das Mittel der legitimen (das heißt: als legitim angesehenen) Gewaltsamkeit gestütztes *Herrschafts*verhältnis von Menschen über Menschen. Damit er bestehe, müssen sich also die beherrschten Menschen der beanspruchten Autorität der jeweils herrschenden *fügen*. Wann und warum tun sie das? Auf welche inneren Rechtfertigungsgründe und auf welche äußeren Mittel stützt sich diese Herrschaft?

Es gibt der inneren Rechtfertigungen, also: der *Legitimitäts*gründe einer Herrschaft – um mit ihnen zu beginnen – im Prinzip drei. Einmal die Autorität des „ewig Gestrigen": der durch unvordenkliche Geltung und gewohnheitsmäßige Einstellung auf ihre Innehaltung geheiligten *Sitte*: „traditionale" Herrschaft, wie sie der Patriarch und der Patrimonialfürst alten Schlages übten. Dann: die Autorität der außeralltäglichen persönlichen *Gnadengabe* (Charisma), die ganz persönliche Hingabe und das persönliche Vertrauen zu Offenbarungen, Heldentum oder anderen Führereigenschaften eines einzelnen: „charismatische" Herrschaft, wie sie der Prophet oder – auf dem Gebiet des Politischen – der gekorene Kriegsfürst oder der plebiszitäre Herrscher, der große Demagoge und politische Parteiführer ausüben. Endlich: Herrschaft kraft „Legalität", kraft des Glaubens an die Geltung legaler *Satzung* und der durch rational geschaffene Regeln begründeten sachlichen „Kompetenz", also: der Einstellung auf Gehorsam in der Erfüllung satzungsmäßiger Pflichten: eine Herrschaft, wie sie der moderne „Staatsdiener" und alle jene Träger von Macht ausüben, die ihm in dieser Hinsicht ähneln. – Es versteht sich, daß in der Realität höchst massive Motive der Furcht und der Hoffnung – Furcht vor der Rache magischer Mächte oder des Machthabers, Hoffnung auf jenseitigen oder diesseitigen Lohn – und daneben Interessen verschiedenster Art die Fügsamkeit bedingen. Davon sogleich. Aber wenn man nach den „Legitimitäts"gründen dieser Fügsamkeit fragt, dann allerdings stößt man auf diese drei „reinen" Typen. Und diese Legitimitätsvorstellungen und ihre innere Begründung sind für die Struktur der Herrschaft von sehr erheblicher Bedeutung. Die reinen Typen finden sich freilich in der Wirklichkeit selten. Aber es kann heute auf die höchst verwickelten Abwandlungen, Übergänge und Kombinationen dieser reinen Typen nicht eingegangen werden: Das gehört zu den Problemen der „allgemeinen Staatslehre". Uns interessiert hier vor allem der zweite von jenen Typen: die Herrschaft kraft Hingabe der Gehorchenden an das rein persönliche „Charisma" des „Führers". Denn hier wurzelt der Gedanke des *Berufs* in seiner höchsten Ausprägung. Die Hingabe an das Charisma des Propheten oder des Führers im Kriege oder des ganz großen Demagogen in der *ekklesia* [Volksversammlung] oder im Parlament bedeutet ja, daß er persönlich als der innerlich „berufene" Leiter der Menschen gilt, daß diese sich ihm nicht kraft Sitte oder Satzung fügen, sondern weil sie an ihn glauben. Er selbst zwar lebt seiner Sache, „trachtet nach seinem Werk",[5] wenn er mehr ist als ein enger und eitler Emporkömmling des Augenblicks. Seiner Person und ihren Qualitäten aber gilt die Hingabe seines Anhanges: der Jüngerschaft, der Gefolgschaft, der ganz persönlichen Parteigängerschaft. In den beiden in der Vergangenheit wichtigsten Figuren: des Magiers und Propheten einerseits, des gekorenen Kriegsfürsten, Bandenführers, *condottiere*[6] andererseits, ist das Führertum in allen Gebieten und historischen Epochen aufgetreten. Dem Okzident eigentümlich ist aber, was uns näher angeht: das *politische* Führertum in der Gestalt zuerst des freien „Demagogen", der auf dem Boden des nur dem Abendland, vor allem der mittelländischen Kultur, eigenen Stadtstaates, und dann des parlamentarischen „Parteiführers", der auf dem Boden des ebenfalls nur im Abendland bodenständigen Verfassungsstaates gewachsen ist.

Diese Politiker kraft „Berufes" in des Wortes eigentlichster Bedeutung sind nun aber natürlich nirgends die allein maßgebenden Figuren im Getriebe des politischen Machtkampfes. Höchst entscheidend ist vielmehr die Art der Hilfsmittel, die ihnen zur Verfügung stehen. Wie fangen die politisch herrschenden Gewalten es an, sich in ihrer Herrschaft zu behaupten? Die Frage gilt für jede Art von Herrschaft, also auch für die politische Herrschaft in allen ihren Formen: für die traditionale ebenso wie für die legale und die charismatische.

Jeder Herrschaftsbetrieb, welcher kontinuierliche Verwaltung erheischt, braucht einerseits die Einstellung menschlichen Handelns auf den Gehorsam gegenüber jenen Herren, welche Träger der legitimen Gewalt zu sein beanspruchen, und andrerseits, vermittelst dieses Gehorsams, die Verfügung über diejenigen Sachgüter, welche gegebenenfalls zur Durchführung der physischen Gewaltanwendung erforderlich sind: den personalen Verwaltungsstab und die sachlichen Verwaltungsmittel.

Der Verwaltungsstab, der den politischen Herrschaftsbetrieb wie jeden anderen Betrieb in seiner äußeren Erscheinung darstellt, ist nun natürlich nicht nur durch jene Legitimitätsvorstellung, von der eben die Rede war,

---

[5] Bezug auf Nietzsche: „... ich trachte nach meinem Werke", „Also sprach Zarathustra". In *Sämtliche Werke*, Kritische Studienausgabe, Giorgio Colli und Mazziano Montinari (Hg.) (München: Deutscher Taschenbuch Verlag, 1988), Bd. IV, S. 295.

[6] Anführer einer Söldnertruppe, ursprünglich für zahlreiche Kriege innerhalb der italienischen Staaten eingesetzt.

an den Gehorsam gegenüber dem Gewalthaber gekettet, sondern durch zwei Mittel, welche an das persönliche Interesse appellieren: materielles Entgelt und soziale Ehre. Lehen der Vasallen, Pfründen der Patrimonial-beamten, Gehalt der modernen Staatsdiener, – Ritterehre, ständische Privilegien, Beamtenehre bilden den Lohn, und die Angst, sie zu verlieren, die letzte entscheidende Grundlage für die Solidarität des Verwaltungs-stabes mit dem Gewalthaber. Auch für die charismatische Führerherr-schaft gilt das: Kriegsehre und Beute für die kriegerische, die *„spoils"* [„Beute"]: Ausbeutung der Beherrschten durch Ämtermonopol, politisch bedingte Profite und Eitelkeitsprämien für die demagogische Gefolg-schaft.

Zur Aufrechterhaltung jeder gewaltsamen Herrschaft bedarf es gewisser materieller äußerer Sachgüter, ganz wie bei einem wirtschaftlichen Be-trieb. Alle Staatsordnungen lassen sich nun danach gliedern, ob sie auf dem Prinzip beruhen, daß jener Stab von Menschen: – Beamte oder wer sie sonst sein mögen –, auf deren Gehorsam der Gewalthaber muss rech-nen können, im *eigenen* Besitze der Verwaltungsmittel, mögen sie beste-hen in Geld, Gebäuden, Kriegsmaterial, Wagenparks, Pferden oder was sonst immer, sich befinden, oder ob der Verwaltungsstab von den Verwal-tungsmitteln „getrennt" ist, im gleichen Sinn, wie heute der Angestellte und Proletarier innerhalb des kapitalistischen Betriebes „getrennt" ist von den sachlichen Produktionsmitteln.[7] Ob also der Gewalthaber die Verwal-tung in *eigener* von ihm organisierter *Regie* hat und durch persönliche Diener oder angestellte Beamte oder persönliche Günstlinge und Vertrau-te verwalten lässt, welche nicht Eigentümer: Besitzer zu eigenem Recht, der sachlichen Betriebsmittel sind, sondern vom Herrn darin dirigiert werden, oder ob das Gegenteil der Fall ist. Der Unterschied geht durch alle Verwaltungsorganisationen der Vergangenheit hindurch.

Einen politischen Verband, bei dem die sachlichen Verwaltungsmittel ganz oder teilweise in der Eigenmacht des abhängigen Verwaltungssta-bes sich befinden, wollen wir einen *„ständisch"* gegliederten Verband nennen. Der Vasall z. B. im Lehnsverband bestritt die Verwaltung und Rechtspflege des ihm verlehnten Bezirks aus eigener Tasche, equipierte und verproviantierte sich selbst für den Krieg; seine Untervasallen taten das gleiche. Das hatte natürlich Konsequenzen für die Machtstellung des Herrn, die nur auf dem persönlichen Treubund und darauf ruhte, daß der Lehnsbesitz und die soziale Ehre des Vasallen ihre „Legitimität" vom Herrn ableiteten.

---

[7] Siehe Fußnote 6 in *Wissenschaft als Beruf.*

Überall aber, bis in die frühesten politischen Bildungen zurück, finden wir auch die eigene Regie des Herrn: durch persönlich von ihm Abhängige: Sklaven, Hausbeamte, Dienstleute, persönliche „Günstlinge" und aus seinen Vorratskammern mit Natural- und Gelddeputaten entlohnte Pfründner, sucht er die Verwaltung in eigene Hand zu bekommen, die Mittel aus eigener Tasche, aus Erträgnissen seines Patrimoniums zu bestreiten, ein rein persönlich von ihm abhängiges, weil aus seinen Speichern, Magazinen, Rüstkammern equipiertes und verproviantiertes Heer zu schaffen. Während im „ständischen" Verband der Herr mit Hilfe einer eigenständigen „Aristokratie" herrscht, also mit ihr die Herrschaft teilt, stützt er sich hier entweder auf Haushörige oder auf Plebejer: besitzlose, der eigenen sozialen Ehre entbehrende Schichten, die materiell gänzlich an ihn gekettet sind und keinerlei konkurrierende eigene Macht unter den Füßen haben. Alle Formen patriarchaler und patrimonialer Herrschaft, sultanistischer Despotie[8] und bürokratischer Staatsordnung gehören zu diesem Typus. Insbesondere: die bürokratische Staatsordnung, also die, in ihrer rationalsten Ausbildung, auch und gerade dem modernen Staat charakteristische.

Überall kommt die Entwicklung des modernen Staates dadurch in Fluss, daß von seiten des Fürsten die Enteignung der neben ihm stehenden selbständigen „privaten" Träger von Verwaltungsmacht: jener Eigenbesitzer von Verwaltungs- und Kriegsbetriebsmitteln, Finanzbetriebsmitteln und politisch verwendbaren Gütern aller Art, in die Wege geleitet wird. Der ganze Prozess ist eine vollständige Parallele zu der Entwicklung des kapitalistischen Betriebs durch allmähliche Enteignung der selbständigen Produzenten. Am Ende sehen wir, daß in dem modernen Staat tatsächlich in einer einzigen Spitze die Verfügung über die gesamten politischen Betriebsmittel zusammenläuft, kein einziger Beamter mehr persönlicher Eigentümer des Geldes ist, das er verausgabt, oder der Gebäude, Vorräte, Werkzeuge, Kriegsmaschinen, über die er verfügt. Vollständig durchgeführt ist also im heutigen „Staat" – das ist ihm begriffswesentlich – die „Trennung" des Verwaltungsstabes: der Verwaltungsbeamten und Verwaltungsarbeiter, von den sachlichen Betriebsmitteln. Hier setzt nun die allermodernste Entwicklung ein und versucht vor unseren Augen, die Expropriation dieses Expropriateurs[9] der politischen Mittel und damit der politischen Macht in die Wege zu leiten. Das hat die Revolution wenigstens insofern geleistet, als an die Stelle der gesatzten Obrigkeiten Führer

---

[8]   Absolute Herrschaft eines muslimischen Staatsoberhauptes.

[9]   Bezug auf Marx: „Die Expropriateurs werden expropriiert", „Das Kapital. Kritik der politischen Ökonomie". In *Karl Marx/Friedrich Engels Gesamtausgabe* (Berlin: Dietz Verlag, 1987), Erster Band, Zweite Abteilung: Bd. 6, S. 682.

getreten sind, welche durch Usurpation oder Wahl sich in die Verfü-
gungsgewalt über den politischen Menschenstab und Sachgüterapparat
gesetzt haben und ihre Legitimität – einerlei mit wie viel Recht – vom Willen der Beherrschten ableiten. Eine andere Frage ist, ob sie auf Grund dieses – wenigstens scheinbaren – Erfolges mit Recht die Hoffnung hegen
kann: auch die Expropriation innerhalb der kapitalistischen Wirtschafts-
betriebe durchzuführen, deren Leitung sich trotz weitgehender Analogien
im Innersten nach ganz anderen Gesetzen richtet als die politische Verwaltung. Dazu nehmen wir heute nicht Stellung. Ich stelle für unsere Betrachtung nur das rein *Begriffliche* fest: daß der moderne Staat ein an-
staltsmäßiger Herrschaftsverband ist, der innerhalb eines Gebietes die
legitime physische Gewaltsamkeit als Mittel der Herrschaft zu monopoli-
sieren mit Erfolg getrachtet hat und zu diesem Zweck die sachlichen Betriebsmittel in der Hand seiner Leiter vereinigt, die sämtlichen eigenberechtigten ständischen Funktionäre aber, die früher zu Eigenrecht darüber verfügten, enteignet und sich selbst in seiner höchsten Spitze an deren Stelle gesetzt hat.

Im Verlaufe dieses politischen Enteignungsprozesses nun, der in allen
Ländern der Erde mit wechselndem Erfolge spielte, sind, und zwar zuerst
im Dienste der Fürsten, die ersten Kategorien von „Berufspolitikern" in
einem *zweiten* Sinn aufgetreten, von Leuten, die nicht selbst Herren sein
wollten, wie die charismatischen Führer, sondern *in den Dienst* von politischen Herren traten. Sie stellten sich in diesem Kampfe den Fürsten zur
Verfügung und machten aus der Besorgung von deren Politik einen materiellen Lebenserwerb einerseits, einen ideellen Lebensinhalt andererseits.
Wieder *nur* im Okzident finden wir *diese* Art von Berufspolitikern auch im
Dienst anderer Mächte als nur der Fürsten. In der Vergangenheit waren
sie deren wichtigstes Macht- und politisches Expropriationsinstrument.

Machen wir uns, ehe wir näher auf sie eingehen, den Sachverhalt, den die
Existenz solcher „Berufspolitiker" darstellt, nach allen Seiten unzweideutig klar. Man kann „Politik" treiben – also: die Machtverteilung zwischen
und innerhalb politischer Gebilde zu beeinflussen trachten – sowohl als
„Gelegenheits"politiker wie als nebenberuflicher oder hauptberuflicher
Politiker, genau wie beim ökonomischen Erwerb. „Gelegenheits"politiker
sind wir alle, wenn wir unseren Wahlzettel abgeben oder eine ähnliche
Willensäußerung: etwa Beifall oder Protest in einer „politischen" Versammlung, vollziehen, eine „politische" Rede halten usw., – und bei vielen
Menschen beschränkt sich ihre ganze Beziehung zur Politik darauf. „Ne-
benberufliche" Politiker sind heute z. B. alle jene Vertrauensmänner und
Vorstände von parteipolitischen Vereinen, welche diese Tätigkeit – wie es
durchaus die Regel ist – nur im Bedarfsfalle ausüben und weder materiell

noch ideell in *erster* Linie daraus „ihr Leben machen". Ebenso jene Mitglieder von Staatsräten und ähnlichen Beratungskörperschaften, die nur auf Anfordern in Funktion treten. Ebenso aber auch ziemlich breite Schichten unserer Parlamentarier, die nur in Zeiten der Session Politik treiben. In der Vergangenheit finden wir solche Schichten namentlich unter den Ständen. „Stände" sollen uns heißen die eigenberechtigten Besitzer militärischer oder für die Verwaltung wichtiger sachlicher Betriebsmittel oder persönlicher Herrengewalten. Ein großer Teil von ihnen war weit davon entfernt, sein Leben ganz oder auch nur vorzugsweise oder mehr als gelegentlich in den Dienst der Politik zu stellen. Sie nützten vielmehr ihre Herrenmacht im Interesse der Erzielung von Renten oder auch geradezu von Profit und wurden politisch, im Dienst des politischen Verbandes, nur tätig, wenn der Herr oder wenn ihre Standesgenossen dies besonders verlangten. Nicht anders auch ein Teil jener Hilfskräfte, die der Fürst im Kampf um die Schaffung eines politischen Eigenbetriebes, der nur ihm zur Verfügung stehen sollte, heranzog. Die „Räte von Haus aus"[10] und, noch weiter zurück, ein erheblicher Teil der in der *„curia"* [„Hof"][11] und den anderen beratenden Körperschaften des Fürsten zusammentretenden Ratgeber hatten diesen Charakter. Aber mit diesen nur gelegentlichen oder nebenberuflichen Hilfskräften kam der Fürst natürlich nicht aus. Er musste sich einen Stab von ganz und ausschließlich seinem Dienst gewidmeten, also *haupt*beruflichen, Hilfskräften zu schaffen suchen. Davon, woher er diese nahm, hing zum sehr wesentlichen Teil die Struktur des entstehenden dynastischen politischen Gebildes und nicht nur sie, sondern das ganze Gepräge der betreffenden Kultur ab. Erst recht in die gleiche Notwendigkeit versetzt waren diejenigen politischen Verbände, welche unter völliger Beseitigung oder weitgehender Beschränkung der Fürstenmacht sich als (sogenannte) „freie" Gemeinwesen politisch konstituierten, – „frei" nicht im Sinne der Freiheit von gewaltsamer Herrschaft, sondern im Sinne von: Fehlen der kraft Tradition legitimen (meist religiös geweihten) Fürstengewalt als ausschließlicher Quelle aller Autorität. Sie haben geschichtlich ihre Heimstätte durchaus im Okzident, und ihr Keim war: die Stadt als politischer Verband, als welcher sie zuerst im mittelländischen Kulturkreis aufgetreten ist. Wie sahen in all diesen Fällen die „*haupt*beruflichen" Politiker aus?

Es gibt zwei Arten, aus der Politik seinen Beruf zu machen. Entweder: Man lebt „für" die Politik, – oder aber: „von" der Politik. Der Gegensatz ist keineswegs ein exklusiver. In aller Regel vielmehr tut man, mindestens

---

[10] Berater, die nicht am Hofe lebten und nur am königlichen Rat teilnahmen, wenn er in ihrer Nähe Sitzung hielt.

[11] Der königliche Hof, der zusammentraf, wo immer der König gerade residierte.

ideell, meist aber auch materiell, beides: Wer „für" die Politik lebt, macht im *inner*lichen Sinne „sein Leben daraus": Er genießt entweder den nackten Besitz der Macht, die er ausübt, oder er speist sein inneres Gleichgewicht und Selbstgefühl aus dem Bewusstsein, durch Dienst an einer „Sache" seinem Leben einen *Sinn* zu verleihen. In diesem innerlichen Sinn lebt wohl jeder ernste Mensch, der für eine Sache lebt, auch von dieser Sache. Die Unterscheidung bezieht sich also auf eine viel massivere Seite des Sachverhaltes: auf die ökonomische. „Von" der Politik als Beruf lebt, wer danach strebt, daraus eine dauernde *Einnahme*quelle zu machen, – „für" die Politik der, bei dem dies nicht der Fall ist. Damit jemand in diesem ökonomischen Sinn „für" die Politik leben könne, müssen unter der Herrschaft der Privateigentumsordnung einige, wenn Sie wollen, sehr triviale Voraussetzungen vorliegen: Er muss – unter normalen Verhältnissen – ökonomisch von den Einnahmen, welche die Politik ihm bringen kann, unabhängig sein. Das heißt ganz einfach: Er muss vermögend oder in einer privaten Lebensstellung sein, welche ihm auskömmliche Einkünfte abwirft. So steht es wenigstens unter normalen Verhältnissen. Zwar die Gefolgschaft des Kriegsfürsten fragt ebenso wenig nach den Bedingungen normaler Wirtschaft wie die Gefolgschaft des revolutionären Helden der Straße. Beide leben von Beute, Raub, Konfiskationen, Kontributionen, Aufdrängung von wertlosen Zwangszahlungsmitteln: – Was dem Wesen nach alles das Gleiche ist. Aber das sind notwendig außeralltägliche Erscheinungen: In der Alltagswirtschaft leistet nur eigenes Vermögen diesen Dienst. Aber damit allein nicht genug: Er muss überdies wirtschaftlich „abkömmlich" sein, d. h. seine Einkünfte dürfen nicht davon abhängen, daß er ständig persönlich seine Arbeitskraft und sein Denken voll oder doch weit überwiegend in den Dienst ihres Erwerbes stellt. Abkömmlich in diesem Sinn ist nun am unbedingtesten: der Rentner, derjenige also, der vollkommen arbeitsloses Einkommen, sei es, wie die Grundherren der Vergangenheit, die Großgrundbesitzer und die Standesherren der Gegenwart, aus Grundrenten – in der Antike und im Mittelalter auch Sklaven- oder Hörigenrenten –, oder aus Wertpapier oder ähnlichen modernen Rentenquellen bezieht. Weder der Arbeiter *noch* – was sehr zu beachten ist – der Unternehmer – auch *und gerade* der moderne Großunternehmer – ist in diesem Sinn abkömmlich. Denn auch und *gerade* der Unternehmer – der gewerbliche sehr viel mehr als, bei dem Saisoncharakter der Landwirtschaft, der landwirtschaftliche Unternehmer – ist an seinen Betrieb gebunden und *nicht* abkömmlich. Es ist für ihn meist sehr schwer, sich auch nur zeitweilig vertreten zu lassen. Ebenso wenig ist dies z. B. der Arzt, je hervorragender und beschäftigter er ist, desto weniger. Leichter schon, aus rein betriebstechnischen Gründen, der Advokat,

– der deshalb auch als Berufspolitiker eine ungleich größere, oft eine geradezu beherrschende Rolle gespielt hat. – Wir wollen diese Kasuistik nicht weiter verfolgen, sondern wir machen uns einige Konsequenzen klar.

Die Leitung eines Staates oder einer Partei durch Leute, welche (im ökonomischen Sinn des Wortes) ausschließlich für die Politik und nicht von der Politik leben, bedeutet notwendig eine „plutokratische" Rekrutierung der politisch führenden Schichten. Damit ist freilich nicht auch das Umgekehrte gesagt: daß eine solche plutokratische Leitung auch zugleich bedeutete, daß die politisch herrschende Schicht *nicht* auch „von" der Politik zu leben trachtete, also ihre politische Herrschaft nicht auch für ihre privaten ökonomischen Interessen auszunutzen pflegte. Davon ist natürlich gar keine Rede. Es hat keine Schicht gegeben, die das nicht irgendwie getan hätte. Nur dies bedeutet es: daß die Berufspolitiker nicht unmittelbar *für* ihre politische Leistung Entgelt zu suchen genötigt sind, wie das jeder Mittellose schlechthin in Anspruch nehmen muss. Und andrerseits bedeutet es nicht etwa, daß vermögenslose Politiker lediglich oder auch nur vornehmlich ihre privatwirtschaftliche Versorgung durch die Politik im Auge hätten, nicht oder doch nicht vornehmlich „an die Sache" dächten. Nichts wäre unrichtiger. Dem vermögenden Mann ist die Sorge um die ökonomische „Sekurität" seiner Existenz erfahrungsgemäß – bewusst oder unbewusst – ein Kardinalpunkt seiner ganzen Lebensorientierung. Der ganz rücksichts- und voraussetzungslose politische Idealismus findet sich, wenn nicht ausschließlich, so doch wenigstens gerade bei den infolge ihrer Vermögenslosigkeit ganz außerhalb der an der Erhaltung der ökonomischen Ordnung einer bestimmten Gesellschaft interessierten stehenden Schichten: Das gilt zumal in außeralltäglichen, also revolutionären, Epochen. Sondern nur dies bedeutet es: daß eine *nicht* plutokratische Rekrutierung der politischen Interessenten, der Führerschaft und ihrer Gefolgschaft, an die selbstverständliche Voraussetzung gebunden ist, daß diesen Interessenten aus dem Betrieb der Politik regelmäßige und verlässliche Einnahmen zufließen. Die Politik kann entweder „ehrenamtlich" und dann von, wie man zu sagen pflegt, „unabhängigen", d. h. vermögenden Leuten, Rentnern vor allem, geführt werden. Oder aber ihre Führung wird Vermögenslosen zugänglich gemacht, und dann muss sie entgolten werden. Der *von* der Politik lebende Berufspolitiker kann sein: reiner „Pfründner" oder besoldeter „Beamter". Entweder bezieht er dann Einnahmen aus Gebühren und Sporteln für bestimmte Leistungen – Trinkgelder und Bestechungssummen sind nur eine regellose und formell illegale Abart dieser Kategorie von Einkünften –, oder er bezieht ein festes Naturaliendeputat oder Geldgehalt, oder beides nebeneinander. Er kann den Charakter eines „Unternehmers" annehmen, wie der *condottiere* oder der Amtspächter oder Amtskäufer der Vergangenheit oder wie der amerikanische *boss* [Chef], der seine Unkosten wie eine Kapitalanlage ansieht, die er durch Ausnutzung seines Einflusses Ertrag bringen lässt. Oder er kann einen festen Lohn beziehen, wie ein Redakteur oder Parteisekretär oder ein moderner Minister oder politischer Beamter. In der Vergangenheit waren Lehen, Bodenschenkungen, Pfründen aller Art, mit Entwicklung der Geldwirtschaft aber besonders Sportelpfründen das typische Entgelt von Fürsten, siegreichen Eroberern oder erfolgreichen Parteihäuptern für ihre Gefolgschaft. Heute sind es Ämter aller Art in Parteien, Zeitungen, Genossenschaften, Krankenkassen, Gemeinden und Staaten, welche von den Parteiführern für treue Dienste vergeben werden. *Alle* Parteikämpfe sind nicht nur Kämpfe um sachliche Ziele, sondern vor allem auch: um Ämterpatronage. Alle Kämpfe zwischen partikularistischen und zentralistischen Bestrebungen in Deutschland drehen sich vor allem auch darum, welche Gewalten, ob die Berliner oder die Münchener, Karlsruher, Dresdener, die Ämterpatronage in der Hand haben. Zurücksetzungen in der Anteilnahme an den Ämtern werden von Parteien schwerer empfunden als Zuwiderhandlungen gegen ihre sachlichen Ziele. Ein parteipolitischer Präfektenschub[12] in Frankreich galt immer als eine größere Umwälzung und erregte mehr Lärm als eine Modifikation des Regierungsprogramms, welches fast rein phraseologische Bedeutung hatte. Manche Parteien, so namentlich die in Amerika, sind seit dem Schwinden der alten Gegensätze über die Auslegung der Verfassung reine Stellenjägerparteien, welche ihr sachliches Programm je nach den Chancen des Stimmenfangs abändern. In Spanien wechselten bis in die letzten Jahre in Gestalt der von oben her fabrizierten „Wahlen" die beiden großen Parteien in konventionell feststehendem Turnus ab, um ihre Gefolgschaft in Ämtern zu versorgen. In den spanischen Kolonialgebieten handelt es sich sowohl bei den sogenannten „Wahlen" wie den sogenannten „Revolutionen" stets um die Staatskrippe, an der die Sieger gefüttert zu werden wünschen. In der Schweiz repartieren die Parteien im Wege des Proporzes die Ämter friedlich untereinander, und manche unserer „revolutionären" Verfassungsentwürfe, so z. B. der erste für Baden aufgestellte, wollte dies System auf die Ministerstellen ausdehnen und behandelte so den Staat und seine Ämter als reine Pfründnerversorgungsanstalt. Vor allem die [Deutsche] Zentrumspartei[13] begeisterte sich dafür und machte

---

[12] Von der Zentralregierung eingesetzter Administrator von Verwaltungsbezirken. Eine seiner wichtigsten Aufgaben lag darin, der Regierung eine sichere Mehrheit im Parlament zu gewährleisten.

[13] Siehe Fußnote 34 in den Artikeln zu Hochschulen.

in Baden die proportionale Verteilung der Ämter nach Konfessionen, also ohne Rücksicht auf die Leistung, sogar zu einem Programmpunkt. Mit steigender Zahl der Ämter infolge der allgemeinen Bürokratisierung und steigendem Begehr nach ihnen als einer Form spezifisch *gesicherter* Versorgung steigt für alle Parteien diese Tendenz und werden sie für ihre Gefolgschaft immer mehr Mittel zum Zweck, derart versorgt zu werden.

Dem steht nun aber gegenüber die Entwicklung des modernen Beamtentums zu einer spezialistisch durch langjährige Vorbildung fachgeschulten hochqualifizierten geistigen Arbeiterschaft mit einer im Interesse der Integrität hochentwickelten ständischen *Ehre*, ohne welche die Gefahr furchtbarer Korruption und gemeinen Banausentums als Schicksal über uns schweben und auch die rein technische Leistung des Staatsapparates bedrohen würde, dessen Bedeutung für die Wirtschaft, zumal mit zunehmender Sozialisierung, stetig gestiegen ist und weiter steigen wird. Die Dilettantenverwaltung durch Beutepolitiker, welche in den Vereinigten Staaten Hunderttausende von Beamten, bis zum Postboten hinunter, je nach dem Ausfall der Präsidentenwahl, wechseln ließ und den lebenslänglichen Berufsbeamten nicht kannte, ist längst durch die *civil service reform* [Beamtendienstreform][14] durchlöchert. Rein technische, unabweisliche Bedürfnisse der Verwaltung bedingen diese Entwicklung. In Europa ist das arbeitsteilige Fachbeamtentum in einer Entwicklung von einem halben Jahrtausend allmählich entstanden. Die italienischen Städte und *signorien*[15] machten den Anfang, von den Monarchien die normannischen Eroberstaaten. Bei den *Finanzen* der Fürsten geschah der entscheidende Schritt. Bei den Verwaltungsreformen des Kaisers Maximilian I[16] kann man sehen, wie schwer selbst unter dem Druck der äußersten Not und Türkenherrschaft[17] es den Beamten gelang, auf diesem Gebiet, welches ja den Dilettantismus eines Herrschers, der damals noch vor allem: ein Ritter war, am wenigsten vertrug, den Fürsten zu depossedieren. Die Entwicklung der Kriegstechnik bedingte den Fachoffizier, die Verfeinerung des Rechtsganges den geschulten Juristen. Auf diesen drei Gebieten siegte das Fachbeamtentum in den entwickelteren Staaten endgültig im 16. Jahrhundert. Damit war gleichzeitig mit dem Aufstieg des Absolutis-

---

[14] Das Pendleton Gesetz von 1883 führte eine Staatsdienstkommission in den Vereinigten Staaten und ein Belohnungssystem für die Rekrutierung für die föderalistische Regierung ein.

[15] Regierungsautoritäten in italienischen Städten im dreizehnten bis sechzehnten Jahrhundert, die von einem Adeligen oder einem Despoten geleitet wurden.

[16] Maximilian I (1459-1519), Kaiser des Heiligen Römischen Reichs 1493-1519.

[17] Ihre westliche Begrenzung fand sie nach der Eroberung weiter Teile Ungarns und der Belagerung Wiens 1529.

mus des Fürsten gegenüber den Ständen die allmähliche Abdankung seiner Selbstherrschaft an die Fachbeamten, durch die ihm jener Sieg über die Stände erst ermöglicht wurde, eingeleitet.

Gleichzeitig mit dem Aufstieg des fachgeschulten *Beamtentums* vollzog sich auch – wennschon in weit unmerklicheren Übergängen – die Entwicklung der „leitenden *Politiker"*. Von jeher und in aller Welt hatte es, selbstverständlich, solche tatsächlich maßgeblichen Berater der Fürsten gegeben. Im Orient hat das Bedürfnis, den Sultan von der persönlichen Verantwortung für den Erfolg der Regierung möglichst zu entlasten, die typische Figur des „Großwesirs"[18] geschaffen. Im Abendland wurde die Diplomatie, vor allem unter dem Einfluss der in diplomatischen Fachkreisen mit leidenschaftlichem Eifer gelesenen venezianischen Gesandtschaftsberichte, im Zeitalter Karls V[19] – der Zeit [Niccolò] Machiavellis[20] – zuerst eine *bewusst* gepflegte Kunst, deren meist humanistisch gebildete Adepten sich untereinander als eine geschulte Schicht von Eingeweihten behandelten, ähnlich den humanistischen chinesischen Staatsmännern der letzten Teilstaatenzeit.[21] Die Notwendigkeit einer formell einheitlichen Leitung der *gesamten* Politik, einschließlich der inneren, durch einen führenden Staatsmann entstand endgültig und zwingend erst durch die konstitutionelle Entwicklung. Bis dahin hatte es zwar selbstverständlich solche Einzelpersönlichkeiten als Berater oder vielmehr – der Sache nach – Leiter der Fürsten immer wieder gegeben. Aber die Organisation der Behörden war zunächst, auch in den am weitesten vorgeschrittenen Staaten, andere Wege gegangen. *Kollegiale* höchste Verwaltungsbehörden waren entstanden. Der Theorie und, in allmählich abnehmendem Maße, der Tatsache nach, tagten sie unter dem Vorsitz des Fürsten persönlich, der die Entscheidung gab. Durch dieses kollegialische System, welches zu Gutachten, Gegengutachten und motivierten Voten der Mehrheit und Minderheit führte, und ferner dadurch, daß er neben den offiziellen höchsten Behörden sich mit rein persönlichen Vertrauten – dem „Kabinett" – umgab und durch diese seine Entscheidungen auf die Beschlüsse des Staatsrats – oder wie die höchste Staatsbehörde sonst hieß – abgab, suchte der Fürst, der zunehmend in die Lage eines Dilettanten geriet, dem unvermeidlich wachsenden Gewicht der Fachschulung der Beamten sich zu entziehen und die oberste Leitung in der Hand zu behalten: Dieser latente Kampf zwischen dem Fachbeamtentum und der Selbstherrschaft

---

[18] Historisch der oberste Minister einiger Herrscher muslimischer Länder, insbesondere in der Türkei während der Herrschaft der Osmanen.
[19] Karl V (1500-1558), Kaiser des Heiligen Römischen Reichs 1530-1556.
[20] Niccolò Machiavelli (1469-1527), italienischer Staatsmann und Politiktheoretiker.
[21] Sie dauerte von 475-221 v. Chr., als China in mehrere Königreiche geteilt wurde.

bestand überall. Erst gegenüber den Parlamenten und den Machtaspirationen ihrer Parteiführer änderte sich die Lage. Sehr verschieden gelagerte Bedingungen führten doch zu dem äußerlich gleichen Ergebnis. Freilich mit gewissen Unterschieden. Wo immer die Dynastien reale Macht in der Hand behielten – wie namentlich in Deutschland –, waren nun die Interessen des Fürsten mit denen des Beamtentums solidarisch verknüpft *gegen* das Parlament und seine Machtansprüche. Die Beamten hatten das Interesse daran, daß auch die leitenden Stellen, also die Ministerposten, aus ihren Reihen besetzt, also Gegenstände des Beamtenavancements, wurden. Der Monarch seinerseits hatte das Interesse daran, die Minister nach seinem Ermessen auch aus den Reihen der ihm ergebenen Beamten ernennen zu können. Beide Teile aber waren daran interessiert, daß die politische Leitung dem Parlament einheitlich und geschlossen gegenübertrat, also: das Kollegialsystem durch einen einheitlichen Kabinettchef ersetzt wurde. Der Monarch bedurfte überdies, schon um dem Parteikampf und den Parteiangriffen rein formell enthoben zu bleiben, einer ihn deckenden verantwortlichen, das heißt: dem Parlament Rede stehenden und ihm entgegentretenden, mit den Parteien verhandelnden Einzelpersönlichkeit. Alle diese Interessen wirkten hier zusammen in der gleichen Richtung: Ein einheitlich führender Beamtenminister entstand. Noch stärker wirkte in der Richtung der Vereinheitlichung die Entwicklung der Parlamentsmacht da, wo sie – wie in England – die Oberhand gegenüber dem Monarchen gewann. Hier entwickelte sich das „Kabinett" mit dem einheitlichen Parlamentsführer, dem „*leader*" [„Führer"], an der Spitze, als ein Ausschuss der von den offiziellen Gesetzen ignorierten, tatsächlich aber allein politisch entscheidenden Macht: der jeweils im Besitz der Mehrheit befindlichen *Partei*. Die offiziellen kollegialen Körperschaften waren eben als solche keine Organe der wirklich herrschenden Macht: der Partei, und konnten also nicht Träger der wirklichen Regierung sein. Eine herrschende Partei bedurfte vielmehr, um im Innern die Gewalt zu behaupten und nach außen große Politik treiben zu können, eines schlagkräftigen, nur aus ihren wirklich führenden Männern zusammengesetzten, vertraulich verhandelnden Organes: eben des Kabinetts, der Öffentlichkeit, vor allem der parlamentarischen Öffentlichkeit gegenüber aber eines für alle Entschließungen verantwortlichen Führers: des Kabinettchefs. Dies englische System ist dann in Gestalt der parlamentarischen Ministerien auf den Kontinent übernommen worden, und nur in Amerika und den von da aus beeinflussten Demokratien wurde ihm ein ganz heterogenes System gegenübergestellt, welches den erkorenen Führer der siegenden Partei durch direkte Volkswahl[22] an die Spitze des von ihm er

---

[22]   Es ist ein weitverbreiteter Irrglaube, dass in den Vereinigten Staaten, im Gegen-

nannten Beamtenapparates stellte und ihn nur in Budget und Gesetzgebung an die Zustimmung des Parlaments band.

Die Entwicklung der Politik zu einem „Betrieb", der eine Schulung im Kampf um die Macht und in dessen Methoden erforderte, so wie sie das moderne Parteiwesen entwickelte, bedingte nun die Scheidung der öffentlichen Funktionäre in zwei, allerdings keineswegs schroff, aber doch deutlich geschiedene Kategorien: Fachbeamte einerseits, „politische Beamte" andererseits. Die im eigentlichen Wortsinn „politischen" Beamten sind äußerlich in der Regel daran kenntlich, daß sie jederzeit beliebig versetzt und entlassen oder doch „zur Disposition gestellt" werden können, wie die französischen Präfekten und die ihnen gleichartigen Beamten anderer Länder, im schroffsten Gegensatz gegen die „Unabhängigkeit" der Beamten mit richterlicher Funktion. In England gehören jene Beamten dazu, die nach fester Konvention bei einem Wechsel der Parlamentsmehrheit und also des Kabinetts aus den Ämtern scheiden. Besonders diejenigen pflegen dahin zu rechnen, deren Kompetenz die Besorgung der allgemeinen „inneren Verwaltung" umfasst; und der „politische" Bestandteil daran ist vor allem die Aufgabe der Erhaltung der „Ordnung" im Lande, also: der bestehenden Herrschaftsverhältnisse. In Preußen hatten diese Beamten nach dem Puttkamerschen Erlass,[23] bei Vermeidung der Maßregelung, die Pflicht, „die Politik der Regierung zu vertreten", und wurden, ebenso wie in Frankreich die Präfekten, als amtlicher Apparat zur Beeinflussung der Wahlen benutzt. Die meisten „politischen" Beamten teilten zwar nach deutschem System – im Gegensatz zu anderen Ländern – die Qualität aller anderen insofern, als die Erlangung auch dieser Ämter an akademisches Studium, Fachprüfungen und einen bestimmten Vorbereitungsdienst gebunden war. Dieses spezifische Merkmal des modernen Fachbeamtentums fehlt bei uns nur den Chefs des politischen Apparates: den Ministern. Preußischer Kultusminister konnte man schon unter dem alten Regime sein, ohne selbst jemals eine höhere Unterrichtsanstalt besucht zu haben, während man Vortragender Rat grundsätzlich nur auf Grund der vorgeschriebenen Prüfungen werden konnte. Der fachgeschul-

---

satz zu Mittel- oder Südamerikanischen Staaten, der Präsident direkt vom Volk gewählt würde. Die Wahl besteht aus zwei Phasen, wobei das Volk zunächst einen Wahlmänner wählt, die sich einem bestimmten Kandidaten verpflichten. Diese wiederum wählen dann den Präsidenten, wobei sie nicht gebunden sind, den Kandidaten zu wählen, dem sie sich verpflichtet haben. Aber beinahe alle tun es.

[23] Robert von Puttkamer (1828-1900) führte 1882 eine Beamtendienstreform in Preußen ein, die als Puttkamer-System bekannt wurde. Sie verlangte von den Beamten, dem für die Regierungsleitung verantwortlichen Kaiser einen Treueeid zu schwören, dass sie die Regierungspolitik unterstützen würden.

te Dezernent und Vortragende Rat war selbstverständlich – z. B. unter Althoff[24] im preußischen Unterrichtsministerium – unendlich viel informierter über die eigentlichen technischen Probleme des Faches als sein Chef. In England stand es damit nicht anders. Er war infolgedessen auch für alle Alltagsbedürfnisse der Mächtigere. Das war auch nichts an sich Widersinniges. Der Minister war eben der Repräsentant der *politischen* Machtkonstellation, hatte deren politische Maßstäbe zu vertreten und an die Vorschläge seiner ihm unterstellten Fachbeamten anzulegen oder ihnen die entsprechenden Direktiven politischer Art zu geben.

Ganz ähnlich steht es ja in einem privaten Wirtschaftsbetrieb: Der eigentliche „Souverän", die Aktionärversammlung, ist in der Betriebsführung ebenso einflusslos wie ein von Fachbeamten regiertes „Volk", und die für die Politik des Betriebes ausschlaggebenden Persönlichkeiten, der von Banken beherrschte „Aufsichtsrat", geben nur die wirtschaftlichen Direktiven und lesen die Persönlichkeiten für die Verwaltung aus, ohne aber selbst imstande zu sein, den Betrieb technisch zu leiten. Insofern bedeutet auch die jetzige Struktur des Revolutionsstaates, welcher absoluten Dilettanten, kraft ihrer Verfügung über die Maschinengewehre, die Macht über die Verwaltung in die Hand gibt und die fachgeschulten Beamten nur als ausführende Köpfe und Hände[25] benutzen möchte, keine grundsätzliche Neuerung. Die Schwierigkeiten dieses jetzigen Systems liegen anderswo als darin, sollen uns aber heute nichts angehen. –

Wir fragen vielmehr nun nach der typischen Eigenart der Berufspolitiker, sowohl der „Führer" wie ihrer Gefolgschaft. Sie hat gewechselt und ist auch heute sehr verschieden.

„Berufspolitiker" haben sich in der Vergangenheit, wie wir sahen, im Kampf der Fürsten mit den Ständen entwickelt, im Dienst der ersteren. Sehen wir uns ihre Haupttypen kurz an.

Gegen die Stände stützte sich der Fürst auf politisch verwertbare Schichten nichtständischen Charakters. Dahin gehörten in Vorder- und Hinterindien, im buddhistischen China und Japan und in der lamaistischen[26] Mongolei ganz ebenso wie in den christlichen Gebieten des Mittelalters zunächst: die Kleriker. Technisch deshalb, weil sie schriftkundig waren.

---

[24] Siehe Fußnote 7 in den Artikeln zu Hochschulen.
[25] Bezug auf die Arbeiter- und Soldatenräte, die im November 1918 entstanden und die Arbeit der herkömmlichen Regierungsbehörden beaufsichtigten. Im Frühjahr 1919 wurden sie von Regierungstruppen und dem rechts-politischen Freikorps zerschlagen.
[26] Buddhistischer Mönch aus Tibet oder der Mongolei.

Überall ist der Import von Brahmanen,[27] buddhistischen Priestern, Lamas und die Verwendung von Bischöfen und Priestern als politische Berater unter dem Gesichtspunkt erfolgt, schreibkundige Verwaltungskräfte zu bekommen, die im Kampf des Kaisers oder Fürsten oder Khans[28] gegen die Aristokratie verwertet werden konnten. Der Kleriker, zumal der zölibatäre Kleriker, stand außerhalb des Getriebes der normalen politischen und ökonomischen Interessen und kam nicht in Versuchung, für seine Nachfahren eigene politische Macht gegenüber seinem Herrn zu erstreben, wie es der Lehnsmann tat. Er war von den Betriebsmitteln der fürstlichen Verwaltung durch seine eigenen ständischen Qualitäten „getrennt".

Ein zweite derartige Schicht waren die humanistisch gebildeten Literaten. Es gab eine Zeit, wo man lateinische Reden und griechische Verse machen lernte, zu dem Zweck, politischer Berater und vor allen Dingen politischer Denkschriftenverfasser eines Fürsten zu werden. Das war die Zeit der ersten Blüte der Humanistenschulen und der fürstlichen Stiftungen von Professuren der „Poetik": bei uns eine schnell vorübergehende Epoche, die immerhin auf unser Schulwesen nachhaltig eingewirkt hat, politisch freilich keine tieferen Folgen hatte. Anders in Ostasien. Der chinesische Mandarin[29] ist oder vielmehr: war ursprünglich annähernd das, was der Humanist unserer Renaissancezeit war: ein humanistisch an den Sprachdenkmälern der fernen Vergangenheit geschulter und geprüfter Literat. Wenn Sie die Tagebücher des Li Hung Tshang[30] lesen, finden Sie, daß noch er am meisten stolz darauf ist, daß er Gedichte machte und ein guter Kalligraph war. Diese Schicht mit ihren an der chinesischen Antike entwickelten Konventionen hat das ganze Schicksal Chinas bestimmt, und ähnlich wäre vielleicht unser Schicksal gewesen, wenn die Humanisten seinerzeit die geringste Chance gehabt hätten, mit gleichem Erfolge sich durchzusetzen.

Die dritte Schicht war: der Hofadel. Nachdem es den Fürsten gelungen war, den Adel in seiner ständischen politischen Macht zu enteignen, zogen sie ihn an den Hof und verwendeten ihn im politischen und diplomati-

---

[27] Gruppe priesterlicher Menschen, die der höchsten Hindu-Kaste, oder sozialen Klasse, angehören.

[28] Historisch der oberste Herrscher der Türken, Tataren und Mongolen, wie auch die Kaiser von China im Mittelalter.

[29] Ein öffentlicher Beamter des kaiserlichen China, aus einem der neun Grade oder Klassen, in denen diejenigen Untergeordneten Amtsinhaber waren, die Prüfungen in chinesischer klassischer Literatur abgelegt hatten.

[30] Li Hung Tshang, auch Li Hongzhang geschrieben, (1823-1901), führender chinesischer Politiker, der äußerst darum bemüht war, China zu modernisieren.

schen Dienst. Der Umschwung unseres Erziehungswesens im 17. Jahrhundert war mit dadurch bedingt, daß an Stelle der humanistischen Literaten hofadelige Berufspolitiker in den Dienst der Fürsten traten.

Die vierte Kategorie war ein spezifisch englisches Gebilde, ein den Kleinadel und das städtische Rentnertum umfassendes Patriziat, technisch *„gentry"* [„die Gentry"] genannt: – eine Schicht, die ursprünglich der Fürst gegen die Barone heranzog und in den Besitz der Ämter des *„self-government"* [„Selbstregierung"] setzte, um später zunehmend von ihr abhängig zu werden. Sie hielt sich im Besitz der sämtlichen Ämter der lokalen Verwaltung, indem sie dieselben gratis übernahm im Interesse ihrer eigenen sozialen Macht. Sie hat England vor der Bürokratisierung bewahrt, die das Schicksal sämtlicher Kontinentalstaaten war.

Eine fünfte Schicht war dem Okzident, vor allem auf dem europäischen Kontinent, eigentümlich und war für dessen ganze politische Struktur von ausschlaggebender Bedeutung: die universitätsgeschulten Juristen. Die gewaltige Nachwirkung des römischen Rechts, wie es der bürokratische spätrömische Staat umgebildet hatte, tritt in nichts deutlicher hervor als darin: daß überall die Revolutionierung des politischen Betriebs im Sinne der Entwicklung zum rationalen Staat von geschulten Juristen getragen wurde. Auch in England, obwohl dort die großen nationalen Juristenzünfte die Rezeption des römischen Rechts hinderten. Man findet in keinem Gebiet der Erde dazu irgendeine Analogie. Alle Ansätze rationalen juristischen Denkens in der indischen Mimamsa-Schule[31] und alle Weiterpflege des antiken juristischen Denkens im Islam haben die Überwucherung des rationalen Rechtsdenkens durch theologische Denkformen nicht hindern können. Vor allem wurde das Prozessverfahren nicht voll rationalisiert. Das hat nur die Übernahme der antik römischen Jurisprudenz, des Produkts eines aus dem Stadtstaat zur Weltherrschaft aufsteigenden politischen Gebildes ganz einzigartigen Charakters, durch die italienischen Juristen zuwege gebracht, der *„usus modernus"* [der „moderne Gebrauch"] der spätmittelalterlichen Pandektisten[32] und Kanonisten und die aus juristischem und christlichem Denken geborenen und später säkularisierten Naturrechtstheorien. Im italienischen *podestat,*[33] in den französischen Königsjuristen, welche die formellen Mittel zur Untergrabung der Herrschaft der *seigneurs* [Feudalherren] durch die Königsmacht schufen, in

---

[31] Eine der sechs Hauptkomponenten der hinduistischen Philosophie.

[32] Die *Pandekten*, oder auch Digesten, waren eine Zusammenstellung von Schriften römischer Rechtsgelehrter. Sie wurden 533 mit gesetzlicher Wirkung veröffentlicht. Spätere Rechtsgelehrte haben diese Gesetze interpretiert und an die modernen Bedürfnisse angepasst.

[33] Ein gewählter Volksvertreter in den italienischen Staaten des Mittelalters.

den Kanonisten und naturrechtlich denkenden Theologen des Konziliarismus,[34] in den Hofjuristen und gelehrten Richtern der kontinentalen Fürsten, in den niederländischen Naturrechtslehrern[35] und den Monarchomachen,[36] in den englischen Kron- und den Parlamentsjuristen, in der *noblesse de robe* [Bezeichnung für den Amtsadel][37] der französischen Parlamente, endlich in den Advokaten der Revolutionszeit[38] hat dieser juristische Rationalismus seine großen Repräsentanten gehabt. Ohne ihn ist das Entstehen des absoluten Staates so wenig denkbar wie die Revolution. Wenn Sie die Remonstrationen der französischen Parlamente oder die *cahiers de doléances* [Beschwerdehefte der Stände an den König] der französischen Generalstände seit dem 16. Jahrhundert bis in das Jahr 1789 durchsehen, finden Sie überall: Juristengeist. Und wenn Sie die Berufszugehörigkeit der Mitglieder des französischen Konvents durchmustern, so finden Sie da – obwohl er nach gleichem Wahlrecht gewählt war – einen einzigen Proletarier, sehr wenige bürgerliche Unternehmer, dagegen massenhaft Juristen aller Art, ohne die der spezifische Geist, der diese radikalen Intellektuellen und ihre Entwürfe beseelte, ganz undenkbar wäre. Der moderne Advokat und die moderne Demokratie gehören seitdem schlechthin zusammen, – und Advokaten in unserem Sinn, als ein selbständiger Stand, existieren wiederum nur im Okzident, seit dem Mittelalter, wo sie aus dem „Fürsprech" des formalistischen germanischen Prozessverfahrens unter dem Einfluss der Rationalisierung des Prozesses sich entwickelten.

Die Bedeutung der Advokaten in der okzidentalen Politik seit dem Aufkommen der Parteien ist nichts Zufälliges. Der politische Betrieb durch Parteien bedeutet eben: Interessentenbetrieb, – wir werden bald sehen, was das besagen will. Und eine Sache für Interessenten wirkungsvoll zu führen, ist das Handwerk des geschulten Advokaten. Er ist darin – das hat uns die Überlegenheit der feindlichen Propaganda[39] lehren können – jedem „Beamten" überlegen. Gewiss kann er eine durch logisch schwache Argumente gestützte, in diesem Sinn: „schlechte" Sache dennoch sieg-

---

[34] Papst und Räte der christlichen Kirche mit der Autorität, die Lehrmeinung der Kirche zu bestimmen.

[35] Justus Lipsius (1547-1606) und Hugo Grotius (1583-1645).

[36] Monarchenbekämpfer. Begriff 1600 von William Barclay (1543-1608) geprägt zur Beschreibung französischer Staatstheoretiker, die für das Recht auf den Widerstand gegen die Monarchie eintraten.

[37] Französische Erbadelige im siebzehnten und achtzehnten Jahrhundert, die ihren Stand durch den Sitz in hohen Staatsämtern erwarben.

[38] Französische Revolution von 1789 und ihre Nachwirkungen bis 1799.

[39] Bezug auf die Propaganda der Alliierten gegen Deutschland im Ersten Weltkrieg (1914-1918).

reich, also technisch „gut", führen. Aber auch nur er führt eine durch logisch „starke" Argumente zu stützende, in diesem Sinn „gute" Sache siegreich, also in diesem Sinn „gut". Der Beamte als Politiker macht nur allzu oft durch technisch „schlechte" Führung eine in jenem Sinn „gute" Sache zur „schlechten": – Das haben wir erleben müssen.[40] Denn die heutige Politik wird nun einmal in hervorragendem Maße in der Öffentlichkeit mit den Mitteln des gesprochenen oder geschriebenen Wortes geführt. Dessen Wirkung abzuwägen, liegt im eigentlichsten Aufgabenkreise des Advokaten, gar nicht aber des Fachbeamten, der kein Demagoge ist und, seinem Zweck nach, sein soll, und wenn er es doch zu werden unternimmt, ein sehr schlechter Demagoge zu werden pflegt.

Der echte Beamte – das ist für die Beurteilung unseres früheren Regimes entscheidend – soll seinem eigentlichen Beruf nach nicht Politik treiben, sondern: „verwalten", *unparteiisch* vor allem, – auch für die sogenannten „politischen" Verwaltungsbeamten gilt das, offiziell wenigstens, soweit nicht die „Staatsräson", d. h. die Lebensinteressen der herrschenden Ordnung, in Frage stehen. *Sine ira et studio*, „ohne Zorn und Eingenommenheit", soll er seines Amtes walten. Er soll also gerade das nicht tun, was der Politiker, der Führer sowohl wie seine Gefolgschaft, immer und notwendig tun muss: *kämpfen*. Denn Parteinahme, Kampf, Leidenschaft – *ira et studium* [Zorn und Eingenommenheit][41] – sind das Element des Politikers. Und vor allem: des politischen *Führers. Dessen* Handeln steht unter einem ganz anderen, gerade entgegengesetzten Prinzip der *Verantwortung*, als die des Beamten ist. Ehre des Beamten ist die Fähigkeit, wenn – trotz seiner Vorstellungen – die ihm vorgesetzte Behörde auf einem ihm falsch erscheinenden Befehl beharrt, ihn auf Verantwortung des Befehlenden gewissenhaft und genau so auszuführen, als ob er seiner eigenen Überzeugung entspräche: Ohne diese im höchsten Sinn sittliche Disziplin und Selbstverleugnung zerfiele der ganze Apparat. Ehre des politischen Führers, also: des leitenden Staatsmannes, ist dagegen gerade die ausschließliche *Eigen*verantwortung für das, was er tut, die er nicht ablehnen oder abwälzen kann und darf. Gerade sittlich hochstehende Beamtennaturen sind schlechte, vor allem im politischen Begriff des Wortes verantwortungslose und in diesem Sinn: sittlich tiefstehende Politiker: – solche, wie wir sie leider in leitenden Stellungen immer wieder gehabt haben: Das ist es, was wir „Beamtenherrschaft" nennen; und es fällt wahrlich kein

---

40   Siehe Weber, *Parlament und Regierung im neugeordneten Deutschland. Zur politischen Kritik des Beamtentums und Parteiwesens* (München und Leipzig: Verlag von Duncker & Humblot, 1918), insb. S. 13-55.
41   P. Cornelius Tacitus, *Annalen*, herausgegeben von Erich Heller, 5. Aufl. (Düsseldorf: Artemis & Winkler Verlag, 2005), Buch I, Teil 1, S. 17.

Flecken auf die Ehre unseres Beamtentums, wenn wir das politisch, vom Standpunkt des Erfolges aus gewertet, Falsche dieses Systems bloßlegen. Aber kehren wir noch einmal zu den Typen der politischen Figuren zurück.

Der „Demagoge" ist seit dem Verfassungsstaat und vollends seit der Demokratie der Typus des führenden Politikers im Okzident. Der unangenehme Beigeschmack des Wortes darf nicht vergessen lassen, daß nicht Kleon,[42] sondern Perikles[43] der erste war, der diesen Namen trug. Amtlos oder mit dem – im Gegensatz zu den durchs Los besetzten Ämtern der antiken Demokratie – einzigen Wahlamt: dem des Oberstrategen, betraut, leitete er die souveräne *ekklesia* [Volksversammlung] des *demos* [des Volkes] von Athen. Die moderne Demagogie bedient sich zwar auch der Rede: in quantitativ ungeheuerlichem Umfang sogar, wenn man die Wahlreden bedenkt, die ein moderner Kandidat zu halten hat. Aber noch nachhaltiger doch: des gedruckten Worts. Der politische Publizist und vor allem der *Journalist* ist der wichtigste heutige Repräsentant der Gattung.

Die Soziologie der modernen politischen Journalistik auch nur zu skizzieren, wäre im Rahmen dieses Vortrags ganz unmöglich und ist in jeder Hinsicht ein Kapitel für sich. Nur weniges gehört unbedingt hierher. Der Journalist teilt mit allen Demagogen und übrigens – wenigstens auf dem Kontinent und im Gegensatz zu den englischen und übrigens auch zu den früheren preußischen Zuständen – auch mit dem Advokaten (und dem Künstler) das Schicksal: der festen sozialen Klassifikation zu entbehren. Er gehört zu einer Art von Pariakaste, die in der „Gesellschaft" stets nach ihren ethisch tiefststehenden Repräsentanten sozial eingeschätzt wird. Die seltsamsten Vorstellungen über die Journalisten und ihre Arbeit sind daher landläufig. Daß eine wirklich *gute* journalistische Leistung mindestens so viel „Geist" beansprucht wie irgendeine Gelehrtenleistung – vor allem infolge der Notwendigkeit, sofort, auf Kommando, hervorgebracht zu werden und: sofort *wirken* zu sollen, bei freilich ganz anderen Bedingungen der Schöpfung, ist nicht jedermann gegenwärtig. Daß die Verantwortung eine weit größere ist, und daß auch das Verantwortungs*gefühl* jedes ehrenhaften Journalisten im Durchschnitt nicht im mindesten tiefer steht als das des Gelehrten: – sondern höher, wie der Krieg gelehrt hat –, wird fast nie gewürdigt, weil naturgemäß gerade die verantwortungs*losen* journalistischen Leistungen, ihrer oft furchtbaren Wirkung wegen, im Gedächtnis haften. Daß vollends die Diskretion der irgendwie

---

[42] Kleon (422 v. Chr. gestorben); Nachfolger von Perikles.
[43] Perikles (ca. 495-429 v. Chr.); der Politiker, der vornehmlich für die Demokratisierung Athens verantwortlich war.

tüchtigen Journalisten durchschnittlich höher steht als die anderer Leute, glaubt niemand. Und doch ist es so. Die ganz unvergleichlich viel schwereren Versuchungen, die dieser Beruf mit sich bringt, und die sonstigen Bedingungen journalistischen Wirkens in der Gegenwart erzeugen jene Folgen, welche das Publikum gewöhnt haben, die Presse mit einer Mischung von Verachtung und – jämmerlicher Feigheit zu betrachten. Über das, was da zu tun ist, kann heute nicht gesprochen werden. Uns interessiert hier die Frage nach dem *politischen* Berufsschicksal der Journalisten, ihrer Chance, in politische Führerstellungen zu gelangen. Sie war bisher nur in der sozialdemokratischen Partei günstig. Aber innerhalb ihrer hatten Redakteurstellen weit überwiegend den Charakter einer Beamtenstellung, nicht aber waren sie die Grundlage einer *Führer*position.

In den bürgerlichen Parteien hatte sich, im Ganzen genommen, gegenüber der vorigen Generation die Chance des Aufstiegs zur politischen Macht auf diesem Wege eher verschlechtert. Presseeinfluss und also Pressebeziehungen benötigte natürlich jeder Politiker von Bedeutung. Aber daß Partei*führer* aus den Reihen der Presse hervorgingen, war – man sollte es nicht erwarten – durchaus die Ausnahme. Der Grund liegt in der stark gestiegenen „Unabkömmlichkeit" des Journalisten, vor allem des vermögenslosen und also berufsgebundenen Journalisten, welche durch die ungeheure Steigerung der Intensität und Aktualität des journalistischen Betriebes bedingt ist. Die Notwendigkeit des Erwerbs durch tägliches oder doch wöchentliches Schreiben von Artikeln hängt Politikern wie ein Klotz am Bein, und ich kenne Beispiele, wo Führernaturen dadurch geradezu dauernd im Machtaufstieg äußerlich und vor allem: innerlich gelähmt worden sind. Daß die Beziehungen der Presse zu den herrschenden Gewalten im Staat und in den Parteien unter dem alten Regime dem Niveau des Journalismus so abträglich wie möglich waren, ist ein Kapitel für sich. Diese Verhältnisse lagen in den gegnerischen Ländern[44] anders. Aber auch dort und für alle modernen Staaten galt, scheint es, der Satz: daß der journalistische Arbeiter immer weniger, der kapitalistische Pressemagnat – nach Art etwa des „Lord" Northcliffe[45] – immer mehr politischen Einfluss gewinnt.

Bei uns waren allerdings bisher die großen kapitalistischen Zeitungskonzerne, welche sich vor allem der Blätter mit „kleinen Anzeigen", der „Generalanzeiger", bemächtigt hatten, in aller Regel die typischen Züchter politischer Indifferenz. Denn an selbständiger Politik war nichts zu verdie-

---

[44] Bezieht sich auf die Alliierten, die im Ersten Weltkrieg gegen Deutschland kämpften.

[45] Siehe Fußnote 58 in den Artikeln zu Hochschulen.

nen, vor allem nicht das geschäftlich nützliche Wohlwollen der politisch herrschenden Gewalten. Das Inseratengeschäft ist auch der Weg, auf dem man während des Krieges den Versuch einer politischen Beeinflussung der Presse im großen Stil gemacht hat und jetzt, wie es scheint, fortsetzen will. Wenn auch zu erwarten ist, daß die große Presse sich dem entziehen wird, so ist die Lage für die kleinen Blätter doch weit schwieriger. Jedenfalls aber ist bei uns zurzeit die journalistische Laufbahn, so viel Reiz sie im Übrigen haben und welches Maß von Einfluss und Wirkungsmöglichkeit, vor allem: von politischer Verantwortung, sie einbringen mag, nicht – man muss vielleicht abwarten, ob: nicht mehr oder: noch nicht – ein normaler Weg des Aufstiegs politischer Führer. Ob die von manchen – nicht allen – Journalisten für richtig gehaltene Aufgabe des Anonymitätsprinzips darin etwas ändern würde, lässt sich schwer sagen. Was wir in der deutschen Presse während des Krieges an „Leitung" von Zeitungen durch besonders angeworbene schriftstellerisch begabte Persönlichkeiten, die dabei stets ausdrücklich unter ihrem Namen auftraten, erlebten, hat in einigen bekannteren Fällen leider gezeigt: daß ein erhöhtes Verantwortungsgefühl auf diesem Wege *nicht* so sicher gezüchtet wird, wie man glauben könnte. Es waren – ohne Parteiunterschied – zum Teil gerade die notorisch übelsten Boulevard-Blätter, die damit einen erhöhten Absatz erstrebten und auch erreichten. Vermögen haben die betreffenden Herren, die Verleger wie auch die Sensationsjournalisten, gewonnen, – Ehre gewiss nicht. Damit soll nun gegen das Prinzip nichts gesagt sein. Die Frage liegt sehr verwickelt, und jene Erscheinung gilt auch nicht allgemein. Aber es ist *bisher* nicht der Weg zu echtem Führertum oder *verantwortlichem* Betrieb der Politik gewesen. Wie sich die Verhältnisse weiter gestalten werden, bleibt abzuwarten. Unter allen Umständen bleibt aber die journalistische Laufbahn einer der wichtigsten Wege der berufsmäßigen politischen Tätigkeit. Ein Weg nicht für jedermann. Am wenigsten für schwache Charaktere, insbesondere für Menschen, die nur in einer gesicherten ständischen Lage ihr inneres Gleichgewicht behaupten können. Wenn schon das Leben des jungen Gelehrten auf Hasard gestellt ist, so sind doch feste ständische Konventionen um ihn gebaut und hüten ihn vor Entgleisung. Das Leben des Journalisten aber ist in jeder Hinsicht Hasard schlechthin, und zwar unter Bedingungen, welche die innere Sicherheit in einer Art auf die Probe stellen wie wohl kaum eine andere Situation. Die oft bitteren Erfahrungen im Berufsleben sind vielleicht nicht einmal das Schlimmste. Gerade an den erfolgreichen Journalisten werden besonders schwierige innere Anforderungen gestellt. Es ist durchaus keine Kleinigkeit, in den Salons der Mächtigen der Erde auf scheinbar gleichem Fuß, und oft allgemein umschmeichelt, weil gefürchtet, zu verkehren und dabei zu wissen, daß, wenn man kaum aus der Tür ist, der Hausherr sich vielleicht wegen seines Verkehrs mit den „Pressebengeln" bei seinen Gästen besonders rechtfertigen muss, – wie es erst recht keine Kleinigkeit ist, über alles und jedes, was der „Markt" gerade verlangt, über alle denkbaren Probleme des Lebens, sich prompt und dabei überzeugend äußern zu sollen, ohne nicht nur der absoluten Verflachung, sondern vor allem der Würdelosigkeit der Selbstentblößung und ihren unerbittlichen Folgen zu verfallen. Nicht das ist erstaunlich, daß es viele menschlich entgleiste oder entwertete Journalisten gibt, sondern daß trotz allem gerade diese Schicht eine so große Zahl wertvoller und ganz echter Menschen in sich schließt, wie Außenstehende es nicht leicht vermuten.

Wenn der Journalist als Typus des Berufspolitikers auf eine immerhin schon erhebliche Vergangenheit zurückblickt, so ist die Figur des *Parteibeamten* eine solche, die erst der Entwicklung der letzten Jahrzehnte und, teilweise, Jahre angehört. Wir müssen uns einer Betrachtung des Parteiwesens und der Parteiorganisation zuwenden, um diese Figur in ihrer entwicklungsgeschichtlichen Stellung zu begreifen.

In allen irgendwie umfangreichen, das heißt über den Bereich und Aufgabenkreis kleiner ländlicher Kantone hinausgehenden politischen Verbänden mit periodischen Wahlen der Gewalthaber ist der politische Betrieb notwendig: *Interessentenbetrieb*. Das heißt, eine relativ kleine Zahl primär am politischen Leben, also an der Teilnahme an der politischen Macht, Interessierter schaffen sich Gefolgschaft durch freie Werbung, präsentieren sich oder ihre Schutzbefohlenen als Wahlkandidaten, sammeln die Geldmittel und gehen auf den Stimmenfang. Es ist unerfindlich, wie in großen Verbänden Wahlen ohne diesen Betrieb überhaupt sachgemäß zustande kommen sollten. Praktisch bedeutet er die Spaltung der wahlberechtigten Staatsbürger in politisch aktive und politisch passive Elemente, und da dieser Unterschied auf Freiwilligkeit beruht, so kann er durch keinerlei Maßregeln, wie Wahlpflicht oder „berufsständische" Vertretung oder dergleichen ausdrücklich oder tatsächlich gegen diesen Tatbestand und damit gegen die Herrschaft der Berufspolitiker gerichtete Vorschläge, beseitigt werden. Führerschaft und Gefolgschaft, als aktive Elemente freier Werbung: der Gefolgschaft sowohl wie, durch diese, der passiven Wählerschaft für die Wahl des Führers, sind notwendige Lebenselemente jeder Partei. Verschieden aber ist ihre Struktur. Die „Parteien" etwa der mittelalterlichen Städte, wie die Guelfen und Ghibellinen,[46] wa-

---

[46] Mitglieder zweier gegnerischer politischer Fraktionen im Deutschland und Italien des Mittelalters.

ren rein persönliche Gefolgschaften. Wenn man das *Statuto della parte Guelfa* [Statut von der Guelfenpartei][47] ansieht, die Konfiskation der Güter der *nobili* [Adelige] – das hieß ursprünglich aller derjenigen Familien, die ritterlich lebten, also lehnsfähig waren –, ihren Ausschluss von Ämtern und Stimmrecht, die interlokalen Parteiausschüsse und die streng militärischen Organisationen und ihre Denunziantenprämien, so fühlt man sich an den Bolschewismus[48] mit seinen Sowjets, seinen streng gesiebten Militär- und – in Russland vor allem – Spitzelorganisationen,[49] der Entwaffnung und politischen Entrechtung der „Bürger", das heißt der Unternehmer, Händler, Rentner, Geistlichen, Abkömmlinge der Dynastie, Polizeiagenten, und seinen Konfiskationen erinnert. Und wenn man auf der einen Seite sieht, daß die Militärorganisation jener Partei ein nach Matrikeln zu gestaltendes reines Ritterheer war und Adlige fast alle führenden Stellen einnahmen, die Sowjets aber ihrerseits den hochentgoltenen Unternehmer, den Akkordlohn, das Taylorsystem,[50] die Militär- und Werkstattdisziplin beibehalten oder vielmehr wieder einführen und nach ausländischem Kapital Umschau halten, mit einem Wort also: schlechthin *alle* von ihnen als bürgerliche Klasseneinrichtungen bekämpften Dinge wieder annehmen mussten, um überhaupt Staat und Wirtschaft in Betrieb zu erhalten, und daß sie überdies als Hauptinstrument ihrer Staatsgewalt die Agenten der alten *Ochrana*[51] wieder in Betrieb genommen haben, so wirkt diese Analogie noch frappanter. Wir haben es aber hier nicht mit solchen Gewaltsamkeitsorganisationen zu tun, sondern mit Berufspolitikern, welche durch nüchterne „friedliche" Werbung der Partei auf dem Wahlstimmenmarkt zur Macht zu gelangen streben.

Auch diese Parteien in unserem üblichen Sinn waren zunächst, z. B. in England, reine Gefolgschaften der Aristokratie. Mit jedem aus irgendeinem Grunde erfolgenden Wechsel der Partei seitens eines *peer* [Adeligen] trat alles, was von ihm abhängig war, gleichfalls zur Gegenpartei über. Die großen Familien des Adels, nicht zuletzt der König, hatten bis zur *re-*

---

[47] 1335 veröffentlicht.

[48] Die Bolschewisten machten die Mehrheit der Russischen Sozialdemokratischen Arbeiterpartei vor 1918 aus. Durch die Deputierten der Sowjets, der Arbeiter- und Soldatenräte, übernahm 1917 die Oktober-Revolution, auch Bolschewistische oder Große Sozialistische Oktoberrevolution genannt, die Macht.

[49] Ende 1917 gegründete Außerordentliche Kommission für den Kampf gegen Konterrevolution, Sabotage und Spekulation (*Tscheka*).

[50] Nach Frederick W. Taylor (1881-1915) benannt, der sich zum Zwecke der Industriebetriebslehre mit Zeit- und Bewegungsstudien beschäftigte.

[51] Auch *Ochranka* geschrieben, 1881-1917, Akronym der vor-revolutionären russischen Geheimpolizei, die zum Kampf gegen politischen Terrorismus und linksradikale revolutionäre Aktivitäten gegründet wurde.

form bill [Reformgesetztentwurf][52] die Patronage einer Unmasse von Wahlkreisen. Diesen Adelsparteien nahe stehen die Honoratiorenparteien, wie sie mit Aufkommen der Macht des Bürgertums sich überall entwickelten. Die Kreise von „Bildung und Besitz" unter der geistigen Führung der typischen Intellektuellenschichten des Okzidents schieden sich, teils nach Klasseninteressen, teils nach Familientradition, teils rein ideologisch bedingt, in Parteien, die sie leiteten. Geistliche, Lehrer, Professoren, Advokaten, Ärzte, Apotheker, vermögliche Landwirte, Fabrikanten – in England jene ganze Schicht, die sich zu den *gentlemen* [Herren] rechnet – bildeten zunächst Gelegenheitsverbände, allenfalls lokale politische Klubs. In erregten Zeiten meldete sich das Kleinbürgertum, gelegentlich einmal das Proletariat, wenn ihm Führer erstanden, die aber in aller Regel nicht aus seiner Mitte stammten. In diesem Stadium bestehen interlokal organisierte Parteien als Dauerverbände draußen im Lande überhaupt noch nicht. Den Zusammenhalt schaffen lediglich die Parlamentarier. Maßgebend für die Kandidatenaufstellung sind die örtlichen Honoratioren. Die Programme entstehen teils durch die Werbeaufrufe der Kandidaten, teils in Anlehnung an Honoratiorenkongresse oder Parlamentsparteibeschlüsse. Nebenamtlich und ehrenamtlich läuft, als Gelegenheitsarbeit, die Leitung der Klubs oder, wo diese fehlen (wie meist), der gänzlich formlose Betrieb der Politik seitens der wenigen dauernd daran Interessierten in normalen Zeiten. Nur der Journalist ist bezahlter Berufspolitiker, nur der Zeitungsbetrieb kontinuierlicher politischer Betrieb überhaupt. Daneben nur die Parlamentssession. Die Parlamentarier und parlamentarischen Parteileiter wissen zwar, an welche örtlichen Honoratioren man sich wendet, wenn eine politische Aktion erwünscht erscheint. Aber nur in großen Städten bestehen dauernd Vereine der Parteien mit mäßigen Mitgliederbeiträgen und periodischen Zusammenkünften und öffentlichen Versammlungen zum Rechenschaftsbericht des Abgeordneten. Leben besteht nur in der Wahlzeit.

Das Interesse der Parlamentarier an der Möglichkeit interlokaler Wahlkompromisse und an der Schlagkraft einheitlicher, von breiten Kreisen des ganzen Landes anerkannter Programme und einheitlicher Agitation im Lande überhaupt bildet die Triebkraft des immer strafferen Parteizusammenschlusses. Aber wenn nun ein Netz von örtlichen Parteivereinen auch in den mittleren Städten und daneben von „Vertrauensmännern" über das Land gespannt wird, mit denen ein Mitglied der Parlamentspartei als Leiter des zentralen Parteibüros in dauernder Korrespondenz steht,

---

[52] Das Reformgesetz von 1832 führte zu einer gerechteren Neuverteilung der Parlamentssitze und einem erweiterten Wahlrecht.

bleibt im Prinzip der Charakter des Parteiapparates als eines Honoratiorenverbandes unverändert. Bezahlte Beamte fehlen außerhalb des Zentralbüros noch. Es sind durchweg „angesehene" Leute, welche um der Schätzung willen, die sie sonst genießen, die örtlichen Vereine leiten: die außerparlamentarischen „Honoratioren", die neben der politischen Honoratiorenschicht der einmal im Parlament sitzenden Abgeordneten Einfluss üben. Die geistige Nahrung für Presse und örtliche Versammlungen beschafft allerdings zunehmend die von der Partei herausgegebene Parteikorrespondenz. Regelmäßige Mitgliederbeiträge werden unentbehrlich, ein Bruchteil muss den Geldkosten der Zentrale dienen. In diesem Stadium befanden sich noch vor nicht allzu langer Zeit die meisten deutschen Parteiorganisationen. In Frankreich vollends herrschte teilweise noch das erste Stadium: der ganz labile Zusammenschluss der Parlamentarier und im Lande draußen die kleine Zahl der örtlichen Honoratioren, Programme durch die Kandidaten oder für sie von ihren Schutzpatronen im Einzelfall bei der Bewerbung aufgestellt, wenn auch unter mehr oder minder örtlicher Anlehnung an Beschlüsse und Programme der Parlamentarier. Erst teilweise war dies System durchbrochen. Die Zahl der hauptberuflichen Politiker war dabei gering und setzte sich im Wesentlichen aus den gewählten Abgeordneten, den wenigen Angestellten der Zentrale, den Journalisten und – in Frankreich – im Übrigen aus jenen Stellenjägern zusammen, die sich in einem „politischen Amt" befanden oder augenblicklich ein solches erstrebten. Die Politik war formell weit überwiegend Nebenberuf. Auch die Zahl der „ministrablen" Abgeordneten war eng begrenzt, aber wegen des Honoratiorencharakters auch die der Wahlkandidaten. Die Zahl der indirekt an dem politischen Betrieb, vor allem materiell, Interessierten war aber sehr groß. Denn alle Maßregeln eines Ministeriums und vor allem alle Erledigungen von Personalfragen ergingen unter der Mitwirkung der Frage nach ihrem Einfluss auf die Wahlchancen, und alle und jede Art von Wünschen suchte man durch Vermittlung des örtlichen Abgeordneten durchzusetzen, dem der Minister, wenn er zu seiner Mehrheit gehörte – und das erstrebte daher jedermann – wohl oder übel Gehör schenken musste. Der einzelne Deputierte hatte die Amtspatronage und überhaupt jede Art von Patronage in allen Angelegenheiten seines Wahlkreises und hielt seinerseits, um wiedergewählt zu werden, Verbindung mit den örtlichen Honoratioren.

Diesem idyllischen Zustand der Herrschaft von Honoratiorenkreisen und vor allem: der Parlamentarier, stehen nun die modernsten Formen der Parteiorganisation scharf abweichend gegenüber. Sie sind Kinder der Demokratie, des Massenwahlrechts, der Notwendigkeit der Massenwerbung und Massenorganisation, der Entwicklung höchster Einheit der Leitung und strengster Disziplin. Die Honoratiorenherrschaft und die Lenkung durch die Parlamentarier hören auf. „Hauptberufliche" Politiker *außerhalb* der Parlamente nehmen den Betrieb in die Hand. Entweder als „Unternehmer" – wie der amerikanische *boss* [Chef] und auch der englische *„election agent"* [„Wahlagent"] es der Sache nach waren –, oder als festbesoldeter Beamter. Formell findet eine weitgehende Demokratisierung statt. Nicht mehr die Parlamentsfraktion schafft die maßgeblichen Programme, und nicht mehr die örtlichen Honoratioren haben die Aufstellung der Kandidaten in der Hand, sondern Versammlungen der organisierten Parteimitglieder wählen die Kandidaten aus und delegieren Mitglieder in die Versammlungen höherer Ordnung, deren es bis zum allgemeinen „Parteitag" hinauf möglicherweise mehrere gibt. Der Tatsache nach liegt aber natürlich die Macht in den Händen derjenigen, welche *kontinuierlich* innerhalb des Betriebes die Arbeit leisten, oder aber derjenigen, von welchen – z. B. als Mäzenaten oder Leitern mächtiger politischer Interessentenklubs (Tammany Hall)[53] – der Betrieb in seinem Gang pekuniär oder personal abhängig ist. Das Entscheidende ist, daß dieser ganze Menschenapparat – die *„machine"* [„Maschine"], wie man ihn in den angelsächsischen Ländern bezeichnenderweise nennt – oder vielmehr diejenigen, die ihn leiten, den Parlamentariern Schach bieten und ihnen ihren Willen ziemlich weitgehend aufzuzwingen in der Lage sind. Und das hat besonders Bedeutung für die Auslese der *Führung* der Partei. Führer wird nun derjenige, dem die Maschine folgt, auch über den Kopf des Parlaments. Die Schaffung solcher Maschinen bedeutet, mit anderen Worten, den Einzug der *plebiszitären* Demokratie.

Die Parteigefolgschaft, vor allem der Parteibeamte und -unternehmer, erwarten vom Siege ihres Führers selbstverständlich persönliches Entgelt: Ämter oder andere Vorteile. Von ihm – nicht oder doch nicht nur von den einzelnen Parlamentariern: Das ist das Entscheidende. Sie erwarten vor allem: daß die demagogische Wirkung der Führer*persönlichkeit* im Wahlkampf der Partei Stimmen und Mandate, damit Macht zuführen und dadurch jene Chancen ihrer Anhänger, für sich das erhoffte Entgelt zu finden, möglichst ausweiten werde. Und ideell ist die Genugtuung, für einen Menschen in gläubiger persönlicher Hingabe und nicht nur für ein abstraktes Programm einer aus Mittelmäßigkeiten bestehenden Partei zu arbeiten: – dies „charismatische" Element allen Führertums –, eine der Triebfedern.

---

[53] Organisation der Demokratischen Partei, die die Parteipolitik New Yorks bis in die frühen 1930er Jahre bestimmte.

In sehr verschiedenem Maß und in stetem latenten Kampf mit den um ihren Einfluss ringenden örtlichen Honoratioren und den Parlamentariern rang sich diese Form durch. In den bürgerlichen Parteien zuerst in den Vereinigten Staaten, dann in der sozialdemokratischen Partei vor allem Deutschlands. Stete Rückschläge treten ein, sobald einmal kein allgemein anerkannter Führer da ist, und Konzessionen aller Art müssen, auch wenn er da ist, der Eitelkeit und Interessiertheit der Parteihonoratioren gemacht werden. Vor allem aber kann auch die Maschine unter die Herrschaft der Partei*beamten* geraten, in deren Händen die regelmäßige Arbeit liegt. Nach Ansicht mancher sozialdemokratischer Kreise sei ihre Partei dieser „Bürokratisierung" verfallen gewesen. Indessen „Beamte" fügen sich einer demagogisch stark wirkenden Führerpersönlichkeit relativ leicht: Ihre materiellen und ideellen Interessen sind ja intim mit der durch ihn erhofften Auswirkung der Parteimacht verknüpft, und die Arbeit für einen Führer ist an sich innerlich befriedigender. Weit schwerer ist der Aufstieg von Führern da, wo – wie in den bürgerlichen Parteien meist – neben den Beamten die „Honoratioren" den Einfluss auf die Partei in Händen haben. Denn diese „machen" *ideell* „ihr Leben" aus dem Vorstands- oder Ausschussmitgliedspöstchen, das sie innehaben. Ressentiment gegen den Demagogen als *homo novus* [Emporkömmling], die Überzeugung von der Überlegenheit parteipolitischer „Erfahrung" – die nun einmal auch tatsächlich von erheblicher Bedeutung ist – und die ideologische Besorgnis vor dem Zerbrechen der alten Parteitraditionen bestimmen ihr Handeln. Und in der Partei haben sie alle traditionalistischen Elemente für sich. Vor allem der ländliche, aber auch der kleinbürgerliche Wähler sieht auf den ihm von alters her vertrauten Honoratiorennamen und misstraut dem ihm unbekannten Mann, um freilich, *wenn* dieser einmal den Erfolg für sich gehabt hat, nun ihm um so unerschütterlicher anzuhängen. Sehen wir uns an einigen Hauptbeispielen dieses Ringen der beiden Strukturformen und das namentlich von [Moisei J.] Ostrogorski[54] geschilderte Hochkommen der plebiszitären Form einmal an.

Zunächst England: Dort war die Parteiorganisation bis 1868 eine fast reine Honoratioren-Organisation. Die *Tories* [Konservativen] stützten sich auf dem Lande etwa auf den anglikanischen[55] Pfarrer, daneben – meist – den Schulmeister und vor allem die Großbesitzer der betreffenden *county* [Verwaltungsbezirk], die *Whigs* [Liberalen] meist auf solche Leute wie den

---

[54] Moisei J. Ostrogorski (1854-1919), *Democracy and the Organization of Political Parties*, übersetzt aus dem Französischen von Frederick Clarke (London: Macmillan, 1902), zwei Bände.

[55] Der *Church of England*, also der anglikanischen Staatskirche Englands, zugehörig.

nonkonformistischen Prediger[56] (wo es ihn gab), den Posthalter, Schmied, Schneider, Seiler, solche Handwerker also, von denen – weil man mit ihnen am meisten plaudern kann – politischer Einfluss ausgehen konnte. In der Stadt schieden sich die Parteien teils nach ökonomischen, teils nach religiösen, teils einfach nach in den Familien überkommenen Parteimeinungen. Immer aber waren Honoratioren die Träger des politischen Betriebes. Darüber schwebten das Parlament und die Parteien mit dem Kabinett und mit dem *„leader"* [„Führer"], der der Vorsitzende des Ministerrates oder der Opposition war. Dieser *leader* [Führer] hatte neben sich die wichtigste berufspolitische Persönlichkeit der Parteiorganisation: den *„whip"* [„Einpeitscher"]. In seinen Händen lag die Ämterpatronage, an ihn hatten sich also die Stellenjäger zu wenden, er benahm sich darüber mit den Deputierten der einzelnen Wahlkreise. In diesen begann sich langsam eine Berufspolitikerschicht zu entwickeln, indem lokale Agenten geworben wurden, die zunächst unbezahlt waren und ungefähr die Stellung unserer „Vertrauensmänner" einnahmen. Daneben aber entwickelte sich für die Wahlkreise eine kapitalistische Unternehmergestalt: der *„election agent"* [„Wahlagent"], dessen Existenz in der modernen, die Wahlreinheit sichernden Gesetzgebung Englands unvermeidlich war. Diese Gesetzgebung versuchte, die Wahlkosten zu kontrollieren und der Macht des Geldes entgegenzutreten, indem sie den Kandidaten verpflichtete anzugeben, was ihn die Wahl gekostet hatte: Denn der Kandidat hatte – weit mehr, als dies früher auch bei uns vorkam – außer den Strapazen seiner Stimme auch das Vergnügen, den Geldbeutel zu ziehen. Der *election agent* [Wahlagent] ließ sich von ihm eine Pauschalsumme zahlen, wobei er ein gutes Geschäft zu machen pflegte. – In der Machtverteilung zwischen *„leader"* [„Führer"] und Parteihonoratioren, im Parlament und im Lande, hatte der erstere in England von jeher, aus zwingenden Gründen der Ermöglichung einer großen und dabei stetigen Politik, eine sehr bedeutende Stellung. Immerhin war aber der Einfluss auch der Parlamentarier und Parteihonoratioren noch erheblich.

So etwa sah die alte Parteiorganisation aus, halb Honoratiorenwirtschaft, halb bereits Angestellten- und Unternehmerbetrieb. Seit 1868 aber entwickelte sich zuerst für lokale Wahlen in Birmingham, dann im ganzen Lande, das *„caucus"*-System [streng diszipliniertes System der Parteiorganisation]. Ein nonkonformistischer Pfarrer[57] und neben ihm Joseph

---

[56] Mitglied einer protestantischen Kirche, die nicht mit der anglikanischen Staatskirche übereinstimmt.

[57] Bezug auf Francis Schnadhorst (1840-1900), nonkonformistischer Kaufmann, der in der Liberalen Partei in Birmingham aktiv war. Sekretär des Landesverbandes der Liberalen von 1877-1893.

Chamberlain[58] riefen dieses System ins Leben. Anlass war die Demokratisierung des Wahlrechts.[59] Zur Massengewinnung wurde es notwendig, einen ungeheuren Apparat von demokratisch aussehenden Verbänden ins Leben zu rufen, in jedem Stadtquartier einen Wahlverband zu bilden, unausgesetzt den Betrieb in Bewegung zu halten, alles straff zu bürokratisieren: zunehmend angestellte bezahlte Beamte, von den lokalen Wahlkomitees, in denen bald im ganzen vielleicht 10% der Wähler organisiert waren, gewählte Hauptvermittler mit Kooptationsrecht als formelle Träger der Parteipolitik. Die treibende Kraft waren die lokalen, vor allem die an der Kommunalpolitik – überall die Quelle der fettesten materiellen Chancen – interessierten Kreise, die auch die Finanzmittel in erster Linie aufbrachten. Diese neuentstehende, nicht mehr parlamentarisch geleitete Maschine hatte sehr bald Kämpfe mit den bisherigen Machthabern zu führen, vor allem mit dem *whip* [Einpeitscher], bestand aber, gestützt auf die lokalen Interessenten, den Kampf derart siegreich, daß der *whip* [Einpeitscher] sich fügen und mit ihr paktieren musste. Das Resultat war eine Zentralisation der ganzen Gewalt in der Hand der wenigen und letztlich der einen Person, die an der Spitze der Partei stand. Denn in der Liberalen Partei war das ganze System aufgekommen in Verbindung mit dem Emporsteigen [William E.] Gladstones[60] zur Macht. Das Faszinierende der Gladstoneschen „großen" Demagogie, der feste Glaube der Massen an den ethischen Gehalt seiner Politik und vor allem an den ethischen Charakter seiner Persönlichkeit war es, der diese *machine* [Maschine] so schnell zum Siege über die Honoratioren führte. Ein cäsaristisch-plebiszitäres Element in der Politik: Der Diktator des Wahlschlachtfeldes trat auf den Plan. Das äußerte sich sehr bald. 1877 wurde der *caucus* [streng diszipliniertes System der Parteiorganisation] zum ersten Mal bei den staatlichen Wahlen tätig. Mit glänzendem Erfolg: [Benjamin] Disraelis[61] Sturz mitten in seinen großen Erfolgen war das Resultat. 1886 war die Maschine bereits derart vollständig charismatisch an der Person orientiert, daß, als die *home rule* [Selbstverwaltungs]-Frage[62] aufgerollt wurde, der ganze Apparat von oben bis unten nicht fragte: Stehen wir sachlich auf dem Boden Gladstones?, sondern einfach auf das Wort

---

[58] Joseph Chamberlain (1836-1914), Reformpolitiker in Birmingham, Abgeordneter für die Liberalen, später bei den Konservativen.

[59] Bezug auf das Reformgesetz von 1867, durch welches das Wahlrecht erweitert und die Anzahl von Wahlkreisen beträchtlich vergrößert wurden.

[60] William E. Gladstone (1809-1898), viermaliger Premierminister.

[61] Benjamin Disraeli (1804-1881), Parteivorsitzender der Konservativen, zweifacher Premierminister.

[62] Gladstones Gesetzesvorlagen zur Selbstverwaltung von 1886 und 1893, die ein selbstverantwortliches irisches Parlament vorsahen, wurden abgelehnt.

Gladstones mit ihm abschwenkte und sagte: Was er tut, wir folgen ihm, – und seinen eigenen Schöpfer, Chamberlain, im Stich ließ.

Diese Maschinerie bedarf eines erheblichen Personenapparates. Es sind immerhin wohl 2.000 Personen in England, die direkt von der Politik der Parteien leben. Sehr viel zahlreicher sind freilich diejenigen, die rein als Stellenjäger oder als Interessenten in der Politik mitwirken, namentlich innerhalb der Gemeindepolitik. Neben den ökonomischen Chancen stehen für den brauchbaren *caucus* [streng diszipliniertes System der Partei-organisation]-Politiker Eitelkeitschancen. „J.P."[63] oder gar „M.P."[64] zu werden, ist naturgemäß Streben des höchsten (normalen) Ehrgeizes, und solchen Leuten, die eine gute Kinderstube aufzuweisen hatten, *„gentle-men"* [„Herren"] waren, wird das zuteil. Als Höchstes winkte, insbesondere für große Geldmäzenaten – die Finanzen der Parteien beruhten zu vielleicht 50% auf Spenden ungenannt bleibender Geber, die *peers* [Adeligen]-Würde.

Was war nun der Effekt des ganzen Systems? Daß heute die englischen Parlamentarier mit Ausnahme der paar Mitglieder des Kabinetts (und einiger Eigenbrötler) normalerweise nichts andres als gut diszipliniertes Stimmvieh sind. Bei uns im Reichstag pflegte man zum mindesten durch Erledigung von Privatkorrespondenz auf dem Schreibtisch vor seinem Platz zu markieren, daß man für das Wohl des Landes tätig sei. Derartige Gesten werden in England nicht verlangt. Das Parlamentsmitglied hat nur zu stimmen und nicht Parteiverrat zu begehen, es hat zu erscheinen, wenn die Einpeitscher rufen, zu tun, was je nachdem das Kabinett oder was der *leader* [Führer] der Opposition verfügt. Die *caucus* [streng diszipliniertes System der Parteiorganisation]- Maschine draußen im Lande vollends ist, wenn ein starker Führer da ist, fast gesinnungslos und ganz in den Händen des *leader* [Führers]. Über dem Parlament steht also damit der faktisch plebiszitäre Diktator, der die Massen vermittels der „Maschine" hinter sich bringt, und für den die Parlamentarier nur politische Pfründner sind, die in seiner Gefolgschaft stehen.

Wie findet nun die Auslese dieser Führerschaft statt? Zunächst: nach welcher Fähigkeit? Dafür ist – nächst den überall in der Welt entscheidenden Qualitäten des Willens – natürlich die Macht der demagogischen Rede vor allem maßgebend. Ihre Art hat sich geändert von den Zeiten her, wo sie sich, wie bei [Richard] Cobden,[65] an den Verstand wandte, zu Gladstone,

---

63 *„Justice of the Peace"*, Friedensrichter in England und Wales.
64 *„Member of Parliament"*, Abgeordneter des Parlaments.
65 Richard Cobden (1804-1865), liberaler Politiker und Befürworter des freien Handels und der Abrüstung.

der ein Techniker des scheinbar nüchternen „Die-Tatsachen-sprechen-lassens" war, bis zur Gegenwart, wo vielfach rein emotional mit Mitteln, wie sie auch die Heilsarmee[66] verwendet, gearbeitet wird, um die Massen in Bewegung zu setzen. Den bestehenden Zustand darf man wohl eine „Diktatur, beruhend auf der Ausnutzung der Emotionalität der Massen", nennen. – Aber das sehr entwickelte System der Komiteearbeit im englischen Parlament ermöglicht es und zwingt auch jeden Politiker, der auf Teilnahme an der Führung reflektiert, dort mitzu*arbeiten*. Alle erheblichen Minister der letzten Jahrzehnte haben diese sehr reale und wirksame Arbeitsschulung hinter sich, und die Praxis der Berichterstattung und öffentlichen Kritik an diesen Beratungen bedingt es, daß diese Schule eine wirkliche Auslese bedeutet und den bloßen Demagogen ausschaltet.

So in England. Das dortige *caucus*-System [streng diszipliniertes System der Parteiorganisation] war aber nur eine abgeschwächte Form, verglichen mit der amerikanischen Parteiorganisation, die das plebiszitäre Prinzip besonders früh und besonders rein zur Ausprägung brachte. Das Amerika Washingtons[67] sollte nach seiner Idee ein von *„gentlemen"* [„Herren"] verwaltetes Gemeinwesen sein. Ein *gentleman* [Herr] war damals auch drüben ein Grundherr oder ein Mann, der Collegeerziehung hatte. So war es auch zunächst. Als sich Parteien bildeten, nahmen anfangs die Mitglieder des Repräsentantenhauses in Anspruch, Leiter zu sein wie in England zur Zeit der Honoratiorenherrschaft. Die Parteiorganisation war ganz locker. Das dauerte bis 1824. Schon vor den zwanziger Jahren war in manchen Gemeinden – die auch hier die erste Stätte der modernen Entwicklung waren – die Parteimaschine im Werden. Aber erst die Wahl von Andrew Jackson[68] zum Präsidenten, des Kandidaten der Bauern des Westens, warf die alten Traditionen über den Haufen. Das formelle Ende der Leitung der Parteien durch führende Parlamentarier ist bald nach 1840 eingetreten, als die großen Parlamentarier – [John C.] Calhoun,[69] [Daniel] Webster[70] – aus dem politischen Leben ausschieden, weil das Parlament gegenüber der Parteimaschine draußen im Lande fast jede Macht verloren hatte. Daß die plebiszitäre *„machine"* [„Maschine"] in Amerika sich so

---

66   Weltweite christlich evangelische Organisation für Sozialarbeit, 1865 in London gegründet.

67   George Washington (1732-1799), amerikanischer Heeresführer und erster Präsident von 1789-1797.

68   Andrew Jackson (1767-1845), 1828 gewählt, im Amt von 1829-1837.

69   John C. Calhoun (1782-1850), Politiker, Redner und Befürworter der politischen Autonomie der Staaten gegenüber der Bundesregierung.

70   Daniel Webster (1782-1852), Politiker, Redner und Befürworter der Interessen der Bundesregierung.

früh entwickelte, hatte seinen Grund darin, daß dort, und nur dort, das Haupt der Exekutive und – darauf kam es an – der Chef der Amtspatronage ein plebiszitär gewählter Präsident[71] und daß er infolge der „Gewaltenteilung" in seiner Amtsführung vom Parlament fast unabhängig war. Ein richtiges Beuteobjekt von Amtspfründen winkte also als Lohn des Sieges gerade bei der Präsidentenwahl. Durch das von Andrew Jackson nun ganz systematisch zum Prinzip erhobene *spoils system"* [„Beutesystem"] wurde die Konsequenz daraus gezogen.

Was bedeutet dies *spoils system* [Beutesystem] – die Zuwendung aller Bundesämter an die Gefolgschaft des siegreichen Kandidaten – für die Parteibildung heute? Daß ganz gesinnungslose Parteien einander gegenüberstehen, reine Stellenjägerorganisationen, die für den einzelnen Wahlkampf ihre wechselnden Programme je nach der Chance des Stimmenfanges machen – in einem Maße wechselnd, wie dies trotz aller Analogien doch anderwärts sich nicht findet. Die Parteien sind eben ganz und gar zugeschnitten auf den für die Amtspatronage wichtigsten Wahlkampf: den um die Präsidentschaft der Union und um die Governorstellen der Einzelstaaten. Programme und Kandidaten werden in den *„national conventions"* [„Nationalkonventionen"] der Parteien ohne Intervention der Parlamentarier festgestellt: – von Parteitagen also, die formell sehr demokratisch von Delegiertenversammlungen beschickt wurden, welche ihrerseits ihr Mandat den *„primaries"* [„Vorwahlen"], den Urwählerversammlungen der Partei, verdanken. Schon in den *primaries* [Vorwahlen] werden die Delegierten auf den Namen der Staatsoberhauptskandidaten gewählt; *innerhalb* der einzelnen Parteien tobt der erbittertste Kampf um die Frage der *„nomination"* [„Nominierung"]. In den Händen des Präsidenten liegen immerhin 300.000 – 400.000 Beamtenernennungen, die von ihm, nur unter Zuziehung von Senatoren der Einzelstaaten, vollzogen werden. Die Senatoren sind also mächtige Politiker. Das Repräsentantenhaus dagegen ist politisch relativ sehr machtlos, weil ihm die Beamtenpatronage entzogen ist und die Minister, reine Gehilfen des vom Volk gegen jedermann, auch das Parlament, legitimierten Präsidenten, unabhängig vom Vertrauen oder Misstrauen ihres Amtes walten können: eine Folge der „Gewaltenteilung".

Das dadurch gestützte *spoils system* [Beutesystem] war in Amerika technisch *möglich*, weil bei der Jugend der amerikanischen Kultur eine reine

---

[71]   Dies ist nicht der Fall. Es ist durchaus möglich, und ist auch schon vorgekommen, dass der Kandidat, der die Mehrheit bei der Volksabstimmung erzielt, in der zweiten und ausschlaggebenden Phase des Wahlmännergremiums verliert, siehe auch Fußnote 22.

Dilettantenwirtschaft ertragen werden konnte. Denn 300.000 – 400.000 solcher Parteileute, die nichts für ihre Qualifikation anzuführen hatten als die Tatsache, daß sie ihrer Partei gute Dienste geleistet hatten, – dieser Zustand konnte selbstverständlich nicht bestehen ohne ungeheure Übelstände: Korruption und Vergeudung ohnegleichen, die nur ein Land mit noch unbegrenzten ökonomischen Chancen ertrug.

Diejenige Figur nun, die mit diesem System der plebiszitären Parteimaschine auf der Bildfläche erscheint, ist: der *„boss"* [„Chef"]. Was ist der *boss* [Chef]? Ein politischer kapitalistischer Unternehmer, der für seine Rechnung und Gefahr Wahlstimmen herbeischafft. Er kann als Rechtsanwalt oder Kneipwirt oder Inhaber ähnlicher Betriebe oder etwa als Kreditgeber seine ersten Beziehungen gewonnen haben. Von da aus spinnt er seine Fäden weiter, bis er eine bestimmte Anzahl von Stimmen zu „kontrollieren" vermag. Hat er es so weit gebracht, so tritt er mit den Nachbar*bosses* [Chefs] in Verbindung, erregt durch Eifer, Geschicklichkeit und vor allen Dingen: Diskretion die Aufmerksamkeit derjenigen, die es in der Karriere schon weiter gebracht haben, und steigt nun auf. Der *boss* [Chef] ist unentbehrlich für die Organisation der Partei. Die liegt zentralisiert in seiner Hand. Er beschafft sehr wesentlich die Mittel. Wie kommt er zu ihnen? Nun, teilweise durch Mitgliederbeiträge, vor allem durch Besteuerung der Gehälter jener Beamten, die durch ihn und seine Partei ins Amt kamen. Dann durch Bestechungs- und Trinkgelder. Wer eines der zahlreichen Gesetze ungestraft verletzen will, bedarf der Konnivenz der *bosses* [Chefs] und muss sie bezahlen. Sonst erwachsen ihm unweigerlich Unannehmlichkeiten. Aber damit allein ist das erforderliche Betriebskapital noch nicht beschafft. Der *boss* [Chef] ist unentbehrlich als direkter Empfänger des Geldes der großen Finanzmagnaten. Die würden keinem bezahlten Parteibeamten oder irgendeinem öffentlich rechnunglegenden Menschen überhaupt Geld für Wahlzwecke anvertrauen. Der *boss* [Chef] mit seiner klüglichen Diskretion in Geldsachen ist selbstverständlich der Mann derjenigen kapitalistischen Kreise, welche die Wahl finanzieren. Der typische *boss* [Chef] ist ein absolut nüchterner Mann. Er strebt nicht nach sozialer Ehre, der *„professional"* [„Professionelle"] ist verachtet innerhalb der „guten Gesellschaft". Er sucht ausschließlich Macht, Macht als Geldquelle, aber auch: um ihrer selbst willen. Er arbeitet im Dunklen, das ist sein Gegensatz zum englischen *leader* [Führer]. Man wird ihn selbst nicht öffentlich reden hören. Er suggeriert den Rednern, was sie in zweckmäßiger Weise zu sagen haben, er selbst aber schweigt. Er nimmt in aller Regel kein Amt an, außer dem des Senators im Bundessenat. Denn da die Senatoren an der Amtspatronage kraft Verfassung beteiligt sind, sitzen die leitenden *bosses* [Chefs] oft in Person in dieser Körperschaft. Die Vergebung der Ämter erfolgt in erster Linie nach der Leistung für die Partei. Aber auch der Zuschlag gegen Geldgebote kam vielfach vor, und es existierten für einzelne Ämter bestimmte Taxen: ein Ämterverkaufssystem, wie es die Monarchien des 17. und 18. Jahrhunderts mit Einschluss des Kirchenstaates[72] ja auch vielfach kannten.

Der *boss* [Chef] hat keine festen politischen „Prinzipien", er ist vollkommen gesinnungslos und fragt nur: Was fängt Stimmen? Er ist nicht selten ein ziemlich schlecht erzogener Mann. Er pflegt aber in seinem Privatleben einwandfrei und korrekt zu leben. Nur in seiner politischen Ethik passt er sich naturgemäß der einmal gegebenen Durchschnittsethik des politischen Handelns an, wie sehr viele von uns in der Zeit des Hamsterns[73] auch auf dem Gebiete der ökonomischen Ethik getan haben dürften. Daß man ihn als *„professional"* [„professionell"], als Berufspolitiker, gesellschaftlich verachtet, ficht ihn nicht an. Daß er selbst nicht in die großen Ämter der Union gelangt und gelangen will, hat dabei den Vorzug: daß nicht selten parteifremde Intelligenzen: Notabilitäten also, und nicht immer wieder die alten Parteihonoratioren wie bei uns, in die Kandidatur hineinkommen, wenn die *bosses* [Chefs] sich davon Zugkraft bei den Wahlen versprechen. Gerade die Struktur dieser gesinnungslosen Parteien mit ihren gesellschaftlich verachteten Machthabern hat daher tüchtigen Männern zur Präsidentschaft verholfen, die bei uns niemals hochgekommen wären. Freilich, gegen einen *outsider* [Außenstehenden], der ihren Geld- und Machtquellen gefährlich werden könnte, sträuben sich die *bosses* [Chefs]. Aber im Konkurrenzkampf um die Gunst der Wähler haben sie nicht selten sich zur Akzeptierung gerade von solchen Kandidaten herbeilassen müssen, die als Korruptionsgegner galten.

Hier ist also ein stark kapitalistischer, von oben bis unten straff durchorganisierter Parteibetrieb vorhanden, gestützt auch durch die überaus festen, ordensartig organisierten Klubs von der Art von Tammany Hall, die ausschließlich die Profiterzielung durch politische Beherrschung vor allem von Kommunalverwaltungen - auch hier des wichtigsten Ausbeutungsobjektes – erstreben. Möglich war diese Struktur des Parteilebens infolge der hochgradigen Demokratie der Vereinigten Staaten als eines „Neulandes". Dieser Zusammenhang nun bedingt, daß dies System im langsamen Absterben begriffen ist. Amerika kann nicht mehr nur durch Dilettanten regiert werden. Von amerikanischen Arbeitern bekam man noch vor 15 Jahren auf die Frage, warum sie sich so von Politikern regieren ließen, die

---

72 Die dem Papst unterstellten Herrschaftsgebiete in Zentralitalien von 756 bis 1870.
73 Hinweis auf die Umgehung der Rationierungsmaßnahmen und das Entstehen von Schwarzmärkten in Deutschland während des Ersten Weltkrieges.

sie selbst zu verachten erklärten, die Antwort: „Wir haben lieber Leute als Beamte, auf die wir spucken, als wie bei euch eine Beamtenkaste, die auf uns spuckt." Das war der alte Standpunkt amerikanischer „Demokratie": Die Sozialisten dachten schon damals völlig anders. Der Zustand wird nicht mehr ertragen. Die Dilettantenverwaltung reicht nicht mehr aus, und die *civil service reform* [Beamtendienstreform] schafft lebenslängliche pensionsfähige Stellen in stets wachsender Zahl, und bewirkt so, daß auf der Universität geschulte Beamte, genau so unbestechlich und tüchtig wie die unsrigen, in die Ämter kommen. Rund 100.000 Ämter sind schon jetzt nicht mehr im Wahlturnus Beuteobjekt, sondern pensionsfähig und an Qualifikationsnachweis geknüpft. Das wird das *spoils system* [Beutesystem] langsam mehr zurücktreten lassen, und die Art der Parteileitung wird sich dann wohl ebenfalls umbilden. Wir wissen nur noch nicht, wie.

In *Deutschland* waren die entscheidenden Bedingungen des politischen Betriebes bisher im Wesentlichen Folgende. Erstens: Machtlosigkeit der Parlamente. Die Folge war: daß kein Mensch, der Führerqualität hatte, dauernd hineinging. Gesetzt den Fall, man wollte hineingehen, – was konnte man dort tun? Wenn eine Kanzleistelle frei wurde, konnte man dem betreffenden Verwaltungschef sagen: Ich habe in meinem Wahlkreis einen sehr tüchtigen Mann, der wäre geeignet, nehmen Sie den doch. Und das geschah gern. Das war aber so ziemlich alles, was ein deutscher Parlamentarier für die Befriedigung seiner Machtinstinkte erreichen konnte, – wenn er solche hatte. Dazu trat – und dies zweite Moment bedingte das erste –: die ungeheure Bedeutung des geschulten Fachbeamtentums in Deutschland. Wir waren darin die Ersten der Welt. Diese Bedeutung brachte es mit sich, daß dies Fachbeamtentum nicht nur die Fachbeamtenstellen, sondern auch die Ministerposten für sich beanspruchte. Im bayerischen Landtag ist es gewesen, wo im vorigen Jahre, als die Parlamentarisierung zur Diskussion stand, gesagt wurde: Die begabten Leute werden dann nicht mehr Beamte werden, wenn man die Parlamentarier in die Ministerien setzt. Die Beamtenverwaltung entzog sich überdies systematisch einer solchen Art von Kontrolle, wie sie die englischen Komitee-Erörterungen bedeuten, und setzte so die Parlamente außerstand – von wenigen Ausnahmen abgesehen –, wirklich brauchbare Verwaltungschefs in ihrer Mitte heranzubilden.

Das dritte war, daß wir in Deutschland, im Gegensatz zu Amerika, gesinnungspolitische Parteien hatten, die zum mindesten mit subjektiver *bona fides* [guter Glaube] behaupteten, daß ihre Mitglieder „Weltanschauungen" vertraten. Die beiden wichtigsten dieser Parteien: das Zentrum einerseits, die Sozialdemokratie andererseits, waren nun aber geborene Minoritätsparteien und zwar nach ihrer eigenen Absicht. Die führenden

Zentrumskreise im Reich haben nie ein Hehl daraus gemacht, daß sie deshalb gegen den Parlamentarismus seien, weil sie fürchteten, in die Minderheit zu kommen und ihnen dann die Unterbringung von Stellenjägern wie bisher, durch Druck auf die Regierung, erschwert würde. Die Sozialdemokratie war prinzipielle Minderheitspartei und ein Hemmnis der Parlamentarisierung, weil sie sich mit der gegebenen politisch-bürgerlichen Ordnung nicht beflecken wollte. Die Tatsache, daß beide Parteien sich ausschlossen vom parlamentarischen System, machte dieses unmöglich.

Was wurde dabei aus den deutschen Berufspolitikern? Sie hatten keine Macht, keine Verantwortung, konnten nur eine ziemlich subalterne Honoratiorenrolle spielen und waren infolgedessen neuerlich beseelt von den überall typischen Zunftinstinkten. Es war unmöglich, im Kreise dieser Honoratioren, die ihr Leben aus ihrem kleinen Pöstchen machten, hoch zu steigen für einen ihnen nicht gleichgearteten Mann. Ich könnte aus jeder Partei, selbstverständlich die Sozialdemokratie nicht ausgenommen, zahlreiche Namen nennen, die Tragödien der politischen Laufbahn bedeuteten, weil der Betreffende Führerqualitäten hatte und um eben des Willen von den Honoratioren nicht geduldet wurde. Diesen Weg der Entwicklung zur Honoratiorenzunft sind alle unsere Parteien gegangen. [August] Bebel[74] z. B. war noch ein Führer, dem Temperament und der Lauterkeit des Charakters nach, so bescheiden sein Intellekt war. Die Tatsache, daß er Märtyrer war, daß er das Vertrauen der Massen niemals täuschte (in deren Augen), hatte zur Folge, daß er sie schlechthin hinter sich hatte und es keine Macht innerhalb der Partei gab, die ernsthaft gegen ihn hätte auftreten können. Nach seinem Tode hatte das ein Ende, und die Beamtenherrschaft begann. Gewerkschaftsbeamte, Parteisekretäre, Journalisten kamen in die Höhe, Beamteninstinkte beherrschten die Partei, ein höchst ehrenhaftes Beamtentum – selten ehrenhaft darf man, mit Rücksicht auf die Verhältnisse anderer Länder, besonders im Hinblick auf die oft bestechlichen Gewerkschaftsbeamten in Amerika, sagen –, aber die früher erörterten Konsequenzen der Beamtenherrschaft traten auch in der Partei ein.

Die bürgerlichen Parteien wurden seit den achtziger Jahren vollends Honoratiorenzünfte. Gelegentlich zwar mussten die Parteien zu Reklamezwecken außerparteiliche Intelligenzen heranziehen, um sagen zu können: „Diese und diese Namen haben wir." Möglichst vermieden sie es,

---

[74] August Bebel (1840-1913), Mitbegründer der Sozialdemokratischen Partei Deutschlands und ihr Vorsitzender von 1875-1913.

dieselben in die Wahl hineinkommen zu lassen, und nur wo es unvermeidlich war, der Betreffende es sich nicht anders gefallen ließ, geschah es.

Im Parlamente der gleiche Geist. Unsere Parlamentsparteien waren und sind Zünfte. Jede Rede, die gehalten wird im Plenum des Reichstages, ist vorher durchrezensiert in der Partei. Das merkt man ihrer unerhörten Langeweile an. Nur wer als Redner bestellt ist, kann zu Wort kommen. Ein stärkerer Gegensatz gegen die englische, aber auch – aus ganz entgegengesetzten Gründen – die französische Gepflogenheit ist kaum denkbar.

Jetzt ist infolge des gewaltigen Zusammenbruchs, den man Revolution[75] zu nennen pflegt, vielleicht eine Umwandlung im Gange. Vielleicht – nicht sicher. Zunächst traten Ansätze zu neuen Arten von Parteiapparaten auf. Erstens Amateurapparate. Besonders oft vertreten durch Studenten der verschiedenen Hochschulen, die einem Mann, dem sie Führerqualitäten zuschreiben, sagen: Wir wollen für Sie die nötige Arbeit versehen, führen Sie sie aus. Zweitens geschäftsmännische Apparate. Es kam vor, daß Leute zu Männern kamen, denen sie Führerqualitäten zuschrieben, und sich erboten, gegen feste Beträge für jede Wahlstimme die Werbung zu übernehmen. – Wenn Sie mich ehrlich fragen würden, welchen von diesen beiden Apparaten ich unter rein technisch-politischen Gesichtspunkten für verlässlicher halten wollte, so würde ich, glaube ich, den letzteren vorziehen. Aber beides waren schnell aufsteigende Blasen, die rasch wieder verschwanden. Die vorhandenen Apparate schichteten sich um, arbeiteten aber weiter. Jene Erscheinungen waren nur ein Symptom dafür, daß die neuen Apparate sich vielleicht schon einstellen würden, wenn nur – die Führer da wären. Aber schon die technische Eigentümlichkeit des Verhältniswahlrechts schloss deren Hochkommen aus. Nur ein paar Diktatoren der Straße entstanden und gingen wieder unter.[76] Und nur die Gefolgschaft der Straßendiktatur ist in fester Disziplin organisiert: Daher die Macht dieser verschwindenden Minderheiten.

Nehmen wir an, das änderte sich, so muss man sich nach dem früher Gesagten klarmachen: Die Leitung der Parteien durch plebiszitäre Führer bedingt die „Entseelung" der Gefolgschaft, ihre geistige Proletarisierung, könnte man sagen. Um für den Führer als Apparat brauchbar zu sein, muss sie blind gehorchen, Maschine im amerikanischen Sinne sein, nicht gestört durch Honoratioreneitelkeit und Prätensionen eigener Ansichten. [Abraham] Lincolns[77] Wahl war nur durch diesen Charakter der Parteior-

---

[75] Siehe Fußnote 4.
[76] Webers Randnotizen weisen darauf hin, dass er hier die sozialistischen Revolutionsführer Karl Liebknecht (1871-1919) und Rosa Luxemburg (1871-1919) meint.
[77] Abraham Lincoln (1809-1865), gewählter Präsident im Jahr 1860.

ganisation möglich, und bei Gladstone trat, wie erwähnt, das Gleiche im *caucus* [streng diszipliniertes System der Parteiorganisation] ein. Es ist das eben der Preis, womit man die Leitung durch Führer zahlt. Aber es gibt nur die Wahl: Führerdemokratie mit „Maschine" oder führerlose Demokratie, das heißt: die Herrschaft der „Berufspolitiker" ohne Beruf, ohne die inneren, charismatischen Qualitäten, die eben zum Führer machen. Und das bedeutet dann das, was die jeweilige Parteifronde gewöhnlich als Herrschaft des „Klüngels" bezeichnet. Vorläufig haben wir nur dies letztere in Deutschland. Und für die Zukunft wird der Fortbestand, im Reich wenigstens, begünstigt einmal dadurch, daß doch wohl der Bundesrat wiedererstehen und notwendig die Macht des Reichstages und damit seine Bedeutung als Auslesestelle von Führern beschränken wird. Ferner durch das Verhältniswahlrecht, so, wie es jetzt gestaltet ist: eine typische Erscheinung der führerlosen Demokratie, nicht nur weil es den Kuhhandel der Honoratioren um die Platzierung begünstigt, sondern auch weil es künftig den Interessentenverbänden die Möglichkeit gibt, die Aufnahme ihrer Beamten in die Listen zu erzwingen und so ein unpolitisches Parlament zu schaffen, in dem echtes Führertum keine Stätte findet. Das einzige Ventil für das Bedürfnis nach Führertum könnte der Reichspräsident werden, wenn er plebiszitär, nicht parlamentarisch, gewählt wird. Führertum auf dem Boden der Arbeitsbewährung könnte entstehen und ausgelesen werden vor allem dann, wenn in den großen Kommunen, wie in den Vereinigten Staaten überall da, wo man der Korruption ernstlich zu Leibe rücken wollte, der plebiszitäre Stadtdiktator mit dem Recht, sich seine Büros selbständig zusammenzustellen, auf der Bildfläche erscheinen würde. Das würde eine auf solche Wahlen zugeschnittene Parteiorganisation bedingen. Aber die durchaus kleinbürgerliche Führerfeindschaft aller Parteien, mit Einschluss vor allem der Sozialdemokratie, lässt die künftige Art der Gestaltung der Parteien und damit all dieser Chancen noch ganz im Dunkel liegen.

Es ist daher heute noch in keiner Weise zu übersehen, wie sich äußerlich der Betrieb der Politik als „Beruf" gestalten wird, noch weniger infolgedessen: auf welchem Wege sich Chancen für politisch Begabte eröffnen, vor eine befriedigende politische Aufgabe gestellt zu werden. Für den, der „von" der Politik zu leben durch seine Vermögenslage genötigt ist, wird wohl immer die Alternative: Journalistik oder Parteibeamtenstellung als die typischen direkten Wege, oder eine der Interessenvertretungen: bei einer Gewerkschaft, Handelskammer, Landwirtschaftskammer, Handwerkskammer, Arbeitskammer, Arbeitgeberverbänden usw., oder geeignete kommunale Stellungen in Betracht kommen. Weiteres lässt sich über die äußere Seite nicht sagen als nur dies: daß der Parteibeamte mit dem Journalisten das Odium der „Deklassiertheit" trägt. „Lohnschreiber" dort – „Lohnredner" hier, wird es leider immer, sei es noch so unausgesprochen, in die Ohren klingen. Wer dagegen innerlich wehrlos ist und sich selbst nicht die richtige Antwort zu geben vermag, bleibe dieser Laufbahn fern, die in jedem Falle neben schweren Versuchungen ein Weg ist, der fortwährende Enttäuschungen bringen kann. Was vermag sie nun an inneren Freuden zu bieten, und welche persönlichen Vorbedingungen setzt sie bei dem voraus, der sich ihr zuwendet?

Nun, sie gewährt zunächst: Machtgefühl. Selbst in den formell bescheidenen Stellungen vermag den Berufspolitiker das Bewusstsein von Einfluss auf Menschen, von Teilnahme an der Macht über sie, vor allem aber: das Gefühl, einen Nervenstrang historisch wichtigen Geschehens mit in Händen zu halten, über den Alltag hinauszuheben. Aber die Frage ist nun für ihn: Durch welche Qualitäten kann er hoffen, dieser (sei es auch im Einzelfall noch so eng umschriebenen) Macht und also der Verantwortung, die sie auf ihn legt, gerecht zu werden? Damit betreten wir das Gebiet ethischer Fragen, denn dahin gehört die Frage: was für ein Mensch man sein muss, um seine Hand in die Speichen des Rades der Geschichte legen zu dürfen.

Man kann sagen, daß drei Qualitäten vornehmlich entscheidend sind für den Politiker: Leidenschaft – Verantwortungsgefühl – Augenmaß. Leidenschaft im Sinn von *Sachlichkeit*: leidenschaftliche Hingabe an eine „Sache", an den Gott oder Dämon, der ihr Gebieter ist. Nicht im Sinne jenes inneren Gebarens, welches mein verstorbener Freund Georg Simmel[78] als „sterile Aufgeregtheit" zu bezeichnen pflegte, wie sie einem bestimmten Typus vor allem russischer Intellektueller (nicht etwa: allen von ihnen!) eignete, und welches jetzt in diesem Karneval, den man mit dem stolzen Namen einer „Revolution"[79] schmückt, eine so große Rolle auch bei unseren Intellektuellen spielt: eine ins Leere verlaufende „Romantik des intellektuell Interessanten" ohne alles sachliche Verantwortungsgefühl. Denn mit der bloßen, als noch so echt empfundenen Leidenschaft ist es freilich nicht getan. Sie macht nicht zum Politiker, wenn sie nicht, als Dienst an einer „Sache", auch die *Verantwortlichkeit* gegenüber ebendieser Sache zum entscheidenden Leitstern des Handelns macht. Und dazu bedarf es – und das ist die entscheidende psychologische Qualität des Politikers – des *Augenmaßes*, der Fähigkeit, die Realitäten mit innerer Sammlung und Ruhe auf sich wirken zu lassen, also: der *Distanz* zu den Dingen und Menschen. „Distanzlosigkeit", rein als solche, ist eine der Todsünden jedes

---

[78]   Georg Simmel (1858-1918), Soziologe.
[79]   Siehe Fußnote 4.

Politikers und eine jener Qualitäten, deren Züchtung bei dem Nachwuchs unserer Intellektuellen sie zu politischer Unfähigkeit verurteilen wird. Denn das Problem ist eben: wie heiße Leidenschaft und kühles Augenmaß miteinander in derselben Seele zusammengezwungen werden können? Politik wird mit dem Kopfe gemacht, nicht mit anderen Teilen des Körpers oder der Seele. Und doch kann die Hingabe an sie, wenn sie nicht ein frivoles intellektuelles Spiel, sondern menschlich echtes Handeln sein soll, nur aus Leidenschaft geboren und gespeist werden. Jene starke Bändigung der Seele aber, die den leidenschaftlichen Politiker auszeichnet und ihn von den bloßen „steril aufgeregten" politischen Dilettanten unterscheidet, ist nur durch die Gewöhnung an Distanz – in jedem Sinn des Wortes – möglich. Die „Stärke" einer politischen „Persönlichkeit" bedeutet in allererster Linie den Besitz dieser Qualitäten.

Einen ganz trivialen, allzu menschlichen Feind hat daher der Politiker täglich und stündlich in sich zu überwinden: die ganz gemeine *Eitelkeit*, die Todfeindin aller sachlichen Hingabe und aller Distanz, in diesem Fall: der Distanz sich selbst gegenüber.

Eitelkeit ist eine sehr verbreitete Eigenschaft, und vielleicht ist niemand ganz frei davon. Und in akademischen und Gelehrtenkreisen ist sie eine Art von Berufskrankheit. Aber gerade beim Gelehrten ist sie, so antipathisch sie sich äußern mag, relativ harmlos in dem Sinn: daß sie in aller Regel den wissenschaftlichen Betrieb nicht stört. Ganz anders beim Politiker. Er arbeitet mit dem Streben nach *Macht* als unvermeidlichem Mittel. „Machtinstinkt" – wie man sich auszudrücken pflegt – gehört daher in der Tat zu seinen normalen Qualitäten. – Die Sünde gegen den heiligen Geist seines Berufs aber beginnt da, wo dieses Machtstreben *unsachlich* und ein Gegenstand rein persönlicher Selbstberauschung wird, anstatt ausschließlich in den Dienst der „Sache" zu treten. Denn es gibt letztlich nur zwei Arten von Todsünden auf dem Gebiet der Politik: Unsachlichkeit und – oft, aber nicht immer, damit identisch – Verantwortungslosigkeit. Die Eitelkeit: das Bedürfnis, selbst möglichst sichtbar in den Vordergrund zu treten, führt den Politiker am stärksten in Versuchung, eine von beiden, oder beide, zu begehen. Um so mehr, als der Demagoge auf „Wirkung" zu rechnen gezwungen ist, – er ist eben deshalb stets in Gefahr, sowohl zum Schauspieler zu werden wie die Verantwortung für die Folgen seines Tuns leicht zu nehmen und nur nach dem „Eindruck" zu fragen, den er macht. Seine Unsachlichkeit legt ihm nahe, den glänzenden Schein der Macht statt der wirklichen Macht zu erstreben, seine Verantwortungslosigkeit aber: die Macht lediglich um ihrer selbst willen, ohne inhaltlichen Zweck, zu genießen. Denn obwohl, oder vielmehr: Gerade *weil* Macht das unvermeidliche Mittel und Machtstreben daher eine der treibenden Kräfte aller Politik ist, gibt es keine verderblichere Verzerrung der politischen Kraft, als das parvenümäßige Bramarbasieren mit Macht und die eitle Selbstbespiegelung in dem Gefühl der Macht, überhaupt jede Anbetung der Macht rein als solcher. Der bloße „Machtpolitiker", wie ihn ein auch bei uns eifrig betriebener Kult zu verklären sucht, mag stark wirken, aber er wirkt in der Tat ins Leere und Sinnlose. Darin haben die Kritiker der „Machtpolitik" vollkommen Recht. An dem plötzlichen inneren Zusammenbruche typischer Träger dieser Gesinnung haben wir erleben können, welche innere Schwäche und Ohnmacht sich hinter dieser protzigen, aber gänzlich leeren Geste verbirgt. Sie ist Produkt einer höchst dürftigen und oberflächlichen Blasiertheit gegenüber dem *Sinn* menschlichen Handelns, welche keinerlei Verwandtschaft hat mit dem Wissen um die Tragik, in die alles Tun, zumal aber das politische Tun, in Wahrheit verflochten ist.

Es ist durchaus wahr und eine – jetzt hier nicht näher zu begründende – Grundtatsache aller Geschichte, daß das schließliche Resultat politischen Handelns oft, nein: geradezu regelmäßig, in völlig unadäquatem, oft in geradezu paradoxem Verhältnis zu seinem ursprünglichen Sinn steht. Aber deshalb darf dieser Sinn: der Dienst an einer *Sache*, doch nicht etwa fehlen, wenn anders das Handeln inneren Halt haben soll. *Wie* die Sache auszusehen hat, in deren Dienst der Politiker Macht erstrebt und Macht verwendet, ist Glaubenssache. Er kann nationalen oder menschheitlichen, sozialen und ethischen oder kulturlichen, innerweltlichen oder religiösen Zielen dienen, er kann getragen sein von starkem Glauben an den „Fortschritt" – gleichviel in welchem Sinn – oder aber diese Art von Glauben kühl ablehnen, kann im Dienst einer „Idee" zu stehen beanspruchen oder unter prinzipieller Ablehnung dieses Anspruches äußeren Zielen des Alltagslebens dienen wollen, – immer muss irgendein Glaube *da* sein. Sonst lastet in der Tat – das ist völlig richtig – der Fluch kreatürlicher Nichtigkeit auch auf den äußerlich stärksten politischen Erfolgen.

Mit dem Gesagten sind wir schon in der Erörterung des letzten uns heute Abend angehenden Problems begriffen: des *Ethos* der Politik als „Sache". Welchen Beruf kann sie selbst, ganz unabhängig von ihren Zielen, innerhalb der sittlichen Gesamtökonomie der Lebensführung ausfüllen? Welches ist, sozusagen, der ethische Ort, an dem sie beheimatet ist? Da stoßen nun freilich letzte Weltanschauungen aufeinander, zwischen denen schließlich *gewählt* werden muss. Gehen wir resolut an das neuerdings wieder – nach meiner Ansicht in recht verkehrter Art – aufgerollte Problem heran.

Befreien wir es aber zunächst von einer ganz trivialen Verfälschung. Es kann nämlich zunächst die Ethik auftreten in einer sittlich höchst fatalen Rolle. Nehmen wir Beispiele. Sie werden selten finden, daß ein Mann, dessen Liebe sich von einer Frau ab- und einer anderen zuwendet, nicht das Bedürfnis empfindet, dies dadurch vor sich selbst zu legitimieren, daß er sagt: Sie war meiner Liebe nicht wert, oder sie hat mich enttäuscht, oder was dergleichen „Gründe" mehr sind. Eine Unritterlichkeit, die zu dem schlichten Schicksal: daß er sie nicht mehr liebt, und daß die Frau das tragen muss, in tiefer Unritterlichkeit sich eine „Legitimität" hinzudichtet, kraft deren er für sich ein Recht in Anspruch nimmt und zu dem Unglück noch das Unrecht auf sie zu wälzen trachtet. Ganz ebenso verfährt der erfolgreiche erotische Konkurrent: Der Gegner muss der wertlosere sein, sonst wäre er nicht unterlegen. Nichts anderes ist es aber selbstverständlich, wenn nach irgendeinem siegreichen Krieg der Sieger in würdeloser Rechthaberei beansprucht: Ich siegte, denn ich hatte recht. Oder, wenn jemand unter den Fürchterlichkeiten des Krieges seelisch zusammenbricht und nun, anstatt schlicht zu sagen: Es war eben zu viel, jetzt das Bedürfnis empfindet, seine Kriegsmüdigkeit vor sich selbst zu legitimieren, indem er die Empfindung substituiert: Ich konnte das deshalb nicht ertragen, weil ich für eine sittlich schlechte Sache fechten musste. Und ebenso bei dem im Kriege Besiegten. Statt nach alter Weiber Art nach einem Kriege nach dem „Schuldigen" zu suchen, – wo doch die Struktur der Gesellschaft den Krieg erzeugte –, wird jede männliche und herbe Haltung dem Feinde sagen: „Wir verloren den Krieg, – ihr habt ihn gewonnen. Das ist nun erledigt: Nun lasst uns darüber reden, welche Konsequenzen zu ziehen sind entsprechend den *sachlichen* Interessen, die im Spiel waren, und – die Hauptsache – angesichts der Verantwortung vor der *Zukunft,* die vor allem den Sieger belastet." Alles andere ist würdelos und rächt sich. Verletzung ihrer Interessen verzeiht eine Nation, nicht aber Verletzung ihrer Ehre, am wenigsten eine solche durch pfäffische Rechthaberei. Jedes neue Dokument, das nach Jahrzehnten ans Licht kommt, lässt das würdelose Gezeter, den Hass und Zorn wieder aufleben, statt daß der Krieg mit seinem Ende wenigstens *sittlich* begraben würde. Das ist nur durch Sachlichkeit und Ritterlichkeit, vor allem nur: durch *Würde* möglich. Nie aber durch eine „Ethik", die in Wahrheit eine Würdelosigkeit beider Seiten bedeutet. Anstatt sich um das zu kümmern, was den Politiker angeht: die Zukunft und die Verantwortung vor ihr, befasst sie sich mit politisch sterilen, weil unaustragbaren Fragen der Schuld in der Vergangenheit. *Dies* zu tun, ist politische Schuld, wenn es irgendeine gibt. Und dabei wird überdies die unvermeidliche Verfälschung des ganzen Problems durch sehr materielle Interessen übersehen: Interessen des

Siegers am höchstmöglichen Gewinn – moralischen und materiellen –, Hoffnungen des Besiegten darauf, durch Schuldbekenntnisse Vorteile einzuhandeln: Wenn es irgendetwas gibt, was „gemein" ist, dann dies, und das ist die Folge dieser Art von Benutzung der „Ethik" als Mittel des „Rechthabens".

Wie steht es denn aber mit der wirklichen Beziehung zwischen Ethik und Politik? Haben sie, wie man gelegentlich gesagt hat, gar nichts miteinander zu tun? Oder ist es umgekehrt richtig, daß „dieselbe" Ethik für das politische Handeln wie für jedes andre gelte? Man hat zuweilen geglaubt, zwischen diesen beiden Behauptungen bestehe eine ausschließliche Alternative: Entweder die eine oder die andere sei richtig. Aber ist es denn wahr: daß für erotische und geschäftliche, familiäre und amtliche Beziehungen, für die Beziehungen zu Ehefrau, Gemüsefrau, Sohn, Konkurrenten, Freund, Angeklagten die inhaltlich *gleichen* Gebote von irgendeiner Ethik der Welt aufgestellt werden könnten? Sollte es wirklich für die ethischen Anforderungen an die Politik so gleichgültig sein, daß diese mit einem sehr spezifischen Mittel: Macht, hinter der *Gewaltsamkeit* steht, arbeitet? Sehen wir nicht, daß die bolschewistischen[80] und spartakistischen[81] Ideologen, eben weil sie dieses Mittel der Politik anwenden, genau die *gleichen* Resultate herbeiführen wie irgendein militaristischer Diktator? Wodurch als eben durch die Person der Gewalthaber und ihren Dilettantismus unterscheidet sich die Herrschaft der Arbeiter- und Soldatenräte[82] von der eines beliebigen Machthabers des alten Regimes? Wodurch die Polemik der meisten Vertreter der vermeintlich neuen Ethik selbst gegen die von ihnen kritisierten Gegner von der irgendwelcher anderer Demagogen? Durch die edle Absicht!, wird gesagt werden. Gut. Aber das Mittel ist es, wovon hier die Rede ist, und den Adel ihrer letzten Absichten nehmen die befehdeten Gegner mit voller subjektiver Ehrlichkeit ganz ebenso für sich in Anspruch. „Wer zum Schwert greift, wird durch das Schwert umkommen",[83] und Kampf ist überall Kampf. Also: – die Ethik der *Bergpredigt.*[84] Mit der Bergpredigt – gemeint ist: die absolute Ethik des Evangeliums – ist es eine ernstere Sache, als die glauben, die

---

[80] Siehe Fußnote 54.
[81] Der Spartakusbund, eine sozialistische revolutionäre Organisation, 1916 von Liebknecht, Luxemburg und anderen gegründet. Ende Dezember 1918, Anfang Januar 1919 wandelte sich der Bund in die Kommunistische Partei Deutschlands und veranstaltete einen Aufstand in Berlin.
[82] Siehe Fußnote 31.
[83] Matthäus 26,52: „Da sprach Jesus zu ihm: Stecke dein Schwert an seinen Ort! Denn wer das Schwert nimmt, der soll durchs Schwert umkommen."
[84] Siehe Fußnote 49 in *Wissenschaft als Beruf*.

diese Gebote heute gern zitieren. Mit ihr ist nicht zu spaßen. Von ihr gilt, was man von der Kausalität in der Wissenschaft gesagt hat: Sie ist kein Fiaker,[85] den man beliebig halten lassen kann, um nach Befinden ein- und auszusteigen. Sondern: Ganz *oder* gar nicht, *das* gerade ist ihr Sinn, wenn etwas anderes als Trivialitäten herauskommen soll. Also z. B. der reiche Jüngling: „Er aber ging traurig davon, denn er hatte viele Güter."[86] Das evangelische Gebot ist unbedingt und eindeutig: Gib her, was du hast – *alles*, schlechthin. Der Politiker wird sagen: eine sozial sinnlose Zumutung, solange es nicht für *alle* durchgesetzt wird. Also: Besteuerung, Wegsteuerung, Konfiskation, – mit einem Wort: Zwang und Ordnung gegen *alle*. Das ethische Gebot aber fragt darnach *gar nicht*, das ist sein Wesen. Oder: „Halte den anderen Backen hin!"[87] Unbedingt, ohne zu fragen, wieso es dem anderen zukommt, zu schlagen. Eine Ethik der Würdelosigkeit – außer: für einen Heiligen. Das ist es: Man muss ein Heiliger sein in *allem*, zum mindesten dem Wollen nach, muss leben wie Jesus,[88] die Apostel,[89] der heilige Franz[90] und seinesgleichen, *dann* ist diese Ethik sinnvoll und Ausdruck einer Würde. *Sonst nicht.* Denn wenn es in Konsequenz der akosmistischen [nicht im Universum] Liebesethik heißt: „dem Übel nicht widerstehen mit Gewalt",[91] – so gilt für den Politiker umgekehrt der Satz: Du *sollst* dem Übel gewaltsam widerstehen, sonst – bist du für seine Überhandnahme *verantwortlich.* Wer nach der Ethik des Evangeliums handeln will, der enthalte sich der Streiks – denn sie sind: Zwang – und gehe in die gelben Gewerkschaften.[92] Er rede aber vor allen Dingen nicht von „Revolution". Denn jene Ethik will doch wohl nicht lehren: daß gerade der Bürgerkrieg der einzig legitime Krieg sei. Der nach dem Evangelium handelnde Pazifist wird die Waffen ablehnen oder fortwerfen, wie es in Deutschland empfohlen wurde, als ethische Pflicht, um dem Krieg und damit: jedem Krieg, ein Ende zu machen. Der Politiker wird sagen: Das einzig sichere Mittel, den Krieg für alle *absehbare* Zeit zu diskreditieren,

---

[85] Diese Metapher ist von Schopenhauer abgeleitet, *Sämtliche Werke*, herausgegeben von Julius Frauenstadt, 2. Aufl., neue Ausgabe (Leipzig: F.A. Brockhaus, 1888), 1. Band, S. 38.

[86] Matthäus 19,22: „Als der Jüngling das Wort hörte, ging er betrübt davon: denn er hatte viele Güter."

[87] Siehe Fußnote 51 in *Wissenschaft als Beruf.*

[88] Siehe Fußnote 53 in *Wissenschaft als Beruf.*

[89] Die zwölf von Jesus Christus erwählten Jünger.

[90] Franz von Assisi (1181/1182-1226), Gründer des Franziskanerordens, eines Bettelordens minderer Brüder.

[91] Siehe Fußnote 50 in *Wissenschaft als Beruf.*

[92] Sie basierten auf dem Konzept der Interessenübereinstimmung zwischen Unternehmern und Arbeitern.

wäre ein *status quo ante* [Stand vor dem bezeichneten Tatbestand]-Friede gewesen. Dann hätten sich die Völker gefragt: Wozu war der Krieg? Er wäre *ad absurdum* [in die Unsinnigkeit] geführt gewesen, – was jetzt nicht möglich ist. Denn für die Sieger – mindestens für einen Teil von ihnen – wird er sich politisch rentiert haben. Und dafür ist jenes Verhalten verantwortlich, das uns jeden Widerstand unmöglich machte. Nun wird – wenn die Ermattungsepoche vorbei sein wird – *der Frieden diskreditiert sein, nicht der Krieg:* eine Folge der absoluten Ethik.

Endlich: die Wahrheitspflicht. Sie ist für die absolute Ethik unbedingt. Also, hat man gefolgert: Publikation aller, vor allem der das eigne Land belastenden Dokumente und auf Grund dieser einseitigen Publikation: Schuldbekenntnis, einseitig, bedingungslos, ohne Rücksicht auf die Folgen. Der Politiker wird finden, daß im Erfolg dadurch die Wahrheit nicht gefördert, sondern durch Missbrauch und Entfesselung von Leidenschaft sicher verdunkelt wird, daß nur eine allseitige planmäßige Feststellung durch Unparteiische Frucht bringen könnte,[93] jedes andere Vorgehen für die Nation, die derartig verfährt, Folgen haben kann, die in Jahrzehnten nicht wieder gutzumachen sind. Aber nach „Folgen" *fragt* eben die absolute Ethik nicht.

Da liegt der entscheidende Punkt. Wir müssen uns klarmachen, daß alles ethisch orientierte Handeln unter *zwei* voneinander grundverschiedenen, unaustragbar gegensätzlichen Maximen stehen kann: Es kann „gesinnungsethisch" oder „verantwortungsethisch" orientiert sein. Nicht, daß Gesinnungsethik mit Verantwortungslosigkeit und Verantwortungsethik mit Gesinnungslosigkeit identisch wäre. Davon ist natürlich keine Rede. Aber es ist ein abgrundtiefer Gegensatz, ob man unter der gesinnungsethischen Maxime handelt – religiös geredet –: „Der Christ tut recht und stellt den Erfolg Gott anheim",[94] *oder* unter der verantwortungsethischen: daß man für die (voraussehbaren) *Folgen* seines Handelns aufzukommen hat. Sie mögen einem überzeugten gesinnungsethischen Syndikalisten[95]

---

93   Siehe Webers Brief „Die Untersuchung der Schuldfrage", *Frankfurter Zeitung*, Erster Morgenblatt, 22. März 1919, S. 1.

94   Anspielung auf Martin Luthers Ausspruch: *„Fac tuum officium, et eventum Deo permitte."* [„Tue deine Pflicht, und überlasse den Ausgang Gott."] In *D. Martin Luthers Werke, Kritische Gesamtausgabe* (Weimar: Böhlaus Nachfolger, 1915), Bd. 44, S. 78.

95   Der Syndikalismus war eine Arbeiterbewegung, die im späten neunzehnten und frühen zwanzigsten Jahrhundert in Frankreich begann mit dem Ziel, das kapitalistische System und den Staat abzuschaffen und stattdessen eine soziale Ordnung einzuführen, die auf der Arbeiterorganisation in Produktionseinheiten basieren sollte.

noch so überzeugend darlegen: daß die Folgen seines Tuns die Steigerung der Chancen der Reaktion, gesteigerte Bedrückung seiner Klasse, Hemmung ihres Aufstiegs sein werden, – und es wird auf ihn gar keinen Eindruck machen. Wenn die Folgen einer aus reiner Gesinnung fließenden Handlung üble sind, so gilt ihm nicht der Handelnde, sondern die Welt dafür verantwortlich, die Dummheit der anderen Menschen oder – der Wille des Gottes, der sie so schuf. Der Verantwortungsethiker dagegen rechnet mit eben jenen durchschnittlichen Defekten der Menschen, – er hat, wie [Johann G.] Fichte[96] richtig gesagt hat, gar kein Recht, ihre Güte und Vollkommenheit vorauszusetzen, er fühlt sich nicht in der Lage, die Folgen eigenen Tuns, soweit er sie voraussehen konnte, auf andere abzuwälzen. Er wird sagen: Diese Folgen werden meinem Tun zugerechnet. „Verantwortlich" fühlt sich der Gesinnungsethiker nur dafür, daß die Flamme der reinen Gesinnung, die Flamme z. B. des Protestes gegen die Ungerechtigkeit der sozialen Ordnung, nicht erlischt. Sie stets neu anzufachen, ist der Zweck seiner, vom möglichen Erfolg her beurteilt, ganz irrationalen Taten, die nur exemplarischen Wert haben können und sollen.

Aber auch damit ist das Problem noch nicht zu Ende. Keine Ethik der Welt kommt um die Tatsache herum, daß die Erreichung „guter" Zwecke in zahlreichen Fällen daran gebunden ist, daß man sittlich bedenkliche oder mindestens gefährliche Mittel und die Möglichkeit oder auch die Wahrscheinlichkeit übler Nebenerfolge mit in den Kauf nimmt, und keine Ethik der Welt kann ergeben: wann und in welchem Umfang der ethisch gute Zweck die ethisch gefährlichen Mittel und Nebenerfolge „heiligt".

Für die Politik ist das entscheidende Mittel: die Gewaltsamkeit, und wie groß die Tragweite der Spannung zwischen Mittel und Zweck, ethisch angesehen, ist, mögen Sie daraus entnehmen, daß, wie jedermann weiß, sich die revolutionären Sozialisten (Zimmerwalder Richtung)[97] schon während des Krieges zu dem Prinzip bekannten, welches man dahin prägnant formulieren könnte: „Wenn wir vor der Wahl stehen, entweder noch einige Jahre Krieg und dann Revolution oder jetzt Friede und keine Revolution, so wählen wir: noch einige Jahre Krieg!" Auf die weitere Frage: „Was kann diese Revolution mit sich bringen?", würde jeder wissenschaftlich geschulte Sozialist geantwortet haben: daß von einem Übergang zu einer Wirtschaft, die man sozialistisch nennen könne in *seinem*

---

[96] Johann G. Fichte (1762-1814), Historiker und Philosoph. Siehe Immanuel H. von Fichte (Hg.), *Johann Gottlieb Fichtes Nachgelassene Werke* (Leipzig: Mazer & Müller, 1835), 3. Bd., S. 420.

[97] Diese Fraktion, von Wladimir I. Lenin (1870-1924) bei einer Konferenz europäischer Sozialisten in Zimmerwald bei Bern vom 5.- 8. September 1915 unterstützt, wurde niedergeschlagen.

Sinne, keine Rede sei, sondern daß eben wieder eine Bourgeoisiewirtschaft entstehen würde, die nur die feudalen Elemente und dynastischen Reste abgestreift haben könnte. – Für dies bescheidene Resultat also: „Noch einige Jahre Krieg"! Man wird doch wohl sagen dürfen, daß man hier auch bei sehr handfest sozialistischer Überzeugung den Zweck ablehnen könne, der derartige Mittel erfordert. Beim Bolschewismus und Spartakismus, überhaupt bei jeder Art von revolutionärem Sozialismus, liegt aber die Sache genau ebenso, und es ist natürlich höchst lächerlich, wenn von dieser Seite die „Gewaltpolitiker" des alten Regimes wegen der Anwendung des gleichen Mittels *sittlich* verworfen werden, – so durchaus berechtigt die Ablehnung ihrer *Ziele* sein mag.

Hier, an diesem Problem der Heiligung der Mittel durch den Zweck, scheint nun auch die Gesinnungsethik überhaupt scheitern zu müssen. Und in der Tat hat sie logischerweise nur die Möglichkeit: *jedes* Handeln, welches sittlich gefährliche Mittel anwendet, zu *verwerfen*. Logischerweise. In der Welt der Realitäten machen wir freilich stets erneut die Erfahrung, daß der Gesinnungsethiker plötzlich umschlägt in den chiliastischen Propheten, daß z. B. diejenigen, die soeben „Liebe gegen Gewalt" gepredigt haben, im nächsten Augenblick zur Gewalt aufrufen, – zur *letzten* Gewalt, die dann den Zustand der Vernichtung *aller* Gewaltsamkeit bringen würde, – wie unsere Militärs den Soldaten bei jeder Offensive sagten: es sei die letzte, sie werde den Sieg und dann den Frieden bringen. Der Gesinnungsethiker erträgt die ethische Irrationalität der Welt nicht. Er ist kosmischethischer „Rationalist". Sie erinnern sich, jeder von Ihnen, der [Fjodor M.] Dostojewski[98] kennt, der Szene mit dem Großinquisitor,[99] wo das Problem treffend auseinandergelegt ist. Es ist nicht möglich, Gesinnungsethik und Verantwortungsethik unter einen Hut zu bringen oder ethisch zu dekretieren: welcher Zweck *welches* Mittel heiligen solle, wenn man diesem Prinzip überhaupt irgendwelche Konzessionen macht. Der von mir der zweifellosen Lauterkeit seiner Gesinnung nach persönlich hochgeschätzte, als Politiker freilich unbedingt abgelehnte Kollege *F. W. Förster*[100] glaubt, in seinem Buche um die Schwierigkeit herumzukommen durch die einfache These: Aus Gutem kann nur Gutes, aus Bösem nur Bö-

---

[98]   Fjodor M. Dostojewski (1821–1881), bedeutender russischer Schriftsteller.
[99]   *Die Brüder Karamasov*, übersetzt von Valeria Lesowsky (Wien, Hamburg und Zürich: Gutenberg-Verlag, 1930), 2. Band, Teil V, S. 365-392.
[100]   Siehe Fußnote 39 in *Wissenschaft als Beruf*.

ses folgen.[101] Dann existierte freilich diese ganze Problematik nicht. Aber es ist doch erstaunlich, daß 2.500 Jahre nach den *Upanishaden*[102] eine solche These noch das Licht der Welt erblicken konnte. Nicht nur der ganze Verlauf der Weltgeschichte, sondern jede rückhaltlose Prüfung der Alltagserfahrung sagt ja das Gegenteil. Die Entwicklung aller Religionen der Erde beruht ja darauf, daß das Gegenteil wahr ist. Das uralte Problem der Theodizee ist ja die Frage: Wie kommt es, daß eine Macht, die als zugleich allmächtig und gütig hingestellt wird, eine derartig irrationale Welt des unverdienten Leidens, des ungestraften Unrechts und der unverbesserlichen Dummheit hat erschaffen können. Entweder ist sie das eine nicht oder das andere nicht, oder es regieren gänzlich andere Ausgleichs- und Vergeltungsprinzipien das Leben, solche, die wir metaphysisch deuten können, oder auch solche, die unserer Deutung für immer entzogen sind. Dies Problem: die Erfahrung von der Irrationalität der Welt war ja die treibende Kraft aller Religionsentwicklung. Die indische Karmanlehre[103] und der persische Dualismus,[104] die Erbsünde, die Prädestination und der *Deus absconditus* [der verborgende Gott] sind alle aus dieser Erfahrung herausgewachsen. Auch die alten Christen wussten sehr genau, daß die Welt von Dämonen regiert sei, und daß, wer mit der Politik, das heißt: mit Macht und Gewaltsamkeit als Mitteln, sich einlässt, mit diabolischen Mächten einen Pakt schließt, und daß für sein Handeln es *nicht* wahr ist: daß aus Gutem nur Gutes, aus Bösem nur Böses kommen könne, sondern oft das Gegenteil. Wer das nicht sieht, ist in der Tat politisch ein Kind.

Die religiöse Ethik hat sich mit der Tatsache, daß wir in verschiedene, untereinander verschiedenen Gesetzen unterstehende Lebensordnungen hineingestellt sind, verschieden abgefunden. Der hellenische Polytheismus opferte der Aphrodite[105] ebenso wie der Hera,[106] dem Dionysos[107] wie

---

[101] Friedrich W. Förster, *Politische Ethik und Politische Pädagogik. Mit besonderer Berücksichtigung der kommenden deutschen Aufgaben*, 3. stark erw. Aufl. der *Staatsbürgerlichen Erziehung* (München: Verlag Ernst Reinhardt, 1918). Diese Feststellung erscheint dort nicht. Webers Kritik basierte „auf dem mißverstandenen Bericht einer Studentin, die meinem Kollegen an der Universität München irgendeinen aus dem Zusammenhang gerissenen Satz aus meiner Vorlesung zitiert hatte. So war es leicht, mir eine kindliche Naivität in der Behandlung eines schweren Problems vorzuwerfen". *Politische Ethik*, 4. neu überarb. und erw. Aufl. (Recklinghausen: Paulus Verlag, 1956), S. 323, Fußnote 26a.

[102] Siehe Fußnote 63 in *Wissenschaft als Beruf*.

[103] Im Buddhismus und Hinduismus die Summe der Handlungen eines Menschen in der gegenwärtigen und in früheren Existenzen, die die zukünftige Existenz beeinflussen sollen.

[104] Siehe Fußnote 59 in *Wissenschaft als Beruf*.

[105] Siehe Fußnote 47, ebd.

dem Apollon[108] und wusste: Sie lagen untereinander nicht selten im Streit. Die hinduistische Lebensordnung machte jeden der verschiedenen Berufe zum Gegenstand eines besonderen ethischen Gesetzes, eines Dharma,[109] und schied sie kastenmäßig für immer voneinander, stellte sie dabei in eine feste Ranghierarchie, aus der es für den Hieringeborenen kein Entrinnen gab, außer in der Wiedergeburt im nächsten Leben, und stellte sie dadurch in verschieden große Distanz zu den höchsten religiösen Heilsgütern. So war es ihr möglich, das Dharma jeder einzelnen Kaste, von den Asketen und Brahmanen bis zu den Spitzbuben und Dirnen, den immanenten Eigengesetzlichkeiten des Berufs entsprechend auszubauen. Darunter auch Krieg und Politik. Die Einordnung des Krieges in die Gesamtheit der Lebensordnungen finden Sie vollzogen im *Bhagavadgita*,[110] in der Unterredung zwischen Krishna[111] und Arjuna.[112] „Tue das Notwendige"[113] – das heißt das nach dem Dharma der Kriegerkaste und ihren Regeln pflichtmäßige, dem Kriegszweck entsprechend sachlich notwendige – „Werk": Das schädigt das religiöse Heil nach diesem Glauben nicht, sondern dient ihm. Indras[114] Himmel war dem indischen Krieger beim Heldentod von jeher ebenso sicher wie Walhall[115] dem Germanen. Nirwana[116] aber hätte jener ebenso verschmäht, wie dieser das christliche Paradies mit seinen Engelchören. Diese Spezialisierung der Ethik ermöglichte der indischen Ethik eine gänzlich ungebrochene, nur den Eigengesetzen der Politik folgende, ja diese radikal steigernde Behandlung dieser königlichen Kunst. Der wirklich radikale „Machiavellismus"[117] im populären Sinn dieses Wortes ist in der indischen Literatur im

---

[106]   Höchste Göttin in der griechischen Mythologie.
[107]   Griechischer Gott der Fruchtbarkeit, des Weins und der Freuden.
[108]   Siehe Fußnote 48 in *Wissenschaft als Beruf*.
[109]   Eine Zusammenstellung der Regeln und Rituale, die das Leben bestimmen.
[110]   Bedeutendste Schrift des Hinduismus. *Die Bhagavadgita* (*Gesang der Erhabenen*), aus dem Sanskrit übersetzt von Richard Garbe, 2. verb. Auflage (Leipzig: H. Haessel Verlag, 1921).
[111]   Mythologisch die Inkarnation des Vishnu, einer der höchsten Götter des Hinduismus.
[112]   Einer der fünf Pandava Brüder, Helden des indischen Epos *Mahabharata* (*Großer Epos der Bharata Dynastie*).
[113]   „Vollziehe du das notwendige Werk", *Die Bhagavadgita*, Dritter Gesang, 8. Teil, S. 93.
[114]   Hauptgott der vedischen Religion.
[115]   Skandinavische Mythologie: Palast, in dem gefallene Krieger unter dem Gott Odin ein glückseliges Leben führen.
[116]   Aus dem Buddhismus: transzendentaler Zustand, frei von Leiden, Begierde und dem Selbst.
[117]   Bezeichnet gemeinhin unethisches politisches Verhalten.

Kautilya[118] *Arthaśāstra*[119] (lange vorchristlich, angeblich aus Chandraguptas[120] Zeit) klassisch vertreten. Dagegen ist Machiavellis *Il Principe*[121] harmlos. In der katholischen Ethik, der Professor Förster sonst nahesteht, sind bekanntlich die *„consilia evangelica"* [„die evangelischen Räte"][122] eine Sonderethik für die mit dem Charisma des heiligen Lebens Begabten. Da steht neben dem Mönch, der kein Blut vergießen und keinen Erwerb suchen darf, der fromme Ritter und Bürger, die, der eine dies, der andere jenes, dürfen. Die Abstufung der Ethik und ihre Einfügung in einen Organismus der Heilslehre sind minder konsequent als in Indien, mussten und durften dies auch nach den christlichen Glaubensvoraussetzungen sein. Die erbsündliche Verderbtheit der Welt gestattete eine Einfügung der Gewaltsamkeit in die Ethik als Zuchtmittel gegen die Sünde und die seelengefährdenden Ketzer relativ leicht. – Die rein gesinnungsethischen, akosmistischen [nicht im Universum] Forderungen der Bergpredigt aber und das darauf ruhende religiöse Naturrecht als absolute Forderung behielten ihre revolutionierende Gewalt und traten in fast allen Zeiten sozialer Erschütterung mit elementarer Wucht auf den Plan. Sie schufen insbesondere die radikal-pazifistischen Sekten, deren eine in Pennsylvanien das Experiment eines nach außen gewaltlosen Staatswesens machte, – tragisch in seinem Verlauf insofern, als die Quäker,[123] als der Unabhängigkeitskrieg[124] ausbrach, für ihre Ideale, die er vertrat, nicht mit der Waffe eintreten konnten. – Der normale Protestantismus dagegen legitimierte den Staat, also: das Mittel der Gewaltsamkeit, als göttliche Einrichtung absolut und den legitimen Obrigkeitsstaat insbesondere.

---

[118] Auch Canakya, Chanakya und Tschanakja geschrieben (Ende 4. Jahrhundert v. Chr.), Hindu-Politiker und Berater des Königs Chandragupta.

[119] *Die Arthaśāstra* [wörtlich: Das Lehrbuch über den Gewinn weltlicher Güter], *Das altindische Buch vom Welt- und Staatsleben*, aus dem Sanskrit übersetzt und mit einer Einleitung und Anmerkungen versehen von Johann J. Mezer (Graz: Akademische Druck- und Verlagsanstalt Dr. Paul Struzl, 1977). Eine Ansammlung von frühen Schriften, stammt frühestens aus dem zweiten Jahrhundert – nicht aus dem vierten oder dritten Jahrhundert v. Chr., wie ursprünglich angenommen. Siehe John Keay, *India: A History* (London: Harper Collins Publishers, 2000), S. 81.

[120] Chandragupta, auch Candra Gupta geschrieben, Mauryanischer König, herrschte von ca. 321-297 v. Chr. und vereinte den Großteil Indiens unter einer Verwaltung.

[121] *Der Fürst*, übersetzt von Rudolf Zorn, 6. Aufl. (Stuttgart: Alfred Kroner Verlag, 1978).

[122] Anweisungen für ein christliches Leben in Keuschheit, Armut und Gehorsam.

[123] Auch Gesellschaft der Freunde genannt, im siebzehnten Jahrhundert in den englischen und amerikanischen Kolonien gegründete christliche Gruppe, lehnt äußere Riten und das geistliche Ordinat ab und hat eine lange pazifistische Tradition.

[124] Von 1775-1783, führte zur Unabhängigkeit von Großbritannien.

Die ethische Verantwortung für den Krieg nahm [Martin] Luther[125] dem Einzelnen ab und wälzte sie auf die Obrigkeit, der zu gehorchen in anderen Dingen als Glaubenssachen niemals schuldhaft sein konnte. Der Kalvinismus[126] wieder kannte prinzipiell die Gewalt als Mittel der Glaubensverteidigung, also den Glaubenskrieg, der im Islam von Anfang an Lebenselement war. Man sieht: Es ist durchaus *nicht* moderner, aus dem Heroenkult der Renaissance geborener Unglaube, der das Problem der politischen Ethik aufwirft. Alle Religionen haben damit gerungen, mit höchst verschiedenem Erfolg, – und nach dem Gesagten konnte es auch nicht anders sein. Das spezifische Mittel der *legitimen Gewaltsamkeit* rein als solches in der Hand menschlicher Verbände ist es, was die Besonderheit aller ethischen Probleme der Politik bedingt.

Wer immer mit diesem Mittel paktiert, zu welchen Zwecken immer – und jeder Politiker tut das –, der ist seinen spezifischen Konsequenzen ausgeliefert. In besonders hohem Maß ist es der Glaubenskämpfer, der religiöse wie der revolutionäre. Nehmen wir getrost die Gegenwart als Beispiel an. Wer die absolute Gerechtigkeit auf Erden mit *Gewalt* herstellen will, der bedarf dazu der Gefolgschaft: des menschlichen „Apparates". Diesem muss er die nötigen inneren und äußeren Prämien – himmlischen oder irdischen Lohn – in Aussicht stellen, sonst funktioniert er nicht. Also innere: unter der Bedingung des modernen Klassenkampfes, Befriedigung des Hasses und der Rachsucht, vor allem: des Ressentiments und des Bedürfnisses nach pseudoethischer Rechthaberei, also des Verlästerungs- und Verketzerungsbedürfnisses gegen die Gegner. Äußere: Abenteuer, Sieg, Beute, Macht und Pfründen. Von dem Funktionieren dieses seines „Apparates" ist der Führer in seinem Erfolg völlig abhängig. Daher auch von *dessen* – nicht: von seinen eigenen – Motiven. Davon also, daß der Gefolgschaft: der roten Garde,[127] den Spitzeln, den Agitatoren, derer er bedarf, jene Prämien *dauernd* gewährt werden können. Was er unter solchen Bedingungen seines Wirkens tatsächlich erreicht, steht daher nicht in seiner Hand, sondern ist ihm vorgeschrieben durch jene ethisch überwiegend gemeinen Motive des Handelns seiner Gefolgschaft, die nur im Zaum ge-

---

[125] Martin Luther (1483-1546), religiöser Reformator und Schriftsteller, dessen Kritik an der Römisch Katholischen Kirche der Protestantischen Reformation den Weg bereitete.

[126] Theologie des Protestantischen Christentums, von Johannes Calvin (eigentlich Jean Cauvin) (1509-1564) entwickelt, die auf dem Glauben an Prädestination basiert.

[127] Grundausgestattete Kampforganisation der russischen Bolschewiki zur Vorbereitung und Durchführung der Oktoberrevolution 1917 und in den Anfängen des Bürgerkrieges 1918-1920. War auch schon an der Revolution 1905 und Februar 1917 beteiligt.

halten werden, solange ehrlicher Glaube an seine Person und seine Sache wenigstens einen Teil der Genossenschaft: wohl nie auf Erden auch nur die Mehrzahl, beseelt. Aber nicht nur ist dieser Glaube, auch wo er subjektiv ehrlich ist, in einem sehr großen Teil der Fälle in Wahrheit nur die ethische „Legitimierung" der Rache-, Macht-, Beute- und Pfründensucht: – Darüber lassen wir uns nichts vorreden, denn die materialistische Geschichtsdeutung ist auch kein beliebig zu besteigender Fiaker und macht vor den Trägern von Revolutionen nicht halt! – sondern vor allem: Der traditionalistische *Alltag* kommt nach der emotionalen Revolution, der Glaubensheld und vor allem der Glaube selbst schwindet oder wird – was noch wirksamer ist – Bestandteil der konventionellen Phrase der politischen Banausen und Techniker. Diese Entwicklung vollzieht sich gerade beim Glaubenskampf besonders schnell, weil er von echten *Führern:* Propheten der Revolution, geleitet oder inspiriert zu werden pflegt. Denn wie bei jedem Führerapparat, so auch hier, ist die Entleerung und Versachlichung, die seelische Proletarisierung im Interesse der „Disziplin", eine der Bedingungen des Erfolges. Die herrschend gewordene Gefolgschaft eines Glaubenskämpfers pflegt daher besonders leicht in eine ganz gewöhnliche Pfründnerschicht zu entarten.

Wer Politik überhaupt und wer vollends Politik als Beruf betreiben will, hat sich jener ethischen Paradoxien und seiner Verantwortung für das, was aus *ihm selbst* unter ihrem Druck werden kann, bewusst zu sein. Er lässt sich, ich wiederhole es, mit den diabolischen Mächten ein, die in jeder Gewaltsamkeit lauern. Die großen Virtuosen der akosmistischen [nicht im Universum] Menschenliebe und Güte, mochten sie aus Nazareth oder aus Assisi[128] oder aus indischen Königsschlössern stammen, haben nicht mit dem politischen Mittel: der Gewalt, gearbeitet, ihr Reich war „nicht von dieser Welt",[129] und doch wirkten und wirken sie in dieser Welt, und die Figuren des Platon Karatajew[130] und der Dostojewskischen Heiligen sind immer noch ihre adäquatesten Nachkonstruktionen. Wer das Heil seiner Seele und die Rettung anderer Seelen sucht, der sucht das nicht auf dem Wege der Politik, die ganz andere Aufgaben hat: solche, die nur mit Gewalt zu lösen sind. Der Genius, oder Dämon, der Politik lebt mit dem Gott der Liebe, auch mit dem Christengott in seiner kirchlichen Ausprägung, in einer inneren Spannung, die jederzeit in unaustragbarem

---

[128] Orte, die respektive mit dem Werdegang Jesu und Franz von Assisi assoziiert werden.

[129] Johannes 18,36: „Jesus antwortete: *Mein Reich ist nicht von dieser Welt.*"

[130] Nebenfigur in Tolstoi, *Krieg und Frieden*, übersetzt von Werner Bergengruen und herausgegeben von Gerhard Dudek, 8. Auflage. In *Gesammelte Werke* (Berlin: Rütten & Loening, 1987), Bd. 4 und 5.

Konflikt ausbrechen kann. Das wussten die Menschen auch in den Zeiten der Kirchenherrschaft. Wieder und wieder lag das Interdikt – und das bedeutete damals eine für die Menschen und ihr Seelenheil weit massivere Macht als die (mit Fichte zu reden) *„kalte Billigung"*[131] des kantianischen ethischen Urteils – auf Florenz, die Bürger aber fochten gegen den Kirchenstaat. Und mit Bezug auf solche Situationen lässt Machiavelli in einer schönen Stelle, irre ich nicht: der *Florentiner Geschichten*, einen seiner Helden jene Bürger preisen, denen die Größe der Vaterstadt höher stand als das Heil ihrer Seele.[132]

Wenn Sie statt Vaterstadt oder „Vaterland", was ja zurzeit nicht jedem ein eindeutiger Wert sein mag, sagen: „die Zukunft des Sozialismus" oder auch der „internationalen Befriedung", – dann haben Sie das Problem in der Art, wie es jetzt liegt. Denn das alles, erstrebt durch *politisches* Handeln, welches mit gewaltsamen Mitteln und auf dem Wege der Verantwortungsethik arbeitet, gefährdet das „Heil der Seele". Wenn ihm aber mit reiner Gesinnungsethik im Glaubenskampf nachgejagt wird, dann kann es Schaden leiden und diskreditiert werden auf Generationen hinaus, weil die Verantwortung für die *Folgen* fehlt. Denn dann bleiben dem Handelnden jene diabolischen Mächte, die im Spiel sind, unbewusst. Sie sind unerbittlich und schaffen Konsequenzen für sein Handeln, auch für ihn selbst innerlich, denen er hilflos preisgegeben ist, wenn er sie nicht sieht. „Der Teufel, der ist alt."[133] Und nicht die Jahre, nicht das Lebensalter ist bei dem Satz gemeint: „So werdet alt, ihn zu verstehen." Mit dem Datum des Geburtsscheines bei Diskussionen überstochen zu werden, habe auch ich mir nie gefallen lassen, aber die bloße Tatsache, daß einer 20 Jahre zählt und ich über 50 bin, kann mich schließlich auch nicht veranlassen, zu meinen, das allein wäre eine Leistung, vor der ich in Ehrfurcht ersterbe. Nicht das Alter macht es. Aber allerdings: die geschulte Rücksichtslosigkeit des Blickes in die Realitäten des Lebens, und die Fähigkeit, sie zu ertragen und ihnen innerlich gewachsen zu sein.

Wahrlich: Politik wird zwar mit dem Kopf, aber ganz gewiss nicht *nur* mit dem Kopf gemacht. Darin haben die Gesinnungsethiker durchaus Recht. Ob man aber als Gesinnungsethiker oder als Verantwortungsethiker handeln *soll*, und wann das eine und das andere, darüber kann man niemandem Vorschriften machen. Nur eins kann man sagen: Wenn jetzt in diesen

---

[131] Fichte, „Das System der Sittenlehre nach den Principien der Wissenschaftslehre". In *Johann Gottlieb Fichtes Sämtliche Werke*, Immanuel H. von Fichte (Hg.) (Leipzig: Mayer & Müller, 1924), Bd. 4, 2. Abteilung, S. 167.

[132] *Florentinische Geschichten*, übersetzt von Alfred Reumont (Leipzig: F.A. Brockhaus, 1846), 1. Teil, 3. Buch, S. 195.

[133] Siehe Fußnote 54 in *Wissenschaft als Beruf*.

Zeiten einer, wie Sie glauben, *nicht* „sterilen" Aufgeregtheit – aber Aufgeregtheit ist eben doch und durchaus nicht immer echte Leidenschaft –, wenn da *plötzlich* die Gesinnungspolitiker massenhaft in das Kraut schießen mit der Parole: „Die Welt ist dumm und gemein, nicht ich; die Verantwortung für die Folgen trifft nicht mich, sondern die anderen, in deren Dienst ich arbeite, und deren Dummheit oder Gemeinheit ich ausrotten werde", so sage ich offen: daß ich zunächst einmal nach dem Maße *des inneren Schwergewichts* frage, das hinter dieser Gesinnungsethik steht, und den Eindruck habe: daß ich es in neun von zehn Fällen mit Windbeuteln zu tun habe, die nicht real fühlen, was sie auf sich nehmen, sondern sich an romantischen Sensationen berauschen. Das interessiert mich menschlich nicht sehr und erschüttert mich ganz und gar nicht. Während es unermesslich erschütternd ist, wenn ein *reifer* Mensch – einerlei ob alt oder jung an Jahren –, der diese Verantwortung für die Folgen real und mit voller Seele empfindet und verantwortungsethisch handelt, an irgendeinem Punkte sagt: „Ich kann nicht anders, hier stehe ich."[134] Das ist etwas, was menschlich echt ist und ergreift. Denn diese Lage muss freilich für *jeden* von uns, der nicht innerlich tot ist, irgendwann eintreten *können.* Insofern sind Gesinnungsethik und Verantwortungsethik nicht absolute Gegensätze, sondern Ergänzungen, die zusammen erst den echten Menschen ausmachen, den, der den „Beruf zur Politik" haben *kann.*

Und nun, verehrte Anwesende, wollen wir uns nach *zehn Jahren* über diesen Punkt einmal wieder sprechen. Wenn dann, wie ich leider befürchten muss, aus einer ganzen Reihe von Gründen, die Zeit der Reaktion längst hereingebrochen und von dem, was gewiss viele von Ihnen und, wie ich offen gestehe, auch ich gewünscht und gehofft haben, wenig, vielleicht nicht gerade nichts, aber wenigstens dem Scheine nach wenig in Erfüllung gegangen ist – das ist sehr wahrscheinlich, es wird mich nicht zerbrechen, aber es ist freilich eine innerliche Belastung, das zu wissen –, dann wünschte ich wohl zu sehen, was aus denjenigen von Ihnen, die jetzt sich als echte „Gesinnungspolitiker" fühlen und an dem Rausch teilnehmen, den diese Revolution bedeutet, – was aus denen im inneren Sinne des Wortes „geworden" ist. Es wäre ja schön, wenn die Sache so wäre, daß dann [William] Shakespeares 102. Sonett gelten würde:[135]

---

[134] „Ich kann nicht anderst, hie stehe ich, Got helff mir, Amen." *D. Martin Luthers Werke* (Weimar: Herman Böhlaus Nachfolger, 1897), 7. Bd., S. 838. So soll sich Luther auf dem Reichstag zu Worms, 18. April 1521, geäußert haben, als er aufgefordert war, seine Kritik an der Römisch Katholischen Kirche zurückzunehmen.

[135] William Shakespeare (1564-1616), *Sonette*, Umdichtung von Stefan George (Düsseldorf und München: Helmut Küpper, 1964), S. 108.

Damals war Lenz und unsere Liebe grün,
Da grüßt' ich täglich sie mit meinem Sang,
So schlägt die Nachtigall in Sommers Blühn –
Und schweigt den Ton in reifrer Tage Gang.

Aber so ist die Sache nicht. Nicht das Blühen des Sommers liegt vor uns, sondern zunächst eine Polarnacht von eisiger Finsternis und Härte, mag äußerlich jetzt siegen welche Gruppe auch immer. Denn: Wo nichts ist, da hat nicht nur der Kaiser, sondern auch der Proletarier sein Recht verloren. Wenn diese Nacht langsam weichen wird, wer wird dann von denen noch leben, deren Lenz jetzt scheinbar so üppig geblüht hat? Und was wird aus Ihnen allen dann innerlich geworden sein? Verbitterung oder Banausentum, einfaches stumpfes Hinnehmen der Welt und des Berufes oder, das dritte und nicht Seltenste: mystische Weltflucht bei denen, welche die Gabe dafür haben, oder – oft und übel – sie als Mode sich anquälen? In jedem solchen Fall werde ich die Konsequenz ziehen: Die sind ihrem eigenen Tun *nicht* gewachsen gewesen, *nicht* gewachsen auch der Welt, so wie sie wirklich ist, und ihrem Alltag: Sie haben den Beruf zur Politik, den sie für sich in sich glaubten, objektiv und tatsächlich im innerlichsten Sinn nicht gehabt. Sie hätten besser getan, die Brüderlichkeit schlicht und einfach von Mensch zu Mensch zu pflegen und im Übrigen rein sachlich an ihres Tages Arbeit zu wirken.

Die Politik bedeutet ein starkes langsames Bohren von harten Brettern mit Leidenschaft und Augenmaß zugleich. Es ist ja durchaus richtig, und alle geschichtliche Erfahrung bestätigt es, daß man das Mögliche nicht erreichte, wenn nicht immer wieder in der Welt nach dem Unmöglichen gegriffen worden wäre. Aber der, der das tun kann, muss ein Führer und nicht nur das, sondern auch – in einem sehr schlichten Wortsinn – ein Held sein. Und auch die, welche beides nicht sind, müssen sich wappnen mit jener Festigkeit des Herzens, die auch dem Scheitern aller Hoffnungen gewachsen ist, jetzt schon, sonst werden sie nicht imstande sein, auch nur durchzusetzen, was heute möglich ist. Nur wer sicher ist, daß er daran nicht zerbricht, wenn die Welt, von seinem Standpunkt aus gesehen, zu dumm oder zu gemein ist für das, was er ihr bieten will, daß er all dem gegenüber: „Dennoch!" zu sagen vermag, nur der hat den „Beruf" zur Politik.

Bibliographie

Barbagli, Marzio. *Educating for Unemployment: Politics, Labor Markets, and the School System – Italy 1859-1973*, übersetzt von Robert H. Ross. New York: Columbia University Press, 1982.

Baumgarten, Eduard. *Max Weber. Werk und Person. Dokumente ausgewählt und kommentiert von Eduard Baumgarten*. Tübingen: J.C.B. Mohr (Paul Siebeck), 1964.

Beebe, John. „Psychological Types." In Renos K. Papadopoulos (Hg.), *The Handbook of Jungian Psychology: Theory, Practice and Applications*, S. 131-152. London und New York: Routledge, 2006.

_____. „Understanding Consciousness through the Theory of Psychological Types." In Joseph Cambray und Linda Carter (Hg.), *Analytical Psychology: Contemporary Perspectives in Jungian Analysis*, S. 83-115. Hove und New York: Brunner-Routledge, 2004.

Bendix, Reinhard. *Max Weber: An Intellectual Portrait*, 2. Aufl. Berkeley, Los Angeles und London: University of California Press, 1977. Deutsche Ausgabe: *Max Weber – das Werk. Darstellung, Analyse, Ergebnisse*. München: R. Piper & Co. Verlag, 1964.

Brocke, Bernhard vom. „Von der Wissenschaftsverwaltung zur Wissenschaftspolitik. Friedrich Althoff (19.2.1839-10.10.1908)." *Berichte zur Wissenschaftsverwaltung*, Bd. 11, Heft 1 (März 1988), S. 1-26.

Bruch, Rüdiger vom. „Max Webers Kritik am ‚System Althoff' in universitätsgeschichtlicher Perspektive." *Berliner Journal für Soziologie*, Bd. 5, Heft 3 (September 1995), S. 313-326.

Bruun, Hans H. *Science, Values and Politics in Max Weber's Methodology*, neue erweiterte Ausgabe. Aldershot und Burlington, VT: Ashgate Publishing, 2007.

Caplow, Theodore und Reece J. McGee. *The Academic Marketplace*. New Brunswick, NJ und London: Transaction Publishers, 2001 [1958].

Cartter, Allan M. *Ph.D.'s and the Academic Labor Market*. New York: McGraw-Hill, 1976.

Dreijmanis, John. „Weimar, Washington, and Beyond: The Plight of the Intelligentsia." *Educational Studies*, Bd. 9, Nr. 3 (Herbst 1978), S. 255-265.

_____. „Higher Education and Employment: A Problematic Relationship." *Higher Education in Europe*, Bd. XXII, Nr. 4 (Dezember 1997), S. 485-493.

_____. "Is Graduate Employment a Right?" *Higher Education Review*, Bd. 36, Nr. 3 (Sommer 2004), S. 54-60.

_____. „An Institute for the Study of Academia?" *Higher Education Review*, Bd. 37, Nr. 1 (Herbst 2004), S. 59-66.

_____. „Max Weber's Psychological Typology: Its Implications", *Journal of Political Science*, Bd. VII, Nr. 2 (November 2011), S. 5-17.

Eliaeson, Sven. *Max Weber's Methodologies: Interpretation and Critique*. Cambridge: Polity Press, 2002.

Ellenberger, Henri F. *Die Entdeckung des Unbewußten. Geschichte und Entwicklung der dynamischen Psychiatrie von den Anfängen bis zu Janet, Freud, Adler und Jung*, übersetzt von Gudrun Theusner-Stampa, v. Autor durchgesehene, zweite verbesserte Taschenbuchauflage. Zürich: Diogenes Verlag, 1996.

Frommer, Jörg und Sabine Frommer. „Max Webers Krankheit – soziologische Aspekte der depressiven Struktur." *Fortschritte der Neurologie-Psychiatrie*, Bd. 61, Nr. 5 (Mai 1993), S. 161-171.

Gane, Nicholas. *Max Weber and Postmodern Theory: Rationalization versus Re-enchantment*. Basingstoke: Palgrave, 2002.

Hennis, Wilhelm. „Politikwissenschaft als Beruf." *Freiburger Universitätsblätter*, Bd. 37, Heft 2 (Juni 1998), S. 25-48.

_____. *Max Webers Wissenschaft vom Menschen. Neue Studien zur Biographie des Werks.* Tübingen: J.C.B. Mohr (Paul Siebeck), 1996.

Jacobson, Kaaren H. "Where There is Power, There is no Eros: A Jungian Interpretation of the Weberian Legacy." *American Review of Public Administration*, Bd. 25, Nr. 1 (März 1995), S. 21-42.

Jaspers, Karl. *Max Weber. Gesammelte Schriften.* München und Zürich: Piper, 1988.

Jung, Carl G. „Psychologische Typen." [1921] In *C.G. Jung Gesammelte Werke*, 14. Aufl. Olten und Freiburg: Walter-Verlag, 1981, Bd. 6.

Kaesler, Dirk. *Max Weber. Eine Einführung in Leben, Werk und Wirkung*, 3. aktualisierte Aufl. Frankfurt am Main und New York: Campus Verlag, 2003.

Kaufman, H.G. *Professionals in Search of Work: Coping with the Stress of Job Loss and Underemployment.* New York: John Wiley & Sons, 1982.

Kirkbright, Suzanne. *Karl Jaspers, A Biography: Navigations in Truth.* New Haven und London: Yale University Press, 2004.

Loewenstein, Karl. „Persönliche Erinnerungen an Max Weber." In Karl Engisch, Bernard Pfister und Johannes Winckelmann (Hg.), *Max Weber. Gedächtnisschrift der Ludwig-Maximilians-Universität München zur 100. Wiederkehr seines Geburtstages 1964.* Berlin: Duncker & Humblot, 1966.

Manasse, Ernst M. „Jaspers' Relation to Max Weber." In Paul A. Schilpp (Hg.), *The Philosophy of Karl Jaspers*, 2. Aufl., S. 369-391. La Salle, IL: Open Court Publishing, 1981.

Maslow, Abraham H. *Motivation und Persönlichkeit*, übersetzt von Paul Kruntorad, 10. Aufl. Reinbek bei Hamburg: Rowohlt Taschenbuch Verlag, 2005.

McCaulley, Mary H. „The Myers-Briggs Type Indicator and Leadership." In Kenneth E. Clark und Miriam B. Clark (Hg.), *Measures of Leadership*, S. 381-418. West Orange, NJ: Leadership Library of America, 1990.

Mommsen, Wolfgang J. *Max Weber und die deutsche Politik 1890-1920*, 3. verbesserte Aufl. Tübingen: Mohr Siebeck, 2004.

Myers, Isabel B. *Introduction to Type*, 5. Aufl. Palo Alto, CA: Consulting Psychologists Press, 1993.

_____ und Peter B. Myers. *Gifts Differing: Understanding Personality Type.* Palo Alto, CA: Davies-Black Publishing, 1995.

Radkau, Joachim. *Max Weber. Die Leidenschaft des Denkens.* München: Carl Hanser Verlag, 2005.

Sica, Alan. *Max Weber: A Comprehensive Bibliography.* New Brunswick, NJ und London: Transaction Publishers, 2004.

Swedberg, Richard. *The Max Weber Dictionary: Key Words and Central Concepts.* Stanford, CA: Stanford University Press, 2005.

Turner, Stephen P. und Regis A. Factor. *Max Weber: The Lawyer as Social Thinker.* London und New York: Routledge, 1994.

Weber, Alfred. *Die Not der geistigen Arbeiter*. München und Leipzig: Duncker & Humblot, 1923.

Weber, Marianne. *Max Weber. Ein Lebensbild*, 3. Aufl., unveränderter Nachdruck d. 1. Aufl. [1926], ergänzt um Register und Verzeichnisse von Max Weber-Schäfer. Tübingen: J.C.B. Mohr (Paul Siebeck) Verlag, 1984.

Weber, Max. "Der Sinn der 'Wertfreiheit' der soziologischen und ökonomischen Wissenschaften." *Logos*, Bd. VII, Heft 1 (1917/18), S. 49-88.

_____ , "Die 'Objektivität' sozialwissenschaftlicher und sozialpolitischer Erkenntnis." *Archiv für Sozialwissenschaft und Sozialpolitik*, Bd. 19, Heft 1 (1904), S. 22-87. (Beide im Nachdruck erschienen in Johannes Winckelmann (Hg.). *Gesammelte Aufsätze zur Wissenschaftslehre*, 7. Auflage. Tübingen: J.C.B. Mohr (Paul Siebeck), 1988, S. 146-246 bzw. 489-540.

Printed in the United States
By Bookmasters